传播的魅力

CHUANBO DE MEILI

胡占凡◎著

中国文史出版社
CHINA CULTURAL AND HISTORICAL PRESS

胡占凡（2002年）

辑一

思考与发展

主流媒体如何有效引导舆论

习近平总书记在十八届三中全会上发表的重要讲话和全会审议通过的《决定》，深刻阐明了全面深化改革的指导思想、总体思路、目标任务、重大原则和重要举措。学习、宣传、贯彻好十八届三中全会精神，是中央电视台当前和今后一个时期的中心工作。我们将统筹全台多种资源和手段，调动新闻、专题、文艺、网站等多方面力量，形成全媒体、全方位、全覆盖的宣传声势。

同时，十八届三中全会围绕做好宣传思想工作和深化文化体制改革也作了重要部署，提出了新的要求。基于对当前面临形势的准确分析，三中全会对宣传思想工作和文化体制改革的目标任务、工作重点、机制创新等都提出了明确的任务，为主流媒体有效引导舆论指明了方向。

一、理性分析宣传思想工作和媒体传播面临的新变化、新挑战，增强针对性

现在，宣传思想工作的环境、对象、范围、方式都发生了很大变化，这种变化至少体现在以下几个方面：

（一）社会转型期民众心态和价值观变化明显

近年来，意识形态领域、精神文明建设和思想道德建设取得了明显成效，国民素质整体提高，社会心态积极、健康、向上，各种"最美"大量涌现，社会主义核心价值观正在深入人心。这是不可置疑的基本判断。同时，我们要注意到，现在民众心态和价值观带有明显的转型期的特点。比如，不同价值观念

的冲突，各种思想意识的碰撞，社会价值理念更加多元，民众的心理震荡和心态失衡等。

有几种社会心态的变化需要引起宣传思想工作的重视，以增强媒体宣传的针对性。一是现在经济增速和社会发展很快，利益差距容易使不同阶层的人尤其是一些弱势群体在心理上产生被剥夺感。这种社会心理如果得不到及时疏导，可能引发负面情绪，影响社会稳定。二是焦虑心态。由于一些人对社会复杂问题难以应付，从而产生焦虑、冲动、不安、矛盾等非理性心态。这种心态积聚到一定程度，也容易以情绪化的形式释放出来。三是浮躁心态。转型期激烈的社会竞争和利益驱动，让一部分人想用最小的投入、最便捷的方式在最短的时间内获取最大的利益。有专家认为，一个国家的GDP增长到了5%到10%之间，浮躁容易变成一种普遍现象。急功近利、盲目攀比、追求肤浅的感官刺激等，是浮躁的主要表现。四是信任感减弱，这在经济、文化、社会、价值领域以及人际交往中都有不同程度的体现。五是民众道德水准不一。原有的社会价值体系对人们心理的规范和教化功能弱化，有效的价值调控和规范体系尚未完全建立。有人对当前的一些民众的负面心理归纳为：无助心理、盲从心理、失衡心理、无序心理、发泄心理、逆反心理、侥幸心理、江湖心理、依赖心理。

在这种情况下，主流媒体如何有效调整和引导社会心态，成为宣传工作面临的严峻挑战。建议深入研究民众心态和价值观的变化，使媒体宣传能够更精准、更有针对性地引导社会心理，调控大众心态，规范社会行为。同时也要规范媒体自身的心态，媒体自身首先不能浮躁。媒体必须恪守正确、健康的价值观、是非观、美丑观，理直气壮地弘扬社会主义核心价值、弘扬真善美，理直气壮地鞭挞假丑恶。要强化媒体自身的使命感、责任感、神圣感，要为国、为党、为民尽责，凝聚和释放全社会各层面的正能量，而不能强化、放大民众的负面心态，不能过度娱乐化，甚至娱乐至死。媒体倡导什么、反对什么、满足什么，要有明确的价值标准，要旗帜鲜明。

（二）媒体受众构成、需求、兴趣、接收习惯和方式变化明显

2012年底，中央电视台对近五年全国电视观众收视情况的变化进行了一次抽样调查。目前全国电视观众规模达到12.82亿人，比五年前增加了7000万

人。观众构成的变化较大，城镇观众翻了将近一番，比例首次超过农村观众。但与此同时，网络在线阅读量、网民数量、互联网普及率、手机网民规模都在大规模甚至爆发式增长。

媒体影响力排序的变化尤其值得关注，特别是近几年媒体影响力排序变化很大。看媒体影响力大小首先要看渗透率是多少。渗透率是指能够接触到某个媒介的13岁以上受众占13岁以上总人口的比例。目前渗透率最高的仍然是电视，占99.23%，第二位是报纸，渗透率是53.97%。互联网的渗透率已经达到51.88%，排序从第五位上升到第三位。手机媒体渗透率达到44.03%，排名第五。车载电视、楼宇电视的渗透率也都超过40%，发展速度很快，占第六位和第七位。显然，媒体影响力格局与过去相比已经发生了很大的变化。

互联网的发展，也让观众的收视习惯发生了变化。我们调查，有2.64亿观众经常使用电脑收看节目，近1亿观众经常通过手机收看电视节目。超过80%的人在看电视的同时使用其他电子终端收看电视节目内容。美国的一项调查显示，通过在线和移动终端看新闻的人数已经逼近电视观众规模。在莫言获得诺贝尔奖的消息发布中，已经有高达52.11%的用户是通过手机获知的，33%的用户是通过电脑得知的。2013年春晚，有2.09亿人次通过网络收看，这也是前所未有的。

（三）新媒体的崛起和舆论环境变化明显

十八届三中全会提出，"要形成正面引导和依法管理相结合的网络舆论工作格局。""整合新闻媒体资源，推动传统媒体和新兴媒体融合发展。"多年来，在传统媒体环境下，报纸、广播、电视"三分天下"，在舆论上占绝对主导地位。新媒体兴起后，传播业态和舆论环境发生了很大变化。有五个方面需要注意：一是信息源和信息流众多，二是网上内容分散、随意、开放，三是西方凭借信息技术优势把意识形态、价值理念对我渗透，四是情绪化表达、发泄性表达增多，五是国际大媒体都把新媒体作为拓展传播能力的重要平台。

面对社情民意、传播工具和舆论环境的显性变化，主流新闻媒体应进一步强调：一是提高宣传效果的命中率、精准度，要弹无虚发，切中要害，切忌自说自话，自娱自乐，与社会所思所虑脱节，两张皮。二是提高宣传手段的精致化水平，要细分受众，细分手法，细分终端，细分问题，千方百计提高受众对媒体的亲和度、喜爱度，千方百计减少受众的接受障碍。

二、宣传思想工作和媒体传播如何实现社会效益最大化，增强宣传传播的有效性

主流媒体贯彻落实十八届三中全会的精神实质，很重要的问题还是如何在新形势下创新宣传思想工作，增强传播的有效性。

（一）要强调坚定信念，牢记使命，把做大做强主流媒体放在媒体建设管理的首位，对内实现主流媒体的喉舌、工具和服务功能，承担社会责任，引导舆论；对外，通过主流媒体塑造中国形象

习总书记在十八届三中全会上强调，要"做好宣传思想工作，加强社会主义文化建设，壮大主流思想舆论，重点推动统一思想、凝聚力量。""引导人们全面客观认识当代中国、看待外部世界。"

因此，应进一步从地位、作用、职责和政策层面，把主流媒体作为核心宣传平台，主流媒体要把凝聚党心、民心，团结在以习近平同志为总书记的党中央周围，把实现民族复兴的中国梦宣传作为历史责任、政治责任和社会责任。主流媒体必须理直气壮地坚持主旋律、主流声音，理直气壮地坚持正确导向和健康的价值取向，不能在众声喧哗中随波逐流，不应为了追求轰动效应、收视率、点击率、发行量或经济利益，放弃责任和使命。

我们要精心做好对外宣传工作，创新对外宣传方式，着力打造融通中外的新概念新范畴新表述，讲好中国故事，传播好中国声音。在对外传播上，主流媒体应该把塑造中国形象作为首要任务，抢占更多国际话语权。尤其要研究电视"走出去"的工作重点，在推进整频道落地同时，争取更多地进入当地主流频道，要改进表达方式和语态，多用"植入式"方式解决"水土不服"问题。

（二）最大限度实现宣传目的，提高主流媒体的公信力

1.及时、准确、公开、透明、有序、有效，既满足人民群众知情权，又引导舆论走向

社会热点问题、敏感问题、突发事件，是老百姓关心的，也最需要舆论来引导。如果主流媒体对这些需要及时引导的问题，拖拖拉拉报道，或者避而不谈，就可能引发社会的议论和猜疑。从主流媒体得不到信息或不能及时得到，公众就会转而通过网络、口头传播等方式获取信息，并且会回过头来跟主流媒体的报道进行比较。如果人们得到的是不真实、不准确的报道，这种先入为主的信息仍然会影响人们的判断，而消除先入为主的错误信息往往要付出几倍、几十倍的努力。主流媒体最大的优势是自身的公信力和权威性，因此，应当及时、主动、准确地为公众提供信息，释疑解惑，要更多地由被动应付变为主动引导。

2.增强针对性，加强人文关怀，坚持"三贴近""走转改"

能不能吸引住老百姓，能不能在老百姓不经意当中达到我们的宣传目的，是舆论引导的关键，也是高超的宣传艺术。因此，主流媒体应当继续坚持走基层、转作风、改文风，要多考虑百姓视角、微言大义，从身边事说起，从老百姓最关心的人和事说起，把看起来离老百姓很远的宏观形势、方针政策的报道，用老百姓的视角来报道，他们就有亲近感。在报道中，既正视问题，直面矛盾，又不能单纯地曝光问题、放大矛盾，而是重在反映党和政府解决群众问题的努力和成效，力求取得正面效果。

近两年，中央大力推动的"走转改"活动正是党的群众路线在新闻战线的体现，受到老百姓欢迎，社会一片叫好声。应当总结"走转改"的经验，把"走转改"和群众路线教育实践活动结合起来，和坚持"三贴近"结合起来，推动"走转改"走向深入和常态化。

（三）高度重视、强化管理新媒体，充分利用各方资源，扬长避短，有效引领舆论

党的十八届三中全会强调，面对传播快、影响大、覆盖广、社会动员能力强的微博、微信等社交网络和即时通信工具用户的快速增长，如何加强网络法制建设和舆论引导，确保网络信息传播秩序和国家安全、社会稳定，已经成

为摆在我们面前的现实突出问题。

以微博为代表的自媒体、民间舆论的兴起，使传统媒体不再享有唯我独有的信息发布权。可以说，如何有效统合主流媒体舆论和民间舆论，是当前宣传工作面临的新问题。

一方面，传统媒体要善于借用新媒体的优势和长处，增强新闻宣传的吸引力。主流媒体不能对民间舆论置之不理，要对网络舆论保持敏感性，关注它的走势与动态，这样才能及时引导、有效引导。截至今年6月底，我国微博用户规模为3.31亿；微信用户量达3亿。这个庞大的群体是不容忽视的。因此，应当下力气研究如何打破边界，把传统主流媒体的权威性、公信力等优势与新媒体的快速、互动、传播面广等优势结合起来，使主流舆论自然而然地融入民间舆论。

另一方面，传统媒体必须主动引导民间和网上舆论。中国网民的主体是30岁以下的年轻人，占到网民总数的54%；初中和高中学历比例最大，占68.6%。"极端化"的观点容易出现在网民的言论中，比较容易感性化、情绪化，具有非理性色彩。因此，网络舆论并不能完全代表社会主流。越是真假难辨，人们越希望获取真实权威的解读，越需要主流媒体站出来"一锤定音"。主流媒体要有定力，对网络声音要有甄别能力，防止被网络甚至商业利益所挟持，要及时、客观、公正地报道真相、澄清事实，在真假难辨中明确无误地亮出观点，起到左右舆论走向的"风向标"作用。

（2013年12月2日）

"走转改"的启示

"走转改"活动在全国范围内轰轰烈烈地开展，并已取得扎扎实实的成果。

结合中央电视台开展"走转改"活动的初步实践，我谈谈三个方面的认识和体会：一、"走转改"是什么？二、"走转改"改变了什么？三、"走转改"应该怎样拓展和深化？

一、对"走转改"的基本认识

这要回答的是"走转改"是什么。我认为，"走转改"活动是中央从党和国家全局的高度、从中国新闻事业长远发展的高度、从舆论引导和新闻队伍建设的高度出发而大力推动的一项大规模的实践活动。我个人认为，可以从四个方面来认识"走转改"。

（一）"走转改"是对马克思主义认识论的自觉坚持

是认识第一，还是实践第一？好新闻是来自群众的生动实践，还是来自办公室里的苦思冥想？是人民群众高明，还是我们高明？在这个时代还要不要向群众学习？这些事关根本的问题，归纳起来就是"为了谁、依靠谁、我是谁"的问题，其实质是新闻宣传工作如何坚持马克思主义认识论的重大原则性问题。"走转改"是在新的历史条件下对新闻宣传领域一系列重大理论实践问题的有力回答，是一次正本清源的实践，充分体现了马克思主义的根本原则、立场、方法，充分体现了马克思主义认识论和新闻观。

（二）"走转改"是对新闻规律的把握和深化

很多群众看了"走转改"报道都感叹"新闻原来也可以是这样"，我们的回答是"新闻原本就应该这样"。这里面就有一个对新闻规律的认识和把握的问题。新闻规律是客观存在的，对新闻宣传起支配作用。"走转改"活动广受赞誉，就在于它很好地把握了新闻传播规律，契合了新形势下受众群体的心理特点和接受习惯，很好地把握了舆论引导的技巧。中央电视台在"走转改"报道中采用新形式，如原生态反映、纪实风格、平民化视角，以及透过现象揭示问题本质、推动解决实际问题等，都体现了新闻的自身规律，是对新闻规律比较准确的把握和诠释。

（三）"走转改"是对新闻工作优良传统的坚定发扬

近年来，提国外传播理念的多了，提现代传播新技术的多了，相反，提如何继承党的光荣传统的少了。如何继承发扬新闻工作优良传统的问题，新闻战线近年来进行了不懈的探索和努力。"走转改"活动正是秉承了我们党长期的光荣传统，以深远的历史眼光和宏大的实践气魄推动广大编辑、记者，包括理论工作者、作家、艺术家到基层去，到群众当中去，向群众学习，向实践学习，解决淡忘传统问题。这对于在新条件下推动整个宣传思想文化领域继承发扬党的光荣传统，意义十分深远和重大，可以说是非常及时，非常必要。

（四）"走转改"是克服浮躁、抵制低俗的有效方法

毋庸讳言，近年来，新闻领域的上层心态、贵族心态、明星心态、无冕之王心态、急功近利心态、企业利益代言人的心态在滋生，收视率、发行量、广告额高于一切的倾向，弱化了党性原则和社会责任意识。浮躁、低俗之风产生的原因很多。宣传思想领域处在意识形态的风口浪尖，不可能不受各种思潮、观念的影响。特别是在社会转型期，社会阶层的分化、各种利益集团的诉求都会反映到宣传思想领域当中来。媒体多处闹市，地理上远离乡土，人际上远离民众。因此，靠会议、靠名人、靠娱乐、靠八卦，成了少数媒体的首选。究其根本，在于思想感情上疏远了群众，在实践中远离了基层，忘了本分，丢了本色。"走转改"正是从根本上解决这些问题的一剂良方。

二、对"走转改"活动的历史贡献和重大突破的认识

这是"走转改"改变和带来了什么的问题。应当说,"走转改"活动虽然时间并不长,但对所有媒体乃至整个宣传思想文化战线,都从思想、理念、价值观、工作作风、传播方式、传播效果等方面带来非常大的改变。

(一)"走转改"是创新新闻宣传的重大举措

中国的新闻宣传有自身的特点和长期形成的传统,比如,典型宣传、成就宣传、主题宣传等。这些宣传产生了大量的精品力作和巨大的社会影响力,取得了非常好的宣传效果。但是,过去在媒体环境相对简单的情况下形成的一些新闻宣传的传统做法和经验,在当下日趋复杂的媒介生态环境之下,就有了如何与时俱进的问题。比如,传统的成就报道,往往是"数据+经验"的模式,容易流于枯燥、空泛,吸引力不足。在"走转改"活动中,很多媒体创新报道方式,用独特的视角和表达样式,用清新朴实、鲜活生动的语言,生动的人物形象,使新闻报道变得好听好看、扣人心弦。从这个意义上讲,"走转改"活动是新闻宣传和新闻文化的一次创新实践。通过"走转改"的实践,使新闻宣传无论从理念、内容、视角,还是手段、载体、表达方式上,都有了很多新突破、新变化,新闻宣传的形态有很多创新。这些都是中央电视台通过"走转改"活动创新新闻宣传的一些初步的尝试和探索。

(二)"走转改"是增强新闻宣传吸引力、凝聚力和影响力的根本途径

通过"走转改",很多报道变得生动、直观、鲜活了,多了故事化表达、纪实性表达、悬念式表达、细节式表达,大大增强了对观众的吸引力、感染力,提升了观众的收视兴趣,使观众产生了"欲罢不能"的收看需求,影响力显著扩大。有的观众说,"让老百姓成为主角,《新闻联播》这个做法很好。"还有的观众感言,"《新闻联播》看得我这个大男人落泪了,这样的节目让人感到很温暖。"

(三)"走转改"是创新典型宣传的有效方式

典型宣传是中国特色社会主义新闻宣传的一个重要特点和重要组成部分,也是我们的强项。新形势下,随着网络、移动媒体、微博等新的传播手段的出

现，传统媒体推出和宣传典型的模式和做法也需要进一步改进和提升。根本的一条是要解决典型宣传好看、可信、可学的问题。用"走转改"的方式做典型报道恰恰符合观众的接受心理和接受习惯。中央电视台的体会是，一是典型要选准，选谁是眼光，也是新闻判断力的体现，选准了典型就成功了一半。二是注重故事化表达，关注人物命运，进行流程式跟踪，直追故事结局。三是善用细节和闲笔，为典型人物的故事和情感表达留有足够空间。四是善于用新角度、新方式挖掘老典型的新特点，比如"重访郭明义"系列就取得了很好的效果。

（四）"走转改"是创新舆论监督的重要手段

搞好舆论监督，是中央的要求、人民群众的期盼，是舆论引导工作的重要组成部分。像《焦点访谈》、3·15晚会等，都是公众非常欢迎、影响非常广泛的舆论监督形式。新形势下，开展舆论监督的难点是：初衷是解决发展中的问题，但把握不好容易让人丧失信心；选题难度大，哪些报道，哪些不报，从什么角度报道，以什么方式报道，这些都是做好舆论监督报道需要破解的难题。解决舆论监督难，"走转改"给了我们一些启示。在"走转改"过程中，我们有意识地触及热点问题、难点问题。实践证明，只要按照中央的政策，坚持正确的新闻观，运用体制、机制的力量，为问题找到解决出路，这样的建设性的舆论监督效果都很好。比如，反映上学难，我们搞了《皮里村孩子的上学路》；反映看病难，有《儿童医院蹲点日记》；反映招工难，有《招工局长陈家顺》；反映买票难，有《邵全杰回家路》；反映讨薪难，有《杨立学讨薪记》。这些热点问题恰恰是舆论监督当中要解决的问题。这些报道播出后，不仅是这些个案问题得到妥善解决，还推动政府部门出台相关政策，加快了整体上解决问题的步伐。"走转改"形式的舆论监督比起传统意义上的舆论监督，其特点是，从某一个非常具体的人物或事件说起，以讲故事的方式，既正视问题、揭示问题，又积极地、一步一步地寻求问题的解决之道，在跟踪过程中，重在展示党和政府为解决问题做出的努力和成效。这为我们如何改进提高舆论监督提供了一个新的思考方式。

（五）"走转改"是加强马克思主义新闻观教育和新闻队伍建设的重要尝试

马克思主义新闻观是我们必须长期遵循的共同思想基础和行动纲领。过去新闻宣传中出现的失误，追根溯源，大多与新闻观有关。怎样加强新闻观教育，让编辑记者培养和树立起马克思主义新闻观，是我们一直探索的一个重要课题。通过"走转改"树立马克思主义新闻观，是最生动、最直接、最有效的教育方式。在"走转改"过程中，编辑记者转变了观念，端正了"我是谁"的基本定位，在眼界、习惯、观念、感情等方面都发生了深刻变化，培育了群众感情、民生情怀，改变了采访作风。央视在社会上产生广泛影响的"走转改"作品，无一不是经过反复筛选、长时间跟踪、反复多次采访才成功的。可以说，没有一件是无心插柳的作品。比如，在拍摄《邵全杰买票记》的过程中，记者跟着邵全杰一起到火车站排队买票，跟了4天，记者和邵全杰轮流睡觉和排队。最后买到站票，记者也跟着全程站了15个小时，跟邵全杰一起站到家，记者的腿都站肿了。拍《杨立学讨薪记》的记者为了走进老杨的心里，当起了他的工友，有饭一起吃，有水一块喝，一起挤公交，一起上派出所，一起找包工头，一起分担痛苦，一起分享喜悦。像《马子硕求医记》，女记者为了寻找采访对象，在儿童医院走廊的椅子上睡了好几夜。走基层中，有的记者在极寒山区陪着孤独的伐木工人一起坚守，有的在海拔5380米的世界最高驻兵点"神仙湾"哨所戴着氧气面罩编新闻，有的冒着零下30多度的严寒，在海拔5100米的地方坚持拍摄采访，有的不顾高原反应25次进藏，有的不畏艰险往返于400公里的悬崖峭壁……可见，"走转改"就是马克思主义新闻观见效的教育形式，它对加强新闻队伍的思想建设、作风建设的深远影响不可低估。

三、如何进一步深化"走转改"活动

"走转改"活动从去年8月份启动以来，积累了很多成功的经验，涌现出一大批精品力作，也培养了一批优秀的编辑记者，如何进一步深化是我们要面对的问题。我们的思考是：

（一）报道内容上，由关注个人命运进一步扩展到关注党和国家的工作重点和大局

要通过"走转改"的方式，更多地去关注党的方针、政策、措施和改革的具体环节，及其在实践中、在百姓身边发生了哪些变化，遇到了哪些困惑和问题，如何破解。我们既要创新宣传模式，用群众想听、爱听、能听懂的话来解读党和政府的各项政策，又要继续坚持"走转改"，深入到群众身边去了解、收集、反馈政策措施的效果和百姓的新期盼，为党和国家的工作大局服务，力争做到小人物、小场面要反映大社会、大主题。

（二）报道领域上，从个体的报道拓展到群体的报道

深化"走转改"，需要进一步拓宽思路，扩大覆盖面，全景式、全方位地展现基层某一领域、某一群体的整体面貌。比如央视的"我在基层当干部"系列，关注基层干部群体，扭转对基层干部"矮化、妖魔化"的倾向，用"走基层"的方式把他们的真实状态呈现出来。再比如，城管也是一个被"妖魔化"的群体，当然城管队伍本身也存在一些问题，但是整体上还是为老百姓服务的，通过我们的报道要让大家看到城管队伍工作努力付出的另一面。宣传这些群体的目的并不是在美化、粉饰个人，而是把真实的群体形象展现出来，用正确的舆论导向推动社会的进步。

（三）报道视野上，由社会生活、生存状态扩展到重大主题的宣传

比如，用"走转改"的方式来体现经济发展、结构转型、社会和谐、国企改革、核心价值观、干部作风等重大课题，通过讲故事等方式以小见大地反映重大主题。特别是，今年我们党将召开十八大，做好主题宣传是新闻宣传工作的重中之重。我们要围绕迎接、宣传、贯彻党的十八大，用"走转改"的方式方法，精心组织好"科学发展成就辉煌"等重大主题宣传。把故事化、纪实性的报道手法运用于这些重大主题宣传之中，增强吸引力和感染力。

（四）在报道时效上，要注重新闻性

在新闻事实的选择上要注重选取正在发生、就在百姓身边的新鲜话题，增强报道的贴近性。即便是对人物的报道，也要从最新发生的事实入手，保持事件的鲜活度，使之更符合新闻定位，而不是只讲陈年故事。

（五）表现方式上，要进一步丰富手段，用多种多样的表现手法，提供生动活泼的新闻报道

一是在表达上有始有终，关注命运，关注走向，关注最终结果。二是将道理与观点融入故事讲述，让报道有完整的情节、丰富的人物关系、一波三折的过程。三是要善于捕捉细节，敢用细节。事实证明，给观众留下深刻印象的，大家相互传播的，恰恰是这些细节，包括一些特写。四是创新编排。比如我们实行《新闻联播》和新闻频道联动、配合，《新闻联播》发精装版，新闻频道发"未删节版"，既保证了新闻的协调性，也保证了效果的最大化，这方面要继续创新。

（六）机制建设上，由单纯重视报道扩展到加强长效机制建设。"走转改"活动是一项长期的工作，也是一项重要的实践活动

新闻报道是其中一项十分重要的内容，但不是全部。在"走转改"过程中，我们要继续在建立长效机制、使之常态化上下功夫。比如，建立领导干部、名记者、名播音员带头走基层机制、定期选题策划机制、基层联系点机制、版面时段保障机制、教育培训机制、媒体联动机制、总结研讨机制、考核表彰奖励机制等。通过建章立制的方式固化成功经验和做法，保障"走转改"活动的常态化和机制化。

（2012年4月5日）

15

"走转改"中的"四个结合"

前不久，中央电视台《新闻联播》在重要位置连续播出了《招工局长陈家顺》，在社会上引起热烈反响，给予我们高度肯定和热情鼓励。《招工局长陈家顺》的初步探索，启示我们深化"走转改"应做到"四个结合"。

一、要把"走转改"与创新新闻宣传结合起来

2月22日至26日，《新闻联播》连续5天播出《招工局长陈家顺》，新闻频道同步推出同题材报道，集中报道了云南省沾益县人社局副局长陈家顺倾力解决当地劳务输出与派遣问题的感人故事。这是"走基层"报道首次实现《新闻联播》和新闻频道同步播出，新闻和专题联动的立体化传播。随着"走转改"的不断深化，我们越来越体会到，"走转改"不是一般的教育活动，而是创新新闻宣传的一次重要行动。

（一）在"走转改"中创新典型宣传和主题宣传

《招工局长陈家顺》既是对典型宣传的创新，又是对创先争优主题宣传的创新，为我们开启了一条创新典型宣传、主题宣传的新思路、新方法和新模式。一方面，典型选得准。报道把镜头对准最普通的基层干部，陈家顺是一位"接地气的百姓干部"，甘当老百姓身边的"服务员"，为广大基层干部提供了一个现实的榜样。另一方面，宣传方式有创新。陈家顺报道之所以能被观众广泛认可，是因为人物没有被随意拔高，不是那种贴标签式的报道，没有陷入先进人物"高、大、全"的窠臼，所做的事情真实不虚假，人物如在身边，住在

隔壁，可亲可爱，可信可学。陈家顺这个基层典型形象的塑造，改变了基层干部在普通百姓眼中的旧有形象，增强了人们对基层干部的理解和对党和政府的信心。这就启示我们，深化和拓展"走转改"，就要善于用"走转改"的方式做好主题宣传、典型宣传及热点引导，从基层和群众的实践中提炼鲜活主题，发掘让老百姓有共鸣的典型，摒弃概念化、标签化的宣传模式。

（二）在"走转改"中创新舆论监督和问题报道

在央视"走转改"报道中，有一些是带有舆论监督性质的，或者是聚焦问题、揭露问题的报道，但它又有别于传统意义上的舆论监督和问题报道。它既正视问题、直面矛盾，又不是单纯地曝光问题、凸显矛盾，而是重在反映党和政府以及各级干部为解决群众问题的努力和成效，力求取得正面结果。比如，陈家顺的报道关注了农民外出打工的权益保障问题，引发了全社会的深入思考，为我们如何做好问题报道提供了一个新的思考方式。

（三）在"走转改"中创新表现手法和表达方式

为使节目产生积极的传播效果和广泛的社会影响，中央电视台力求在"走转改"报道中创新表现形式，进行故事化表达、连续式报道，将普通民众和基层干部放在联播重要位置，不同栏目紧密跟进，形成一种立体的新闻联动。陈家顺等很多报道都是采用平民化的视角，表现手法清新、自然、朴素，有真情实感，有故事有细节，语言朴实亲切，画面真实生动。报道不拔高、不矫情，老老实实讲故事，靠事实打动观众；注重抓住那些最能触动普通观众的感情要素和具体细节，看似闲笔，实则画龙点睛、扣人心弦。完整的故事情节、丰富的人物关系、一波三折的悬念，全程关注人物命运，关注最终结果，创新了新闻表达和新闻理念。

二、要把"走转改"与推动实际问题解决结合起来

（一）要善于发现问题、揭示问题

我国正处于改革发展的关键时期，各种新问题、新矛盾层出不穷。这就

需要记者带着问题和思考去走基层，不是为走而走，而是要善于挖掘基层变化、反映百姓诉求、揭示基层发展中的矛盾和困惑、积极寻求对策，给人以思考与启示。我们不回避基层存在的现实问题，又充分反映各级党委政府所做的积极努力和社会各界的关心支持，注意反映本质和主流，引导人们正确认识国情，增进理解，化解矛盾。

（二）要积极推动实际问题的解决

在错综复杂的社会现实面前，我们不仅要善于提出问题，还要善于找出问题产生的根源，更要善于推动决策机构解决问题。特别关注那些普遍存在、上下都关心、又有条件解决的问题。我们强调的是，关注普通人的生存状态、困惑、期待，通过人物命运故事化的表达，见微知著地揭示普遍性的问题，发挥协调职能和桥梁纽带作用，通过媒体的力量来推动实际问题的解决，展示党和政府"执政为民"的作为，增强群众对党和政府的信赖。比如，在陈家顺的报道中，反映了他为保护县里外出务工人员的合法权益，以"卧底"方式"潜伏"考察浙江义乌180多家企业，解决近两万人的务工问题，体现了基层政府和基层干部为老百姓解决实际问题的种种努力。

三、要把"走转改"与提升舆论引导力结合起来

（一）"走转改"为提高舆论引导力创造了条件

当今时代已经不是一个靠单向度的灌输式宣传就可以包打天下的时代了。受众的位置已经从传播的终端转向了传播的全程。提高舆论引导力应当是新闻传播的一种常态，而"走转改"为新闻媒体提高舆论引导力创造了有利条件。有了受众，才具备有效引导舆论的基础。舆论引导的先决条件是媒体的报道要形成对受众的吸附力，对报道内容乃至表现形式认同、认可，这样的传播才是有效传播，否则提高舆论引导力根本无从谈起。可以说，"走转改"给媒体提出了一个问题：应该报道什么？怎样的新闻表达最有效？"走转改"实际上是把受众视为新闻传播链条上的重要资源进行发掘，提供了一种基层百姓更易于接受、更易于转化为舆论引导力的传播方式、传播手段。

（二）在"走转改"的议题设置中提升舆论引导力

深化"走转改"，就要善于发现陈家顺这样的好选题、好素材，注重策划，善于提炼。提高舆论引导力离不开精准的议题设置，离不开善于发现的眼睛，离不开精心的策划和新闻包装。比如典型宣传实际上有规律可循，要准确捕捉，抓住时机，集中力量，深度挖掘，最大限度发挥典型的引领作用。"单打一"形不成影响力。深化"走转改"，还要注意拓展报道领域和视野，扩大覆盖面，全景式、全方位地展现基层的整体面貌，不过分集中于某一行业、领域、群体。

（三）通过立体的新闻联动提升舆论引导力

陈家顺事迹通过《新闻联播》和新闻频道《新闻纪实》《朝闻天下》等栏目的联合报道，形成了一种立体的新闻联动和规模效应，用先进典型来生动体现社会主义核心价值观，有效地引领了社会舆论。《招工局长陈家顺》引发社会各界强烈反响，许多观众通过来信、来电、网络留言等方式表达敬意，相关视频在各大网站的点击率极高，大量主流媒体也跟进报道，"陈家顺现象"成为一些观众街谈巷议的话题，人们改变了对基层干部的刻板印象乃至偏见，这样的报道就体现了舆论引导力，更深层的效果是避免了普通百姓被偏激的、错误的信息误导，保护社会心态健康发展。

四、要把"走转改"与加强新闻队伍建设结合起来

（一）"走转改"的落脚点是加强队伍建设，提升队伍素质

"涉深水者得蛟龙。"新闻人就应该永远在路上、在现场，基层就是新闻记者的脚步、镜头、笔触永远指向的一个终点。"走转改"通过建立长效机制，解决了新闻队伍中长期存在的一些问题，使新闻工作者在观念、眼界、习惯、感情等方面都发生了深刻的变化，走出了象牙塔，闻到了泥土的芳香，增加了对党情、国情、民情的了解，培育了群众感情、民生情怀。有抱负的记者，就应该时时刻刻在实践中、在群众中、在生活中，时时刻刻在路上、在基层、在现场，不能关在办公室、坐在会议室、泡在网上、沉在文件里。

（二）在深化"走转改"中找到新闻工作者的定位和坐标

开展"走转改"活动的依据是什么、道理是什么？新闻宣传属于社会意识形态的范畴，它只能以社会存在和社会实践为源泉、依据和标准。"走转改"事实上明确回答了新闻工作者的定位在哪里、坐标在哪里、根在哪里的问题。"心系群众鱼得水，背离群众树断根。"新闻工作者脱离了群众，就是脱离了根本、丧失了基础。要成为合格的新闻工作者，就要有正确的价值判断，不能随波逐流，就要增进同群众的感情，不断根、不忘本，任何时候都要把群众的呼声作为第一信号、第一选择、第一考虑。

（三）"走转改"集中展示了新闻队伍的整体素质

新闻工作者要不断提升自身素质，至关重要的一点就是深入基层一线、走到群众中间，在走基层中改进工作作风、增长本领才干。《招工局长陈家顺》之所以受到上下一致好评，是因为记者践行"走转改"精神，沉下身心、深入生活。为了拍好节目，记者春节前三次奔赴云南沾益县，通过记录陈家顺给当地农民做外出务工培训等具体事例，了解一个普通基层干部的生活状况和生存状态，感受他们的喜怒哀乐和酸甜苦辣。春节后，摄制组又跟随陈家顺和他所带领的269名农民工乘着农民工专列，从云南到浙江辗转数千里。整个拍摄历时近一个月，记者五下云南，仅拍摄的节目素材就长达40个小时，大量而丰富的新闻素材为节目的高质量、高品位奠定了扎实的基础。为了真实记录陈家顺的日常工作，记者还跟着他一起在沾益的田间地头日夜奔波。中央电视台很多社会影响较大的"走转改"报道，都是记者下了很大功夫，不断深入基层，反复筛选人物和素材，历时一两个月精心打磨出来的，在这一点上没有捷径可走。

目前，中央电视台正在积极深化"走转改"报道，努力推出一批更有分量、更有价值、更有深度思考的好作品，使新闻屏幕洋溢出鲜活的图景，焕发出生动的气息，把"走转改"活动推向新的高潮，发挥好主流媒体的舆论引导和价值引领作用。

（2012年3月17日）

媒体融合现状及发展趋势

媒体融合既是传媒领域一场深刻的变革，也是传统媒体必须面对的一个全新的课题。这是媒体的一场重组、变革和创新，并且是一场破坏性创新，就是从整体框架结构、制度设计、运转方式、产品呈现渠道和终端上进行的整体革新，而不是维护性创新，更不是修修补补、零敲碎打、小打小闹。

一、媒体融合是大势所趋

（一）什么是媒体融合？

"媒体融合"最早是 1983 年由美国马萨诸塞州理工大学教授普尔提出的，原意是指各种媒介呈现多功能一体化的趋势。在中国，媒体融合才刚刚破题，还处于探索阶段。因此，社会上把2014 年称为"媒体融合元年"。

在全球范围内，媒体融合大体经历了三个阶段：

第一阶段：传统媒体自己建新媒体、办网站，但内容基本是传统媒体内容的翻版，你是你、我是我，界限分明，只是把原本收费的内容变成网上的免费资源。《华尔街日报》的出版人亨顿认为，传统媒体把内容免费放到网上，"是个致命的错误"，成了自己的"掘墓人"。这个说法当然有其合理之处，但也要辩证地看，一是这不取决于想不想这么做，这在当时是客观趋势；二是这一阶段新媒体确实为传统媒体拓展了阵地和渠道，提升了影响力，这也是事实。

第二阶段：传统媒体和新媒体互动合作，你中有我，我中有你。 2000 年以后，人民网、新华网、央视网等成为中央重点新闻网站，被授予新闻转载权。除了登载所属传统媒体的内容外，开始转载其他媒体的内容，也开始原创和自主采集一小部分新闻。

第三阶段：媒体融合，你就是我，我就是你。现在各媒体基本上都完成了前两个阶段，在向第三个阶段过渡。2000年3月，美国佛罗里达州坦帕市的媒体综合集团成立坦帕新闻中心，将旗下的报纸、电视台和报纸的新闻网站搬到一起办公，是最早的"媒体融合实验"模型，被认为是国际媒体融合的标志性事件。

如果要概括，媒体融合主要包括这样几方面内容：一是从理念上融合，二是从内容上融合，三是从技术上融合，四是从流程上融合，五是从管理上融合，六是从渠道上融合，七是从平台上融合，八是从体制机制上融合。

媒体融合有两个关键特征：

第一是要整合各种媒介资源和生产要素，打通和共享信息内容、技术应用、平台终端、人才队伍，形成一体化的组织结构、传播体系和管理体制。

第二是要用网络技术手段改造传统媒体，树立用户观念，改变过去单向传播、被动接受的方式，注重互动传播和用户体验，满足多样化、个性化的信息需求。

媒体融合至少要处理好五个方面的关系：

第一，传统媒体和新媒体的关系，融合中谁占主导？如何吸收各自的优势并规避短板？

第二，顶层设计和体制机制的关系。既要有整体的战略规划，又要创新体制机制，激发主动性和创造力，变物理结合为化学反应。

第三，内容和渠道的关系，是靠内容打造核心竞争力，还是靠渠道和平台取胜？

第四，传播者和受众的关系，要不要从电视节目到内容产品转换？要不要从服务受众到服务用户转变？

第五，融合和管理的关系。无论怎么融合，也不能丢失主流媒体的责任，要有序推进。

（二）媒体为什么要融合

1. 受众需求和接收习惯发生根本变化

媒体是办给受众看的，受众的需求变化是媒体改革的重要信号。

目前，受众需求变化主要有三个方面：

一是不满足于传统的被动接受，希望参与、评论乃至生产新闻，获取与媒体平等的话语权。

二是对信息的需求越来越集成化、分众化。单一的新闻报道形式无法满足受众的全部需求，受众需要同时获知新闻背景、专家评论、各方观点、文字、图片、视频等。

三是受众需求呈现多样化。不同年龄、性别、职业、学历的人有不同的需求，受众需求越来越差异化。

根据央视的调查，目前有 2.64 亿的观众经常用电脑收看电视节目，有 1 亿观众经常通过手机收看节目。美国的调查显示，通过在线和移动终端看新闻的人数已经逼近电视观众规模。美国这样的读报大国，看报纸的人数已经不到 30%。莫言获得诺贝尔奖的消息，国内有高达 52% 的人是最先通过手机获知的，33% 的人是通过电脑得知的，只有 15% 的人是通过报纸、电视和广播获得的。2013—2015 年连续三年的央视春节联欢晚会，每年有 2 亿多人通过网络收看节目，这些都是前所未有的。

2. 传统媒体受众规模正在缩水

传统媒体受到新媒体空前的冲击，尤其是报纸、杂志首当其冲。根据世纪华文最新监测数据显示，2014 年全国报纸总体零售量下滑 30.5%，降幅再创历年新低；期刊杂志整体销量下降 6.98%。纸媒受众快速转移阵地意味着它的部分媒介功能正在被替代，报纸读者的一些需求通过新媒体能得到更好地满足。

每个家庭的客厅曾是电视机的专属领地，然而有了移动端的平板电脑和手机之后，客厅也成了多终端争斗的场所。电视媒体正面临严峻的下行压力，人才流失、观众流失、广告流失困扰着电视媒体。多屏收视竞争导致电视观众的流失呈现不可逆转的趋势，人均每日收看时长不断下降。根据央视索福瑞的调查，2015 年上半年人均收看电视的时间为 156 分钟，相比 2011 年的 168 分钟，下降了 12 分钟。观众的平均到达率由 2011 年的 70% 下降至 62.1%。 45 岁以下的年轻观众电视消费时长逐年下降，45—54 岁的观众下降幅度也比较大，人均时长减少了 15 分钟，一部分人开始远离电视，转向新媒体。

但是，没有任何理由因此而"唱衰"传统媒体。十多年前，当人们都认为广播快要终结的时候，汽车和手机拯救了广播，全国有 1 亿台汽车，6 亿多部手机，5 亿台收音机，在车上听广播和用手机听广播的人越来越多。互联网也拯救了广播，让广播换了一种活法——可以网上收听，比如有的国家已经计划在 2017 年关闭所有无线广播电台，广播将以互联网广播的形态获得重生。

3.传统媒体广告连年下降

清华大学发布的《传媒蓝皮书：中国传媒产业发展报告（2015）》指出，2014 年全年传媒产业总值达 11361.8 亿元，首次超过万亿元大关，较上年同比增长 15.8%。但从传媒产业构成来看，网络占 23.3%，移动媒体占 23.9%，二者共占 47.2%；而电视、报纸、广播、杂志四大类传统媒体分别占 17.3%、5.1%、2%、1.5%，总计占 25.9%，远低于新媒体的产值。

目前，广告日益从传统媒体转向新媒体。电视和报纸的广告市场份额出现明显下滑态势，网络媒体成为第一大广告收入媒体。2014 年网络广告收入首次超过电视广告，收入规模超过 1500 亿元，同比增长 40%。移动广告市场规模达 296.9 亿元，同比增长 122.1%，增长率连续 3 年超过 100%。

《传媒蓝皮书》提供的数据显示，报业赖以生存的广告市场连续 4 年负增长，2014 年的下降幅度达到 18.2%。 2015 年上半年，报业广告下滑更为严重，降幅达到 32%。有专家称报业正遭遇"断崖式"滑落。 2015 年上半年，电视广告花费同比减少 3.4%，时段广告资源量减少 10%，这部分广告转投新媒体。广告客户认为新媒体能够进行精准化、互动化的广告投放。

4.新媒体呈现爆发式增长

中国是世界新媒体用户当之无愧的第一大国。目前，网民数量、手机网民规模、互联网普及率、网络在线阅读量、视听量等都在爆发式增长。互联网似乎已经悄悄渗透进了每个人的日常生活，购物，上淘宝、京东网购；买书，上当当网；出行，用滴滴软件叫车，用导航软件；旅游，上携程网买机票、订酒店甚至买景点门票；吃饭，上大众点评、美团网看附近有什么推荐的美食；

聚会喝酒了，用e代驾叫司机帮忙开车。

10年前，中国电视观众数量是12亿，互联网用户只有2000万；10年后，电视观众没怎么增加，而网民规模已经达到6.5亿，占全球总数的21.6%。手机网民规模达到5.57亿，网民中手机上网人群达到85.8%。4G手机用户已突破1亿，2015年底将达到4亿。中国网民人均每周上网26.1小时。10—39岁为上网的主要群体，达到78.1%。微博用户为2.49亿，较2013年减少3194万。微信用户数量目前已经突破6亿。

新媒体发展如此迅速，它的弊端也随之显露出来。它的准入门槛低，传播的内容的把握远不像传统媒体那么严格，虚假新闻、谣言和"三俗"的内容几乎随处可见，欺诈、钓鱼等犯罪勾当也不鲜见。因此，在老百姓的心目中，新媒体的公信力和权威性远远排在传统主流媒体后面。

二、国内外媒体融合的现状和趋势

（一）国际媒体融合特点和趋势

媒体融合是世界范围内传统媒体共同面临的课题。以CNN、BBC、FOX、半岛为代表的国际一流媒体早已意识到全媒体传播的重要性，他们从体制机制、资金投入和内部运行机制上都做了相应调整，以此应对复杂的媒体竞争态势。

1.再造采编流程，打造全媒体传播平台

目前，BBC、CNN、《纽约时报》《华盛顿邮报》等国际知名媒体都普遍建立了全媒体融合编辑部，打造了跨平台的多媒体新闻中心，对所有记者统一管理、全媒体运作，一套人马采编、一个平台分发、内容多次开发，纷纷开始做大数据新闻、融合新闻、集成互动新闻、可视化新闻等。

英国的《每日电讯报》有一个著名的"大蜘蛛网状"办公格局，一个中心椭圆形办公桌围坐着11个部门主编，网站编辑、报纸编辑全部在身边，站着开会，同时领受任务。这不是简单的物理办公格局的调整，它实际上是媒体融合的一个具象表现，解决的是媒体采编流程再造这个根本性制度设计问题。

CNN改变了以往各频道及网站都有节目制作部门的格局，在内部组建了一个可以对所有新闻素材进行加工利用的媒介处理中心，供电视、网站、移动终端等各平台自由选用。同时，台网的记者不再泾渭分明，总控中心将他们纳入统一平台按需调遣，部门界限也变得模糊。

BBC确立了"1+10+4"的新媒体战略，"1"代表一个品牌，就是BBC，"10"是10个产品，包括新闻、体育、天气、少儿节目、搜索等，"4"是四个终端，电脑、电视、平板电脑、智能手机。这样布局后，每周有超过63%的英国人在BBC在线平台上观看内容。BBC已全面摒弃垂直的层级管理模式，采用更为互联网化的编辑负责制，建立了一个360度开放式全媒体平台。BBC总裁Tony Hall表示，在未来10年间，互联网和移动端业务完全有可能成为BBC的主要业务。

2. 以用户为中心，打造定制化服务

国外各大媒体普遍把用户作为媒体融合最重要的因素，逐步改变传统的内容生产模式。如《纽约时报》为了满足用户推出的新的内容制作模式：第一，推送三句话新闻。遇到突发新闻，写好三句话就推，把最基本的信息先告诉读者。第二，故意落后。这样可以加入更多独家的新闻细节。他们判断，读者不会每时每刻都盯着手机，可能一两个小时才看一次手机，这样就会打开《纽约时报》更新的推送。第三，培养"非印刷式"思维。记者可以无数次地返回现场补充更多的内容，通过移动端推送。第四，尽量避免在晚上11点到早上6点之间进行推送，除非是重大突发新闻。也就是说，尽量不在睡眠时间进行新闻推送。

2013年，美国奈飞公司（Netflix）推出的自制剧《纸牌屋》红遍全球。Netflix的产品生产策略是，从用户那里获取大量及时、大众视角的信息，并把这些信息融入内容生产中。以《纸牌屋》为例，从主题风格到导演、主演的选定，都以用户分析为基础，工程师们事先研究了近3000万用户样本的收视行为、评价、搜索词等信息。

3. "借船""造船"并举

美国有71%的网民使用Facebook，连65岁以上的网民都有56%的人使用。Facebook用户每天观看的视频短片达30亿个，半年内增加了3倍。YouTube

用户群也超过了10亿。有媒体把YouTube称作是新媒体时代的好莱坞。这样说是因为在YouTube上诞生的明星的人气丝毫不逊于一线影星，它背后的链条、复杂和完善程度也直追好莱坞。

Facebook、YouTube这些社交媒体的影响力越来越大，国际媒体谁也不敢忽视跟他们的合作，都愿意"借船"搭载这些新媒体的领军者，来提升自身的全媒体传播力。CNN、BBC、FOX、半岛、天空、HBO等国际媒体，均在Twitter、Facebook等社交网站与YouTube等视频网站上，开设了多个官方账号。

2014年，美国收视率最高的电视台CBS宣布，给Netflix、Hulu、亚马逊等网络视频平台制作电视剧等节目，这意味着将来有一部分优秀的电视台节目将不再面向电视观众，在电视上看不到了，只能从网上看。梦工厂也和Netflix签约，为它专门制作多部动画美剧。

除了"借船出海"外，一些国际媒体开始有意识地打造自有新媒体品牌，"造船"出海，运营自己的新媒体，把之前放到第三方新媒体平台上的内容搬到自有平台上。

2014年9月，半岛电视台正式推出首支移动平台新闻应用"AJ+"，为用户设计了小体量的"卡片式"新闻。这样的设计并非移植传统媒体平台上的内容，而是根据移动平台特点和用户需求量身定做，让那些从来不看电视的人在网上看半岛电视台的节目。这种播出模式没有栏目，没有主持人，直播只扮演很小的角色，绝大多数的节目是根据受众的要求提供的定制节目。定制的来源就是通过网站和社交媒体搜集观众的需求。

4.利用新媒体技术拉回年轻观众

美国皮尤研究中心的报告显示，18到29岁的人群中，观看在线视频的比例高达90%。 CNN为了吸引活跃于社交媒体平台的青少年，集中力量开发新闻微视频，在推特上为用户定制了名为"你的15秒清晨"的视频新闻系列，每条新闻15秒钟，都是最精华的内容。随后又开发出更为短小精悍的6秒视频新闻系列，帮助青少年网民养成看新闻的习惯。

2014年，日本《每日新闻》发现，每天买报纸的年轻人越来越少，但买瓶装矿泉水的却越来越多，于是他们决定，把报纸的内容印刷到饮料瓶包装上，这样就多了一种渠道让年轻人看报。同时，《每日新闻》在瓶身上印上二维码，可以扫描，在手机端读到最新的新闻。这样，一个月每个零售超市平均售出3000瓶矿泉水，既挽救了传统的纸质报纸，又把大量年轻用户引向了移动端。国外现在已经研究出了会说话的报纸，可以吃的报纸等，这都是借科技力量出海。

BBC更彻底，它停播了第三频道少儿频道，改成一个只在网上播出的直播频道，只能通过BBC iplayer，在电脑、手机、平板电脑上的移动客户端观看，这也是针对年轻观众收视习惯改变而做出的选择。

5.利用大数据精准投放广告

2013年美国的互联网广告收入达到428亿美元，首次超过广播电视（401亿美元）。美国所有报纸的广告收入从2000年的635亿美元，减少到2013年的230亿美元，而且仍在持续减少。《华盛顿邮报》在20世纪90年代每年的利润超过12亿美元，去年亏损额超过4000万美元。而谷歌的广告收入却逐年增长，从2001年的区区7000万美元，增长到2013年的506亿美元。这相当于美国所有报纸广告收入总额的两倍多。

由于机顶盒能反馈大量用户数据，英国天空广播公司于2014年全面启动了视频广告服务AdSmart。针对收看家庭的成员人数、地理位置、收入水平、消费习惯等特点，在观众收看电视的时候实时插入最适合该家庭的广告内容，并根据邮政编码，实现地区上的精准投放。

国外媒体还探索付费阅读、增值服务等多元化的盈利模式。2011年，《纽约时报》率先在美国报纸竖起"付费墙"，当时曾引来极大的争议，挑战了大众认为互联网就该免费的固有思维。《纽约时报》2015年9月刚刚宣布，网络版的付费订户数量历史性地超过100万，大大超过报纸印刷版的订户（62.5万），为报纸创造了上亿美元的营收。同年第二季度，《纽约时报》印刷版利润下滑12.8%，数字版利润上升14.2%，这证明了在互联网时代依然有大量用户愿意为高质量的数字版内容买单。美国其他报纸也纷纷效仿，目前已有500多家报纸设立了"付费墙"。

（二）国内媒体融合的现状和趋势

1.重塑采编流程

通过建立"中央厨房"式的全媒体编辑部，国内很多媒体整合了分散的采编力量和发布终端。2015年3月，人民日报推出"中央厨房"（全媒体平台），根据微博、微信、客户端、网站、报纸等不同媒介的传播特性，分三波进行报道，第一波求快，第二波求全，第三波求深。"中央厨房"的运作，改变了以版面为主导的采编管理方式，变成了全媒体形态、24小时全天候的全过程采编管理。

中央电视台从2012年开始探索台网一体化运行的体制机制，以"央视新闻"为试点，在新闻中心筹建了网络新闻编辑部。央视网派驻新媒体人员入驻，合署办公，直接介入新闻生产前端，既确保了新闻报道的新媒体首发，又实现了多元化、立体式、全覆盖传播，把央视新闻的优势从电视端延伸到移动终端和社交平台。

中央人民广播电台建立了"中国广播云采编平台"，整合了全国60家地方台的233套频率，采用云计算、大数据处理、智能检索等先进技术，再造广播行业新闻采编新流程，在台式机、笔记本、平板电脑、智能手机等多终端上实现了报题、选题、素材编辑、文稿撰写和审核的多元统一管理。

2.抢滩未来市场

为抢占移动互联网新入口和移动传播制高点，2014年底中央电视台与中国移动签署协议，合作共建4G手机电视内容聚合与集成播控平台，央视负责信源的聚合与播控，中国移动负责建设4G手机电视分发平台及运营支撑系统。央视还投入资金，在未来三年内，将对中国移动合作机型预装央视新闻、央视影音APP。预计到2017年，央视新闻、央视影音APP装机量将超过5亿部。

湖南广电发展全媒体的重点是打造芒果传媒。2014年，湖南广电率先提出"芒果独播"策略，不再对外销售自制节目的互联网版权。独播策略实施几个月，为芒果TV带来了可观的流量增长，仅PC端，最高峰的时候日均用户数达到1400万。

2014年，通过整合与改革，上海文广集团70%的业务资产、收入和利润全部进入上市公司。东方明珠新媒体公司的定位是成为标准的互联网公司，目前已设立互联网电视、云平台与大数据、主机游戏、电信渠道、网络视频五个事业群。

3.发力"两微一端"

在媒体融合中，各媒体普遍在微博、微信上开设法人账号，建立独立的客户端。人民日报社把法人微博作为媒体融合的第一个重要工程，建立了专门团队对微博进行专业化运营，旗下有142个微信公众号矩阵，其中"侠客岛"和"学习小组"影响很大，每篇文章平均阅读5万次。新华社2015年6月推出新版客户端，在全国签约建设了1000多个党政客户端，是我国最大的党政客户端群。中央电视台建设了以央视新闻、央视影音、央视悦动、央视体育等客户端为核心的媒体融合产品体系。特别是"央视新闻"，仅两年的时间，总用户数突破1.8亿。

4.确立用户理念

推动媒体融合，其核心和关键是提供优质的节目内容。传统的观念认为传统媒体只有读者、观众和听众，没有用户。互联网思维要求确立用户理念。像《今日头条》，下载了它的客户端，当你漫游到外地后，到了哪里它就会给你推送当地的新闻。受众和用户的本质区别在于：受众是整体概念，媒体无法精准掌握数据和需求；而用户是个体概念，媒体能掌握用户的收入、消费偏好等具体信息。

5.补齐人才短板

有统计表明，中国媒体融合方面的人才缺口在60万到80万之间。各大媒体最紧缺的人才是既要懂传统媒体，懂电视报纸的采编业务，还要懂全媒体运营、懂市场、懂新媒体技术、懂现代管理。人民日报社通过架构师来完成新媒体产品、项目、平台的总体架构。新华社新媒体中心就专门设置了"首席视觉设计师"。

6.搭建技术平台

从广播电视的发展历程来看，每一次技术的革新，都会为广电行业的发展提供新的手段，注入新的活力。从黑白到彩色，从模拟到数字，从标清到高清，从平面到立体，从微波传输到卫星、光缆覆盖，每一次跨越都是技术推动的结果。技术是驱动新媒体与传统媒体融合发展的核心动力。构建强大的多屏传播平台，建立跨媒体统一的数字化管理流程及技术平台，是实现台网融合发展的根本支撑。

新华社成立了713实验室，主要工作内容是对云计算、大数据、内容聚合、移动互联网等关键性、瓶颈性技术和标准进行研究论证、测试、仿真和示范运行。中央电视台加强大技术平台一体化建设，吸收大数据、云计算、4G移动通信等前沿技术，建设满足各频道内容、多媒体形态一体化运行的技术支撑平台。光明日报报业集团与微软公司合作，面向skype用户推送时光谱新闻服务，并推出了"媒体云"，向广大媒体机构提供云计算服务。

7.从渠道到产品合作

2015年，电视媒体与视频网站等新媒体机构的合作，逐渐摆脱了单纯的节目买卖关系。比如江苏卫视与优酷网联播《最强大脑》，开展了衍生节目合作，根据观众收视偏好对电视节目进行网络适应性调整。在《中国好声音》播放期间，腾讯不仅获得网络独播权，而且在微信平台上开发了一款竞猜游戏。《舌尖上的中国》《爸爸去哪儿》等节目均联合电商平台发售衍生品，"边看边买"式的台网联动延伸了电视节目产业链。

三、媒体融合存在的倾向性问题

（一）观念

尽管各媒体对融合趋势看得越来越清楚，但也存在认识滞后和理念偏差，对于媒体融合到底是什么、融什么、怎么融还缺乏共识。有人说"媒体融合是伪命题"，"媒体融合，死路一条"，"分化是趋势，融合是倒退"等。媒体内部认识也不统一，在以下一些关键问题上共识度低，阻碍了媒体融合的实质性推进：一是仅仅把新媒体作为一个传输渠道，弄不清是以电视为主体发展新媒体，还是向以互联网为重心的新媒体战略转型？二是用互联网思维改造传统媒体，还是用新媒体"吃掉"传统媒体？三是到底应该着眼于现在的用户，首先把报纸和电视的核心用户服务好，还是执行数字优先策略，大力吸引数字用户，为未来投资？四是以内容为主还是内容和平台并重？是以台网并行的模式还是一体化的模式来发展新媒体？五是在4G时代，是"借船出海"，还是"造船出海"，还是"买船出海"？

（二）定位

很多电视台认为新媒体只是一个附属机构，对新媒体的经营、运作、职能定位比较模糊。它们把精力主要放在传统的电视节目制作上，这没有错，但是对新媒体的重视程度远远不够，将其看成一个简单的延伸机构，没有作为重点机构打造，财力、精力、人员等投入远远不足。很多媒体也不知道自己该干什么，看起来什么都有，但又什么都没有特色。

（三）规划

媒体融合必须加强顶层设计和战略规划。目前国内媒体融合在大方向上有三个误区：第一种误区是搞媒体融合，就是办网站、开微博微信、做APP，把现成的内容搬上去。这实际上是把各个媒体拼凑在一起，是凑合、捏合，不是融合。第二种是传媒主业滑坡，为了生存，什么来钱快就干什么。第三种是彻底抛弃传统主业，纯粹经营新媒体。

（四）体制

媒体融合最大的难点在于打破传统体制机制的束缚。体制机制涉及四个方面：一是改革要注重宏观规划与顶层设计，自上而下；二是资源共享，避免重复建设；三是采编播流程一体化；四是调整内部组织架构。传统媒体和新媒体，一个是事业编制，一个是企业编制，人员归属、身份、薪酬、晋升、考核、管理、培训，这些都不一样。不解决好这个问题，媒体融合非常困难。

（五）版权

在新媒体传播的条件下，电视媒体内容生产优势和品牌会进一步放大。但是，现在传统媒体的内容资源已经成为商业网站的"免费午餐"。现在打开网上的视频新闻，那些重要的、时政类的、关注度高的，大多数是采用传统电视媒体新闻播出内容截取的，而且都放在网页首要位置，被各大商业网站广泛转载，还跟贴了大量广告。通过电视这样的公共媒体播出的新闻在新媒体传播中如何受著作权保护，是个十分重要的问题，应当加强研究。

国外版权保护比较规范，因而也收到了明显的效益。BBC版权开发收益占到其总收入的29%，时代华纳占到43%，迪士尼更是高达58%。米老鼠和唐老鸭这两个卡通形象已经为迪士尼公司带来数百亿美元的价值。

（六）人才

面对媒体融合，传统媒体普遍面临人才紧缺的问题。各大媒体最紧缺的人才是既懂传统媒体、懂采编业务，还要懂全媒体运营、懂市场、懂新媒体技术、懂现代管理。由于传统媒体缺乏有竞争力的薪酬体系和激励政策，难以引进尖端人才。有统计说，从传统媒体辞职的人有超过60%都流入新媒体行业。

（七）技术

媒体融合，没有先进技术支撑是无法推进的。目前，传统媒体在技术研发、应用上还很滞后，成熟的新媒体技术往往都掌握在商业网站手中，新闻媒体只能把生产的内容几乎无偿地提供给商业网站使用。以春晚微信红包为例，央视收入了独家新媒体合作伙伴费用，同时，青少年观众比上年春晚增加了8.6%。而互联网公司则收获更多：挖掘了平台商业模式，携手众多品牌赞助商派出数亿元红包；提升了微信平台用户的黏性；该互联网公司金融用户数一举提升了1个亿；提升了互联网公司摇一摇功能的社会影响力；获得了电视观众的海量大数据，为将来的商业模式开发奠定了基础。可以说，互联网公司借助春晚入口，让微信平台的价值获得了一次飞跃。

（八）经营

传统媒体的商业模式是"二次售卖"，这样的模式割裂了广告主和用户。互联网时代，这种信息不对称被消除。基于用户大数据的分析，广告精确地投放给有消费兴趣的人。它一分钱都不会浪费，直达消费者。例如滴滴公司占有很大的出租车市场，自己却没有一辆出租车；大众点评等订餐公司，不管理任何一家饭店，却拥有庞大的市场。它们靠的就是经营模式的创新。

四、几点建议

（一）建立跨媒体一体化采编体系

业务流程再造是所有转型的基础。业务再造转型，涉及几个问题：一是组织架构：大蜘蛛网式的办公能不能实现；二是人才队伍；三是用人机制；四是跨媒体整合营销模式；五是综合考评体系。从团队来说，一体化的团队要干什么？第一，内容策划；第二，内容制作；第三，多平台分发；第四，多平台推广；第五，版权维护；第六，广告营销。这些都要进行统一的运营管理。

（二）建立多媒体产品集群

要建立用户思维、产品思维，探索将采编、制作队伍以及电视节目优质内容和品牌，与新型的包括网络原创以及用户上传的内容融合，开发出具有市场竞争力、多媒体覆盖的产品集群，包括：平台类、应用类、内容类、硬件类产品。要全面覆盖，覆盖内容，覆盖平台，覆盖终端。

（三）建立先进的技术支撑体系

首先是新老媒体技术体系一规划、论证，信号资源、媒资库、新闻共享、节目制作、演播室等系统资源实现一体共享、无缝对接。其次是吸收大数据、云计算、4G移动通信技术、可折叠电子纸、可穿戴设备、智能机器人等前沿的媒体技术，建成先进的多媒体形态一体化运行的技术支撑平台。三是建立技术研发团队，紧盯世界技术前沿，瞄准发展趋势，以新技术新应用推动媒体融合。

（四）.建立跨媒体的多屏传播平台

在留住观众的基础上，把电视观众转化为自身的新媒体用户，把年轻的新媒体用户拉回到电视机前，实现"5屏"覆盖和"5A"效应。"5屏"即电视屏、电脑屏、手机屏、Pad屏、户外电视屏；"5A"即"任何用户（Any one）在任何时间（Any time）、任何地点（Any where）、以任何方式（Any way）、在任何终端（Any terminal）上"都可收看自己喜欢的节目内容并进行互动分享。

（五）建立市场化的产业经营模式

布局并优化"内容＋平台＋终端"的全产业链条，打通电视播出平台与新闻门户网站、手机电视、IP电视、互联网电视等多重传播渠道的广告经营资源，积极利用微博、微信、二维码等新平台新技术，实行一体化捆绑式整合营销。

（六）建立适配媒体融合的体制机制

新老媒体一体化发展就是实现信息内容、技术应用、平台终端、人才队伍的共享融通，实现"你中有我、我中有你"，核心就是要进行体制的融合与创新。实现一体化发展，必然是一场颠覆性创新、深层次改革——与以往的改革从增量做起大为不同，不是"老人老办法，新人新办法"，而是一场存量改革，是一系列涉及体制机制、利益调整等深层次问题的深刻变革。

"一体化发展"必然倒逼我们回答这样一系列具体、现实的问题：其一，如何对目前的电视产品进行互联网化的改造？其二，围绕电视节目播出的生产线，如何适应全媒体生产和多终端分发？其三，现在电视主业是事业体制，新媒体是企业体制，这两个体制如何贯通，如何融合？其四，我们的薪酬制度、用人机制怎么改革才能吸引人、留住人？其五，我们的投融资方式如何和市场接轨、同步？其六，内部的利益关系如何调整，才能激发活力，形成持久的发展动力？要回答以上问题不容易，需要管理体制、思维观念、生产流程、人员队伍等各方面的转型升级。

（2015年）

广播影视报刊的前景

——在中国广播影视报刊协会年会上的讲话

一、广播电视报刊发展历程

回顾发展历程，有利于我们更好地认清形势、认清自身，寻找出路。

广播电视报是随着广播电视媒体的崛起而发展起来的一支新生的报业力量。"广播报"的历史稍早点，但开始时都是"节目单""节目表"，还不能称为报纸。1934年9月，南京中央电台创办了《广播周报》，这可以算做广播电视报的胚胎。1958年9月2日，第一家电视台——中央电视台正式播出，《电视节目报》同时诞生，是4开8版周报，这是真正意义上最早的广播电视报，但出了6期就宣告停刊。此后，一些省市的电台也相继创办了介绍本台节目的广播节目报，但大都在60年代相继停办。

到了70年代末80年代初，局台分设，广播电视分家。那时的广播电视报是名副其实的"电视节目报"，除了一点广电新闻外，其他全是密密麻麻的广播电视节目表。1978年的时候，全国只有32家电视台，300万台电视机，电视还不普及，对广播电视报的重视程度还不够。到了80年代初，彩色电视迅速普及，广播电视报数量增加并开始扩版。随着观众收视热情的高涨，到1987年全国各级电视台就达到了366家，电视机1.16亿台。电视热使一些广播电视报迎来了每期200多万的超大发行量，90%以上的自费订阅让广播电视报声名鹊起，有强劲的发展势头。这个阶段除了预报节目，开始开办副刊等，介绍一些影视逸闻趣事、健康知识、生活指南等，让广播电视报摆脱了节目单的面貌，成为真正意义上的报纸。90年代初，电视异军突起，成为人们的必需品。中国电视报后来被中国世界纪录协会收录为中国发行量最大的电视报，创造了中国之最。许多省市纷纷创办自己的广播电视报，并且积极扶持，从而在广电业内形成声、屏、报三位一体的格局。广播电视报也因为投入小产出高、深入千家万户等优势，成为广电业内人均创利最高的媒体。这种大好局面一直持续到90年代中后期。鼎盛时期，有的发行量达到三四百万份，少的一般也有10万份以上。因为当时电视的热度让这个唯一的广播电视节目刊登者推向了发行的最顶峰。90年代初全国广播电视报每期总发行5000多万份，占同期全国所有报纸总发行数的七分之一，绝大多数在当地的报刊发行量中遥居首位。到了90年代后期，很多广电报刊的发行开始大幅下滑，有的甚至从几百万跌到几十万的低谷，广电报的盈利神话被打破。此后，面对激烈的市场竞争环境，广播电视报的发展开始进入低潮。国内只有少数几个地区的广电报在当地保持强势，但总体状况无疑是在萎缩，不少广播电视报进入了发行、广告双双下降的局面，有的报社甚至入不敷出、举步维艰，连工资都发不起，靠局台补贴度日。

二、广播电视报基本情况

目前，广播电视报在报业的地位有所动摇，发行量虽仍在报业市场中处于比较领先的地位，但市场占有份额都大大下降。

目前，全国有320家广播电视报刊，其中，刊物40家左右，电影报刊10家，其余都是广播电视报。广电系统的这么多报刊在全国各系统各行业中绝无仅有。但是，广电报整体情况不乐观，挑战很多，压力很大。发行量在10万份以上的已为数不多，而且远低于这一底线的报社仍在持续增加；20万份以上的更是只有少数几家；广告创收普遍出现大幅下降；入不敷出的广电报社不在少数。广播电视报受到的冲击越来越大，其发展面临越来越多的困境。创新改革势在必行。

也就是说，就全国广播电视报来说，除了少数基础好、改革力度大的广播电视报外，大部分都面临着很大的生存和发展压力。但是，广播电视报人仍然顽强地做着各种努力和尝试，有的闯出了一些新路，值得借鉴。

三、面临的挑战

目前，广播电视报的发展面临各方面的挑战。

首先，广播电视报面临各种新传媒技术的竞争。以前，电视是人们的主要娱乐方式，对广播电视节目的需求比较强烈，而广播电视报因为能够准确预报广播电视节目，从而受到大众追捧，广播电视报的发行量大幅增加。但随着各种新技术的出现，电影、网络等也成为重要的娱乐方式，电视节目的重要性开始降低，广播电视报的发行量自然也随之减少，这是导致广播电视报发展陷入困境的重要原因。

其次，广播电视报面临都市报的竞争。以往，预告电视节目是广播电视报的特权，民众要想了解电视上播放的各种电视节目，就必须购买广播电视报，而这也是广播电视报能够发展壮大的最主要因素。随着社会信息化程度的提高，广电节目信息资源的垄断正被日益打破。如今，各种类型的报纸都可以预告电视节目，导致广播电视报的竞争力降低。同时，通过广电公众网站、手机短信服务等无从限制的众多传播途径，人们获取广电节目的即时信息也变得更加轻而易举。

再次，随着有线电视的不断普及，电视节目种类也日益丰富，很多电视台为了吸引观众，都会进行节目预告，让观众了解当天播出的电视节目，这就与广播电视报的节目预告相重复，对广播电视报的发展造成不利影响。并且电视产业的迅速发展使电视的套数和节目日益增多，90年代初期上星的频道只有十几个，而现在各个省就有十几套的节目，再加上专业类的付费电视，观众的可选择性增多，不会局限于某一个台的节目播放，现在的机顶盒直接提供全天的节目单。传播和媒体方式的多元化使得人们也不再局限于电视来获取信息。

最后，广播电视报自身也存在问题。比如，办报内容陈旧，有的依旧把节目单作为安身立命之本，认为只要有节目单，这份报纸就不会没人看，而实际情况早就不是这样了。人们可以随时随地知道想要的信息。有的办报方式陈旧，现在的媒体环境已经今非昔比，在这种局面下如果广播电视报不随着环境变化转变办报模式，早晚要被淘汰。总体上来看，很多广播电视报还缺乏创新意识，与都市类报纸相比，缺少竞争力。

四、国外广播电视报刊的做法和经验

美国电视指南（TV Guide）杂志创刊于1953年，其内容设置十分广泛，包括对家庭节目、电影、音乐、体育、天气、政治、文学、艺术、科技、社会问题等节目的预告与评论，同时由专家推荐当前最值得收看的节目，并支持节目搜索功能。

TV Guide杂志历经半个多世纪的发展现在美国拥有5000万家庭订户，海外300万订户，几乎成为每个家庭每周的必备品。年经营利润超过美国4大有线电视网利润总和。

TV Guide之所以长盛不衰，其中最主要的因素是替电视观众对节目预告进行梳理，并且按照不同受众的不同需求进行归纳，真正起到了电视指南的作用。更为重要的是，TV Guide买断了美国所有电视台的节目表，这被认为是其取得成功的重要原因。

五、改进建议

要重视服务性。认识到服务性是广播电视报刊区别于其他媒体的重要特征之一，是表现电视杂志专业特性的重要手段，寻找一切适宜的方式满足读者的需求。报纸刊登的信息要继续紧紧围绕老百姓的需求，坚持以人为本，为老百姓服务，这也是报纸取胜的根本。广播电视报是进入千家万户的，是进入百姓客厅的，是在家里阅读的报纸，所以，一切都要满足老百姓的需求，老百姓想得到什么，你能给老百姓提供什么，这是最要紧的。所有的版面，无论是生活版面、娱乐版面都紧紧围绕百姓的需求，拒绝低俗。现在，有些报纸充斥了大量的花边、绯闻，很不严肃。我们要进一步贴近老百姓，呼应老百姓的需要，了解民情，把报纸办到老百姓的心坎上。涉及老百姓生活必需的每一个环节，我们都要关注到，衣、食、住、行，再加上文化、娱乐，应该体现得更加充分，这就更加符合我们的定位和以人为本的宗旨。以广播电视内容为根本出发点，是广播电视报刊独有的特征，避免以弱势同其他媒体竞争。

宣传党和政府的中心工作永远是媒体的核心任务，是办报的宗旨和基本定位。虽然是一张服务性、娱乐性的生活类报纸，但是老百姓看重它的还是要获取党委、政府当前和今后的工作重点，通过这张报纸，老百姓能够了解政府在干什么。当然，主要的宣传时政任务由党报、党刊来承担，但是，作为一张有影响，在老百姓当中有信誉的，深入千家万户的报纸，对党委政府的中心工作不能忽视。当然，我们关注这些问题要有自己的角度，因为广电报是一张生活服务类的报纸，它和党报不同，关注这些问题不必板起面孔来做，可以从老百姓的角度来做，从报纸定位出发，来做更加贴近百姓，更加贴近生活，更加细致的新闻，甚至要做到和老百姓互动。要有自己的声音，自己的观点，要有分析有评论。仅仅是娱乐新闻的堆积，永远都不会有自己的特点。任何刊物都应该有自己的立场和风格。

信息量还应再加大，可以是简短的信息、标题式新闻、简明新闻。天下大事、国家大事、本地大事、新鲜的大事，特别是一些与老百姓相关的信息，都可以增加。信息量是吸引读者最根本的一条，如果没有信息量，报纸的吸引力就会下降。

另外，广电报还可以在一些数据统计类的内容上下功夫，比如说，当今世界最热门电影排行、全国最热门电视剧排行、最热门广告排行等，这些内容都是非常受读者欢迎的，还比如图书、刊物、歌曲、歌手排行等，排行榜里面隐藏着巨大的商机。排行之后还可依据排行分门别类做介绍，比如搞书籍排行，并做一些介绍。既有读者，又有商机，这件事情可以做得非常好。读者可以根据报纸上的排行和介绍去买书、去看电影。此外是票务，票务的范围很广，首先是电影票，其次是剧场、体育比赛票，还有展览、展会、商品促销的票等。这些票务都可以做。可以合作搞票务打折、赠送等。

广播电视报还可以考虑搞商务，这需要与银行等金融部门沟通，争取他们批准。像美国的一些报纸上印刷一些减价券，市民把报纸上的减价券剪下来后，去商场消费可以直接抵扣部分现金。电视报拥有的广告客户中，可以通过减价券或打折信息来吸引读者，吸引商家，并最终绑定读者和商家，扩大报纸的发行和影响力。

（2015年5月）

突发事件中的广播电视

突发事件一般都不是什么好事，但是却是新闻媒体的重要报道资源，报道好突发事件也是一个负责任媒体的天职，为此很有必要好好研究。

把"提高广播电视宣传应对突发事件能力"作为一个主要课题来研讨，一方面是突发事件本身影响大，宣传得好坏直接关系到舆论导向、关系到我们安定团结良好氛围的建立。另一方面，突发事件宣传日益成为我们日常宣传工作的重要内容，提高应对能力，对于我们搞好广播电视宣传工作具有很重要的意义。

一、突发性事件的概念、分类、应急管理的原则

（一）突发事件的概念

对于突发事件的概念，国内外学者和机构提出很多的定义，至今已经形成了100多种。根据我国国情和长期实践，2007年颁布实施的《中华人民共和国突发事件应对法》对突发事件的概念表述为：突发事件是指突然发生，造成或者可能造成严重社会危害，需要采取应急处置措施予以应对的自然灾害、事故灾难、公共卫生事件和社会安全事件。这个定义明确界定了突发事件的四个要件：

突发性，事件发生的准确时间、地点及危害难以预料，超乎人们的心理惯性和社会的常态秩序。

破坏性，给公众的生命财产或者给国家社会带来严重危害。

紧迫性，事件发展迅速，需要及时拿出对策，采取非常措施。

不确定性，事件的发展和可能的影响往往根据既有经验和措施难以判断掌控，处理不当可能导致事态进一步扩大。

（二）突发事件的分类

世界上各个国家对于突发事件类型的划分主要是根据本国某类突发事件的常见程度和为了适应本国政府应急处置工作的需要。例如，俄罗斯突发事件在法律上被分为暴乱类突发事件和自然及技术原因造成的突发事件两大类，英国分为人民福利类、环境类、安全类三类等。我国《突发事件应对法》把突发事件分为四类：

一是自然灾害。其本质特征主要是由自然因素直接所致，包括水旱灾害、气象灾害、地震灾害、森林草原大火等。

二是事故灾难。其本质特征是由人们无视规则的行为所致，主要包括工矿商贸等企业的各类安全事故、核辐射、环境污染等。

三是公共卫生事件。其本质特征是由自然因素和人为因素共同所致，主要包括传染病疫情、动物疫情、食品安全和职业危害等。

四是社会安全事件。其本质特征是由一定的社会问题诱发，主要包括恐怖袭击事件、民族宗教事件、经济安全事件等。

以上这四类突发事件往往是相互交叉和关联的，某类突发事件可能与其他类别的事件同时发生，或者引发次生、衍生事件。

（三）突发事件的分级

根据既要有效控制事态，又要应急措施适当的原则，我国突发事件应对法将突发事件分为四级：一级（特别重大）、二级（重大）、三级（较大）、四级（一般）。突发事件应对法规定，我国突发事件的分级标准由国务院或者国务院确定的部门制定。国务院印发的《国家突发公共事件总体应急预案》对特别重大、重大突发事件分级标准做出了详细规定，并同时明确，较大和一般突发性事件的分级标准由国务院主管部门确定。

（四）突发事件应急管理的原则

一是以人为本，减少危害。把保障公众健康和生命财产的安全作为首要任务，最大程度地减少突发公共事件及其造成的人员伤亡和危害。

二是居安思危，预防为主。常态与非常态相结合，做好应对公共突发事件的各项准备工作。

三是统一领导，分级负责。

四是依法规范，加强管理。

五是快速反应，协同应对。

六是依靠科技，提高素质。

二、我国严峻的公共安全形势和面临的挑战

近年来我国经济平稳发展，人民生活水平不断提高，社会政治和治安大局保持稳定，公共安全形势总体稳定，但依然严峻、任重道远。自然灾害、事故灾难、公共卫生和社会安全突发事件每年造成非正常死亡超过20万人，伤残超过200万人，经济损失超过6000亿人民币。

（一）自然灾害严重

由于特有的地质构造条件和自然地理环境，我国是世界上遭受自然灾害最严重的国家之一，种类多、频度高、分布广、损失大。

我国自然灾害种类多，除了现代火山活动外，几乎所有的自然灾害都在我国出现过。主要有洪涝、干旱、地震、台风、滑坡、泥石流、森林大火、大风、冰雪凝冻、雷电、冰雹、雪灾、虫灾、鼠害、龙卷风、生物灾害、赤潮、水土流失、荒漠化等。

自然灾害分布地域广，全国有74%的省会城市、62%的地级以上城市位于地震烈度7度以上的危险地区，70%以上的大城市、半数以上的人口、75%以上的工农业产值分布在气象、海洋、洪水、地震等灾害严重地区。

自然灾害发生频率高，据研究，自公元前1766年至公元1936年的3700多年间，我国共发生自然灾害5258次，其中有记载的水灾1058次，旱灾1074次，平均每年1.4次。公元前180年至1949年间，造成死亡人数超过万人的自然灾害就有230多次，在20世纪80年代以前，全国特大自然灾害一般8至10

年发生一次，到90年代，发展到了3至5年发生一次，2005年到2007年我国自然灾害分别为437次、502次、593次，呈逐年上升趋势。

我国自然灾害损失大，据统计，我国自然灾害每年受灾人口达3亿多人，年均死亡1万多人，年均损失2000亿元，年均倒塌房屋350多万间。近年来我国发生的比较严重的自然灾害主要有：2008年1、2月间，我国南方地区出现的低温雨雪冰冻灾害造成重大损失，死亡100多人，直接经济损失1500多亿。2008年5月12日发生的汶川特大地震，创世界单次灾害损失之最，死亡失踪8.7万人，直接经济损失8451亿元。这两次巨灾都是自然灾害，造成的损失非常巨大。

全球气候变暖和人类对自然资源的不合理利用还将进一步增加我国的自然灾害。气候变暖的影响主要表现在：强台风将更加活跃，暴雨、洪涝灾害增多，发生大洪水的可能性加大；局部强降雨引发山洪、滑坡、泥石流等灾害增多。南方出现高温热浪和重大旱灾的可能性增大，北方持续干旱，森林草原火灾发生几率加大，北方地区沙漠化趋势可能进一步加剧，目前我国荒漠化土地面积已经达到168.9万平方公里，占国土面积的17.6%，近20年，我国荒漠化土地以每年2460平方公里的速度扩展。另外，由于工业化和城市化进程的加快，加快了生态环境的恶化，目前我国城镇化率是39%，城镇人口达5亿人，按照目前每年增长1%的速度，2020年我国城镇化率将达到50%，城镇人口将超过8亿，这使得我们自然资源和生态环境面临更大压力，面临大自然灾害的风险将更加严重。

（二）事故灾难严重

事故灾难主要可以分为四类：工矿商贸等企业的各类安全事故、交通运输事故、公共设施和设备事故、环境污染和生态破坏事件。具体是指发生在航空、铁路、公路、水运、工矿企业、建设工程、公共场所、水电气热等生命线工程以及通信、网络等方面的灾难事故，还包括重大环境污染、核事故、生态破坏等。

我国事故灾难情况非常严重，主要表现：一是事故总量大、伤亡总量大。近10年平均每年发生各类事故70万起左右，死亡12万人左右，受伤70万人左右。2006年、2007年平均每年发生各类事故56.7万起，死亡10.7万人。在各类事故中，道路交通事故平均每年死亡9万多人，约占各类事故总死亡人数的80%，工矿商贸企业事故平均每年死亡1.5万多人，约占13%。二是重特大事故多。我国平均每年发生重特大事故110起，30人以上的特别重大的事故中，煤矿事故最多，10—29人的重大事故中，道路交通、煤矿事故平均各占36%。与一些发达国家相比，我国的安全生产指标有很大差距。比如亿美元GDP事故死亡率，英国是0.02，日本是0.05，美国、法国等在0.05上下，而我国死亡率是0.7。煤矿产百万吨煤死亡率，美国是0.039，南非是0.13，印度是0.42，我国是1.485，也就是说，每生产100万吨煤，美国死3人，南非死13人，印度死42人，而我国死148人。道路交通万车死亡率，日本是1.07，英国是1.45，德国是1.56，美国是1.95，而我国是5.1。三是环境安全形势严峻，主要是污染物排放量超过环境承载能力，多区域、多方面、多形式的环境风险相对集中爆发，由于安全生产事故引发的生态环境问题比较突出，占全部突发环境事故的50%以上，最近几年我国发生的比较大的环境污染事故有松花江水污染事件和太湖蓝藻事件等，都在社会上造成了很坏影响，也造成了很大的经济损失。

（三）公共卫生事件严重威胁人民群众的生命和健康

突发公共卫生事件是造成公众健康严重损害的事件，按照性质划分，主要分为三类，一是重大传染病、群体性不明原因疾病，严重危害公众健康的事件，如鼠疫、霍乱、炭疽病等。二是重大食物中毒、职业中毒等，造成公众健康严重损害事件。三是严重自然灾害、事故灾害、社会安全事故等引发的威胁人群健康和生命安全的事件。

突发公共卫生事件的主要特点一是突然发生，规模大。突发传染病，比如1914—1918年西班牙大流感造成2000万—4000万人死亡，重大食品中毒，如现在全世界每年死于食源性疾病的儿童超过200万。二是危害公众，损失巨大。由于公共卫生事件发生没有特定人群，容易造成恐慌，各国为控制事态发展，往往采取严格的措施，严重影响经济发展。如20世纪80年代中期欧洲一些国家爆发疯牛病，仅英国就屠杀了几百万头牛，损失超过40亿英镑。三是突发公共卫生事件是无国界、范围广。由于现在每年跨国旅行者超过45亿人次，为传染病在世界流行传播提供了便利条件，一些烈性传染病在一天或几天内就可以传播到世界各地。四是发生原因复杂。近年发生的突发公共卫生事件，其原因除了传染病流行外，还有地震、水灾、中毒等事故引发的，特别是一些不明原因的疾病不断涌现，20世纪70年代以来新出现的传染病和新发现的病毒有30多种，如艾博拉病毒、拉沙热、莱姆病、艾滋病、"非典"、禽流感包括现在正流行的甲型H1N1流感等都严重威胁人们的生命健康。

我国公共卫生事件的威胁非常严重，主要表现：一是多种传染病尚未得到有效遏制。全球新发现的30余种传染病已有半数在我国发现，有些还造成了严重后果。二是重大传染病和慢性病流行仍比较严重。我国艾滋病病毒感染者有70万人，这个数字居亚洲第二，全球第十四，艾滋病感染和发病人数呈上升趋势，结核病患者人数超过450万人，传染性肺结核病人每年死亡13万，病毒性肝炎尚未得到有效控制，血吸虫疫情威胁人口6500万人。艾滋病、结核病、肝炎、血吸虫等病大部分出现在农村。三是职业病危害呈上升趋势。另外由于假冒伪劣药品，医疗器械引起的不良事件时有发生。重大食物中毒事件每年发生200起以上，造成200多人死亡，2007年我国食物中毒事件报告506起，中毒13280人，死亡258人。

2003年突如其来的"非典"半年多时间，国内波及24个省266个县，病例5327例，死亡349人，波及世界38个国家和地区，死亡812人，在疫情最严重的时候，甚至达到了人人自危的程度，同时造成了巨大经济损失。去年发生的三鹿奶粉事件也是反映强烈、损失惨重的公共卫生事件。一些不法分子在收购的原料奶中添加三聚氰胺，产品涉及22家全国主要奶制品企业，到去年底国家累计为2300万人次儿童免费进行了筛查，30万儿童被查出情况异常，5万多名儿童住院治疗，应该说，花费的人力物力是巨大的。

（四）影响国家安全和社会稳定的因素依然存在

社会安全事故主要包括恐怖袭击、重大刑事案件、涉外突发事件、群体性暴力事件、政治骚乱、经济危机、粮食安全等。近些年，我国的社会安全形势也比较严峻。主要表现为在一些地方，群死群伤的爆炸、投毒等恶性案件时有发生，杀人、绑架等暴力犯罪不断。由人民内部矛盾引发的群体性事件不断。比如2008年6月28日，贵州省瓮安县发生的严重的打砸抢烧群体性事件，造成严重的人员和财产损失。另外，国内外极端势力制造的各种恐怖事件危及国家安全。境外涉我、境内涉外突发事件增多，我国"走出去"企业超过1万家，在外劳务人员70多万人分布在近200个国家和地区，据统计，2004年以来，境外发生的针对中国人的重大恐怖和暴力事件达30多起，2007年4月24日，在埃塞俄比亚，恐怖分子袭击我中原油田项目，导致9死1伤7人被劫持。

三、我国关于应对突发事件的法规、文件和要求

《中华人民共和国突发事件应对法》经十届全国人大常委会第二十九次会议通过，于2007年11月1日起施行。这部法律的实施，标志着我国的突发事件应对工作全面迈入了制度化、规范化、法制化的轨道。

突发事件应对法共7章70条，适用于突发事件的预防与应急准备、监测与预警、应急处置与救援、事后恢复与重建等应对活动。该法不适用于战争，也不适用于不可能造成严重社会危害的突发事件，如个人突然发生疾病、在沙漠无人区发生的自然灾害等。

对于突发事件应对法的适用上，主要要区分突发事件应对法和紧急状态法之间的关系。紧急状态是由特别重大的突发事件引起的。当发生特别重大的突发事件，对人民生命财产安全、国家安全、公共安全、环境安全或者社会秩序构成重大威胁，采取突发事件应对法和其他有关法律法规、规章规定的应急处置措施不能消除或者有效控制、减轻其严重社会危害时，才需要由有关机关根据宪法和有关法律规定的权限和程序，决定和宣布进入紧急状态。宣布进入紧急状态后，政府才能采取一些非常措施，对特别重大突发事件进行处置。因此，宣布进入紧急状态是在非常紧急、非常严重的情况下，不得已而采取的极端措施。紧急状态法一般是备而不用的。如俄罗斯自苏联时期就制定了紧急状态法，40多年来仅使用过一次。我国目前制定一部包括应对各类突发事件在内的紧急状态法的条件还不成熟，现实紧迫性也不强。

突发事件应对法的基本精神和原则。突发事件应对法既要赋予政府及时有效应对突发事件的权力，又要对这些权力的行使进行规范和限制，防止权力滥用；一方面要求政府积极采取措施保障公民的生命安全，另一方面又要求公民、法人和其他社会组织积极配合、大力支持政府的应对工作。突发事件应对法明确规定了政府行使处置突发事件各种必要权力时要遵循的五项基本原则。

一是政府及其部门做出应对突发事件的决定、命令要及时公布，接受社会监督。

二是县级以上各级政府做出的应对突发事件的决定、命令要报本级人大常委会备案，应急处置工作结束后要向本级人大常委会做出专项报告，接受国家权力机关的监督。

三是政府采取的应急处置措施要与突发事件可能造成的社会危害的性质、程度和范围相适应，有多种措施可供选择的，要选择有利于最大程度地保护公民、法人和其他组织权益的措施。

四是政府及其部门为应对突发事件征用单位和个人的财产要给予补偿。

五是公民、法人和其他组织有义务参与突发事件应对工作。

突发事件应对法在明确规定突发事件应急管理体制的基础上，主要对突发事件的预防与应急准备、监测与预警、应急处置与援救、事后恢复与重建等方面的基本制度做了规定。

四、广播电视应对突发事件宣传情况

广播电视应对突发事件的能力近些年不断提高，从2003年"非典"报道，到2008年汶川地震，经历了突发事件相对密集的时期，应该说，广播电视不断吸取教训，不断总结经验，不断走向成熟。特别是去年的雨雪冰冻灾害和汶川地震的报道，广播电视应对突发事件的宣传报道能力有了大幅度提高，取得了很多有益的经验。

（1）2008年初雨雪冰冻灾害发生后，中央人民广播电台等广电媒体第一时间报道灾情，迅速搭建信息平台，积极引导舆论，配合政府部门抗灾救灾，为受灾百姓排忧解难，充分发挥了广播媒体在突发公共事件中的重要作用，凸显广播在突发公共事件应急体系中的特殊位置。

（2）5·12汶川地震，广播电视落实"及时、准确、公开、透明"的原则，反应迅速、充分报道、发挥广电特色，取得了良好的效果，是我们广播电视应对公共突发事件宣传报道的成功范例，很多经验值得总结。

第一，我们广播电视第一时间播发权威消息，报道队伍第一时间进入灾区，第一时间抢占信息制高点，及时准确的报道满足了广大群众第一时间获得权威消息的权利。

第二，通过"及时准确，公开透明"的报道，很好地引导了舆论，澄清了事实真相，稳定了人心。

第三，广播电视充分发挥特色，抗震救灾报道感染力强，起到了凝聚人心、鼓舞斗志的作用，有力地为抗震救灾提供了精神支持。中央电视台的《抗震救灾，众志成城》节目利用电话连线、专家访谈、记者现场报道等多种形式和地图、动画、字板等多种报道手段，以最快的速度，把地震后一个个令人震撼的画面传递到广大观众的面前，很多画面感动得观众落泪。中央电视台播出的《爱的奉献——2008宣传文化系统抗震救灾大型募捐活动》，全国43家地方上星频道和437个地市级城市电视台及各大新闻网站进行了同步转播，观众达7.3亿人。《爱的奉献》大型募捐活动感人至深、催人奋进，共募集15.14亿元人民币，转播规模和募款数额均创历史之最。

五、进一步提高广播电视应对突发事件宣传的能力

（一）做好突发事件宣传报道是广播电视宣传工作的重要任务

1.《突发事件应对法》《国务院关于全面加强应急管理工作的意见》《国家突发公共事件新闻发布应急预案》《突发公共事件新闻报道应急办法》等法律、法规、文件对新闻发布和广播电视在应对突发事件时的职责和作用提出了明确要求

比如《突发事件应对法》中的应急知识宣传普及制度明确规定：新闻媒体应当无偿开展应急知识的公益宣传。广播、电视、报纸等新闻媒体的宣传面广，应当增强社会责任感和公益性，采取群众喜闻乐见的形式，广泛开展应急知识的宣传普及活动。

《国务院关于全面加强应急管理工作的意见》要求：要坚持及时准确、主动引导的原则和正面宣传为主的方针，完善政府信息发布制度和新闻发言人制度。加强对信息发布、新闻报道工作的组织和归口管理，充分发挥中央和省级

主要新闻媒体的舆论引导作用。

《国家突发公共事件新闻发布应急预案》明确了突发事件新闻发布的原则：及时主动、准确把握、加强引导、注重实效、严格制度、明确职责等。

《突发公共事件新闻报道应急办法》对突发事件新闻报道提出六条原则。其中还明确规定：无论发生何种突发公共事件，事发地人民政府和有关部门都应立即通知同级党委宣传部门，并允许人民日报、新华社、中央人民广播电台、中国国际广播电台、中央电视台的记者第一时间进入现场采访。比如《办法》提出要充分发挥广播媒体的特殊作用，将应急广播体系建设纳入国家相关应急体系建设的总体规划，把广播媒体作为应急信息发布的重要平台。在出现通信、电力中断的突发公共事件时，尽快建立或者恢复广播发射，向当地群众发放收音机等接收设备，发挥广播的信息传播优势。

以上关于突发事件应急知识普及、新闻发布、新闻报道等的规定，我们广播电视宣传工作都要认真落实，特别是对新闻媒体和广播电视的明确要求都是我们广播电视宣传的重要任务，必须不折不扣地做好。

我国的广播电视具有强大的信息传播能力，同时又具有巨大的公信力和影响力，是突发事件应急处置系统中最重要的信息平台。搞好突发事件宣传报道一方面能够充分发挥功能强大的信息平台的作用，另一方面发挥其引导舆论的作用，稳定社会舆论，有利于突发事件的处置，有利于消除危机。

从信息管理的职能不难看出，广播电视以其信息量大、快捷、生动、公信力强是突发事件处置信息管理系统中当之无愧的最优秀的平台。

经过改革开放三十年，中国的广播电视不断发展，具有强大的信息传播能力和巨大的影响力和公信力。

中国的广播电视已经基本形成了世界上覆盖人口最多的广播电视覆盖网，中央电视台卫星传输信号基本实现了全球覆盖。中央电视台到2008年底共播出39套节目，在139个国家和地区落地入户。全国广播电视从业人员总数达53万多人，多次调查显示，看电视已经成为中国老百姓获取新闻信息的第一来源。

广播电视的受众群非常庞大，超过了其他任何媒体，中国有超过10亿的人听广播、看电视，其他任何媒体都不会拥有这么多的受众，再加上广播电视形象生动，迅速快捷，便于各个层次群众接受，全国各个阶层的人都有听广播、看电视的需求，可以说广播电视已经成为人们生活中不可分割的一部分。2008年抗冰雪斗争、抗震救灾、北京奥运会、残奥会等重大事件宣传报道，都体现出我们广播电视强大的影响力和公信力，特别是奥运会，我们广播电视的收视率和全球观众数量更是创下了前所未有的纪录。

作为党、政府和人民的喉舌，我们广播电视传达的是党、政府和人民的声音。一些电视节目，收视率可能不如互联网，但是从公信力上来说，人民群众更愿意相信我们的广播电视。中央电视台的《新闻联播》、中央人民广播电台的《新闻和报纸摘要》节目收视收听率多年居高不下，最根本的原因是它有公信力，可信、真实、权威。各级电台、电视台播出的东西，老百姓都把它当作是中央的声音，西方的许多媒体也把我们电台、电视台播出的内容看作是中国政府的声音。最近的《中国大众媒介公信力调查测评报告》显示，在中国，无论是城市还是农村，大众媒介中电视的总体相对公信力都是最高的。其中，城市里电视的相对公信力为81.55%，农村为79.41%。

2008年的抗冰雪和抗震救灾的广播电视宣传报道也充分证明了广播电视作为重要信息平台的作用。

"5·12"汶川地震，中央三台直播时长达3975小时，中央电视台抗震救灾直播特别节目总时长达1000小时40分，24小时不停机，创电视直播历史纪录。中央三台共发布抗震救灾相关新闻86000多条、专题1800多个，全国329个地市级以上电视台的1482套节目对抗震救灾进行了报道，广播电视新闻报道信息量实现了历史性突破，受到了人民群众的欢迎。据统计，中央电视台的抗震救灾报道被113个国家和地区的298家电视机构引用。在抗震救灾的相当长一段时间里，中央电视台始终成为欧美等西方媒体的主要信息源。

2.搞好突发事件宣传报道，有利于增强我们广播电视的公信力，扩大影响力，树立媒体自身和国家的良好形象

突发事件因其突发性、破坏性等特征，一经发生就会迅速地对社会产生冲击力和影响力，成为媒体竞争和关注的焦点。很多媒体的公信力和权威性的树立和打造就得益于对突发事件的报道，如CNN，就是在海湾战争的新闻大战中声名鹊起。对突发事件的报道是衡量媒体传播力和影响力的重要标准之一。

　　过去，受多种因素的影响，我们的广播电视媒体在应对突发事件上存在着一些问题，改革开放以来，特别是党的十六大之后，我们对突发事件的认识和宣传报道的管理逐渐改进，十六大报告把"人民的政治、经济、文化权益得到切实尊重和保障"确定为全面建设小康社会的重要目标。党的十六届四中全会上，胡锦涛总书记明确提出："完善新闻发布制度，健全国内外重大突发事件快速反应和应急机制，及时传播信息，正确引导舆论。"党的十七大报告首次提出保障人民的"四权"，即知情权、参与权、表达权、监督权；让权力在阳光下运行。信息的开放程度进一步提高。2008年6月20日，胡锦涛总书记在人民日报社考察工作所作的重要讲话中特别强调要"按照新闻传播规律办事，不断提高舆论引导的权威性、公信力、影响力"。他指出，要"第一时间发布权威信息，提高时效性，增强透明度，牢牢掌握新闻宣传工作的主动权"。去年抗冰雪和抗震救灾报道的成功进一步提高了我们广播电视的公信力、影响力，提升了我们广播电视自身的形象。比如，中央电台连续22天24小时全程直播《汶川紧急救援》，每天收到听众短信2万条以上，日最高达27000多条，是平常节目的几十倍，创短信参与量之最。胡锦涛主席专门作出批示，为抗震救灾前线17万部队官兵每人配发一台收音机。汶川大地震后，全国广播接触率提高了16.8%，中国之声的收听率和市场占有率分别增长了129.66%和141.46%，创出近年来广播收听增长率最高值。

　　3.搞好突发事件宣传，有利于通过广播电视等新闻媒体报道树立国家的形象

　　经济全球化带来了世界各地牵一发动全身的格局，以往封闭发展的环境不再复现。一个国家发生的突发事件有时已经不仅仅是影响一个国家与局部地区，很可能会危及其他周边区域、国家乃至全球的发展和稳定。从美国次贷危机、禽流感、9·11事件到目前发生在墨西哥的A型流感等，发生在不同的国家，但寰球同此凉热，各国都明显地感受到同类风险的存在以及这种风险被全球化的威胁。

　　当今世界，即使经济迅速发展，但是媒体落后同样也会被动挨打。我国虽然拥有世界上最大的广播电视受众市场，但是电视媒体在全球媒介市场的竞争力却不强。目前四大西方主流通信社美联社、合众国际、路透社、法新社每天发出的新闻量占据了整个世界新闻发稿量的80%。传播于世界各地的新闻，90%以上是由美国等西方国家垄断。挑战和应对西方媒体，在国际舞台上发出自己的声音，中国的广播电视媒介就不能不提高应对突发事件的能力。科学技术的迅猛发展使得信息传播进入全球传播时代，在这种形势下，通过封闭信息来实行舆论控制已经没有可能。重大突发事件不报、不及时报或报道不妥当，不仅影响媒体的公信力，而且容易使我们在国际舆论战中处于被动局面，丧失舆论的主动权，损害党和国家的形象，国外媒体也会借此攻击中国，妖魔化中国。5·12汶川地震公开、透明、及时的报道，有力地塑造了中国的国家形象。俄罗斯国家新闻网报道："一个总理能在两小时就飞赴灾区的国家，一个能够出动十万救援人员的国家，一个企业和私人捐款达到数百亿的国家，一个因争相献血、自愿抢救伤员而造成交通堵塞的国家，永远不会被打垮。"美联社报道："在严重的地震发生后的24小时之内，大约有2万名军人集结到了地震灾区，帮助挖掘死难者、搜寻受伤者，而多达3万的军用飞机以及军用卡车正在驰援。这种快速的动员，反映了中国领导层已经将灾难救援放在突出的位置，也向世界展示了，他们对奥运期间的任何突发事件都会准备充分。"

（二）要把突发事件宣传纳入常态宣传工作之中

1.突发事件形势严峻，日益成为常态

当前我国经济社会发展进入了一个关键时期，经济体制深刻变革，社会结构深刻变动，利益格局深刻调整，人们的思想观念深刻变化，再加上国际上政治、经济、军事、安全等因素相互交织，地缘、宗教和文化冲突与政治经济矛盾相互作用，不稳定、不确定、不安全因素增加。国务院应急管理专家总结了当前我国面临的公共安全方面的挑战主要有五个方面。

（1）城镇化和城市现代化进程加快带来的城市灾害的突发性、复杂性、多样性等。

（2）现代工业、高新技术和信息产业的高速发展带来的新的安全风险，水、电、油、气、通信等生命线工程一旦被毁坏，可能导致重大损失，甚至导致社会局部瘫痪。

（3）国际形势处于深刻复杂变化之中，世界多极化、经济全球化使世界

各国面临新的挑战，国际贸易的不断扩大加大了外来有害生物和疫病疫情入侵我国的可能。

（4）恐怖活动、恐怖主义现实危害上升，国际恐怖主义活动对我国家安全和社会稳定的现实威胁加大，主要表现在持续高发、范围扩大、手法多样等。

（5）广大人民群众不断增长的物质文化需求，对公共安全的要求越来越高。

在如此严峻的形势下，突发事件发生的几率很大，近几年大家也都有这样的感觉，比如煤矿安全事故、环境污染事故、大型交通事故的发生越来越常态化，发达国家上百年工业化过程中分阶段出现的生产、环境安全事故，在我国集中凸显，呈现集中爆发的态势。因此我们广播电视宣传一定要关注我国当前的国情，要把突发事件宣传纳入常态宣传工作之中。

2. 新闻传播规律要求日常的新闻宣传必须时刻关注突发事件

突发事件新闻是新闻传播系统中最重要的新闻资源之一，我们广播电视宣传报道必须时刻关注。

从新闻传播者的角度，我们通常说，新闻是新近发生的实事的报道，新闻的价值主要要素归纳为：时效性、重要性、显著性、接近性、趣味性。而突发事件具有四个要件：突发性、紧迫性、破坏性、不确定性，突发事件通常具有的"灾难性"或"危机"性质，令受众对重大突发事件更加关注。因为相对于好事情而言，灾难总是更容易成为谈资，也就是人们常说的"好事不出门，坏事传千里"。重大突发事件是受众关注的焦点、媒体追逐的热点。不难发现，我们广播电视乃至全世界新闻媒体评选的优秀新闻中，突发性事件总是占很大的比例，重大突发事件报道是媒体最重要的竞技舞台之一，更是核心竞争力的体现。纵观媒体发展史，媒体不断翻新的新闻报道手法，如报纸的号外、广播电视的突发新闻插播、滚动播出、电视突发新闻的简明字幕提示乃至没有时差的现场直播等，无一不是在现实条件下对重大突发事件报道方式的创新。扫描全球各大知名媒体，如BBC、CNN等，无一不是站在新闻报道最前沿，并且在重大突发事件报道中给受众留下难以磨灭的印象。在美伊战争中，CNN将摄像机搬到了战争现场800米的近距离，让观众第一次同步体验了真实的战争场景；2005年伦敦地铁发生恐怖爆炸后，BBC等广播机构在第一时间赶往现场，向全世界全面展示了爆炸的恐怖场面。中国汶川地震，中国的广播电视更是全天候在灾难现场搞直播，充分满足了民众的信息需求。

从新闻接受者的角度看，突发事件新闻也是受众最关心的新闻品种，特别是跟自己息息相关的突发事件，受众对新闻信息可能完全由被动接受变为主动寻求。去年抗冰雪灾害期间中央人民广播电台的直播节目收听率上升77%，抗震救灾期间中央电视台收视率大幅上升都说明了这个问题，很多人几乎天天看电视听收音机，主动搜寻自己关心的最新新闻信息。从传播效果角度来看，突发事件新闻的传播效果是最好的，受众对于媒体发布的新闻信任性增强。

突发事件新闻是最具新闻价值的新闻之一，是我们广播电视新闻报道的宝贵资源。我们广播电视要高度重视，要时刻关注。我们的广播电视记者、编辑、我们的频道频率日常工作的一个重要方面就是要不断去关注、挖掘、发现这样的新闻，通过做好突发事件报道，来增强我们广播电视的核心竞争力，提升我们的公信力、影响力。

3. 突发事件新闻报道是动态过程，需要我们长期关注、充分报道

一般突发事件发生都有个过程，即使是突发的如地震，虽然没有预先的征兆，它的后续救灾重建都是一个动态过程，因此，我们突发事件的宣传报道也不是静态的。主要有四个阶段：在突发事件潜伏期，未雨绸缪搞好预警报道；在突发事件突发时期，及时报道客观公正；在突发事件蔓延期，全面报道疏导民意；在危机解决阶段，总结经验。

突发事件在爆发之前大多会有各种各样的征兆出现，比如年初发生的南方冰冻灾害前的气象预警。在危机发生之前，媒体要依靠自己敏锐的观察、理性的判断，通过新闻报道提醒公众危险的临近，从而使得整个社会能够及时采取对策，在南方冰冻灾害发生初期，个别媒体并没有意识到这是一场极端恶劣的自然灾害，也没有和气象预警相结合，而把这一事件当成了社会新闻，竟然把连续降雪当成了奇闻趣事，电视新闻报道中多次出现赏雪景、打雪仗的镜头，对连续几天的大雪并没有及时预警公众。

突发事件发生时，新闻媒体及时报道事件信息，充分发挥喉舌、桥梁和纽带作用，及时、迅速报道灾情和抢险救灾情况，在政府和群众之间架起一座沟通的桥梁，既增强政府的公信力，在很大程度上对控制危机、解决危机可以起到积极的作用。

突发事件危机进入持续期时，新闻媒体应该致力于报道有广度、有深度的新闻内容，消除公众对危机事件的模糊意识，稳定公众情绪，增加对政府的理解和支持。同时，对危机事件事实的报道，不能仅满足公众对危机的认知需求，还应该广泛、深入报道有关危机事件的相关政策、法规以及自救手段。

突发事件危机解决阶段，媒体可以大力报道灾后重建、反思危机，展开教育、普及报道，提高人们对危机事件的认识，防止悲剧再次重演。

突发事件的特性、媒体的社会职责决定了危机报道成为媒体新闻报道中不可缺少的一部分，一定程度上，新闻媒体对危机的关注程度以及给民众带来的影响，有时甚至超过突发事件本身。

4.要建立应对突发事件应急宣传机制，常备不懈

按照程序办事，执行起来才能避免混乱和盲目。突发事件报道应对机制是一项复杂的系统工程。在这样一个系统中，应该有以下几个部分。

第一，应对突发事件的预警系统。主要包括：（1）对突发事件进行监测。（2）对突发事件的预测和预报。（3）制定突发事件报道计划。（4）信息资料储备，可以随时调出翔实的资料，不至于措手不及。

第二，应对突发事件的组织系统。主要包括：（1）建立专门的决策指挥中心，减少中间的程序和层层请示报批的环节，协调各个部门，打破各个频道、传统媒体与新媒体条块分割、各自为战的藩篱，最大程度地整合资源，全力应对突发事件。（2）报道队伍。报道队伍由两部分构成。一是打破条块分割和部门利益，抽调精兵强将组成应对突发事件报道的特别队伍，随时处在临战状态中，一旦突发事件发生就可以迅速出击。二是后方信息深度解读团队。突发事件往往和公众切身利益密切相关，面对突发事件，公众不仅想知道发生了什么，还想知道为什么会发生，因此当突发事件发生时，信息的深度解读至关重要。

第三，建立应对突发事件的支持系统，包括智力支持和技术物质支持。技术支持包括随时随地可进行直播等。智力支持，主要是指建立专家和资深人士的智囊团，借助外脑库资源弥补自身人力资源的不足。比如有的突发事件涉及很专业的知识，我们应该建立一个各个领域专家资源库，建立网上管理系统；针对广播电视媒体的传播特点，还应考虑专家面对镜头的表达能力、形象要求等。一旦突发事件发生，立即能够找到相关问题的高水平的专家，迅速进行连线和直播。

第四，建立突发事件的反馈系统。对于突发事件的反馈，包括媒体向上的反馈和媒体自身的反馈两个方面。

经过近几年的探索，特别是去年一连串突发事件，我们的广播电视大都建立起了比较完备的突发事件应急报道机制。

以中央电视台为例，中央电视台近一年来大力加强覆盖全国的应急报道网的搭建，缩小了应急报道的反应半径，提高了突发事件应急报道反应能力。

2008年12月21日中央电视台牵头成立了中国电视新闻直播联盟，成员包括中央电视台和34家省级电视台，15家城市电视台。成员单位可以共享直播设备、选题、队伍等资源。2009年4月中央电视台在上海、成都、广州、武汉、沈阳、西安、郑州、北京8个城市设立应急报道驻点。4月19日32名工作人员和设备全部到位，并进入值班待命状态。每个驻点配备了小型机动卫星车、海事卫星收发终端等信息传输设备，建立起覆盖全国的应急报道网，使央视台本部报道反应半径由原来的十几个小时缩短为四至六小时，实现全国电视新闻直播的常态化和高效化。

（三）深入贯彻"及时、准确、公开、透明"原则，进一步提高广播电视应对突发事件能力

1. 要严格恪守"及时、准确、公开、透明"原则

2008年6月20日，胡锦涛总书记在人民日报社考察工作所作的重要讲话中特别强调要"按照新闻传播规律办事，不断提高舆论引导的权威性、公信力、影响力"。他指出，要"第一时间发布权威信息，提高时效性，增强透明度，牢牢掌握新闻宣传工作的主动权"。有学者认为，这是党中央总结2008年汶川地震等突发事件报道得出的经验。我们搞好突发事件宣传报道，必须原原本本贯彻"及时、准确、公开、透明"原则。

2. 及时：首先第一时间"发声"，先声夺人

这是新闻的时效性和传播内在要求决定的。突发事件往往会引发公众的

恐慌以及对信息的大量渴求，同时突发事件往往与民众个体切身利益相关，影响力大，我们广播和电视一定要第一时间"发声"，才能先声夺人，在受众中形成对事件的"先入为主""第一印象"，保障公众的知情权。美国著名舆论学者李普曼指出，"必须把握住'瞬间的现在'……当先入为主的成见形成以后，旧的形象就会淹没在新的视野中……一旦牢固地产生了成见，就很难解脱"。第一时间"发声"就是"首先必须在第一时间、喊出第一句话"。我们要有第一时间"发声"的强烈意识，并建立有效的机制确保人员及时到位、工作及时到位；通过播发"一句话新闻"的快讯、插播新闻、滚动播发、现场直播等实现第一时间"发声"。

广播电视在第一时间报道突发事件有得天独厚的优势。在"5·12"汶川地震发生后不到一个小时，中央电台、中央电视台就启动了直播计划，立即派出记者火速赶赴灾区，第一批记者在当晚随国家地震救援队抵达四川，源源不断地来自震区现场的直播报道震撼了全国的受众，达到了先声夺人的目的。

此外，在提供第一手现场信息的同时，广播电视媒体还要努力第一时间提供独家的评论和分析。突发事件发生后，谁能够抢占受众的思想阵地，谁能够向受众提供更新、更快的独家观点，谁就往往能在直播中取得先机。面对突发事件，在第一时间获知新闻信息的受众往往还很难形成自己的理性判断，这时他们的思想阵地处于相对空白状态，对于相关的观点、评论、分析、判断也更容易接受。在突发性重大国际新闻事件的直播报道中，全球电视媒体往往会派出资深记者前往现场，他们不仅仅是新闻的报道者，同时也会及时进行现场评论分析。

3.准确：首先是真实，不虚构、不推测

突发事件由于是未知的，具有大量的不确定因素和模糊信息。而在突发事件发生的初期，媒体往往和受众一样都处于对信息的真空状态。媒体往往是凭借自身对新闻性质的判断就要开始报道，实际上，他们需要时间去收集信息、分析信息、判断信息，但是受众却管不了那么多，他们已经习惯了把媒体作为信息的提供者，只希望能够一打开广播电视，就获知一切。为了在第一时间抢占受众的大脑，有的媒体抢占先机的结果就是他们很可能听风就是雨，听到巨响就认为是爆炸。

确保突发性事件报道基本事实的真实非常重要，错误的信息往往造成很严重后果。正如一位著名学者所说："当全世界都在观看时，直播报道的威力在增加，它的责任也在增加……如果公众已经被告知了错误的信息，这不是一件小事。"为了抢新闻而把大量难辨真伪的表面信息甩给受众，是不负责任的。有国外大媒体的新闻工作守则明确指出：新闻报道的准确性要比新闻报道的速度更加重要。虽然突发事件的直播报道可能会忙碌得跟打仗一样，但是作为新闻工作者，一定要保持冷静，把新闻信息的真实性和准确性放在第一位。

突发事件的报道有个相对准确、逐渐精确的过程。

事实上，要做到突发事件一发生就能准确真实报道，非常困难。由于重大突发事件的诱因、爆发、发展、结局等往往非常复杂，我们对于事件的认知有一个逐渐深入的过程。特别是一些重大突发事件的人员伤亡、财产损失、事故原因等，这些情况是随着应急处置的进程不断精确的。比如，汶川地震的震级最后修正为8级就是根据逐渐了解到的受灾情况确定的。还有一些灾难人员伤亡数字，都是随着抢救的进程不断修正不断精确。加上一些客观因素的限制，在突发事件刚发生时，甚至不能马上进入灾害现场，比如汶川地震时，记者无法进入重灾区映秀镇，就没法报道当地伤亡的准确情况。因此，对于突发事件的报道，必然是一个相对准确、逐渐精确的过程。那么，我们的原则就应当是：在事件刚发生时，要快报事件发生的客观情况，对于不知和暂时无法知道的情况，不推测，更不能虚构，要给进一步深入报道留下余地。"快报事实、慎报原因"可以作为我们报道突发事件的一个准则，在事件发生的第一时间内把已经掌握的信息发布出去，随后根据处置的进展将应公布的陆续公布出去。在原因没有认定时，一般不要轻率去做判断、下定语。

4.公开透明：不向公众封锁消息

应该说我们在这方面是有一些教训的。我们过去有一些突发事件没有权威渠道公开披露，结果小道消息、流言甚至谣言满天飞。社会学家提出一个流言传播公式：流言流传速度＝问题的重要性乘以不了解的程度。也就是说，人们的兴趣（无论是好奇还是关切）都不会因为信息的压制而消失，相反，越是受到压制，知晓的欲望越强，需要填补的空白越多。处于信息饥渴的人容易"饥不择食"，这将加快虚假、错误信息的流传，造成社会混乱，危害极大。

因此突发事件公开透明非常重要。我们过去的突发事件新闻宣传，总希望危机传播范围越小越好，希望能大事化小、小事化无。但是近些年来互联网、手机这些最新媒体的高速发展，危机信息在公众间高速流传。很多事实证明，对于突发事件消息的"堵"，不如大禹治水式的"疏"。2007年11月1日我国正式实施《中华人民共和国突发事件应对法》，这使得我国公共应急法律体系更趋完善。

《突发公共事件新闻报道应急办法》中还明确规定：无论发生何种突发公共事件，事发地人民政府和有关部门都应立即通知同级党委宣传部门，并允许人民日报、新华社、中央人民广播电视台、中国国际广播电视台、中央电视台记者第一时间进入现场采访。应该说，这个制度的建立，使我们突发事件新闻报道公开透明有了依据。

5.要全面、平衡报道，讲清事件来龙去脉

要做到公开透明，就要注意全面报道发生的突发事件，报道的内容不能以偏概全，不能"一面倒"。既要符合受众的知情权，又要宣传党和政府采取的措施。要本着全面反映事实全貌的原则，从不同的角度、不同的层面展开，要报道事件各方的观点和声音。我们在报道时至少要兼顾三个方面：突发事件本身、突发事件的受害者和突发事件引发的政府和民众行为。在尽可能的情况下，既要报道事件本身，也要多报道事件背后的事实，特别是事件发生的来龙去脉。

6.要处理好把握导向、保持稳定与"及时、准确、公开、透明"原则的关系

我们对突发事件"及时准确公开透明"报道，不仅仅要迅速及时满足公众的知情权，让他们了解事件的真相，同时还要承担社会责任，要给灾难中的人们以信念和力量，不仅要引领公众关注事件本身，更要关注灾难中人们的命运，要宣传突发性事件中党和政府的关怀，讴歌抗灾群体无私无畏、至真至诚的人性美，不能以悲观、绝望的心态夸大、渲染灾难。我们要处理好把握正确舆论导向、保持社会稳定与"及时准确公开透明"的关系，就必须在突发事件的宣传报道中，报道党和政府的关心和措施、行动，着力体现灾难中人的真、善、美，使突发事件成为凝聚人心、共渡难关的重要契机。

7.报道突发事件，确保导向正确，我们广播电视一定要防止两个方面的问题

第一是缺失大局意识和政治意识、无视社会矛盾激化。当前的中国社会，正处在转型的关键时期，隐藏的不稳定不和谐因素非常多，哪一种关系处理不好，都可能引起局部的冲突和紧张，甚至全国性的冲突和紧张。所以，我们新闻媒体不仅要为社会公众搭建表达意见的平台，让公众的情绪得到宣泄和疏导，更要坚持正确的舆论导向，引导社会情绪健康发展。

第二要坚决防止新闻恶意炒作问题。重大突发事件为公众所高度关注，具有极高的新闻价值，一旦发生，很容易被某些不负责任的媒体视为"唐僧肉"，加以炒作渲染，因此，恶意炒作很容易在灾难性事件报道中发生。有些媒体，在灾难新闻报道中为求"独家"和吸引力，置灾难的主体事件和群体于一边，刻意寻找灾难中的一些边缘问题来报道，大肆渲染悲观情绪，我们广播电视媒体一定要杜绝这种倾向。去年汶川地震报道中，有些媒体就用这种办法来提高自己的知名度，播发一些耸人听闻的报道和所谓的内幕以及所谓的内部消息。尽管他们的知名度在当时有所提高，但过后事实真相大白后，他们的做法被人们所不齿，媒体的美誉度大打折扣。

8.在突发事件报道的过程中，必须处理好三个方面的关系，确保导向正确、确保社会稳定

（1）快速反应与准确判断的关系。抢时效不等于没有判断的抢发。我们所说的"及时"首先是与"准确"紧密联系在一起的。不真实、妄加猜测的消息往往会带来严重的后果。2007年4月16日，美国弗吉尼亚理工大学发生震惊世界的枪击惨案，一名韩裔大学生在枪杀了32条生命后自杀。全球媒体迅速开始了直播大战，当天，凶手身份并未确认。CNN等国际媒体都是在直播中谨慎地表示凶手可能是亚裔，但是一直跟踪枪击案最新消息的一家境外电视台却在直播中援引了美国《芝加哥太阳时报》网站上刊登的一则虚假新闻，表示警方透露凶手是来自中国的留学生。结果，导致很多人忧心忡忡，害怕此事破坏中国人的形象，遭到报复。我们对突发事件及时报道要注意顾全大局、严格纪律，精心安排，什么时候报道、报道什么内容、报道到什么程度都必须遵循对党、对人民、对社会负责的原则，起到稳定人心，稳定社会的作用。

（2）全面报道与有取有舍的关系。对突发事件报道，媒体应力求真实、全面报道事件的起因、过程、结果。但是，这并不意味着报道的事无巨细，不计负面影响。全面报道突发事件原貌，应坚持报道的法律尺度和法律道德约束，不超越报道权力的极限。我们的广播电视作为国家、政府和人民的喉舌，更应该旗帜鲜明地维护我们国家、政府和人民的利益。前几年发生在俄罗斯北奥塞梯共和国的别斯兰人质事件，俄境内和一些境外媒体过度的新闻报道，使媒体成了恐怖分子的帮凶，教训是十分惨痛的。有专家在反思别斯兰事件时指出，恐怖分子劫持人质并不单纯是为了杀死人质，而是企图通过媒体的传播尤其是通过电视画面威吓俄罗斯和世界人民，恐怖分子的这个目的被预先列入了行动计划。在事件进行的3天时间内，美国和欧洲的所有电视台都把别斯兰事件作为头条新闻，恐怖分子成了电视明星，从一定意义上说，电视台间接参与了恐怖分子预制的节目，播出的节目越多，对恐怖分子的帮助越大。俄罗斯的电视现场直播使恐怖分子随时了解到俄军的行动，给营救造成了被动。人质事件结束后，俄《消息报》又以整个头版版面刊登了一幅一位父亲抱着几乎赤身的女儿走出事发现场的照片，造成很坏影响，最后报纸的主编被迫辞职。据调查，在别斯兰事件中大约有70%的俄居民感到自危，担心下一次恐怖事件将在自己周围发生，俄罗斯电视台工作不慎也向全国传递了恐怖，使人们失去了安全感，增加了社会紧张气氛和不安定因素，这份调查显示，近五分之一的莫斯科人认为，俄媒体不自觉地变成了恐怖分子的传播工具。俄媒体在事后反思时认为，发生恐怖事件后，电视台可以在新闻之外安排专题节目，请专家和心理医生讲解如何应对恐怖活动、发现可疑情况如何报案，以增强人们的防卫能力，同时应宣传舍己救人的英雄事迹，揭露恐怖分子的丑恶面目，促使人们保持健康思维，赢得社会信任。因此，对于一些表现极端、情形惨烈的突发事件，我们的报道一定要有所取舍，要注意有所报有所不报，要维护国家和公众的利益，不能暴露可能被犯罪分子利用的我们所采取的援救措施、行动计划等，要隐去那些可能在受众心理上产生恐惧感受的细节，还应该避免暴力和色情，也不能详细描述犯罪方法，报道作案的具体过程，以免他人仿效。

（3）客观真实与以人为本的关系。追求客观真实并不是忽视人的价值、生命与尊严，追求"热点""焦点"更不应忽视受众的心理承受力。比如，某次空难后当打捞员捧出黑匣子时周围人群热烈鼓掌的照片、镜头，在报纸、电视出现后，引起一片争议，受众感到不舒服。因为这是一场造成一百多同胞遇难的空难，当时还有许多人的尸骨还没有找到。我们注意到，在去年的汶川地震新闻报道中，公众在电视里看不到"最原始的场景"，面对死者，摄像机对准的始终是那些"处理过"的场景，在我们的画面上看不到令人毛骨悚然的画面，公众看到的是被被单包裹起来的死者，而不是裸露在外的遗体，公众看到的是急救后的废墟，而不是满目血渍的场景。这并非新闻媒体违背新闻规律，这样的画面处理，是对人的生命尊严、体面的尊重，是对死者的尊重，更多的也是对受众心理上的保护，体现了以人为本和人文关怀。日本是个火灾多发的国家，发生火灾时，老年人腿脚不利落，常有人被烧得面目全非，日本的广播电视非常注意不向观众传达恐怖，新闻报道中都不出现尸体，很多情况下电视上出现的是死者生前面带微笑的照片。世界许多媒体报道突发灾难事件，绝不先报经济损失有多少，第一是报死伤人数，第二是医院的名字和抢救的方法，第三是采取的补救措施等。

在悲剧和灾难中，是人心理上最脆弱的时候，最需要政府和社会关怀，我们报道突发灾难事件，体现人文关怀主要要注意以下几个方面：

一是关注灾难事件中的生命个体，尤其是弱势群体，要特别关注老人妇女儿童等。

二是要弘扬灾难中人性善良的一面。

三是要多报道社会和政府的行动，提供人性化救助信息和服务信息。要想灾民之所想，急灾民之所急。

提高广播电视宣传应对突发事件能力是我们大家面临的一个新课题，也是一个大课题。尽管我们的媒体经历了不少突发事件新闻报道战役，也有很多切身体会和经验，但是，这个课题中仍然有相当多的问题、难题等待我们去破解，我相信，我们有这个能力和智慧。

（2009年5月6日）

中央电视台的新媒体发展

我主要讲三个方面的问题：一是台网融合，建设新型主流媒体，对中央电视台、对我们自己意味着什么？二是我们要进行的是一场什么样的深层次变革？三是当务之急要做的几件事。

一、台网融合，建设新型主流媒体，对中央电视台、对我们自己意味着什么？

对于这个问题，我们还可以换成两个问题来问问自己，第一，中央电视台不走台网融合，建设新型主流媒体的发展道路，行不行？第二，再等等看，再观望观望，不着急，慢慢来，行不行？

先说第一个问题。答案很明确，不行。因为，不走这条路，我们就会失去用户，失去我们奋斗几十年才形成的主流媒体地位与影响力。无论是传统媒体还是新媒体，说到底，争夺的都是人，是人的时间，是人的注意力。而这些都是有限的。从这个角度讲，媒体竞争是一种"零和博弈"。当前，互联网已经成为受众获取信息的最重要途径，而移动互联网的兴起，把从网络获取信息的便捷性与可控性提升了一大步，尤其适应年轻受众的使用习惯。并且，互联网是一种互动媒介，能为用户提供表达情感与释放的空间，还可以满足用户及时表达意见甚至参与内容创作的需求。电视作为一种媒介，受众的流失已经不可避免。如果电视不涉足新媒体、媒介融合不能取得突破，且不说失去现有受众，我们又如何获得新的受众？我们又如何保持主流媒体的地位？可以说，主流媒体的地位不是天然存在的，而是由其对舆论的影响力、引导力决定的。或者说，谁能拥有更多的用户，谁就更有条件成为主流媒体。如果公众不再把党和政府的媒体作为日常信源，不再信赖党和政府的媒体对重大新闻事件的梳理与解释，那么所谓主流媒体，就是徒有其名。作为曾经拥有，也是目前拥有最大规模受众群的中央电视台，如何能听任这样的事态继续发展，眼看用户转移注意力而不有所作为，这样的选择，中央不答应，我们自己更难辞其咎。今天，我们是央视的操盘手，我们绝不能愧对为央视铸造辉煌历史的前辈，更要为广大观众负责，为历史负责。

第二个问题的答案，同样也是不行。从这两年的收视数据看，电视观众规模、电视收看时长还没有发生跳崖式的下降，但是，如果我们把目光聚焦在80后、85后身上，危机之危，就相当严重了。有人说，85后是互联网的"原住民"，他们"一会识字就会上网"，对互联网有着强烈的情感认同与路径依赖。对于他们，互联网已经不仅仅是一个工具，而是一种生活方式。在他们的媒介消费的时间中，电视还占有多大的比例，我们心中得有数。再从支撑我们事业发展的收入状况来看，如果说前几年，我们的广告收入还是在增长，但是增幅已经在明显下降。互联网业有句话，叫"天下武功唯快不破"，我理解，在竞争中，行动慢了不行，没人愿意等你，更没人会等你！在互联网时代，受众对传播媒体的选择，并不是一个缓慢的过程，曾经的柯达，这两年的诺基亚、索尼，破产的破产，被收购的被收购，它们就是前车之鉴。它们垮台破产最根本的原因就是对趋势的误判、对时机的错失。一种优势的确立需要常年的积累，但由领先转为落后，却往往只是因为一个关键点的错判。现在很多人在说，"互联网正在颠覆电视"，这或许夸张的话有一定的道理，这种颠覆某种程度已经不仅仅是个趋势，而是正发生在我们面前。就说人才的流失。新兴媒体从传统媒体挖人已经不是新闻，早期是纸媒体的同行进入互联网，现在，大量电视人也进入互联网行业，有的甚至是全团队成建制跳槽，传统媒体在人力资源上的优势竞争力正在丧失。互联网媒体挖人已经从过去的内容创意人才，延伸到电视媒体的经营人才。随着人才流向互联网，内容、渠道、广告客户等资源也会向互联网聚集，电视媒体的人才优势岌岌可危。如果这样的变化还不能引起我们的警觉，还不能让我们马上行动起来，恐怕我们只能接受"边缘化"的结果了。

认识清楚了，不走不行，等等走、慢慢走也不行。台网融合发展，是中央电视台走出现实困境、摆脱潜在隐忧的必然选择；是中央电视台在未来、在青年一代中继续保持主流媒体地位与影响力的必然选择；是中央电视台履行国家媒体的使命和责任，保证国家意识形态安全和政权安全的必然选择。

二、我们要进行的是一场什么样的深层次变革？

我们对台网融合发展，建设新型主流媒体这场改革攻坚战的广度、深度、难度持有什么样的态度，达成多大的共识，达成什么样的共识，将直接决定着我们最终能做到什么程度、取得什么样的成果。

这方面，我想特别强调三点：

（一）这是一次打破壁垒、消除隔阂的融合式改革

这几年，我们一直在谈，怎么解决台网两张皮的问题。但效果不怎么显著。究其原因，恐怕还是认识的问题。有一个最基本的共识我们依然没有达成，央视网是谁的央视网？如果我们大家都认为，新媒体不只是电视的一个副产品，而是与电视同样重要的传播平台，我们很多的问题就能迎刃而解，台往网转、网向台靠，就会成为一种自然认识，全力支持、支撑央视网这个中央电视台新媒体的前沿阵地，就会成为一种自觉自愿的行为。现在的问题是，大家同在一个屋檐下，却貌合神离，自家的兄弟有时候还不如时刻惦记着切我们蛋糕的陌生人。有媒体人把台网融合发展总结为三个阶段：一是传统媒体建设新兴媒体，这是"你是你，我是我"的阶段；二是传统媒体和新兴媒体互动发展，这是"你中有我，我中有你"的阶段；三是传统媒体和新兴媒体融合发展，这是"你就是我，我就是你"的阶段。我们现在正在从第二阶段向第三阶段走，我们要清楚地认识到，我们建设新型主流媒体不是简单地多出几个新兴媒体的播出渠道；也不是传统媒体与新兴媒体简单叠加；更不是传统媒体继续独立运作，另起炉灶来与新兴媒体进行对抗竞争。而是以台网融合为路径，转型成为一个拥有多媒体采集方式、多样传播形态、多元传播渠道、多种平台终

端立体传播体系的"国际一流新型的主流媒体"。这个转型的要求是对电视主业提的，也是对央视网提的。也就是说，台本部要向新型的全媒体转型，央视网也要同步向新型全媒体转型。如果这一点不成为台和网共同的目标，不成为大家的共识，"两张皮"的问题恐怕无解，台和网就将永远是最熟悉的陌生人，互动难，联动难，融合更难，更谈不上基因重组、进化了，就还是一个换汤不换药的传统媒体，融合发展的效果就无从谈起。

（二）这是一场动真格、见真章的深层次改革

有人说，传统媒体转型能不能成功，核心决定因素是体制机制。这从一个侧面提醒我们，台网融合在原有框架下修修补补不行，在现行格局下局部改造不行，老人老办法新人新办法，做加法、做增量不行，已经到了必须进行体制机制创新的阶段了，到了必须对现有组织结构、生产流程、传播体系和管理体制作出深刻的调整和完善的阶段了，到了必须进行顶层设计、系统谋划、整体推进的阶段了。换句话说，是到了我们攻坚克难，解决我们在台网融合发展上绕不开、躲不掉、骑墙不了的关键问题、难点问题的时候了。譬如，现在我们电视主业是事业体制，新媒体是企业体制，这两个体制如何贯通，如何融合？我们的组织架构、岗位职责怎么变化，才能将我们在传统电视主业的内容、人才优势延伸到新媒体终端？我们的生产流程怎么改造，才能适应电视、手机、平板、电脑等多终端的内容分发，才能适应各个终端的用户体验？我们的薪酬制度、用人机制怎么改革，才能吸引人、留住人，从而解决事业发展的人才问题？我们内部的利益关系如何调整，生产关系制度设计如何优化，才能激发活力，让创新成为持久的发展动力？这些问题我们必须给出明确的答案。这也是我们今天成立战略规划领导小组，组建几乎涉及了全台所有重要部门的10个调研组的根本原因。希望所有调研组的同志，要有为央视谋未来，为自己谋未来的使命意识，有勇气、有担当，敢破敢立，尽快拿出我们对这些问题的思考和解决办法的建议。

（三）这是一次谁都不能置身事外的全员改革

以前央视的新媒体建设是央视网单兵作战，现在，则是全台办新媒体，全台向媒体融合战线集结。我们一线的记者编导要从提供单一的电视视频转型

为能够提供图文、图表、音视频等多种形式的全媒体记者编导；我们的栏目制片人要从精通电视内容的生产制作升级为擅长全媒体内容运营，成为知晓洞悉用户需求，具备互联网思维的"产品经理"；我们的部门主任、频道总监要从电视内容的把关者、电视业务的管理者转型为全媒体业务的领军者。我们的每一档节目、栏目在策划、制作之初，都要好好想想有多大的网络传播价值？如何进行互联网化的改造？是不是一档适应当下这个互联网时代的内容产品？我们的每一个技术环节都要考虑，如何最大程度地服务于"一次采集、多种生成、多元传播"的全媒体生产方式，满足不同渠道用户的差异化需求，实现用户在哪里，我们的服务就提供到哪里；我们的观众调查系统要考虑，如何打通电视观众和新媒体用户，如何将用户信息、行为数据进行集中处理，由单一的收视调查转变为跨媒体传播效果监测，并以此为基础，分析用户兴趣细化，提供"私人订制"及"个性化服务"；我们的广告营销和产业经营系统要考虑，如何进行全媒体的广告营销和内容价值的多元开发，由单一的电视广告经营向跨媒体多元化转变，进入政务公开、房产、汽车、旅游、健康、教育等消费领域，介入电子游戏、电子商务、文化娱乐消费等文化产业、信息产业，为"央视用户"提供信息服务以外的增值服务；我们的职能管理系统要考虑，我们的宣传规划、评价考核、人力配置、财力调度如何与台网融合适配，如何激发台网融合的主动性、自觉性与积极性。

三、台网融合发展，当务之急要做什么？

当务之急第一是一把手动起来。台网融合在央视相当长的一段时期是一把手工程。一把手工程意味着台长亲自抓，各位分管台领导分工负责；同时也就意味着各个频道、各个部门的一把手都要亲自抓。从现在开始，每个频道、每个部门的主要负责同志都要想想自己的时间和精力有多少放在了媒体融合上，想想频道里有多少人力和财力投入到了媒体融合上，各个栏目和节目是不是从设计之初就把网络传播作为重要考量维度？

当务之急第二是抓紧时间进行顶层设计。围绕变什么、怎么变的顶层设计，开展针对性的调研，进行科学严谨的论证，形成整体的顶层设计方案，拿出一个方向正确、目标清晰、操作可行、效益可见的新媒体发展战略规划。

当务之急第三是在抓紧时间进行顶层设计的同时，更要抓住机遇，积极实践，选好切入点，对看得准、符合台网融合发展方向的重点项目，尽快谋划，尽快操作，尽快见成效。在这方面，我提出三个方向供大家思考。

一要在台网一体化上下功夫。前段时间科教频道的《中国谜语大会》，在节目直播过程中，电视观众通过下载"央视悦动"客户端、用手机扫描二维码、发送短信等方式，与场上选手同步竞猜谜语，首次实现了大屏与小屏实时同步互动，这样的项目要继续往下探索，还要思考我们还有什么样的方式实现传统媒体和新媒体用户的相互转化；《央视新闻》客户端要继续往深度推进，探索"多媒体采集、共平台生产、多渠道分发"的一体化运作机制流程。

二要在移动互联网上有突破。要尽快推进4G手机平台项目。4G手机电视平台，不仅可以让我们在4G时代抢占移动互联网入口，还能让我们一开始就拥有几亿量级的用户规模，能让我们最真实地了解用户的需求、习惯，更为重要的是，公司化、资本化的市场方式，将为我们带来体制机制上的创新性探索。

三要在智能电视领域有谋划。与移动互联网同样重要的是家庭互联网。有人说，客厅的电视屏是下一个互联网的激烈战场，在这个我们的传统长项上，我们不能有失。

我们期待已久的中央发力、部委给力的大、小环境都已经形成，央视目前所拥有的相对实力让我们还有些许的腾挪空间和一定的时间窗口。但我们必须要有更为强烈的紧迫感，迅速将共识达成到、心思集中到、力量凝聚到台网融合战略上来。

近期一些业界动态大家可能都注意到了，湖南卫视最近推出了"芒果独播战略"，几档新栏目只在芒果TV平台上播出，不再对外销售互联网版权。同时，湖南卫视还在自建数据中心和内容分发网络，搭建云服务架构，保证用户体验不断提升。最新的消息是安徽卫视、浙江卫视也将跟进独播战略。我们先不去议论"独播战略"的利与弊、好与坏，我们要认真地思考一下，选择独播战略背后所折射出来的东西。改革需要理性分析，科学决策，同样也需要一种勇气，没有风险的改革是不存在的，在转型的关键时期，我们也需要拿出险中求胜的胆识。

央视能否实现从进军新媒体，到变身新媒体关键取决于我们抱有什么样的理想、拥有什么样的视野，取决于我们是否拥有足够的智慧和勇气。我们应该感到幸运，能够参与到一个激动人心的发展进程中，能够担负起这样重大的历史使命，我们必须要以更坚定的决心，更毅然的勇气，在前行中创造一切可能，最终实现破茧成蝶式的进化转型升级。

（2014年5月15日）

说说电视改文风

一、关于改进文风，先讲讲关于报道题材和内容

我觉得改文风，说到家，就是报道的内容问题。一说改文风大家很容易想到加点口语词，加点语气助词，由念变成说，由长句子变成短句子，由华丽变成朴素。这当然是必要的，但我认为最重要的改文风是改内容，内容好不好直接关系到观众喜不喜欢你的电视节目，有实质性内容，有大众关心内容的报道，再长大家也爱看。没有内容，大家不关心的内容，再短也不爱看。朴素也好，华丽也好，关键看内容。因此选什么样的内容，抓什么样的题材，是改文风的先决条件。报道什么、不报道什么、多报道什么、少报道什么、先报道什么、后报道什么，这就是我们的新闻价值判断问题，是内容问题、题材问题。因此我想，要把改文风的重点，放在内容和题材的选择上。比如，现在眼前正在发生的阴霾和大雾，大家可以想一下，要不要把这个报道放在《新闻联播》，还要加评论？这就是新闻价值判断问题，就是内容选择问题、题材选择问题，首先是要不要做。第二，做到什么程度。第三，放到什么位置上。第四，要不要加言论。这些判断都非常具体，反映的是新闻价值观问题，内容和题材的选择问题。我看咱们的阴霾报道反映就很好，连我自己都接着短信了，一位政协委员说，我要在今年政协会上为中央电视台鼓掌，你们能够把这么民生的新闻放在这么重要的位置，表示高度赞赏。虽然是一个人，但是反映了一种意见、一种倾向。因此内容的选择、题材的选择至关重要。像昨天的大

雾，发了那么多，不会有很多人觉得多、觉得太长，关键看它的内容，是不是关系到全社会、关系到老百姓、关系到民生。只要是，我们就可以给它足够的位置。只要是，我们首先就瞄准它，我们就选取它。社会万象，选什么、不选什么，那是你的权利，是你的眼光，也是你的新闻价值判断。所以我想，改文风，首先是内容题材。对现在来说，就是民生和社会，这也是中央八条规定里边明确讲到的。所以把目标投向全社会，投向老百姓，我想这一点永远不会错，是中央要求我们这样做的。

二、改进文风，要改进我们的表达方式

中央电视台建台几十年了，已经摸索出一套比较成熟的、大家都认可的一种表达方式。叫方式也行，叫模式也行，反正有一套大家很熟悉的、运用自如的，甚至下意识的一种表达方式。对这种表达方式现在要研究的是，里面有多少和观众之间有障碍。

我在光明日报提出一个观点，就是报纸要尽可能减少读者的阅读障碍。报纸是给大家看的，最大的问题就是减少阅读障碍。障碍问题，我觉得我们现在缺少研究，很多人没有意识到这个障碍。很多消息，很多会议，很多政策，非常重要，应当说只要一说这个政策，一说这件事，人人会举手叫好，都是为老百姓的，都是匡正时弊的，都是众望所归要解决的，真是为老百姓着想的。但是，这么好的东西，经过我们媒体的转达和包装，却拉大了这些政策、法规和会议与受众之间的距离，不自觉地设置了传达上的困难和理解上的障碍。

什么原因呢？我认为，问题出在我们的表达方式上。很温暖的一项政策，经过我们的包装，变得冷冰冰，干巴巴，少了人文气息，少了人文关怀。我们不知不觉地用我们固有的术语和表达手法，加大了老百姓对它理解上的困难，甚至厌恶。简单来说，好事没说好，好话没说好，过多地掺杂了公文式的语言、公式化的语言，甚至学究气、八股气、学生腔。这个问题不仅仅是我们中央电视台。我在报社工作过，报社同样存在这个问题，甚至很多东西令人生厌。

这个问题严重之处在于，它成了很多人的下意识，成了僵化的思维套路，

一下笔立刻滑入这个轨道，甚至除此之外，想不出别的表达方式。

这里有个思维创新问题。我在报社举过一个例子，比如说天气预报，天气预报可能大家觉得这有什么好改的，就是风雪雨晴，无非这些东西。其实不然，它的包装形式、表达方式极其重要。天气预报的报道这些年改进很多，比如，在几十年里，我们在天气预报里总是听到"高压脊"这个词。问一下，我们在座的谁知道什么叫"高压脊"？恐怕不是专门学气象的没几个人会明白它的意思，但我们确确实实在天气预报里听了几十年。可喜的是，现在天气预报里已经完全没有了，不光高压脊没有了，其他专业名词也消失了，换成了朴素的百姓语言。这就不是简单的语言和用词问题，是思维方法的变化，终于懂得了天气预报是说给老百姓听的。应该说，现在天气预报已经改得非常不错、贴近老百姓了，但是和成熟的、高明的表达方式还是有距离的。国外报道气温升高的时候，季节变化的时候，他怎么说呢？他说："如果你看见马路上一个小孩正在吃着雪糕，雪糕的水不断往下滴，这就告诉你，春天来了。"我们会这样表达吗？我还没见过。所以，我们离高远的改文风的目标还远着呢。

这背后不是我们能力水平的问题，我相信我们央视才子、天才多得很，写出比这些美妙语言的人多得很，问题在于，没有人想起来这样写，不是不能，而是没想起来。只要激发我们这样的思维的活跃性，比这好的作品多得是。

所以，我说我们的语言和包装是非常大的问题，它直接牵涉到我们的思维方法问题。我们缺少那种直接描述事件本质的能力，我们语言多数是围绕着它的表象在绕圈子，说一些模棱两可、不触及事件本质的话。为什么呢？因为热衷于形容词，热衷于副词，热衷于定语，甚至补语，这看起来属于技巧问题，但背后是思维方式问题。

有句话我说过多次，我希望大家都理解这句话："真佛只说家常话"。越是有思维高度的人，越说大白话，越说家常话，不说套话、空话和不着边际的话。当然，不是白开水，是有真正内涵的话，是有质量的话，是返璞归真的话。我们新闻语言一定要向这个方向努力，就是要朴素、直白、直奔主题、直奔本质、直奔最要害的问题。对事件来说，直奔老百姓最关心的那个元素，舍弃所有一切，把最重要的那个元素提到压倒一切的位置上，用最明白无误的语言说出来。得有这种能力。很多时候，对问题实质不是没看到，而是没有把它用这种最好的方式表达出来，层层包装，把它淹没在其他元素当中。这就使我们新闻的活力大大下降，魅力大大下降，把一个很有亮点的新闻包装成很一般的新闻，甚至是让人倒胃口的新闻。

我想改文风先从这一点做起，去掉官气、学究气、学生气、八股气。

三、关于改进文风，还有走基层报道的问题

走基层是中央电视台的强项，关起门来自我表扬一下，在新闻媒体当中，我们走基层做得还是不错的。否则的话，中宣部不会在我们这儿开几次现场会来专门研究这个问题。我们确实在走基层过程当中出现了一大批好作品，涌现了一批很优秀的记者编辑，这都是我们引以为豪的。

接下来就是如何把走基层做得更好。应当说马上下一步走基层的高潮就要到来，那就是新春走基层。我们在去年的新春走基层当中表现非常出色，今年能不能够更上一层楼，这是给我们提出的很严峻的任务。还能不能有新的作品问世，还能不能引起更多的社会关注，新闻中心已经做了研究，希望能够策划得更好一点，多做一点从中央到老百姓都认可的好报道。

社会各方面都满意的报道有很多典型例子，比如说寻找最美乡村教师和医生，就是典型的好选题。这个活动中央高兴不高兴？非常高兴。老百姓高不高兴？非常高兴。所以多选这样的选题，这要策划。还有我们搞的街头海量采访，也是很好的一种方式。关键是前期要策划，包括访问什么、调查什么和怎么调查，这个请大家研究。"你幸福吗"是一个很成功的海采系列报道，各方面给予了高度肯定和赞誉，产生了非常大的社会影响。尽管有人调侃，但我觉得不影响它的作用和地位，至少我们成功地设置了一个社会话题，我们引导了社会话题，引导了社会舆论，配合了党的十八大。我认为这是一个非常好的报道，要认真总结这个模式，把街头调查，也叫海采，把这个方式做好。

还有一个问题属于技术性的，我讲过几次，就是走基层报道的拍摄方式，这和摄像有关。新闻中心长期以来集中力量做新闻，新闻表现手法掌握非常娴熟到位，是全中国一流的。但是，我们不太擅长做纪录片，纪录片的一些手法

我们不熟悉。走基层的报道恰恰它很多感人之处在于它的纪录片手法，比如说长镜头，比如说特写，比如说把记者拍进去，这都是我们不太熟悉的。包括寻找最美乡村教师、寻找最美乡村医生，我们新闻中心做的很多不如科教频道做的，道理很简单，科教频道做纪录片出身，我们做新闻出身。所以我想走基层这个报道对我们拍摄、摄像、编辑，都提出了要求。如果还是按照我们拍新闻的方式来拍走基层，那么很多感人的东西，我们可能抓不住。包括把记者拍进去，这也是我提的，我觉得它是区别于一般性新闻报道的。因为一般来说，走基层报道的新闻性并不强，时效性也不强，它甚至是几十年如一日的一件事、一个人，近期也没有爆发出新闻，它就是一直这样。像乡村教师、乡村医生就是这样，多少年没什么新变化，所以它更像一个新闻特写的东西，是我们新闻里的一个另类。因此，要按另类来设计它，要强化它自身的特色。这样它才能有感染力。按照新闻一般性来处理是不行的。所以我想走基层的报道，还要进一步加强研究，包括这些细节性的、技术性的问题。

（2012年）

电视剧里有乾坤

——《剧领天下——中外电视剧产业发展报告》发布会上的讲话

很高兴能跟大家一起见证《剧领天下》正式出版面世。

电视剧从来都是电视收视中的重头戏，被称为电视台的"定海神针"。中国的电视节目形态少说也有十几种，但电视剧这个形式始终稳占近三分之一的江山，远远超过其他节目形式。2015年，中国电视剧总产量（包括网络自制剧）达到773部、21546集。人均收看电视剧的总时长为269小时，占人均总收视时长的30%，高居榜首。这说明，中国的老百姓对电视剧这种艺术形式最偏爱、最欢迎；电视剧对受众最有收视黏性，也最普及。老百姓茶余饭后喜欢谈论正在热播的电视剧，这种习惯几十年没有太多改变。中国老百姓之所以这么喜爱电视剧，从中国文化的传承方式、中国人的文化欣赏习惯，都能找到根源。研究好这个问题与如何做好电视剧有非常直接的关系，懂得了人们的欣赏心理和习惯，也就懂得了应该怎么做电视剧，应该做哪些电视剧。

对于电视台来说，电视剧更是重磅武器，无论是树立品牌、提升收视，还是拉动广告创收，电视剧都是主力军。2015年电视剧行业的版权收益约为222亿元，广告收入约429亿元。电视剧带来的广告收入往往占到一家电视台广告收入的一半以上。由此也出现了一个耐人寻味的现象，一些非电视剧播出平台的专业频道和网站，比如一些财经频道、少儿频道、综艺频道、新闻网站等，也总有按捺不住播出电视剧的冲动。

热闹的背后，问题也在所难免。比如，一年700多部电视剧，其中的精品剧有多少呢？凤毛麟角。有的电视剧粗制滥造，甚至缺乏对观众起码的尊重和诚意，宣扬的价值观低俗下作。为什么人才济济，创作不出好戏？根本原因恐怕是市场经济冲击的副作用。电视剧是拍给人民看的，本来是个良心活、精细活，但现在很多创作者都不甘于坐冷板凳，耐不住寂寞，十年磨一剑的那股韧劲没了。电视剧市场也存在诸多乱象，比如，演员薪酬畸高加上恶性竞争，导致购剧成本屡刷新高。热钱的涌入，让这一行业出现了浮躁、短视、盲目、逐利的倾向。

习近平总书记在文艺工作座谈会上讲，衡量一个时代的文艺成就最终要看作品。没有优秀作品，其他事情搞得再热闹、再花哨，那也只是表面文章。对于电视剧创作，我们同样要思考观众到底需要什么样的作品。优秀电视剧作品也要不拘一格，既要有阳春白雪，也要有下里巴人，只要有正能量、有感染力，传得开、留得下，老百姓喜欢看，这就是优秀的电视剧。说到底，质量才是电视剧的生命。要呼唤更多的有艺术良心的编剧、导演来写好、拍好电视剧，要对得起这门艺术，对得起电视观众。市场经济导致大批的编剧在选题上发生偏差，急功近利，盲目迎合，推出很多雷剧、闹剧。电视剧创作要精致化，不能靠掺水挣钱，要为质量负责，为自己的作品负责，要为自己的艺术良心负责。电视剧的手法也很重要，要符合现代观众的欣赏习惯。现代人的欣赏水平和习惯与过去大不相同了，避免使用老套、落后、陈旧的手法，多使用现代的、时尚的手法，用好高新科技。我们欣喜地看到，近几年有一些电视剧基本上达到了这样的水准，也得到了观众的追捧，获得了口碑。

电视剧发展背后的原因、规律、收视格局、受众需求、发展态势、交易模式、广告投放、国外动向等，所有这些问题，我们似乎都略知一二，却又不甚了。这说明我们对电视剧很需要系统、专业、全面、深入的研究和梳理。

《剧领天下——中外电视剧产业发展报告》这个课题，恰恰做的就是这件事。这本书问世以来，今年已经是第三本了，在国内外寻找同类的报告和书籍极其少见，甚至在我们目所能及的范围内几乎没有。所以这份电视剧发展报告的开创性意义，包括它的理论意义和实践价值都不容小觑。它是国内第一本全面系统梳理盘点全球电视剧产业的专门报告，具有填补空白的意义，是电视剧研究的里程碑和新起点。相信这本书对于管理者、制作机构、播出机构、研究人员、高校学生、普通观众，都很有价值，都能找到对自己有用的内容。

这项课题只用了4个多月时间就以如此高品质的面貌呈现在读者面前，实属难能可贵。总体上看，它有几个突出的特点：

第一，权威前沿。这份报告今年首次纳入中国广播电影电视社会组织联合会的年度重点课题，进行重点打造。我们组织了50多位资深理论专家和实际工作者组成课题组，对中外电视剧的生产、创作、编排、播出进行理论思考和实践总结，确保研究成果的专业、权威、尖端、有用。我们紧跟发展趋势，第一次把电视媒体电视剧市场和网络媒体电视剧市场等量齐观地予以考虑和分析，这是一种突破和创新。

第二，数据翔实。数据和图表的丰富是本书的另一特色。电视剧的研究离不开数据的分析和研判，这种实证研究的特点贯穿全书，这些数据的来源都是全国乃至全世界公认的最权威的数据统计机构，大部分的定性和结论都建立在这些数据分析的基础之上，确保客观、公允、可信、可靠。比如，互联网视频受众2015年为电视剧贡献出了高达3771.82亿的总点击量；2015年网络自制剧产能由上年的205部增加到379部，增幅85%等。这些数据本身就含有丰富的值得深入解读的信息量。

第三，案例丰富。本书对国内外各种类型电视剧的介绍和梳理、对电视剧行业最新发展趋势的概括和预判，都有大量翔实的案例做支撑，读来轻松、易懂、明快。特别是这些从一线工作中不断摸索出的经验，对电视剧创作者、管理者、研究者、爱好者都有重要的参考价值和文本意义。

第四，文风平实。一般的研究报告读起来难免让人觉得累。除了专业性设置的门槛，恐怕更多的是由于文风的问题。太多晦涩拗口的专业术语、严肃刻板的理论语汇，容易把读者吓跑。这本书的文风尽可能"接地气"，用日常交流和表达的方式，娓娓道来，没有多少阅读障碍。同时，书中也不乏一些深刻创见或独到认知，为读者提供一些思考电视剧问题的新角度、新理念乃至新方法。

第五，视野宏大。书中既有中国的视角，又有国际的视野。对全球和美、英、法等14个有特色的国家的电视剧作了专题梳理，对重要的国际电视评奖活动的获奖作品作了分析。这种国际化的视野有利于我们拓展对世界各国电视剧创作发展的认识，站在世界电视剧格局的高度来重新审视自身，更好地"走出去"。

越活越年轻的广播

当电视越来越受追捧的时候，它的同胞手足广播该如何？许多业内业外的人都曾问过这个问题。

提出这个问题本身似乎已经隐含着几分不自信。

事实上，这样的惶恐早先就曾出现过。记得当年发明广播的时候，有人预言报纸的末日到了，但报纸至今还活得好好的。电视普及之后，有人又预言广播要进博物馆了。几年前，互联网走进了人类生活，又有人言之凿凿地告诉世界：电视完了，广播更完了，它们都不是网络的对手，不出五年就要全军覆没。然而，这一切至今无一兑现，人们依然迷恋电视，依然倾心广播。可见，凡事都有它的规律，在没摸到真谛之前，轻下断语是自找尴尬。

我的看法是：首先，广播不会消失，其次，它还要发展壮大。事实上，广播也正在欣欣向荣。

广播之树长青的奥秘在于它的不可替代性，比如方便、伴随、快捷、简单、互动、隐蔽、信息量大等是尽人皆知的优点。不过，优点是优点，如何把优点发挥到极致倒是个大问题。

这些年来，中国广播界的同仁们都在尽心尽力地努力着，成果不斐。直接的标志是听广播的人越来越多了，离不开广播的也越来越多了。人们从广播里轻而易举地得到新闻，获取信息，享受娱乐，而它从不强迫你要一动不动地端坐在收音机面前，你该干什么干什么，它不怕冷落，你不理它，它照样忠心耿耿地为你服务，从不抱怨，始终热情洋溢地向你说个不停。况且，如今它还可以与你对话。

这样忠诚而便捷的伴侣你会让它消失吗？当然不会。不过，话又说回来，广播要人青睐，也要自己办得好才成。

别的做法先不说，有一点很值得我们思考：广播要善经营。

所谓经营，其实也是管理，所以我们总是经营管理连着说。多少年来，我们做广播的只管做节目，基本没有经营的概念。这没有错，直到今天，把节目做精彩仍是我们广播的主业，节目是必须管好的，管不好是最大的失职，也会失去听众。

可实际上，广播节目能不能做好首先就是一种经营，它包含着用什么样的理念去做节目，做频率，做电台。比如与听众是朋友还是师生，是服务还是教导，是强制还是吸引，广播从内容到形式是不是有用，是不是好听，是不是有趣，等等，都在管理和经营的理念之内。

有了好节目还要善于打理，时至今日，光会做节目不行。"酒好不怕巷子深"的旧话不灵久矣。今天，"待价而沽"约等于"坐以待毙"，广播同样如此。十几年前就有外国同行告诉说，他们要是想推出一个新的广播节目，提前一年就把节目预告贴到电线杆子上去了。当然这是最土的办法，但思路可佳，至少那时我们能想到把预告贴到电线杆子上去的人大概不多。如今情况已大大地不同了，想躲开这些预告都难，虽略嫌讨厌和啰唆，但这是进步，是经营理念的进步，"包装"与"炒作"早已由贬义变为中性甚至褒义。经营广播的含义远不止此，节目制作方式的变更，吸引资金的渠道，产业链的开发，都是题中之义。

在善经营的管理者眼里，广播节目进了听众的耳朵，传播的过程并没有完结，他一定要知道效果，要反馈。依据这个反馈曲线再回头调整节目，再给听众，再反馈，这才是一个封闭的循环，一个不断更新的再生和涅槃。

回到开头的话，广播没有萎缩，它正走得稳健而富有活力，如若不信，不妨按下收音机的按钮听听看。

（2007年2月7日）

为广播媒介开创美好未来

广播是个很有特质的传播媒介，收听便捷、随意，伴随性极强，已经成为老百姓越来越离不开的贴身伴侣。老百姓对广播的评价也越来越好。交通广播作为汽车时代的"贴身媒体"，发展势头很猛，老百姓对它的需求越来越旺盛。随着交通广播的影响越来越大，对它也提出了更多更高的要求。确保导向、全面提升节目质量，不断满足广大老百姓的需要，是交通广播节目发展的立足点和方向，只有坚持这个方向，才能创作出更多精品佳作。

交通频率虽说是专业频率，但它也同样存在着确保导向问题，如政治导向、政策导向、价值导向等，也要遵守宣传纪律。现在，对已经不再是新生事物的交通广播来说，当务之急是精心办好节目，全面提高节目质量。

首先应该树立品牌意识。不能搞"一窝蜂"，以广播节目为例，当主持人＋嘉宾＋短信形成一种模式之后，很多栏目节目基本都这样，失去了自己的特性，听众会厌倦。专业电台的节目更应该个性鲜明，力图使广播成为听众最信赖的媒介，使主持人、记者成为听众最信任的偶像，从而提升广播的美誉度。各类节目都应该有定位，有策划文案，有把关人，不能想做什么就做什么，应该体现节目的宗旨。另外，节目不能变成主持人自娱自乐的节目，主持人天马行空，想怎么说就怎么说。现在很多低俗的语言出自主持人之口，嘉宾说了不得体的话，主持人也不引导，不纠正，不制止，而且火上浇油。我们的广播节目决不能变成主持人自我表现、自我欣赏、自我陶醉的自留地，决不能变成主持人之间相互调侃、打闹的私人聊天。主持要亲切自然，但不能俗气无聊，要有鲜明的特色，但不能哗众取宠，主持节目是在引导公众，而不是撒娇邀宠。提升节目质量，就必须彻底解决这个问题。节目主持人是广播一个非常重要的力量，是广播节目一个最终载体，老百姓评价广播，很大程度上是来自于他们。节目主持人不好，老百姓就说广播不好。因此，要提高节目主持人的政治和业务素质，要提高主持人的学识修养。现在，我们的一些主持人非常自觉地向艺人靠拢，向流行歌手看齐，举止幼稚化、低龄化，没有知识含量和幽默感，这些问题不彻底解决，广播节目质量的提升就无从谈起。

随着汽车时代的到来、城市化步伐加快，在未来社会，处于流动状态中的人口将占世界人口总量的三分之一，具有收听天然优势的广播，其移动听众规模正在呈几何级增长。交通广播目前已经在移动传播舞台中一枝独秀，红红火火的景象为广播媒介开创了美好的未来。我希望这次所有获奖的节目、栏目和采编播从业人员能把获奖作为一个新的起点，开拓创新，使我们的广播节目质量再上一个新的台阶，不断满足广大群众的精神需求，成为老百姓最受欢迎的媒体。

谈谈播音主持队伍素质

——在播音主持培训班上的讲话

中国广播电视协会播音主持委员会承担的使命之一就是提高整个队伍的素质，不久前举行了"珍惜受众信任树立健康形象"座谈会，发布了抵制低俗之风的《倡议书》，社会反响非常好。

无论是中央领导同志、国家广电总局，还是广大老百姓，对当前我国播音主持工作的评价，对当前广播电视节目，特别是文艺娱乐、综艺节目的整体评价都是肯定的，我们很多节目收视率非常高，我们的很多播音员主持人非常受欢迎，这是最有力的证明。但是，我们的播音主持工作也存在一些问题，我们的责任就在于不断解决问题，使之不断提高水平，这是一个调整、提高的过程，而且这个调整提高过程永无止境。

一、我国广播电视播音主持工作的现状和认识

就全国广播电视播音主持工作，特别是全国广播电视综艺、文艺类节目而言，最基本的判断是节目水平不断提高，播音员、主持人不断成熟。十几年前，中国应该说没有真正意义上的主持人。那时的主持人说每一句话都是有稿子的，没有发挥的余地和空间，他们只是以主持人的方式出现，不能算是真正意义上的主持人。在我看来，主持人就是节目的灵魂。从创意直到最后播出，整个环节主持人应该全程参与设计、控制和把握，这种意义上的主持人才是真正的。当然，主持人一个人的智慧有限，背后要有强大的策划和工作班子做支撑，但是整个节目的核心和灵魂是主持人。这应该是我们节目主持人努力的方

向。实际上，我们现在已经有一些节目差不多达到这个水平了，但数量不多。

尽管这样，用发展的眼光看，我们的播音员、主持人已经比十几年前要成熟许多，也重要了许多。一个出道不久的文艺娱乐节目主持人很快就能成为名人、明星，而播音主持也成为当前非常红火的行当，社会影响大，老百姓欢迎，特别是青少年欢迎，播音员、主持人的一举一动都会万众瞩目。播音主持早已不是当年的节目报幕员了，已经上升为一个节目的核心、中心，上升为支撑一个节目、栏目的重要地位。应该说，经过十多年的发展，我们的播音主持正在走向成熟。

同时，由于我们有一批优秀的播音员、主持人，从而扩大了广播电视的影响、吸引力、感召力和凝聚力。我们的广播电视节目主持人对整个广播电视的发展，起了很重要的作用。可以这样说，由于我们有了一大批优秀的播音主持，才造就了一大批在全国观众当中，甚至在海外有广泛影响的节目、栏目、甚至频道、频率。这是不容置疑的事实，因为有了有名的主持人，这些栏目、节目才有名气，观众听众才有期待感、约会意识，如果没有这些明星主持，那么这些栏目、频率会失去不少的魅力与光彩，在造就名牌栏目方面，主持人功不可没。换句话说，老百姓看这个节目、栏目是奔什么来的？不少是奔主持人来的，同时也是奔节目来的。当然并不是所有的节目栏目都是因为主持人主持得好吸引了听众观众，也有的是由于节目自身的魅力、深厚的内涵吸引了听众观众。但是主持人在其中的作用决不能忽视和抹煞。大家可以想象一下，如果我们的广播里、电视里没有这样一批有影响的、有号召力的、有魅力的播音员、主持人，那么我们的广播电视是什么状态？从事这个行当的人应该为此感到骄傲和自豪。反过来，由于我们广播电视影响力日益扩大，由于有一大批著名的节目栏目，也造就了一大批明星主持人、播音员，两者之间是良性互动的关系，是互相促进的关系，这是我们发展广播电视、提高节目质量一个重要的方面。

二、当前广播电视播音主持存在的问题

目前，我国的广播电视播音员、主持人共有两万多人，人数多、规模大，

恐怕在全世界也是独一无二，其中文艺娱乐节目播音员、主持人就有一万多人，占了半壁江山。人数一多，问题就变得复杂起来了。当前最突出的问题就是从当初的假主持走向了另外一个极端：一些主持人口无遮拦、信马由缰，低俗、媚俗。无论是广播还是电视，都程度不同地存在这个问题。通常大家总觉得广播没有电视那么直观，但它的影响不可小视。广播的特点在于它的移动性、伴随性，不像电视具有排他性与独占性。听广播的同时，你可以做除了使用听觉以外的其他任何事，它的影响无孔不入。现在绝大多数的广播电台都采用的主持方式，由播音员、主持人整个串场，全天的节目、整个频率的节目变成了线性地向前流动，这符合广播的特点。有了消息可以及时插播，非常灵活，而且交互性强，主持人可以随时接收听众的信息。广播的主持人影响也很大，低俗、媚俗的情况有时并不比电视轻。广播的主持人比较突出的问题，是随意和撒娇。听广播常常会有这样的感觉：少男少女两个人在广播里始终不停地调侃，听起来很像两个高中生在宿舍里面的谈话。两个人嘻嘻哈哈，语言表达和内容都很肤浅随便，你挖苦我一句，我寒酸你一句，说一些浅薄无聊、一点不可笑的幽默，听起来不像在大众传媒里面的谈话。这是主持人找错了位置。在大众传播里，不要忘了有千千万万的人在听。现在所以存在的问题，就是因为有的播音员主持人把为什么要播音主持忘了，变成了自我表现，忘了我是谁、代表谁，把播音室当成了自家客厅。老百姓对这个问题批评得很尖锐，有的话说得很重。无论从促进广播电视文艺节目的繁荣，从维护电台、电视台的声誉，还是从塑造播音主持的自身良好形象出发，都要解决低俗的问题。我们广播电视文艺节目中，目前要花力气解决的就是播音主持的低俗问题。国家广电总局为解决这个问题，下发文件相当多，而且规定之细也是别的文件没有的，包括怎么说话、发型、衣服、装饰，具体到这样的程度。但即便如此，低俗的现象还是存在。广电总局也搞了多次"净化荧屏"的活动，还派出督察组到各地电台、电视台去检查。经过治理以后，情况有所好转，但问题仍然以非常顽强的形式变换花样不断反弹，抓一阵好一阵，不抓就反弹。所以，要建立一个长效机制才能解决这个问题，要有治本的办法。

三、要坚决抵制低俗化，全面提高播音主持队伍素质

（一）要有正确的基本定位

之所以会发生低俗化的问题，首先是在定位上出了偏差。究竟应该把我们播音主持定位在什么位置上？

首先，我们的广播电视是党、政府、人民的喉舌工具，我们播音主持最终代表的是党的声音、政府的声音和人民的声音。这一点是毫不动摇的。文艺娱乐节目的播音员、主持人，是不是代表党、政府、人民的声音呢？这一点没什么模糊的，我们的广播、电视是党、人民、政府的喉舌工具，不是商业电台、电视台，不是西方国家的电台、电视台，只要在中国的电台、电视台工作，那你传达的首先是党、政府、人民的声音，这一定位是最基础的，也是没有讨论余地的。在我们的广播电台、电视台工作，首先要意识到这一点，这是大前提。我们的广播电视在老百姓中有很强的公信力和权威性。虽然现在有互联网，有铺天盖地的娱乐报纸，还有其他的如手机、网络、微博、短信等，但它们的公信力、权威性远远比不上我们的广播电视，广大老百姓，特别是广大的基层群众，始终把我们广播电视传达的声音作为党和政府的声音。他们从娱乐报纸、从互联网上得来的消息，还要拿到广播电视来验证。因此，我们的播音员、主持人必须清楚：在电台、电视台里主持节目说话和私下里、宿舍里面的谈话是完全不一样的，是说给广大听众观众听，并且这种传达是强制性的，只要打开收音机、电视机，受众别无选择。播音员、主持人代表党、政府和人民的声音，这一个定位绝对不能动摇，不管是文艺节目、专题节目，甚至电视剧、广告，所体现的都不是哪一个播音主持人个人的东西，坐在话筒前，面对镜头，就不是坐在家里的沙发上，身份完全不同。因此，播音主持的喉舌工具意识首先要培养、要建立、要强化。

其次，播音主持工作是沟通党、政府和群众、社会之间的桥梁、纽带。或者说播音主持是一个中介，一头连着党和政府，一头连着群众和社会。一个节目同时有传达政令的，也有倾听下面意见的，真正把两头连接在一起的最佳纽带就是播音员、主持人。现在很多节目强调互动，互动就是两头动，一方面通过播音员、主持人，正确地传达党和政府的声音，另一方面通过播音员、主

持人全面地准确地反映老百姓的呼声，反映社会动向。播音主持工作通过这种黏合作用把两者紧紧连接在一起。

再次，播音员、主持人是倾听群众心声、为大众提供服务的使者。特别是综艺娱乐节目播音主持，这方面担负的使命尤其重要。在我们的广播电视中，能直接把老百姓声音反映上来的，直接接听众、观众热线电话、手机信息的是什么人呢？是播音员主持人，能直接在广播电视里发表看法的也是播音员主持人。比如说短信，现在广播电台用得最多，在接了短信之后，节目的主持人都要针对短信谈一些自己的观点，这是必要的，但是主持人发的感慨、作的评论本身就有很鲜明的倾向性。因此，播音主持是最直接面对听众、观众的，直接倾听听众观众心声，同时做出判断、做出解读、做出引导的。这些内容后台的编辑只能给你提供一个思路、出一个框架和策划，节目运行起来，就靠播音员、主持人现场来操作和控制。广播电视直接服务大众，倾听群众呼声的另一个重要方面就是我们开办的很多综艺、娱乐节目，如情感类的节目，倾诉性的节目。开办这些节目"三贴近"，为群众服务的意识非常好，现在很多电台、电视台都有倾诉类的节目，电台更多，后半夜更多；电视台也有，这类节目服务性强，引导性强，对主持人的要求也更高。从某种程度上要求我们主持人达到心理医生水平。播音员、主持人在这种情况下为大众服务、倾听他们的呼声，其直接程度任何人任何其他方式都代替不了，编辑代替不了、策划代替不了，没有办法事先策划，也不知道听众要说一些什么问题，只能凭着主持人政策水平、政治水平、文化修养，日常生活的积累，凭着感悟、素养和对问题的判断力、思维的穿透力。从这些意义上说，我们的播音员、主持人是当之无愧的为大众服务的使者。

（二）要有使命感和社会责任感

要加强使命感和社会责任感，这个大问题从中央领导同志到总局领导，到各电台、电视台，实际上一直都在强调。但是这个方面往往有缺失，经常不到位。首先很多播音员主持人对于使命感和社会责任感的意识淡薄，主要原因一是教育不够，觉悟不够。二是我们广播电视节目特别是一些文艺娱乐节目实行制播分离，一批文艺娱乐节目是由社会公司制作的，其主持人也是社会上的甚至是临时的，这就使问题变得非常复杂。系统内的人可以按照主持人的要求，进行教育，增强使命感和社会责任感，那么社会上的人怎么办？因此，很多要求过多少遍的问题仍然重复发生。但不管是系统内，还是系统外，不管是我们自己做的节目，还是社会公司做的节目，只要这个节目在广播电视里播出，就要符合广播电视的标准和要求，无论是台领导、审稿人、把关人，还是播音员、主持人，这个意识都要非常明确，不管节目来源于哪里，不符合节目标准是不行的。

我们的播音员主持人要有使命感和责任感还因为我们是在一个公众信赖的媒体中工作，不是个人开的小店，不是杂货铺。我们国家对广播电视的要求是很高的，这也是广播电视能够赢得如此高的公信力的原因，所以大家必须时刻清醒地认识到：我们是在一个国家媒体里工作，是在一个社会媒体里工作，是在一个公众媒体里工作，我们代表的不是自己，必须要有使命感和责任感。哪怕主持一个天气预报，也不是代表你自己。最低的是代表这个栏目，再高一点，代表这个台，再高一点，代表你所在的行政区划，再高一点，代表的是广播电视这个媒体。无论如何也不能允许把我们的广播电视变成展示个人、炫耀个人的舞台。但在实际中，有些人这个定位很模糊。当你以播音员主持人身份出现在广播电视里面的时候，你是谁呢？恐怕很多人没有想过这个问题，所以就发生了很多混乱。比如说在主持的时候和嘉宾对话，你是代表谁在和嘉宾对话呢？现在很多播音主持认为是在代表自己，这个问题必须弄清楚，那就是你代表的是公众，你是公众的一个代言人。有些播音员、主持人张口就称嘉宾为"老师"，这就是一种混乱。你如果称嘉宾为老师，就是强迫所有的听众、观众称他老师，非常不妥，当然如果这位嘉宾的职业真是教师那是另外一回事。现在有些节目不只是称老师，更多的是称张哥、李姐的，这把我们广播电视的定位完全私人化、庸俗化了，是定位上的混乱。私下里你叫他什么是你个人的事，是你们两人的关系，但到了广播电视上，到了公共传播空间，我是主持人，你是嘉宾，就是这种关系，不能有任何私人成分。代表谁这个问题反映出我们在播音主持定位意识上的薄弱。

责任感和使命感缺失的另一个表现是现在很多主持人，主持主持就忘了是在主持了，而是变成自我表现，甚至变成自我炫耀。主持和嘉宾究竟以谁为主？究竟你这个节目要干什么？有的六十分钟的节目，三四十分钟是主持人在说话，这样喧宾夺主还是主持吗？现在有些主持人受港台不好节目的影响严重。对于港台节目，一方面我们要吸收其有益的部分，另一方面要坚决剔除垃圾和糟粕。有的播音员、主持人，受了港台不良节目的污染，明明普通话说得挺好，硬要装作港台腔，尤其是有的主持人说话硬要装得像幼儿园儿童，像初中生，发嗲撒娇。这些肤浅低级的表现方式，只能暴露这些主持人对自身水平的不自信，只能暴露这些主持人缺少真才实学和真正魅力，才黔驴技穷，以低级模仿来取悦层次不高的受众。这是典型的媚俗，老百姓意见很大。

还有一种现象更为恶劣，有一些播音员、主持人把节目、栏目当成自己成名致富的渠道。不真正为大众服务，把节目、栏目做阶梯，靠主持节目扬名，靠主持节目致富。广播电视最大的特点就是直观和形象，非常容易一夜成名，有些人成名之后、羽翼丰满之后，不受约束了。播音主持是一个青春职业，我们的播音员、主持人一定要珍视这个岗位、珍惜这个岗位、珍视自己的名节、珍惜自己的声誉，要有崇高的使命感和责任感。

（三）要加强学习、加强修养、提高品位

一要学习政治。要从事广播电视工作，最基本的就是要懂政治。新闻本身就是政治，广播电视，老百姓总体上看，还是称为新闻媒体。虽然是娱乐节目，但是同样有导向问题。即使是纯娱乐也和政治有千丝万缕的联系，所以不要以为主持娱乐节目就和政治无关。学习政治，首先加强理论修养，就是读书。理论修养除了马列主义、毛泽东思想、邓小平理论、"三个代表"这些基本理论以外还有很多，包括哲学修养、科学的思维方式、辩证的思维方式，这些都包含在马克思主义的基本理论修养之内。播音主持更要有意识加强这方面的学习，因为这个行当万众瞩目，诱惑太多，所以播音员、主持人容易浮躁，没有一定的定力，恐怕静不下心来学习理论，提高修养。我们的播音员、主持人大都非常年轻，一定要珍惜大好时光，把自己的理论修养搞得厚实一点，这样主持的节目才有质量。现在存在的问题是"以其昏昏，使人昭昭"，20多岁的小青年，张口就要来给五六十岁的人解释婚姻问题，解释人生问题，这在一定程度上是开玩笑、是自我嘲讽。当然，这个问题的出现也不完全是播音员主持人自身的问题，和主持人产生机制有关系。现在我们的主持人很多是通过主持人大赛产生的，第一看谁长得漂亮，第二看谁伶牙俐齿，第三看谁多才多

艺。这是选拔主持人的几个基本标准，这和成熟的媒体产生主持人方式完全不同，至少新闻节目的主持人不是这样产生的。第一不一定追求长得漂亮；第二不追求年轻；第三也不追求伶牙俐齿、能言善辩、左右逢源。一个基本条件是，要有丰富的新闻实践、人生阅历和工作经验。就是说，要有第一线当记者的经历，要有当编辑的经历，要有生活的磨炼。在这些方面取得成就以后，才能到台里做主持人。像著名的主持人科拉·凯特等，都是长期在新闻采编方面取得了丰硕成果以后才做主持人的。我们现在的主持人大都是俊男靓女。当然，爱美之心人皆有之。但是它不能成为唯一的标准，现在这个成为了唯一的或最重要的标准。这种选拔方式带来了一个后果，就是选上的主持人可以没有其他业务功底，只要漂亮加上伶牙俐齿即可。一大批这样的人进入到我们播音主持队伍里来，结果可想而知，捉襟见肘、漏洞百出，包括低俗，这些问题的出现就不奇怪了。因此要彻底解决低俗的问题，加强修养，特别是理论修养是当务之急。

学习政治还要学习党的路线方针政策，要关心时事。我们播音员、主持人传达的都是党和政府及人民群众的声音，但是，先要知道党和政府有什么声音才可以传达，不然，传达的声音就成了你个人的观点。我们的媒体里面是不允许用个人观点来代替公众观点的，也不能出现"本观点只代表个人，不代表本台"，不允许这样做，就因为我们的媒体是公众的，是党和政府的，不能拿个人的观点强加给公众。你就要传达党和政府和公众的观点，要传达就首先要知道。所以要学习党的路线方针政策，对时事政治要关心，要知道党和政府在强调什么、关心什么，哪些是要提倡的，哪些是要反对和抑制的，必须心里有数，特别是做沟通交流节目的，做情感类节目的，涉及一些价值导向，娱乐导向的，尤其重要。

二要把握正确的导向。不管什么节目，导向都是第一位。导向有政治导向和价值导向，对文艺娱乐节目的主持人来说，价值导向的把握问题更为突出。特别是做情感类节目的时候，很容易出现价值观问题。主持人是什么样的价值导向？是高层次？还是低层次？是健康的、积极向上的还是颓废的、悲观的？还是一些很不健康的？这些问题在文艺娱乐节目包括一些情感类的访谈、游戏类的节目中层出不穷，老百姓反应也最突出。有的节目，嘉宾想说什么就说什么，主持人没有引导，甚至推波助澜。还有些节目做游戏，低级下作，这样的例子举不胜举。总局的收听收看中心几乎每天都能发现这些问题。导向问题对文艺娱乐节目主持人来说主要侧重在价值观、人生观、世界观上，要积极向上，要健康，低级趣味不是我们这个健康社会所允许和需求的。

三要学知识、提高业务水平，增加播音员主持人的厚度。现在学业务这个风气总体上应该加强，包括最基本的吐字发音的要求，语法文法的要求，现代汉语、古代汉语的要求，外语的要求等。从表现出来的结果看，问题很多。从语法到发音，可以说是破绽百出，很不讲究。另外还有一个突出的问题就是主持人的知识贫乏。很多差错和笑话都发生在我们播音主持身上，群众来信，总局的收听收看报告上，经常有对这个问题的批评。由于知识的贫乏，还造成了节目主持得苍白无力，特别是一些访谈节目。一些访谈节目请的嘉宾往往是社会上有一定影响的、有相当品位、有相当修养的名人，或者是学者、专家。由于我们的播音主持自身的修养不够，不能成为嘉宾谈话的对手，水平完全不在一个层次上，嘉宾谈的问题主持人接不上，甚至听不懂，主持人提问题也提不到要害处，主持人和嘉宾之间不能够产生共振，结果变成了嘉宾和主持人各说各的，导致了节目的失败。当然过于苛求我们的播音主持有些不现实，嘉宾往往都是阅历丰富，四五十岁，我们的播音主持多数是二三十岁，年龄的差距很明显，生活事业的经历差距很大，要求我们的主持人和嘉宾的水平一个档次是不现实的，但是我们的播音员主持人应该加强学习，缩小这个差距。提高素养、提高修养不是一日之功，虽然知识修养是看不见的，但是结果是明显的，另外也靠积累，积沙成塔，集腋成裘，学习对年轻人来说是永恒的任务。

四要学做人，要修身自律，加强道德修养。很多问题的出现不是我们的播音主持缺少灵气，不聪明，相反，我们很多播音主持很聪明，或者说绝大多数很聪明，很有灵气，一点就透。能够进入到我们电台、电视台做主持人的，不说千挑万选，至少也是精心挑选，层层选拔竞争上来的，也应该算人里面的精品，至少是优秀的。很多人出问题不是出在不聪明上，而是出在品德上，出在做人上。如果把播音主持这个行当当成一个发财的机会、当成一个成名的机会、当成一个自我表现的机会，就很容易走偏。大家经常听到说一些播音员、主持人形象不佳，有劣迹、有绯闻，比如说在钱上的问题，生活作风上的问题，在对待公众的态度上的问题等。比如说主持人走穴，反映非常不好。有的主持人甚至一遍都不排练，晚上的晚会，下午坐飞机来，主持完晚会拿了钱就走，一遍台词都不对。还有一些播音员、主持人绯闻缠身，这都是做人上的问题，都是自身不检点的问题，会导致非常严重的后果，搞不好就会把自己毁掉，大家非常年轻，千万要自重。

（四）提高素质、抵制低俗之风是我们广播电视行业长期的任务

广播电视主持人低俗的问题，是当前群众反映最突出的问题，所以我们现在要集中力量解决低俗问题。通过政府管理、依法行政的方式、通过社团组织自律的方式等，各个方面齐抓共管。但是这个问题的解决不是一日之功，要做长期的工作。之所以这样说是因为节目低俗化问题的动因不能一下子彻底解决。产生低俗化的一个重要原因是片面追求收视率。很多节目、栏目有低俗化问题，不是播音员主持人要低俗，而是台里面节目、栏目要求这样做。不低俗不搞笑，没有收视率不行，所以我们的播音主持就极尽低俗之能事，这里有被迫的问题。我们要扭转这种观念，不能以收视率作为唯一标准，要把社会效益放在第一位，把积极、健康、向上作为首要的标准。我们的节目必须有收视率，没有收视率我们节目也白办，你再干净，没有人看不是等于没有办吗？所以一定要有广泛的收视率，但是把收视率作为唯一标准这是不正确的，是绝对不行的。我们现在很多低俗问题产生的主要的根源就在这个地方。另外一个产生低俗化的原因就是实行制播分离以后，很多社会上的主持人放任自流、疏于管理。这个问题我们的电台、电视台要想办法解决，必须把住审查的环节，节目不管是谁做的，到台里审查，就要按照台里面的标准，没有两个标准，不能因为是社会公司做的，标准就可以降低。产生低俗化的再一个原因就是队伍建设方面和管理问题，对队伍的建设，包括集中的学习培训，包括日常的政治理论的学习，组织纪律的要求恐怕有的广播电台、电视台不到位、达不到要求。

存在的这些问题不容忽视，中国广播电视协会播音主持委员会要把解决这些问题作为一个重要任务，扎扎实实做些工作，有些工作已经取得了良好的效果。比如说前一段时间播音主持委员会发的《倡议书》，社会反响非常好。除了做这些具体措施之外，要马上着手考虑建立长效机制，这个是治本之策。按下葫芦起来瓢不行，抓一阵好一阵不行，必须有一个长久的办法，稳定的机

制。我相信，只要我们加强教育，并且同制度建设结合起来，就能够有效地解决低俗问题，就能全面提高播音主持队伍的水平。

（2005年9月）

与播音员主持人的谈话

播音员主持人是我们广播电视的最终符号和最终代表。有再好的策划、再好的创意、再好的包装，没有播音员主持人也表现不出来，也判断不出来节目的好坏。社会对广播电视的最终评价，相当大程度上取决于播音员主持人的表现。因此，抓好播音员主持人的素质提高非常重要、非常必要。你们是万众瞩目的明星，同时也是万众瞩目的焦点，成也萧何，败也萧何，你们的角色应当说是在广播电视整个链条当中最重要的环节之一，希望大家珍惜自己的这个光荣岗位，把工作做好。

一、广播电视播音员与主持人的基本角色定位

（一）播音员与主持人的起源

播音员主持人怎么来的呢？我查的材料讲，播音员与主持人最早来源于美国的广播电视台里面，当时最早播报的媒介人物叫 announcer，就是新闻报告者的意思。那时的职能就是报告新闻，这就是最早我们说的播音员。那么主持人的名字什么时候来的呢？这个名字最早出现在美国哥伦比亚广告公司的制片人，叫汤休伊特，他是 1952 年提出来的"主持人"这个概念，提出这个概念是当时他为了打破单纯的由播音员播报新闻的古板局面，想搞活他的报道，也是为了配合美国总统的竞选，所以当时他就搞了主持人来代替播音员的形式，这样就把单一的形式打破了。

其实，不仅仅是 announcer 的概念是报告新闻。大家知道，主持人最早的

英文称呼是 anchor，大家都知道，田径赛跑里接力赛的最后一棒，那个运动员就叫 anchor，那么这个人肯定是接力赛里跑得最快的，最有冲刺力的，最有实力的人。我们后来把 anchor 翻译成主持人，实际上，主持人在英文里有两个英文名字对应，一个就是 anchor，我们理解成新闻节目主持人。还有一个就是 host，主持，也包括在举办 party 的时候主持事务的人。实际上是两类，一种是新闻节目主持人，一种是专题节目和专栏节目的主持人，那么我们今天来讨论播音员主持人的时候，我觉得这两类都应该包含在内，无论是新闻节目还是专题节目，否则它的形态就不完整。有人给播音员主持人下了一个定义，即在广播电视节目当中，以个体形象出现，代表群体观念，用有声语言以及与之相配合的语言来操作和把握节目进程，与受众直接平等地进行大量传播活动的人。这个定义很长，所含的信息量大，从学术角度来说，这个定义还是比较严谨的。这是一个基本的缘起，我了解的不见得准确，给大家一个参考。

（二）中国播音员主持人角色的基本定位

到底播音员主持人是做什么的？这里首先要强调的是，我们中国广播电视是党和人民政府的喉舌、工具，电台、电视台是我们宣传工作的重要阵地，这个基本性质决定了在我们中国广播电视机构当中做播音与主持工作的人，他的基本角色定位就是党的喉舌、政府的喉舌、人民的喉舌，是新闻工作者。当然还有其他的定位，但是新闻工作者是他的基本定位。

我们对外可以理直气壮地宣布，我是中国的新闻工作者，我们的这个定位和西方的播音员主持人角色定位有本质的区别。因为西方的好多电台、电视台是商业机构，是赚钱机器，它们是商人办的电台、电视台，我们是政府办的。中国广播电视的有关法律明确规定，在中国只能由政府建立电台和电视台，其他机构和个人一律不得举办电台和电视台。所以我们的工作和西方媒体里的记者是完全不同的，这个基本定位希望大家都记清楚。为什么强调这个定位呢？我们一些播音员主持人对这个定位不是很清晰，对基本角色定位有些误区，对播音员与主持人是新闻工作者这个概念越来越模糊，或者说越来越淡化，所以导致出现很多低俗化的问题。

那么，有什么不清晰呢？主要是主持人对自己的角色定位认知上有偏差。

第一个偏差，就是有些主持人淡化了自己的引导传播责任，淡化或放弃了新闻工作者这个基本定位。表现出明星化、时尚化、娱乐化的倾向，自觉不自觉地向明星靠拢，向艺人靠拢，这是从思想认识方面出现低俗的最基本问题。出现这个问题的一个很重要的因素，是我们很多娱乐节目甚至包括谈话节目中，很多主持人都是和明星同台出现，所以，一些播音员、主持人把握不住自己，把自己等同于明星，等同于演艺界人士，没有意识到自己是新闻工作者，这是基本定位的偏差。

第二个偏差，就是广播电视业界对主持人基本角色认知上的偏差。有的广播电台、电视台认为自己是以娱乐立台，自己的主持人就是艺人，这是电台、电视台内部定位的错误。在中国任何电台、电视台都要新闻立台，这是我们最基本的要求。坚持正确的舆论导向，办好新闻，传达路线、方针、政策、政令，传达人民心声是我们电台、电视台最基本的职能。如果放弃了这个职能去搞娱乐立台，那么这个台是站不住脚的，是不能成立的。由于一些管理者、业界人士把我们的播音员主持人当成艺人，将办台的宗旨当成娱乐立台，因此会出现这种定位上的偏差。

还有一个，就是越来越多的演艺界人士开始做广播电视主持人，也就是说，他的身份发生了变化。目前多数的播音员和主持人都是我们电台、电视台自己的人，但是随着制播分离强度的加大，好多节目特别是专题节目、访谈节目、娱乐节目、游戏节目等，越来越多的交给社会的文化公司来制作。社会的文化公司不见得都用我们的播音员主持人，而用了很多社会上的人士，包括演艺界人士来做主持人，这就使主持人的成分变得越来越复杂。客观上使得一些管理者认为主持人就是艺人，就是演艺界人士，这也是由于体制的变化带来的新的问题。我们的概念是，可以用这些艺人来做播音员主持人，但是不管是我们台内自己的主持人，还是社会公司或是我们自己聘的演艺界人士来做主持人，他可能个人身份是个演艺界或者体育界的人，不管他做什么，只要出现在我们的广播电视里面，他就要承担喉舌工具的职能，我们就要用新闻工作者的标准来要求。

这个问题过去是发生过的，广电总局查处的一些低俗化的案例里边，就出现过这样典型的情况。被查处的主持人、嘉宾是社会上的演艺界人士，结果查处以后，这些台里的领导觉得很委屈。这个问题一定要清楚，管理者必须承担这样的管理责任。这也是刚才我讲的不管这个人来自哪儿，不管他是谁，只要出现在我们的广播电视里面，就要承担这样的责任。这一点，不管是我们业内的还是社会的，只要参与我们的主持，就按照新闻工作的要求来办。

第三个偏差，就是全社会对主持人基本角色认知的偏差。为什么说社会对这个认识有偏差呢？主要问题还是出在我们播音员主持人自身上。由于我们一些播音员主持人自觉地向演艺界靠拢，自觉地把自己明星化，而一些电台、电视台不纠正，又默许，所以，有一些观众心目当中认为播音员主持人就是演艺界明星，就是青春偶像，就没有播音员主持人是党的新闻工作者的概念了。再加上有的播音员主持人乐于向明星靠拢，比如，和明星比赛穿奇装异服，和明星比赛打扮怪发型，和明星比赛港台腔等，更加使观众产生错觉，认为播音员主持人和演艺明星没有区别。

无论是我们自身原因还是社会原因，这些问题是显而易见的。一些媒体也趁机炒作，把播音员主持人的大事小事都拿来娱乐一番，更加使播音员主持人的名声弄得很不好。这些问题归根结底就是要对播音员主持人的基本定位有清醒的认识，清楚的概念。我过去讲过多次，中国广播电视低俗化的问题相当多发生在播音员主持人身上，解决了播音员主持人的低俗问题，就在很大程度上解决了中国广播电视低俗问题。所以从这个角度来说，我们在座的各位要做抵制低俗化的表率。

二、中国广播电视播音员主持人队伍的现状

（一）中国的播音员主持人队伍总体情况

中国的播音员主持人队伍是随着改革开放的推进在不断地发展壮大的。广电总局提供了一个权威的数字，到 2008 年 12 月 31 日，中国共有广播电视的播音员主持人 24674 人，包括我们在座的各位，这 24000 多人中，中央一级的广播机构，中央三台加上中国教育电视台，共有播音员主持人 485 人，占总数的 1.67%，省一级的播音员主持人 3912 人，占 15.85%，地市一级的人数比较多，有 9066 人，占 36%，县级的人最多，10241 人，占 45.51%，另外乡镇还有

566人，另外还有一些企业单位的400多，这是一个基本概念。这些人里，女播音员主持人12071人，占66.57%，大概是占三分之二，整体上中国是这样的。从年龄上来说，35岁以下的大概占一半，50岁以上的不到1000人，只占5.5%，比例很小。以中央电视台为例，中央台的播音员、主持人正式编制和企聘的有201人，这201人里面有正式编制的是108人，约占一半，这些人中女性120人，年龄在35岁以下的101人，50岁以上的11人，学历都不低，大学本科以上占92%。应该说这是一个很庞大的队伍。全国两万多人虽然说人数不多，但影响巨大。

播音员、主持人对我们促进广播电视大发展大繁荣，发挥着非常重要的作用。

主持人这个概念是20世纪80年代传到中国的，中国第一个正式用主持人冠名的节目是中央电视台的《观察与思考》，是1980年7月12日正式冠名播出的，这是中国第一个主持人节目，当时节目也比较简单，主持人就是节目串联而已。

那么主持人有什么特点呢，我认为有这么几点。

第一个特点是，主持节目的节目主持人以个人身份出现，有名有姓。主持人和播音员不一样，播音员代表官方，发布政令，宣传政策，报告新闻。主持人不一样，他贴近生活、贴近百姓、有人情味、有亲和力、有感染力。

第二个特点是，主持节目是双向传播、是互动的、可以交流的。大家可以想一下，新闻播音员是我播你听，主持人的方式是我说你也说，一起来讨论，平等交流，彼此是尊重、信任、交流、互动的。所以主持人的角色是平民化、大众化的。

第三个特点是，主持人传播是一种多向的、复合型的传播。主持人不仅要与在家里看电视听广播的观众、听众互动，还要和他的搭档、嘉宾、现场参与的观众听众一起互动交流。所以是一种多向、互动、复合形式的主持方式。

应当说，20多年来主持人这个形式传到中国后，主持人的节目赢得了广大观众、听众的热烈欢迎，改变了我们多年来由播音员播报这种单一的传播方式，使我们的广播电视更好听、更好看；迅速扩大了节目的影响力，也吸引了更多的受众，应当说功不可没。主持人从广播来说，最早出现在广东。80年代广东人民广播电台最先搞的是板块节目，之后很快搞了一个珠江经济台主持人的直播节目，当时大家把它叫做"珠江模式"。后来到90年代，上海东方电台搞了24小时的直播板块节目，后来又出现大量的电话交流的、情感交流的热线节目；使广播的收听率迅速上升。

电视也是一样，主持人的节目范围逐年扩大。最开始是综艺类节目，接着是晚会类节目，很快又有了纪录片式的节目，还有新闻杂志性节目，后来又到了娱乐节目和谈话节目等。

这20多年来，主持人节目不断丰富、发展、变化。

实践上，主持人大体上可以分为这么几类：

第一类是新闻节目主持人。包括新闻直播节目；新闻评论节目；新闻访谈节目。

第二类是专题节目主持人。知识性的、对象性的、服务性的节目，像经济节目、气象节目、交通节目等。

第三类是综艺娱乐节目主持人。

第四类是谈话节目主持人。

（二）目前中国的播音员、主持人队伍构成存在的一些问题

共性问题是，目前播音员、主持人的队伍普遍年纪轻、阅历浅、文化功底不深和节目参与度不够。

首先是年轻。年龄对主持人来说，特别是对电视主持人来说，是非常重要的一个符号，或者说是非常重要的因素。从人的心理认知理论来说，年龄大的人多数给人的感觉是成熟、稳健、智慧；容易让人产生信任感、信赖感。中国的主持人队伍总体上是年轻的，这有一个统计，近年来，全国电视节目主持人30岁到40岁的比例有所增加，也就是说跟过去比，这个年龄段的人增多了，但是20岁到30岁的主持人仍然占多数。刚才我说到全体统计的时候大家也可能注意到了，广播电视系统内35岁以下的播音员、主持人占一半还多。

为什么说中国的广播电视队伍还年轻呢？可以看一下国外，国外许多知名的广播电视机构和我们的情况有很大不同。在国际上享有很高知名度的主持人，大多都是中年甚至老年以后才开始当主持人的。有人对美国三大商业电视网中历任晚间新闻节目主持人做了一个考察，得出一个结论：43岁是主持人的

一个黄金年龄。这个概念我们大多数中国人没有。外国人一般认为这个年龄段的人成熟、稳重、具有权威性和性别魅力，容易赢得人们的好感和信任。这是他们的一个基本判断。

人民大学前段时间搞了一个中国和美国著名主持人的比较数据，就是为了研究中国的主持人队伍到底如何。他们选了10个在美国堪称经典的电视栏目，像《60分钟》《真人秀》《美国偶像》《晚间新闻》等在美国最叫响的10大电视栏目，这些栏目的主持人也是美国最著名的。同时在中国也选了和这10个栏目相近的、可比的10个栏目，如和《60分钟》非常相近的中央电视台的《新闻调查》《实话实说》等，包括里面的主持人，做了一个比较。最后比较的结果显示，中国电视节目主持人的平均年龄是38.6岁，美国主持人的平均年龄是59.1岁，中国电视主持人的年龄比美国年轻将近20岁。再细分析，结论就更加鲜明，中国电视节目主持人的年龄在60岁以上的是零，美国在60岁以上的比例占50%，中国主持人的年龄主要是集中在30岁到39岁，和40岁到49岁，这两个加起来占到84.6%，美国同行在这个年龄段里面只占20%，它的主持人主要是集中在50岁到59岁和60岁以上这两个年龄段。

还有一个数据也很能说明问题。中国的主持人在20—29岁这个年龄段所占的比例是7.7%，美国是零。这样一比较大家也许就清楚了，区别在什么地方。从年龄上看，不是一丁点的区别，而是一个根本性的区别。从节目类型来看，中国电视主持人相对年龄比较大的主要集中在新闻类节目，新闻类节目的主持人的平均年龄大概是在40.5岁，略高于整体平均值；年龄小的、年轻的主要集中在综艺节目、娱乐节目和谈话节目里，平均年龄是33.8岁到35.5岁；最年轻的是综艺娱乐节目主持人，这些人里面20岁到29岁的要占到25%，四分之一；美国的情况和这相反，美国年龄大的主持人恰恰集中在综艺娱乐和谈话节目里，主持这两类节目主持人的平均年龄是76岁和63.5岁，主持人年龄最小的类型是真人秀类的，平均年龄是47岁，其中30岁到39岁和60岁以上的人各占一半。从这些数据上可以看出，中国在主持人年龄的思路上和美国是相反的。

从性别上看，中国的广播电视主持人中女性居多，系统内女播音员、女主持人大概占三分之二，总局颁发播音员、主持人证有近七成是女性；美国和我们相反，美国的主持人性别构成上是男人当道，比例男性占65%；娱乐节目、综艺节目、真人秀节目甚至出现了男性主持人一统天下的局面。只有在谈话类节目中，男女比例差不多才是各占一半。中国电视节目主持人性别构成上是女性高于男性，女主持人、播音员占53.8%，男性占46.2%；这是从年龄和性别上的一个区别。

显然，总体的问题就是年轻。

第二个问题是阅历浅。这个比较好理解，年轻必然是阅历浅。从国外的情况看，成功的主持人一般都有非常丰富的生活经历，在做主持人之前要经过许多年的历练，最起码在新闻岗位上、在记者岗位上要工作几年到十几年，如美国最著名的《60分钟》节目，从1969年创办以来收视率一直居美国前十名，这个节目从一定意义上来说，就是给老人办的节目。它的主持人华莱士曾经到中国来采访，当时华莱士已经84岁了。另外一名主持人1976年辞职，辞职的时候已经73岁了。在《60分钟》这个节目里面，没有一个刚毕业的大学生；但是我们中国的情况和这个完全不一样，几乎没有多少主持人有比较深厚的生活和工作阅历。

中国还有一个比较特殊的情况，比较出人意料，就是有一些主持人从事主持的时间比他参加工作的时间还长，这就是说，有一些人在学校里就开始主持了，这在国外是不可想象的。从研究上也证实了这种反差，如中国电视主持人当中有过三种以上从业经历的人占34.6%，有两种从业经历的和有一种从业经历的分别占30.8%和23%，前两种之和占65.4%，还有11.5%的主持人没有任何从业经历，也就是说一出校门就当了主持人。而美国的播音员、主持人从业的经历在两种以上的占到90%，只有一种从业经历的和没有任何从业经历的只占到5%，这样，就能很清楚地看到美国的主持人在当主持人之前绝大多数至少从事过两种以上的职业，有三种从业经历的能占到一半以上。

新闻节目这个问题就更突出了。中国的新闻节目主持人当中，有两种以上从业经历的人占58.8%，超过一半，这个还不错。但是，美国新闻节目主持人有两种以上从业经历的达到93.4%，没有一位没有从业经历的，所有的人都做过别的工作，然后才来搞新闻主持。这个比例我们和美国比是相差很悬殊的。这是职业经历。

而从业时间，我们的主持人在从事播音员主持人这个工作之前的工作时间是8.3年，美国的主持人在从事主持人工作之前曾经工作过的时间是24.9年，是中国的3倍。就是说，在中国8年就可以做播音员、主持人了，而在美国需要24年。美国现在还在工作的主持人当中，之前有过20年工作经历的人占总数的75%，就是说有75%的人在工作了20多年以后才做的主持人，没有工作经历或者是只要一两年工作经历的人要成为主持人一般不太可能。

从事职业比较。中国电视节目主持人大部分原来就是播音员、主持人的，或者是有过主持经历的人能够占到65.4%，这个比例是很高的；美国在做播音员、主持人之前从事过的职业最多的是当记者，这个比例高达65%，过去在美国只能占第二位，占55%，也就是说一毕业直接从事主持人工作的人是不存在的。美国新闻主持人曾经的从业经历当中，当过记者的高达66.7%。这是我们两国的职业经历的一个比较。这就是我国目前播音员、主持人队伍存在的一个问题，就是经历是比较单一的。

第三个问题是文化功底和专业背景问题。我们统计的结果显示，目前我们国家的广播电视主持人受过高等教育的占绝大多数，但是在高等教育里面所学专业是播音主持专业的人占绝对优势，也就是说，目前的播音员主持人多数是学播音主持出身的。美国现任的电视主持人在专业构成上是人文社科居相对优势，这个和中国不同。它居第二位的专业才是新闻传播业，而且他的新闻传播业不是新闻主持。学人文社科的占40%，学新闻传播的占30%，新闻传播主要学的就是编辑记者，把这两类加起来占70%，而不像中国绝大多数主持人是学播音主持专业的。

这就是从个人的职业经历、年龄、学业、受教育程度得出的一个中美两国比较数据，这些数据主要是来自人民大学搞的中美十个电视栏目的播音员、主持人比较得出的结论，这个数据值得我们思考。特别是大家身在其中，这些数据意味着什么，大家仔细思考就会发现问题。这是从主持人资历上看先天存在的一些问题。

第四个问题，主持人参与节目不深，主持人的个性特色不鲜明。现在我们称为主持人的，一半以上还是在演播室里面背词、串片，所以说参与不深，有人说这些人还是花瓶、话筒架子。这和真正意义上的主持人所应该发挥的作用是有区别的。

出现这种情况有两方面的原因：

第一是节目自身方面的问题。比如说节目制作人员和管理人员对如何使用主持人心中无数，不能很好地发挥主持人的作用，这就导致了主持人无法深入参与节目自身，只能做花瓶，做道具，只能做傀儡式主持人，没有自己发挥的余地，这是一个节目从策划自身带来的问题，甚至是体制方面的、管理方面的问题。

第二是主持人自身的问题。主持人自身对节目投入的不多，往往是在节目录制以前看看稿子，新闻主持人主要是念念导语，对新闻事实本身并不了解，或者是毫不了解，所以也就没有办法发挥，也更没有办法形成自己的观点。有的节目也要求主持人参与策划，甚至要求主持人搞文案写作，但是一些主持人不愿意做这些工作，或者根本就写不出来。所以这两方面的因素都有。

有个调查："你认为现在的主持人最显著的弱点是什么？"结果是，主持人最显著的弱点是"个性不足，不够个性化"。主持人缺陷排位，第一位是不够个性化。第二位是缺少幽默感。第三位是参与节目不深。第四位是即兴表达能力差。第五位是没有权威感。第六位是生活阅历浅。第七位是应变能力不强。第八位是缺乏感染力和公信力。这是对主持人总体的一个评价。

我们还必须看到，目前，一些主持人自我评价过高、浮躁、追逐名利的问题也不容忽视。这也是我们当前纠正不正之风，抵制低俗之风的重要问题。现在自我膨胀，自我评价过高主要表现在两个方面。第一，有些主持人在社会上的定位不清，把自己当成社会名流、当成明星，处处要求特殊待遇。第二，有一些主持人在自己的工作当中定位不清，缺少团队意识，忘记了自己的成功里面凝聚着大家的心血，以为节目离开自己就不行，所以对同事、领导的话听不进去，对观众、群众的意见为耳边风。

有一些主持人追逐名利的现象很突出，争着出镜头、争着出封面，乐于接受各方邀请，频繁参加种种应酬，主动向明星、艺人靠拢、热衷于走秀，开口就要出场费，明星派头。还有的主持人自己行为不检点，行为不规范，屡屡陷入官司，影响了播音员主持人的正面形象。这些问题虽是个别的，但足以给我们大家敲响警钟。切勿沾沾自喜，自我沉醉。自我估价与社会评价往往有很大不同。说这些的目的是让大家警醒，让大家丰富起来我们欠缺的那一部分。

三、优秀的播音员主持人的成功在哪里

主持人是美国的制片人汤休伊特提出来的，他认为一个优秀的主持人必须兼有两种能力，一是能够发现新事物，二是能够把所发现的新事物通俗易懂地传达给别人。这个定义从专业角度说，简单，好理解，也比较准确。问题是，他说这两种能力兼而有之的人，也就是既能发现又能传达的人实际上很难找到，现实中，这两种能力都具备的人是不多的。我们现在看一些著名主持人，特别是一些著名的新闻主持人都由新闻记者产生的。为什么呢？是因为他们有敏锐的发现力，有良好的表达能力，有鲜明的个性魅力。这三点是主持人最突出的特色，所以我们在座的各位任何一位能把这三点结合起来，那么你必定是一位出色的主持人。大家比较佩服白岩松，我认为，白岩松起码离这三点结合比较接近。

20世纪70年代到90年代是美国三大广播网主持人最辉煌的时候，他们选主持人的标准重要的一条：主持人必须由名记者来担任，尤其是新闻主持人必须从名记者中产生。他们改变了过去从播音员中挑主持人的做法。比如CBS的晚间节目主持人丹·拉瑟，丹·拉瑟从20世纪50年代就开始从事广播电视工作，他最擅长的就是现场即席报道，没有稿子，没有准备，如火灾、地震这些报道，拿起话筒就说。丹·拉瑟在当主持人之前当了30多年的电视新闻记者，足迹遍布世界五大洲。还有被称为西方电视主持人鼻祖的科拉·凯特，科拉·凯特在进入CBS之前就曾经在美联社当了11年的记者。第二次世界大战期间，科拉·凯特是战地记者，后来又做了美联社驻莫斯科的首席记者，之后才做了主持人。从这些成功的主持人的经历当中大家就可以看出，丰富的阅历对做一个出色的主持人是多么重要，或者说阅历是基础，没有一夜成名的，一夜成名的也不会长久，这是实践证明的。

中国优秀的播音员与主持人是很多的，他们都受到了老百姓的欢迎，很多播音员的政治素质强，业务素质高，有比较高的修养，近几年我们都在评播音员与主持人金话筒奖，每年评出10个，他们就是其中的佼佼者。

四、播音员与主持人中存在的突出问题

（一）政治理论修养上的

现在我们有的播音员与主持人对政治理论和时事政治学习的忽视导致了政策水平、理论水平、政策水平不高，导致一些新闻言论性节目的水平不高。

我说的这个意思就是政治上的基本功底、常用的政治术语、最基本的概念要搞清楚，最基本的政治头脑、基本的理论水平还是要有的。我们是党、人民、政府的喉舌，所以对党的路线、方针政策，基本说法必须清楚，否则会自讨苦吃。有些人只以为自己了解自己专业这个圈子这个领域范围就行了，这是远远不够的。所以政治理论包括时事政治的学习是非常重要的，这是一个方面的问题。

（二）我们的职业水准

业务素质差，不够专业，这也是一个比较集中的问题。最简单的是，我们经常能够听到主持人读错字、发错音，经常能够听到观众提出批评。我们在评金话筒奖的时候经常会发现这样的问题，有些作品是非常好的，但是播音主持人差，降低了整个作品的水准。评奖过程中，有专家认为，近几年来我们的广播电视的播音员与主持人的总体水平、语言基本功有下降趋势，主持风格、谈话水平、现场的掌控能力还有欠缺，无法和嘉宾、专家平等交流，说外行话。另外也有一些如语言、神态、服装、发型等方面的问题，实际上都是职业水准、专业水准的问题。

我觉得职业水准对于播音员主持人来说主要有这几个方面：

1.对你所谈话题专业知识的了解与掌握

这期节目谈的话题你了解多少，掌握多少？能不能和你请来的嘉宾对话？能不能掌控局面？由于播音员主持人对所谈话题涉及的知识掌握太少，不能顺畅地和嘉宾专家对话，或者说不是嘉宾和专家的对手与谈伴，所以甚至出现了嘉宾专家不愿意和主持人继续交谈下去，根本不在一个层次上。职业水准最直观地表现在这一点上。

我们多年来的节目形态是播报的，播音员主持人是根据写好的稿子念，对问题不很了解，照本宣科。现实原因是，很多节目在策划的时候，主持人不是参与者，是一个旁观者，到时候出来表演一下就行了。再深层次的是主持人在主持的时候不动脑子，对问题没有钻进去。对问题不了解，不知道，也不想知道，所以就不可能提出有深度的问题。

我们大家可以回想一下，我们在主持人初期，包括记者采访的时候，都有共性的问题就是：请你谈谈好吗？是不是很激动？得奖什么感受？无非就是这种浅薄、没有水准的问题。所以说，我们中国广播电视节目走到今天，已经是一个巨大的进步和飞跃了。但是这种专业水准不高的现象仍然没有结束。仍然需要我们尽快提高。我们不可能成为每个问题的专家，也没有必要，但是对这个问题有起码的了解是应该有的，否则就无法提出有深度的问题，无法提出思辨性的问题，也就成不了一个好主持人。我感觉所谓职业水准首当其冲是这个问题。

2.播音员主持人驾驭能力问题

现场的掌控能力、现场的导向能力，这个问题在娱乐节目里尤其突出。当然谈话类节目里也有，怎样引导嘉宾，掌握正确导向，把握价值观，也存在这个问题。现在一些节目存在这样的问题，即节目开始时，还是顺着我们设计的思路往前走，但是由于嘉宾是强势，主持人成了被动方，所以由着嘉宾来，说到哪儿算哪儿，导致整个节目既无主题，无走向，也无导向，价值观也把握不住，由嘉宾率性而为，变成了随意的海阔天空的聊天，主持人既不能发现嘉宾、听众观众提出问题的核心所在，也不能及时扭转和纠正里面不应该出现的成分，这就是主持人缺乏掌控力、驾驭力，抓不住主题而信马由缰造成的。这是第二个职业水准的问题。

3.语言表达能力问题

应当说能够成为播音员主持人，都具备了最基本的语言表达能力。绝大多数都是伶牙俐齿，这是我们主持人共性的特色，否则当不了主持人。一个拙嘴笨舌的人无论如何当不了主持人。应该是伶牙俐齿、思路清晰、应变能力强、你有来言我有去语，这是一个像样的主持人。但是我们现在的问题出在什么地方呢？就是语言能不能表达在关键之处。我看很多主持类节目，主持人伶牙俐齿没有问题，但都没有说到正题上，把聪明机灵用在了闲扯上，把我们在大众传媒中的公众形象，扭曲成哥们姐们在私人密室里的私人聊天，成了这样一种形态。嘴巴很厉害，但是说的都不是主题。比如访问明星，谈的不是明星的奋斗经历和心理感受，谈的是服装、发型、男友女友、失恋、小孩、父母，谈这些东西，抓了芝麻丢了西瓜。这个伶牙俐齿没有用到地方。我认为，语言表达能力取决于你的思想深度。没有思想，你的语言表达能力越厉害，走的就越偏。

当然语言表达能力还包括另一方面，就是语言质量。同样一句话可能有100种表达方式，哪种表达方式最有力度，哪种方式最有魅力，哪种方式最精准，能够鞭辟入里、一针见血，这就大大不一样。同样一句话，有的人说出来是白开水，有的人说出来充满魅力。

再有一个问题是不会用词。所谓用词不是说用高级形容词，真正有魅力的语言是大白话，是最简单的语言，用词不在于高级和低级，用词关键在于得当，词要用在最合适的位置上，才能发出它所具有的光辉。我们不追求也不希望播音员主持人整天文绉绉的，正好相反，我们要平易近人，要通俗易懂，一听就明白，但是提的问题是有力度的，这个才叫水平。

同一个问题你表达得非常艺术，富于美感，这才叫语言能力。所以，伶牙俐齿仅仅是基础条件，证明你生理上没有缺陷，反应思路上没有障碍，但是你的语言有没有质量是另外一回事。你掌握词汇的多少，眼界是不是开阔，是不是发散型思维，是不是善于联想、善于比较，都在于你的基本思维方式。我看过一篇文章，我觉得说的有一定道理，说的是：你的上司为什么会成为你的上司，你研究过没有呢？其中有一条很重要的原因就是，你的上司掌握的词汇比你多。开始我也不懂这个推理的结论，为什么你的上司掌握的词汇比你多，他就成为你的领导呢？文章说，这个人掌握的词汇多，证明他的思路开阔，阅历丰富，眼界宽，这个人有知识。我觉得，这至少是一个指标吧。我们主持人决不能永远停留在"请你谈谈好吗"这类水平上，要千方百计提高语言表达能力，特别是提高语言表达的质量，增强表达的丰富性，同样的话你说出来就与别人不同，这是我想说的第三个职业水准。

4. 普通话

从理论上说，播音员主持人讲普通话不应该是问题，因为你不会讲普通话就不能当播音员与主持人。但是实际情况比这复杂得多，一个问题是，越来越多的普通话不标准的人开始进入我们的主持人队伍，比如港台的人来做我们的主持人。再有一个就是，我们本来会讲普通话的人，现在也装作不会讲普通话，开始学港台腔。还有些地方过于强调方言，大量讲方言。包括一些方言电视剧，方言节目。这几个因素决定了我们现在播音员与主持人讲普通话的水平总体上在下降，一个是真不会讲的，一个是装不会讲。实际上，学港台腔，是一种追求时尚的低级阶段，或者说低层次，是最幼稚化、最肤浅的表现。普通话问题我们大家要高度重视，作为一个主持人首先必须要讲普通话，如果要是讲方言，要单独报批。

5.主持人形象

包括服装，打扮发型，包括举手投足，这个也是老百姓反映比较集中、投诉率比较高的问题。这个问题我也就不细说了，打开电视大家一看就知道了，破烂不堪的衣服，鸡窝一样的发型，还有极其夸张的耳环装饰，还有怪异的、长短不齐的裤子等，都是低层次、没文化的追求时尚的结果，有教养的人会对这种行为感到羞耻。

还有举手投足的幼稚化、儿童化。这也是我们播音与主持的一大弊端，就是极力让自己的语言表达方式、行为方式像幼儿、像少儿，撒娇、自骄、发嗲。这些我觉得是一些年轻人因为缺少生活的历练，没有经过生活的磨难，觉得这些最好、最时尚。如果你有过一点生活阅历，再过10年，你回过头来看你当今的表现，肯定要脸红。这些也是缺乏职业水准的一个表现。成熟的媒体、成熟的人没有这些情况，这是自毁形象。服装打扮、举手投足是给观众的第一感觉，你不张口已经给人造成不良印象，再加上肤浅的表达，一张口就更糟糕了。

我感觉，一些播音员主持人的价值评判有问题。究竟什么是美、什么是丑这个观念发生了扭曲。以丑为美，这就糟了。美和丑应当说是一个非常抽象的标准，一个非常模糊的概念。好多概念就是这样非常模糊，这个人是胖还是瘦，怎么来界定呢？比如说，这个人是长脸还是圆脸，是很难说的。胖、偏胖、比较胖，你的数据根据在哪呢？好、比较好、非常好、特别好，你的标准在哪？等级怎么划的？这些都是一个模糊的概念。在这个美丑标准上非常难把握。还有一个，就是认定美丑是不能强制的。美学界有一句话叫做：说到审美无争辩。什么意思呢？就是说，你说哪个好、哪个不好是没有办法争论清楚的。比如牡丹花和狗尾巴花，我就认为狗尾巴花比牡丹花漂亮，你有什么办法？你能说服我吗？你不能，我觉得谁也不能。我就要这样认为你怎么办？你是没有办法的。它不像一加一等于二是绝对正确的，一加一等于三是绝对错误的。所以说，说到审美无争议也是这个道理。这就带来了一个关于审美评判难的问题。那么怎么办呢？我觉得这个美丑标准评判也很简单，也就是绝大多数人觉得是美的，那么它就是美的；多数人认为哪些是丑的，那它就是丑的。这是社会大众长期以来形成的一个共识，共同的判断标准。

我看过一个研究说，为什么有些人大家公认她长得好看，这是什么道理？标准在哪里？实际上所谓好看，是说这个人的五官具备了人类共同的最普通的标准。仔细想想这是非常有道理的，这个人的眉眼、五官、口鼻长得就是人类最普通的标准，但都集中到这个人身上了，就好看。我想，万物都是这个道理，大家在做主持人的时候，我看就用这个标准来衡量就大致不会错，就不会再出现鸡窝一样的头发了。

（三）个人修养和道德文明水准比较低

我们就接过这样的投诉，说有的人把自己当成了公主、当成了皇帝、当成了特殊公民，认为自己是名人，对周围的人、对同事、对听众观众颐指气使。另外还有热衷于低级趣味，在主持节目中没有分寸，想怎么搞笑就怎么搞笑，哗众取宠。还有热衷于庸俗话题，你长得好看啦，你的大腿怎么样啦，你的项链怎么样啦，你的衣服怎么样啦。

还有一个就是性的问题。这个问题现在是我们广播电视低俗化整治的重点之一。一个问题是有的午夜节目以性为中心话题。广电总局三令五申发文件，取缔和处理了一批以性为话题、打着保健和医疗的幌子放肆谈论性话题的节目。从主持人到嘉宾到参与的观众听众，毫无遮拦毫无羞耻感地谈论性话题。这跌破了文明道德的底线，有损广播电视的形象，有损主持人的形象。还有，在日常的娱乐节目当中，有的主持人千方百计把话题引向性，有意无意或明或暗地要谈论性。谈论性、谈论男友女友、谈论婚恋、谈论绯闻，这是我们一些主持人非常热衷的话题。一些主持人为了满足某些观众听众的窥探心理，有意无意地做这个事情，这是不被允许的。

　　我感觉，全社会对播音员主持人的要求总体要高于对编辑、记者或技术人员的要求。这就在于播音员主持人是媒体的最终代表，从这个角度来说大家承担的这个责任和义务既光荣又艰巨，也很困难。但是成为一个优秀的播音员主持人，是每个年轻人特别是已经在这个岗位上工作的同志们孜孜以求的梦想，大家都想在这个岗位上为广播电视做点事情，也是为了自己追求的满足感和成就感。在此，我非常肯定也非常赞赏大家为此做出的努力。但是刚谈到的这些问题是不容忽视和客观存在的，其中许多问题都是共性的、普遍的，而不是个别的。大家打开电视，都不是什么新情况，都是全国的听众观众有目共睹的，所以这些问题希望引起大家高度的重视。一方面加强自律，提高自我的要求标准，这方面也要加强监督，遵守我们的宣传纪律，遵守职业道德，提高职业水准。我想，只要大家认真按照我们的宣传要求和职业标准来要求自己，那么，我认为，从我们在座的各位年龄看，每个人都有可能成为优秀的、著名的播音员主持人，在这里，我有充分的理由和十足的信心预祝大家成功。

版权保护意味着什么

党的十八届三中全会上个月刚刚闭幕。认真研读三中全会决定，会发现一个新字眼，就是在党的全会文件中第一次出现了"加强版权保护"的提法。

这个变化是我党在十七届六中全会明确"深化文化体制改革、推动社会主义文化大发展大繁荣"整体目标以来，对文化发展内在规律结构性思考的一种制度性体现，预示着"版权管理和保护"在我国经济社会发展中将会发挥更加重要的作用。

为什么要强调版权管理、加强版权保护？版权对于文化单位、文化产业，对于我们传媒机构的重要意义何在？

一、版权是实实在在的权利

提到版权，许多人的第一反应可能是，这是个法律问题，与电视节目的生产播出关系不大，只要不侵犯别人权利、不惹上官司就好。实际上，版权的内涵和外延要远远大于这个范畴。版权又称著作权，是文学、艺术、科学作品的作者和传播者对其创作或传播的作品所享有的权利，它是知识产权的重要类型之一。而产权，是经济所有制关系的法律表现形式，代表的是财富、是价值、是市场。和我们住房、汽车等财产一样，版权也是一种财产，是文化艺术产品的创作者对于作品所享有的权利。而且，由于版权的载体形式十分多样，可以是电影、电视、音乐、图片或是书籍，并可以无限复制、重复利用，如果管理得当、充分开发，产生的价值将会远远大于房屋等实体财产。大家知道，华特·迪士尼在20世纪二三十年代创作了米老鼠和唐老鸭，迄今为止，这两个全球家喻户晓的卡通形象为迪士尼公司带来了数百亿美元的价值，在2003年《福布斯》评选的"虚构形象富豪榜"上，米老鼠和它的小伙伴高居榜首。

但是，这种权利并不是古来有之，在人类文明史的大部分时期内，并没有版权这种权利，文化艺术作品并不能带来市场价值和经济价值。西晋的文学家左思，历经十年创作了著名的《三都赋》，"豪贵之家，竞相传写，洛阳为之纸贵"。因为一篇好的作品，卖纸的商人都发了财，但作者并没有在其中获得经济利益。

为了保护文化成果，促进创作，版权制度应运而生。300多年前，英国颁布了世界上第一部版权法——《安娜女王法》。随后的一百年里，欧美主要国家都建立起版权制度，推动了欧美诸国文化艺术和文化产业的繁荣发展。目前，世界上已有150多个国家和地区建立了版权制度，加强版权管理已经成为一种国际共识。

二、版权是文化产业的基础

党的十七届六中全会和十八大都明确提出，"大力发展文化产业，将文化建设成为国民经济支柱产业"。三中全会再次强调，要"提高文化产业规模化、集约化、专业化水平"。文化产业具有低能耗、高附加值、行业整合能力强、反经济周期等特点。精神文化产品具有抚慰心灵、励志向上、舒缓情绪的功能。因此，在经济停滞、生活困顿时，人们对精神文化的需求非但不会减少，反而会相应增加。1929—1933年世界经济危机期间，美国百业凋敝，而电影、演艺等文化产业却得到了大发展，奠定了美国文化强国的地位。在美国的国际贸易中，所占份额最大的，不是军工、汽车、农产品，而是文化产品。2010年其版权产品出口总额达到1340亿美元，远高于飞机、汽车、农产品、食物和药品。

但文化产业的发展并不会"忽如一夜春风来，千树万树梨花开"。在市场经济条件下，产业发展的基础在于产权制度的建立和完善。如果缺乏版权保护，盗版横行，市场主体无法通过生产文化产品获益，这个行业便无法得到真正的发展。因此，进一步"加强版权保护"，是文化产业发展的前提和基础。

三、版权是广电影视单位的核心资产

影视行业是文化产业的重要组成部分。电影技术和电视技术的出现从根本上改变了20世纪的传播格局，也使得影视作品成为当今的传播环境下经济价值最大的作品类型之一。当前，影视版权国际贸易非常繁荣，美国的好莱坞、印度的宝莱坞以及近些年的韩国都是盛产影视作品的中心，这些国家通过本土和海外的版权运营充分提升和实现影视产品的版权价值。仅在美国，电影产业每年产生1750亿美元的收入，并为200万人提供就业岗位。

为促进影视业的健康发展，各国都出台法规保护影视作品版权，文化企业更将版权视为生命线和核心资产。如迪士尼公司，其核心资产就是多年积累的优质影视作品，早期生产的《米老鼠和唐老鸭》《白雪公主》等作品，数十年长盛不衰，通过衍生品和全产业链开发，至今每年仍为公司带来几十亿美元的收入。美国版权法规定对作品保护70年，为避免这些早期的优质作品版权到期，迪士尼公司和其他电影业巨头联手，游说美国国会于1998年出台新规，对电影版权保护期限从70年延长到90年。

这些事例说明，对于文化生产单位而言，核心的价值在于所拥有的享有版权的优质内容。好的产品，能为单位带来长期稳定的收益。中央电视台早期的作品《西游记》，在近三十年的时间内重播了无数次，仅2012年就播了10次，每次播出几乎都能拉动收视。

相对于欧美各国成熟的版权制度，我国版权制度起步时间短，设计还不完善，存在诸多问题。

（一）我国影视作品创新能力不够，优秀的原创作品不多，质量不高

虽然我国版权作品出产的数量很大，增长也很快，但是内容雷同、重复生产、跟风生产的现象大量存在，竞争力也不强，受到广大观众（用户）喜爱的节目却不太多。

（二）视频网站盗版严重

由于缺乏相关规则的制约，网络视频盗版和盗链等侵权行为非常普遍，互联网治理问题依然严峻。在这个以"内容为王""版权为王"的时代，中国的视频网站的生存离不开对内容的依赖，他们对大量的影视作品和素材进行侵权使用。

（三）影视作品的法律定性尚未统一

对于电影电视剧，因为其独创性较高，被定性为"作品"，作品的权利人拥有发行权、广播权、复制权等十二项财产权利；而对于综艺类节目、访谈类节目，由于独创性较低，则可能被归类为"录像制品"，仅享有四项权利；对于体育赛事等，仅被定性为电视信号，只享有两项权利。而且，在司法实践中，不同法官执法标准并不统一，判赔额不高，影视作品的法律保护水平并不稳定。

近几年，随着法制环境改善、传播事业发展和国际交流日益扩大，全社会的版权意识明显提高，大家都开始尊重版权、保护版权、利用版权。2012年，我国启动《著作权法》第三次修订引发了全社会的关注和广泛讨论，说明版权制度的设计已经切实影响到了各行各业的利益。

大数据、全媒体时代已经来临，新媒体正在与传统媒体激烈争夺受众，媒体环境正在发生翻天覆地的变化。在此背景下，版权必将成为电视台未来生存发展壮大过程中不可替代的核心竞争力，实现全媒体时代的战略转型，确保健康可持续发展。

那么，加强版权工作对我们意味着什么呢？

（一）全面加强版权管理是应对新媒体挑战、实施全媒体发展战略的迫切需要

近年来，随着传播技术的革新，以网络为平台、多屏为终端的新媒体传播方式迅猛发展。这个月的4号，4G牌照发放，我国正式进入了4G时代，这将可能导致整个传播生态的变化。视野决定事业，态度决定高度。我们还记得，在3G时代，通信业巨人诺基亚对移动互联没有做出应有的反应，结果看看手里的手机品牌就知道了。

新的传播方式，对于传统电视媒体而言，既是巨大的现实挑战，也是难得的发展机遇。

从传播方式上来看，新媒体传播的非线性、交互性，正在颠覆"客厅习惯"，受众越来越不满足于被动的收看方式，传统电视的市场份额正被逐步蚕食。数据显示，城市受众对电视媒体的日平均接触时间从2009年的176分钟下降至2012年的169分钟，而中国网民每日上网平均时长则从2011年的160分钟增长至2012年的176分钟。

从广告创收来看，新媒体通过大数据的收集还原，细致分析顾客的消费能力、消费习惯，从而实现对有需求、有支付能力的用户进行广告精确投放，对传统电视广告广谱性的传播模式形成挑战。

从产业发展来看，"三网融合"是大势所趋，传统电视媒体和新媒体的边界将进一步模糊。中国移动在移动网（其传统业务）、固定通信网（2013年12月4日获得工信部许可）业务外，已经获得手机电视分发服务（根据《广电蓝皮书（2013）资料》）和广播电视节目制作（已经向中国移动战略部门求证，2013年获得《广播电视节目制作经营许可证》）等广电业务的牌照，成为第一家全网业务公司。新的OTT传播方式（Over The Top，内容提供商越过运营商，发展基于开放互联网的各种视频及数据服务业务），更是越过一切中间服务商，将内容直接传送至终端。传统电视拥有的强大平台和渠道优势正在削弱，受众忠诚度正不断下降，传播再次回归"内容为王"。

央视是传统媒体还是新媒体？这取决于我们自己，取决于战略发展方向。目前，中央电视台已拥有网络电视、手机电视、IP电视、移动传媒、互联网电视等新媒体业务的各类牌照和国内最为丰富的视频版权资源。能否有效结合内容资源与新媒体传播渠道，将是我们打造全媒体的关键。

（二）全面加强版权管理是强化核心竞争力、应对传媒业竞争的迫切需要

近年来，以省级卫视为代表的地方广电实力不断增强，国内电视行业的竞争趋于白热化。湖南、浙江、江苏、上海等省级卫视在电视剧、动画片等类型节目方面加大版权投入，争夺优质版权资源，导致节目版权购买价格一路走高。随着68号文件的出台，可以预测，明年纪录片、动画片等版权市场的争夺将会更加的激烈,需要应对调整。

以湖南卫视为例,近年来改变版权策略,从市场购剧转为定制剧、独播剧,取得了显著效果。2013年湖南卫视黄金时间播出的14部电视剧,收视率全部进入全国前20名。同时,越来越多的地方台开始依托优质的节目,开展版权产业链经营。以近期热播的《爸爸去哪儿》为例,版权方除了冠名广告、植入广告、网络版权销售等传统销售方式外,进一步开发了手机游戏、同名电影、线下产品等盈利模式,获取了丰厚回报。针对这些新情况,中央电视台亟需以版权为纽带打通节目研发、采购、生产、播出、综合利用和开发等诸环节,为确保全台持续、快速、健康发展提供强大助力。

(三)全面加强版权管理是推进产业全面发展的迫切需要

广告收入、收视费、版权开发是国际各大电视媒体收入的三大来源。广告收入受经济波动的影响很大,收视费收入相对稳定,而节目版权开发正日益成为电视媒体创收的重要来源。世界各大传媒机构正在利用版权优势,建立立体的版权开发产业链,实现版权商业价值最大化。从版权经营收益上来看,BBC版权开发收益占到总收入的29%,时代华纳占到43%,迪士尼更是高达58%。在国内,上海广播电视台(上海东方传媒集团)2012年版权销售和新媒体开发收入达到24亿元,占总收入(174亿元)的14%。就央视而言,广告仍然是最主要的收入来源,版权开发链条尚未形成,而广告增收的难度越来越大。我们应下大力气盘活版权资产,建立全产业链的版权开发体系,使版权开发成为创收的新的增长点。

(四)全面加强版权管理是国际传播能力建设的迫切需要

国际传播能力建设是一项复杂的系统工程,涵盖海外频道播出、海外落地、节目的海外植入式播出、央视网的无国界传播、节目版权的海外销售等。海外传播,本质上是版权的转移,丰富的版权储备是开展海外传播的基础,有效的版权管理是开展海外传播的保障。从世界范围来看,西方主流媒体仍处于强势,而央视海外传播工作的基础还比较薄弱,需要大力储备有效的版权资源,加大内容传播力度。同时,我们还面对国外严格的版权法律制度,稍有不慎就有可能产生侵权,给海外传播效果带来负面影响。

（五）全面加强版权管理是适应社会法制环境发展变化的迫切需要

国家立法层面，《著作权法》正经历第三次修改，对版权的保护越来越严格；法律实践层面，国家加大了对侵犯知识产权行为的打击力度，保护版权正成为传媒界的共识；权利意识方面，越来越多的版权人开始主张自身的权利，一段音乐、一张图片、一段视频，都有可能使电视台成为被告。央视作为国家电视台，从实现传播效能、确保安全播出、维护自身形象角度出发，亟需全面加强版权管理，有效避免版权风险。

国内外的成熟媒体对版权的保护、开发与利用的做法值得借鉴。

（一）媒体员工均有很强的版权意识

国际一流影视传媒机构上到总裁、中层管理者，下到制片人、一线编导、普通工作人员，都有清醒的版权概念，开展影视项目合作、合同谈判，特别强调版权分割、版权收益、产权明晰，将版权资产视为最为重要的媒体资产，并上升到战略高度。

（二）媒体的版权管理部门职能明确，作用重大

国外知名传媒机构都设置强有力的版权管理部门，统筹版权规划、采购谈判、合同管理、版权开发、版权维权等全流程事务。在英国BBC、德国ZDF，版权部门直接负责版权购买；在日本NHK，版权部门有一票否决权。这些媒体版权部门人员配备也强有力，BBC等9家国际一流媒体版权管理人员平均占员工总数的1.4%。

（三）国内外传媒机构有意识积累版权储备，增强市场核心竞争力

传媒机构的竞争优势还是依赖内容，国内外各大传媒机构都有意识积累版权储备，增加版权采购资金。许多传媒公司都在努力成为精品内容提供商，大规模投资，精品制作，提高原创节目的比例，打造全版权品牌节目。如星空传媒巨资打造"中国达人秀""舞林大会"和"中国好声音"。光线传媒斥巨资打造《致青春》《泰囧》《厨子、戏子、痞子》等一系列票房不俗的大片，其与央视合作的《加油！少年派》《是真的吗》《梦想合唱团》《超级减肥王》等精品真人秀节目也创造了较高收视率。

（四）国外知名传媒机构都制定了较为清晰的版权战略

如BBC的版权战略，一是获得最新创意和构想；二是全方位购买节目和创意产品的版权，节目制作之初就考虑产品使用和服务；三是保证自制全版权节目比例不少于50%。迪士尼的版权战略，一是以消费者为中心的全媒体版权发行，二是品牌许可销售。

（五）国外传媒机构均建立覆盖全流程业务的版权管理体系

国内外知名传媒机构的版权管理，不针对单一业务环节，而是建立涵盖全部业务范围的全流程系统化版权管理体系，包括节目规划、节目制作、节目购买、权利清算、节目版权开发等，以保证版权利益最大化，降低版权风险。而我台，版权管理还停留在基础层面，对版权保护、开发、购买的统筹协调较弱。

（六）国内外知名传媒机构充分利用市场化的各种渠道开展版权经营，打造较为完整的产业链条和综合利用体系

现代媒体行业都十分重视从媒体内容创新制作到媒体衍生市场开发的这一产业链条的建设与发展，均发展出了一系列由前端、中端和后端组成的完整产业链。节目版权经营除了播出、节目广告招商、节目音像发行等传统领域，还逐渐延伸到了多层次、多渠道、多平台，涵盖了网络播出点播、VOD、多终端点播、IPTV、移动网络终端、APP应用、互联网智能机顶盒、智能电视、传统和电子出版、商业演出、艺人经纪和移动传媒增值业务、衍生产品和主题公园等，旨在实现节目版权价值最大化。例如，星空传媒在推广《中国好声音》这一节目品牌时，通过"台网联动"，创造影响力，并通过演唱会、节目冠名、广告、网络传播许可、音乐下载、彩铃下载等各种方式的多元化市场化运作，实现版权价值最大化。通过对大型节目进行环环相扣的版权经营策划，不仅提升了节目影响力、扩大了粉丝群规模，最重要的是发挥了"一加一大于二"的规模效应。

（七）国外传媒机构均利用多种途径对版权进行保护和维权

版权保护不力，商业价值无从谈起。而最有效、效率最高的保护手段并

不是诉讼。国外传媒机构重视发挥版权管理部门的侵权处理作用：一是监控合作网站盗版，开展评估，提出建议对策（迪士尼的做法）；二是借助强力，积极与版权机构协作（NHK的做法）；三是制定合理价格，让受众合法获取影视作品，抵消盗版负面影响。

（八）国外知名传媒机构均采用先进的技术手段对版权进行管理

福克斯、迪士尼等公司，用高效的搜索工具跟踪每一部电影和电视节目的成本、全世界内发行收益、权利许可，将许可费、版税管理自动化，对节目版权进行分类管理，实时进行版权可用性查询、统计分析，从而减少管理成本。同时，我们还应看到，国内各地方台也加大了版权管理保护力度。比如，上海广播电视台（上海东方传媒）设立版权中心，统一管理全台、全集团版权销售事务，既负责电视节目版权的信息归集、管理和协调工作，同时还负责版权产品的销售，以销促管，成为其实现自身节目版权价值最大化的一个重要平台。

节目版权是电视媒体的核心资产，是电视媒体核心竞争力的组成部分。在全媒体发展格局下，加强版权工作尤为紧迫。我们已经站在新的历史起点上，正面临着数字化、网络化及大数据发展的机遇与挑战，面临着社会主义文化大发展大繁荣的机遇与挑战，面临着传统媒体与互联网等新媒体融合发展的机遇与挑战。我们要按照建设国际一流媒体的总要求，推进版权管理的战略性和精细化，推动节目内容和形式的创新，推进传播手段和渠道的创新，不断积累优质版权资源，不断提高媒体的综合竞争实力。

（2013年12月26日）

创意中国　点亮世界

2014年，中国改革开放已经步入第36个年头。36年来，中国经济、中国媒体、中国广告都在迅猛发展。常说广告是经济发展的风向标，伴随着中国经济发展，中国也成为世界第二大广告市场。在全球宏大的广告格局中，我认为，中国广告市场有这样几个特点。

一、中国广告市场拥有中国特色的媒体格局

在中国，电视媒体格局的特色首先体现在"数量多"，全国现有2300多个电视频道；其次体现在"观众多"，截至2013年，中国电视观众总体规模达到12.8亿，有线电视用户数约为2.15亿户，覆盖人数达到8亿人以上，"看电视"仍然是中国人的主要生活方式之一。

除了电视，中国还存在着大量以发行量取胜的报纸和杂志媒体，呈现区域和行业特性的广播媒体，以及以地理位置衡量广告价值的户外媒体。过去，这些报纸、杂志、广播、户外媒体，与电视媒体一起构成了中国特色的媒体格局。

近年来，随着互联网、移动互联等新媒体的兴起，中国特色的媒体格局正在发生空前变化。截至2013年，中国网民规模达到6.18亿，手机网民规模达到5亿，网络视频用户规模达到4.28亿，互联网普及率达到45.8%，互联网电视和移动视频呈现井喷式发展。

与此相应，中国广告市场也呈现出新的媒体分布格局。以中国国家工商行政管理总局公布的2013年广告营业额为例，电视广告1100多亿元人民币，

广播广告140多亿元人民币，报纸广告500多亿元人民币，杂志广告约90亿元人民币，互联网广告为630多亿元人民币。可见，在中国广告市场上，电视媒体依然稳居首位，而互联网等新媒体则增长较快。

二、电视在中国广告市场具有独特的地位

随着互联网的发展，信息大爆炸时代已经到来，如今《纽约时报》一周的内容相当于18世纪的人一生的资讯量。在这个迅猛变化的时代，作为广告载体的媒介也面临着深刻的变化和转型。在中国这个发展中国家，存在着区域发展不平衡、受众年龄结构不平衡等特征，一切都还在变化中，电视媒体仍然是中国广告市场的第一媒体。

近十年来，中国大陆电视媒体的日到达率始终保持在90%以上，这个数字在农村居民中更高。电视开机率从2001年的21.17%，上升至2012年的23.74%，也就是说2012年平均每分钟有23.74%的家庭在收看电视，这是一个非常巨大的广告受众市场。电视在全媒体中的地位不仅仅体现在收视数字上，更体现在影响力上。在信息化时代，各种信息纷纭复杂、难辨真伪，急需一个可信赖的传播平台作为信息源，而中国特色的媒体格局决定了中国电视媒体是最具权威性和可信度的媒体之一。

目前，中国大陆电视媒体呈现三分天下的市场格局，形成了"中央台、省级卫视和地面频道"三足鼎立的媒体竞争态势，各占33%左右的市场份额，反映在收入份额上，电视广告营业额约占大陆媒体广告营业总额的三分之一左右，而中国中央电视台的广告收入约占大陆电视广告收入28%左右的市场份额，电视仍然是最有影响力和传播价值的广告载体。

三、中央电视台是中国广告市场最具影响力的媒体之一

中国中央电视台作为国家级媒体，发挥了助推广告市场和企业品牌发展的巨大作用，得到了中国广告界的广泛认可，是中国广告市场最具影响力的媒

体之一。

目前，中国中央电视台拥有42个电视频道，其中包括25个公共频道，17个付费电视频道，涵盖了新闻、财经、文艺、体育、影视、军事、农业、法制、音乐、儿童等不同节目类型，牢牢占据三分之一左右的中国大陆收视份额。我们建立了覆盖全球的制播体系，在全国设有31个国内记者站，与50家地方电视台建立了完善的直播联盟体系，通过70个驻外记者站组成了覆盖全球的新闻采编网络，借助海外分台实现了本土化的制作、播出和覆盖，并以中文国际频道为龙头，以英语新闻频道和英语纪录频道为纽带，实现了6个语种、7个国际频道和多语种网络外语台的国际传播格局。同时，我们不断扩展国际合作交流，与数十家国际媒体机构签订了框架合作协议，与全球100多个国家和地区的电视机构达成落地合作，整频道海外用户数遍布在170多个国家和地区。

面对变化迅猛的媒体环境，尤其是在以互联网为代表的新媒体迅速崛起的时代，中国中央电视台也积极参与到国际化的全媒体转型中，与新媒体形成了既竞争又融合的局面。2009年，我们建立了全新的中国网络电视台，覆盖中国网民总数的80%，成为中国"三网融合"战略的先锋，实现了外语频道节目的网络同步全球直播和点播，建成了亚洲最大的网络视频数据库；2011年起，我们通过国际视通对外发布视频素材，每天有超过130条素材提供给70多个国家和地区的1600多个电视频道；2013年，"央视新闻"APP手机客户端上线，目前订阅户达到3456万，"央视新闻"微博粉丝达到3279万，稳居微博影响力排行榜前列，"央视新闻"微信公众账号成为首个订阅户突破100万的媒体公众账号，"央视新闻"微博微信客户端的新媒体用户总量已达6950万人。与此同时，央视网日均独立访问用户超过2300万人，月独立访问用户数超过4.5亿。

未来，我们将围绕新媒体战略抓好几个关键举措：一是建立跨媒体传播平台，打通电视和网络两个传播渠道；二是坚持内容为王，广受关注的热门节目内容是电视和新媒体吸引受众的关键；三是进行跨媒体整合营销，由单一的电视广告经营向跨媒体多元化的媒体服务转变；四是进行组织机构调整，按照媒体融合发展规律，深度整合内部资源；五是建立多媒体影响力评价体系，把新媒体监测数据纳入评价指标，由单一的收视调查转变为跨媒体传播效果监测；六是借资本手段实现跨越式发展，尝试通过收购或者控股的方式整合资源，优化内容、技术和人才，拓展新媒体战略布局。

"中国的发展离不开世界，世界的发展也需要中国"，未来，我们中国中央电视台也必将与世界各国媒体一道，借助媒体特殊的力量，共同推动世界经济的发展，共同推动世界广告业的发展。

（2014年）

辑二

创新与探索

电视节目创新的实践与思考

一个家徒四壁的农民刚刚拿到救济款，如果这时间他，第一个想买什么大件？或许十个里有八个人会告诉你：电视机。

这是我们这些做电视传播的人最乐意听到的传闻。可喜的是，这是真的。

它至少传递出这样几个足以引发我们认真思索的信息：

电视在受众心中的地位；

电视人要拿出什么样的节目才对得起可爱的观众；

观众视电视如掌上明珠的可喜局面会永远维持下去吗？

回答这些问题本来就不是三言两语的事，如今又有新媒体出来挑战，一时间，电视会不会从宝座上跌落下来，还就真成了一把达摩克利斯之剑，令人为电视担起忧来。

无论是远忧还是近忧，光忧是没用的，要赢得当下和未来，要把观众留在电视机前面，打赢客厅保卫战，核心是能不能拿出有竞争力的好电视节目，而节目的创新能力就是赢得竞赛的临门一脚。

包括到目前，相当长的一个时期内，电视节目都是引导社会舆论的重要平台，也是传播主流价值的重要载体。打造更多高品质、现象级的创新电视节目，传播好社会主义核心价值观，这是我们电视媒体无法推卸的责任和使命。

（一）创新是电视的永恒话题

创新是电视常说常新的永恒话题。电视从它诞生至今，一刻也没有停止过创新的步伐。所不同的只是在不同阶段创新的侧重点有所不同，有的阶段或许重视节目形态的创新，有时可能侧重于节目内容的突破，有时又偏重于某一节目类型的探索，有时是在节目语态和表现手段上创新，有时则是技术变革催生节目创新。

如果从多种传统媒体的不同特点上观察，电视媒体最离不开创新。从硬件来说，这与它高度依赖技术直接相关。而电视观众又永远是"喜新厌旧"的。电视技术以眼花缭乱的速度更新换代，使得一成不变成为电视最大的敌人。回头看，电视的黄金时代，正是电视行业创意最多、体制机制突破最大、新栏目新形式层出不穷的时期，也是电视创新意识、创新能力、创新活力最强的时期。

当下，节目创新问题变得越发严峻，越来越关乎电视机构的存废与发展。无论过去还是当下，所有成功的电视台、成功的节目，无不拥有创新意识强烈的团队，无不拥有相对完善的鼓励创新的体制机制，无不拥有浓厚的创新文化与氛围。创新没有止境，越是创新节目层出不穷，往往越不敢放松对新节目的不断发掘。

电视台对于收视的竞争、对于广告的争夺，最终都要归结于电视节目形态创新的竞争。栽下梧桐树，引得凤凰来。电视台拿不出创新节目，观众尤其是年轻观众为何要投入时间精力，广告客户为何要投入真金白银？

近几年，电视行业不负众望，涌现出一批很有影响力和社会口碑的创新节目，比如央视的《中国诗词大会》《等着我》《朗读者》《挑战不可能》《加油！向未来》《中国舆论场》《国家宝藏》《寻找最美系列》，山西台的《人说山西好风光》，北京台的《我是演说家》《传承者》，辽宁台的《有请主角儿》，黑龙江台的《见字如面》《开课啦》，上海台《妈妈咪呀》《欢乐喜剧人》，江苏台《最强大脑》，福建台《中国正在说》，安徽台《耳畔中国》，凡此种种，不胜枚举，可以说，各家卫视都有自己的看家本领。

与此相对应，一批对节目形态和运作规律有深刻理解、既有本土意识又有国际视野的制作机构和团队也脱颖而出，在电视节目创新中各逞其能。

实际上，由于制播分离的推进，现在不少耳熟能详、人气超高的王牌节目，绝大多数并非卫视自己制作，而是通过委托、合作、购买等形式从节目制作公司获得。有的制作公司凭借一档节目的火爆，就跻身国内一流公司的行列，这已不是天方夜谭。

当然，总体上看，当前国内创新的脍炙人口的精品节目仍然差强人意，用习近平总书记的话讲就是"有数量、缺质量，有高原、缺高峰"，在国内外立得住、叫得响、生命力长久的品牌节目可谓凤毛麟角。

电视业已有共识：电视节目创新的天敌是过度依赖海外节目模式，跟风模仿，内容同质化，浮躁短视，文化格调不高，体制机制僵化。

节目创新问题的紧迫性和必要性现在日益看得明白，它关系到电视媒体的主流地位，关系到核心竞争力，关系到能否适应媒体格局变化。

如果说以前不创新，只是节目比别人略逊一筹，现如今，就要被淘汰出局。

不创新，节目就无法吸引观众，影响力公信力传播力就会下降，现有观众也会流失；

不创新，节目就无法吸引广告客户，广告客户的嗅觉最灵敏，他们不投放广告，电视台的生存就举步维艰；

不创新，就无法跟上媒体融合、媒体转型的新背景；

不创新，就难以在激烈的同业竞争中存活。

（二）创新是应对同行竞争的需要

依然与多年形成的格局一样，全国电视市场目前仍是"三分天下"的格局，中央电视台频道群、省级卫视频道群、地面频道群各占电视市场三分之一。只是在总体格局之下，每年有一些此消彼长的细微变化。

近年来，一些省级卫视的竞争力有所增强。比如，2015年全国省级上星频道收视排名前15名的电视剧中，湖南卫视就占了11部。2016年的电视竞争格局中，浙江卫视全年周末全天及晚间时段平均收视位居全国第一，全年全时段收视居卫视第二，与湖南的差值只有0.01%。

2016年收视超过3%的现象级节目都在浙江卫视，超过1%的全部42档综艺节目中，浙江卫视有18档，占43%。

2017年第二季度湖南卫视热播的《人民的名义》极其火爆，首播当晚就刷新多项纪录，最后一集甚至创造了收视破8%的纪录，腾讯等六大视频平台播放数突破210亿，成为近十年来收视率最高的电视剧。

这从侧面反映出电视行业竞争的激烈程度，说是胶着状态或者是白热化恐怕并不为过。综艺、生活服务和专题节目是电视节目创新最集中的领域，综艺节目是最大热门。

但是我们必须注意到这样一个现实：2016年上星频道收视最高的新节目中，以明星为主体的真人秀占一半。很明显，明星已经成为电视节目创新中的最显眼的标签。这当然不是我们要鼓励的。

目前，一些电视台在单部电视剧和综艺栏目上的投入已经进入了"亿元时代"。这些重金打造的综艺节目对于广告营收的拉动作用非常突出。有的一线省级卫视的单栏目广告收入就超过一些电视台全年的所有广告收入。当然，绝大多数电视台只能望洋兴叹。

2017年没有出现收视过3的季播综艺节目，类似当年《中国达人秀》的爆款模式已经销声匿迹了。多数季播综艺节目也开始显现颓势，收视率出现较大滑坡，原因之一是冠名费追不上节目成本和明星片酬的增长。

这传递出一个信号：中国综艺市场已经走出了最初的市场红利期，开始逐渐转冷，这也暴露出观众对同一节目模式的审美疲劳，亟待转型。

一筹莫展之际，文化类节目如雨后春笋般兴起，成为新的"现象级"节目。《中国诗词大会》《朗读者》《见字如面》《诗书中华》《非凡匠心》等形成了2017年综艺的一股"清流"，也为观众在娱乐节目外提供了新的类型选择。各大卫视不再扎堆于明星户外真人秀，开始注重节目题材、节目类型的多样化。更加难能可贵的是，这些节目转而挖掘中华优秀传统文化，让节目更有营养，更有品位，为节目创新树立了新的范本。这总体上令人欣喜。

然而，尴尬也相随而生，这些节目口碑虽好，但收视并不高。相比娱乐类节目，文化类节目一直受众面较窄，收视率往往不可避免地居于下风。加之各家电视台不分青红皂白蜂拥而上，反倒使文化类节目刚一红火就略显疲态。

（三）创新是应对新媒体挑战的需要

新媒体是一个发展变化的概念，新与旧从来都是相对的，今天的新媒体明天就会变成旧媒体，只要科学技术的进步不停止，这种新与旧的转换与整合就永远不会止息。这才是进步与发展。

我不认为视频只属于电视、音频只属于广播、文字只属于报纸、互动只属于网络。传统媒体只要善于运用新媒体，善于融合新媒体，本身就能成为

"新媒体"。

所以，大可不必轻易就为传统媒体唱挽歌，也不要为新媒体的来势汹汹而惊慌失措。

如今我们面对的现实是，新媒体正呈现爆发式、裂变式增长。十年前互联网用户只有2000万，十年后网民规模已经达到7亿，活跃手机网民达到7.8亿。再一个十年后呢？电视与互联网会是一种什么关系？

过去我们把这种冲击仅仅看作一种渠道的转移，现在看来，新媒体带来的更多是观念性的、根本性的、系统性的颠覆。对此视而不见与慌不择路同等危险。

根据一项社科基金课题的调查结论，新媒体的传播力已超越省级卫视。CCTV和省级卫视，在年龄较大、学历和收入较低的被访者中，传播力更强；腾讯等新媒体，在年龄较低、学历和收入较高的被访者中，传播力更强。这种微妙的变化不去把握、不去扭转，电视的未来图景堪忧，不能指望在拥抱互联网中成长的一代人有朝一日突然集体重返电视。

传统媒体现在面临的压力很大，全球都是如此。以媒体最发达的美国为例，2017年一季度，美国付费电视用户数减少80多万，成为历史之最。2016年，美国人在电视上观看视频的时间占比为51%，比2012年下降了11个百分点，用户在笔记本电脑、平板、手机等设备上观看视频的时间占比则上升到49%。

美国人自称，过去的一年是"糟糕的一年"，纸质媒体正处于寒冬期：收入降低，发行骤减。2015年美国纸媒的广告收入下降，报纸发行量是2010年以来下跌最厉害的一年。《华尔街日报》甚至已经开始采用买断员工合同的方式进行"自愿裁员"。

国内的报纸受到的冲击同样不可避免，据央视市场研究的数据显示，报纸的日到达率已经由2012年的53.9%下滑至2016年的32.8%，日均阅读时长也由25分钟下降到17分钟。

根据中国记协的数据，2015年全国报纸出版营业收入626亿元，同比减少71.7亿元；利润总额35.8亿元，同比减少40.6亿元，降低53.21%。全国43家报业集团中有31家报业集团出现亏损，也就是说，大多数报业集团处于亏损状态。

再看电视媒体。2017年一季度，有线电视用户总量降至2.51亿户，环比减少172.8万户。用户流失呈加速态势。

从2012年到2016年，电视媒体日到达率呈逐年下滑趋势，到2016年下滑趋势又略有加大。

反过来再看美国视频网站的发展。统计数据显示，美国视频广告增长迅速，2015年比2014年增长了46%。这说明数字时代的收视方式正在变革，受众向移动设备迁移的倾向已十分明显。

无论美国还是国内，电视受众已不再满足于单一渠道的信息接触，而是"一心多用"，即：不同媒体，多屏观看。央视CNRS数据告诉我们，有57.2%的电视受众会在看电视的同时使用"第二屏幕"。

不能否认的是，社交媒体、新闻客户端已经成为日益重要的信息获取渠道。以爱奇艺为例，2016年它的用户总量已突破3.3亿，付费会员已超过2000万，一年内增长了4倍。更让人咋舌的是，爱奇艺实现从0到500万会员用了4年时间，而这次实现从1000万到2000万会员只用了半年。

调查显示中，观众回答为什么宁愿从免费观看变为付费看视频，其主要原因是"想看的内容只有付费才能看到""不想看片头广告""比非会员抢先看"等等。

在留住观众上，新媒体有自己的打法。爱奇艺《盗墓笔记》采取前5集免费、后7集付费的新模式，第一次让用户为电视剧付费，让爱奇艺的付费会员增加了500万，上线22小时播放量破亿，3天破10亿。视频网站就是这样正在从电视台的搬运工转变到逐渐掌握主导权。

网络综艺显然已经与电视综艺形成了分庭抗礼之势。2016年网综数量比2015年增长15.6%，从96档增加为111档。仅腾讯视频一家就推出了24档节目，居三大视频网站之首。

如何看待这些来势汹汹的挑战呢？

一是，多屏收视竞争和传播渠道多元化稀释了观众的注意力。社交媒体获取用户的能力越来越强，越来越多的观众选择通过新媒体观看视频内容，直接导致电视观众流失，这是最直观的事实。2012年以来我国人均每天收看电视时长持续下降，2015年观众收看时间为156分钟，相比2012年下降13分钟。

二是，优质节目资源开始向强势网络视频平台集中，新媒体节目自制水准快速发展，冲击了传统电视节目制作优势。多年上不了台面的网络剧已渐成气候：2015年网络自制剧井喷，共379部，而2007—2014年的8年间，网络自制剧加起来才374部，仅仅2015年一年的产量就高于这8年之和。网络上不少自制综艺节目已经可以叫做现象级，评论、直播、脱口秀、真人秀、文化类、音乐游戏、访谈类等，节目类型几乎无一不有，已开始褪去小成本、粗制作的原始状态。

三是，传统电视媒体制造话题的能力与新媒体相比已无明显优势。内容传播的垄断已经被打破，传统独占资源越来越少。过去我们常说，内容是传统媒体的最大优势，但在互联网时代，最不缺的恰恰是内容。准确地说，那些无法替代的内容才是稀缺资源，而这些传统媒体独占的稀缺资源如今已经所剩无几。现在，所有的电视媒体都已经十分注重运用各种技术手段特别是新媒体手段来丰富节目的内容和形态，以与新媒体抗衡。这就使节目的最终呈现产生了很大的差异。总体上看，电视节目流程是线性的，审核严密而专业，发生事件后，电视发布信息需要安排在特定时间。而新媒体在这些方面均有其灵活的优势。

四是，广告资源日益从传统媒体转向新媒体。数据显示，2015年中国网络营销收入突破2000亿元，而电视广告收入1060亿元，网络比电视整整多出1倍。电视广告市场份额的下滑态势，使网络媒体摇身一变，成为第一大广告收入媒体。2014年是一个应该记住的年份，这一年，网络广告收入首次超过电视广告，收入规模超过1500亿元，同比增长40%。而这种差距现在仍在扩大。

挑战是很现实的，不容回避。但这绝非意味着电视消亡和退出主流。恰恰相反，电视依旧是当今中国覆盖最广、最有影响力、公信力最强的媒体，在公众心目中具有不可动摇的权威性。电视台拥有的专业水平、品牌力、号召力、专业人才、资源占有等优势，都是新媒体无法比拟的。这一点，从哪个角度看，我们电视工作者都应该有充分的自信。

以中央电视台为例，央视新闻仍然是全媒体时代"第一新闻平台"，包括CCTV-1、CCTV-4、CCTV-13、CCTV-NEWS等开路频道，以及"央视新闻"新媒体平台，始终是网络媒体中视频新闻覆盖率、点击率最高的，远远超出其他所有传统媒体。

同时，央视有覆盖全国的31个国内记者站和遍及全球的70个海外台站，拥有全球最强大的新闻内容采集和传播网络，这一点新媒体无论如何都难以撼动。同样，央视所拥有的公信力、人才、技术、专业素养和独家信息资源也是当今最强大而无可替代的。

与央视一样，各家地方电视台同样都有自身的优势和长处，无论哪一家电视台，在当地都是最强势、最有影响力、党委政府和老百姓最关注、最信赖的媒体，这一点毋庸置疑。

科学分析新媒体的冲击和挑战，目的是为了说明电视节目要直面现实，在新媒体环境下改变现状，不断创新，和先进的技术、理念、手段相结合，融合新媒体的优势，从而进一步提升电视自身的吸引力，稳固电视媒体的主流地位，增强定力和自信。

电视媒体的发展历程与面临的挑战都在告诉我们，电视节目的创新是保持媒体优势、增强扩大影响力的不二选择。但是，创新是艰难的，是充满风险的，且结果具有很大的不确定性。这就要求每一个创新者要有勇、有谋、有胆、有识。

（一）坚持正确导向

坚持正确的舆论导向，是中央对媒体的基本要求，也是电视媒体的天职。媒体姓党，是党和人民的喉舌，永远要把坚持正确导向放在首位。创新是媒体的自由，但任何自由都是受约束的、有底线的。为了创新而影响正确导向，这与创新的初衷背道而驰。

习近平总书记对媒体的导向问题讲得很全面透彻。他说，党报党刊、电台电视台要讲导向，都市类报刊、新媒体也要讲导向；新闻报道要讲导向，副刊、专题节目、广告宣传也要讲导向；时政新闻要讲导向，娱乐类、社会类新闻也要讲导向；国内新闻报道要讲导向，国际新闻报道也要讲导向。

因此，媒体必须把坚持正确导向放在首位，做新闻，第一条就是要讲政治，政治无小事，导向金不换，严把节目导向关，绷紧导向这根弦，在创新过程中，遵守宣传纪律、遵守职业准则、坚守主流媒体的职能和定位，这些是决不能动摇含糊的。

必须明确的是，坚持正确导向并不束缚创新，而是为创新划定一个合理的刚性边界。特别是随着制播分离的推进，合作、定制、采购、审查、播出等各个环节都要守住导向标准。

特别应提起注意的是，电视新闻节目的创新，更不能以牺牲政治导向为代价，不能为了追求收视率，不顾导向问题。要把"字字千钧、秒秒政治、天天考试"的"金标准"贯穿融入任何一档节目、任何一个频道，因为新闻节目的政治敏锐性和社会影响力比任何类型的节目都要大。

（二）坚守价值观

价值观无处不在，任何节目都有自己的价值观。无论如何创新，都要以正确的价值观来统领，不能让错误的价值观念放任自流，这体现了媒体态度。我们看美剧、好莱坞大片，几乎找不到故意瓦解美国价值观的内容，他们的价值观是很鲜明的。

我们国内一些影视作品的价值观混乱无序的问题十分值得我们重视。现在一些节目中有一种奇怪现象：该去赞扬的真善美的东西，偏要讽刺挖苦，比如农民的淳朴、慈善捐助的爱心、对婚姻的忠诚、勤俭节约的作风等，成了一些媒体嘲讽的对象，而对该去批判的东西却表现出无底线的宽容、放任、欣赏甚至美化，比如婚外情、拜金主义、崇洋媚外、仇官仇富、伤风败俗、撒娇自恋等。这就丧失了起码的是非、对错、好坏、善恶的标准。

当然，人性弱点和阴暗面不是不可以表现和讨论的，关键在于用什么样的价值观念去看待它，这就决定了是赞扬还是鞭挞，是欣赏还是唾弃。

有的媒体不去引领价值观，而是放任、迎合，以丑为美，讨好一小部分观众的低级需求。如编造离谱的经历，比谁更惨，展示选手的奇谈怪论和所谓个性，造成价值观的模糊与混乱。

鲁迅曾说：悲剧是将那有价值的东西毁灭给人看，喜剧是将那无价值的东西撕破给人看。什么是撕破？就是鞭挞、批判、唾弃。这样的价值观媒体一定要建立起来，不能为了收视率放任自流。这是媒体的天职，一天也忽视不得。

（三）社会效益

节目创新，最理想的结果当然是社会效益和经济效益高度统一。电视台追求合理的经济利益天经地义，生存和发展都需要经济基础做支撑。但电视媒体毕竟是国家资源，是公共平台，必须恪守社会效益第一这个基本原则，不能为了赚钱把起码的社会责任置之不顾。

在节目创新中，要看收视率，但不能唯收视率马首是瞻，健康向上的格调品位和价值取向是不能丢的，丢了我们也就同时失去了做媒体的资格。

中央电视台推出《汉字听写大会》《中国成语大会》《中国诗词大会》《中国谜语大会》和"寻找最美系列"这些文化原创节目，目标显然不是收视率和广告收益，之所以动用大量人力物力去做、坚持年年做、放到央视最好的平台、最黄金的时段去做，最根本的出发点就是为了社会效益，为了媒体的社会责任，为了国家电视台这个称号。

同样，地方台也有很多这样叫得响的节目。比如，山西台的节目《人说山西好风光》就产生了很好的社会效益。原本只是一场山西11个地级市争办2016旅游大会的活动，被办成了一个现象级节目。用电视竞演的方式，让书记市长亲自披挂上阵，这种节目模式从未有过，也因此让山西卫视的收视达到有收视数据以来在全国最好的排名。

（四）反低俗

电视节目创新，不能为了吸引眼球而放弃主流媒体的定位、品格和格局。不仅文化类、科教类节目要传播文化，综艺类、娱乐类节目也要有文化含量。

有的媒体一味地迎合而不愿引导，热衷于窥探明星隐私，放大明星丑闻，专请丑闻不断的艺人撑台，博取眼球关注。有的"真人秀"节目，突破道德底线，胡闹、胡说、撒野、撒娇，结果屡遭诟病。

总书记讲得很清楚，低俗不是通俗，欲望不代表希望，单纯感官娱乐不等于精神快乐。

2015年春晚创作时，央视明确提出"三不用"原则：不用低俗、媚俗的节目，不用思想境界和格调不高的节目，不用有污点、有道德问题的演员。这"三不用"原则被媒体报道后，得到了社会各界的广泛响应和认可。

中央领导对"三不用"原则给予肯定，广电总局专门下发通知，要求全国广电机构都要坚持"三不用"原则，彰显了央视的标杆作用。网上调查表明，九成网友支持"三不用"，这在当下复杂的网络舆论环境下是很不容易的。

（五）不跟风

跟风不是创新，而是复制、克隆。一味跟风，只会跟丢优势、跟丢品位、跟丢特色。近年来，电视圈存在着国内学国外，二三线卫视学一线卫视，城市台学省台的现象，这种浮躁短视、急功近利的问题表现最集中的是明星真人秀节目。参加真人秀节目明星的报酬畸高，甚至超过影视剧的报酬，不用记台词、不用耗费长周期，不少人还要在节目里拖儿带女，玩闹中便有真金白银进账，最终牺牲的是节目的品位品质和价值导向。

据统计，一线卫视一档真人秀的制作成本为5000万到3个亿，省级卫视对大综艺真人秀节目赌博式投入如火如荼。为什么有些电视台不去追求原创、另辟蹊径，宁愿跟在别人后面跑呢？无外乎"跟风"投入少，回报大，或者虽然投入大，但回报更惊人。

盲目跟风的另一种表现是热衷于引进境外节目模式。近年来出现的一些有口碑的现象级节目几乎全是引进的模式。这种跟风使中国的一些电视台过度依赖和迷信国外节目模式，造成原创力下降，特色缺失。

为什么乐于去引进而不去抓自主创新呢？

一是这些引进的模式都是在海外获得成功的模式，直接拿来，规避了风险。荷兰、英国等国每年大量研发新的节目模式，但也许1000个创意中最后大获成功的模式寥寥无几。这样的投入产出比，国内恐怕没有几家电视台愿意承受。

二是自主原创艰难，即便搞出新的节目模式，一切都是未知的，用短短几十分钟的演示就要给决策者证明你的节目一定会成功，谈何容易？也许我们可以借鉴日本的经验，他们把凌晨1点的时段拿出来专门做新节目实验播出，如果节目达标，就正式放到傍晚档播出，如果继续达标就放到黄金档。

所以，要从根本上解决创新中的跟风问题，电视台要给创新以制度保障。创新不会一蹴而就，需要耐心培育创意人才，健全创新激励机制，建立科学合理的资源配置体系，人财物要有意向节目策划创意环节倾斜，还要有合理的试错机制，允许失败，宽容失败。

（六）创新和坚守的关系

对创新问题我们要有正确理解。既要充分重视创新的意义和紧迫性，不墨守成规、故步自封，把创新作为永恒的目标，同时又不能为创新而创新，对于已经形成的品牌要敢于坚守。

比如，中央电视台的《新闻联播》和《春晚》，都是办了30多年的超级品牌。作为全世界观众最多、央视最重要、收视率最高的电视栏目和晚会，虽然也有与时俱进、不断创新的问题，但更多的是坚持和传承的问题，包括《焦点访谈》《星光大道》《感动中国》《3·15晚会》等等，都在观众心目中占有一席之地，品牌的忠诚度很高，都不要轻率调整和变动，要坚持维护好这些品牌。

这一点，或许一些成熟媒体的做法可资借鉴。国外一些电视台十分看重对老牌电视品牌节目的坚守。比如美国的"超级碗"（年度橄榄球总决赛），长盛不衰50年。美国电视新闻节目《60分》是1968年开播的，至今已经48年，仍是一棵常青树。《48小时》创办于1988年，新闻访谈节目《面对全国》创办于1954年，《早安，美国》开播于1975年。

可见，外国大部分受欢迎的电视节目都有几十年的历史，且一直保持着相对稳定的播出风格，甚至播出时段和主持人都多年稳定不变。像华莱士、杰·雷诺、丹·拉瑟等美国著名主持人，很多都是固定在一档栏目主持十几年甚至三十几年，成为节目品牌不可分割的一部分。这同时就解释了为什么美国很多新闻节目主持人都是老人当道，美国60多岁的主持人很常见，在中国几乎是清一色的俊男靓女，50多岁就从屏幕上消失了。

这些年来，国内媒体很多知名品牌栏目都悄然消失，包括一些纸媒开设的著名专刊副刊或专栏，很多也都成为历史。当然，有的由于特定的客观原因不得不停办，但是有价值的还是应当保留，积累几年、十几年，甚至是几十年的品牌突然消失，对电视自身和观众来讲都是一种无形的损失。

那么，当前国际媒体电视节目创新大体上是什么样的趋势呢？

（一）鼓励创新的举措层出不穷

英国全国目前一共有近500个电视频道，每年大约有3万个新节目登上电视屏幕试播，有近百个节目模式对外出口，平均每个电视频道每年推出60个左右新节目，英国的节目模式出口量占到全球的45%。

英国目前有150万专业创意人员，创造的产值达592亿美元，占英国国内总附加值的3%。英国有2000多家独立制片公司，全球最大的10家节目制作公司有6家总部在英国。

英国政府规定，BBC每年支出节目经费的25%用于购买独立制片人的节目。BBC鼓励进行节目创新和冒险，主要做法是专门给创意中标的独立制片人额外划拨专门制作经费，因此，节目创新不必过于担心开发的风险，即使创新节目失败也不至于有较大资金损失，而一旦成功则有丰厚的利润回报。

荷兰是个很小的国家，人口只有1700多万。全国目前只有11个卫星电视台，但是荷兰的创意产业却很发达，是全球仅次于英国的第二大节目模式输出国，仅中国每年就引进荷兰七八个节目模式。

荷兰国家电视台（NPO）采用全媒体实验室推动节目创新。6年前开播的《节目实验室 TV LAB》，已经发展成为全媒体节目的创意平台和实验基地。在电视屏幕上，《节目实验室》每年都要进行一周的创新节目展演和投票活动，线上和线下则采用网络投票的方式，在网上全年推出新的创意节目，供观众评判。从网上筛选出的优秀创意，经过再次完善，最终参与8月份的电视展播，结过几轮的大浪淘沙，优秀的创新节目就此产生。

（二）先进技术引领节目创新

当前，全球节目基于传统内容的创新总是显得落入俗套，但是，基于新技术和新体验的节目创新却层出不穷，方兴未艾。其中之一就是开创了VR（虚拟现实）在各类节目中的应用。特别是视频技术手段的应用，带来前所未有的视觉效果，也成为带动电视创新的主要动力。

VR（虚拟现实）技术目前在全球范围包括中国在内被越来越多的媒体用来进行节目创新，如虚拟演播室、新闻现场模拟以及对原理流程的演示等等，大大丰富了电视节目的视觉表现力和感染力。

2015年10月底举行的美国NBA新赛季揭幕战，成为世界上第一场使用VR技术转播的NBA比赛，球迷们在家里戴上VR眼镜后，就好像坐在NBA比赛第一排。

VR技术也开始应用在新闻节目中。以往新闻报道模式以文字、照片、声音和现场视频为主，而VR的应用则颠覆了传统。2015年10月13日，美国民主党5名总统参选人进行首次电视辩论，首次采用VR直播方式，CNN对此次VR新闻直播这样宣传："每一个电视观众都有现场座位，并可以新的视角观看总统竞选。"

美国广播公司（ABC）推出了一种虚拟现实新闻报道，通过VR技术可以让观众身处新闻现场并自由移动。首个VR新闻报道创新报道在叙利亚首都大马士革进行，用户得到了"亲临叙利亚战区"才能获得的体验。

国外媒体不断把"数据新闻"应用在节目创新中。数据新闻的重点是利用数据深层次地洞察正在发生的新闻事件，收集、筛选、呈现那些表象背后的原因与真相。

数据新闻报道已经不是哪一家西方媒体的个别行为，英国BBC、《卫报》、美国《纽约时报》、CNN、《洛杉矶时报》等都在大力开展数据新闻报道，形成一股新闻报道方式创新的潮流。

近年来，央视电视节目也在不断进行创新尝试，其中有些创新节目的成果得到了社会广泛的认可，并产生了社会影响力。

中央电视台自2012年以来，每年大约有30档左右具有固定节目形态的全新节目推出，这对于央视来说难度不小。因为央视节目创新既重要、又敏感，难度也大。

之所以说重要，因为央视的影响大，中央高度关注，老百姓高度关注，国际社会高度关注。尽管央视几十年来不断创新，推出了一批又一批优秀节目，但同时也出现了节目老化的问题。面对各种压力和挑战，央视要增强吸引力、影响力、号召力，决不能固步自封，必须创新。

说敏感，是因为央视的一举一动容易引发一系列的问题。任何一点改变和创新都可能引来关注和猜测，国内外都很关注，都会去做多种解读。由于这种敏感性和高要求，导致央视的创新一定程度上是不允许失败的。

说央视的创新难度大，因为作为国家台，必须是一流的创新，必须是样板和标杆。换句话说，不创则已，创必一流。同时创新中有些基本问题都必须把握住，比如，不能影响导向，不能影响价值观，不能影响品格品位，不能影响观众对央视的认可度，等等。在这些前提下创新，难度可想而知。

1.新闻类节目创新重在把握好导向

（1）创新的首要前提就是对导向的要求不变，首先要有利于大局。节目要与中央保持高度一致，要跟党的路线、方针、政策一致，要符合党和人民的要求。题材选择上，无论是正面的还是负面的，无论是宏观的还是微观的，都要跟基本的政策和宣传口径保持一致。比如，关于农民工讨薪、拆迁、看病难、教育、腐败、雾霾、城管执法等，央视经常触及的这些问题都很重要，也很敏感，首先必须从导向上把握好。我们要以唤起社会和公众关注、促进问题解决为目的，而不是单纯为了曝光和批评。

（2）在题材把握上，注重贴近性，关注草根阶层，关注普通人和身边人，关注底层普通百姓，有些甚至是弱势群体，如农民工、残疾人、留守儿童、乡村教师、重病患者等。我们报道他们的诉求也并非都是高境界的，甚至有的是卑微的诉求，就是老百姓的普通期盼，有的是盼望孩子有学费、有的就是想讨回自己的薪水、有的是盼望为孩子治好病，甚至有的只是想买到一张回家的火车票。这些作品播出之后，引发了社会的热烈反响，有学者认为"人本"和"真实"成为央视新闻节目创新的本质特征。

（3）表达特色上，这些创新节目不同于一般的新闻报道。过去我们经常讲新闻的写法是金字塔和倒金字塔，导语、主体、结尾，凤头、猪肚、豹尾，还有强调短、平、快。人物通信、典型报道、成就宣传等，各有各的套路和规矩。央视在新闻节目创新中则着眼报道平凡人的生活、草根阶层的生活，报道方式也在一定程度上突破了一些传统认知。

第一，采用纪录片的手法，以跟踪式、记录式、长镜头、章回体、讲故事的方式呈现。改变了以往短镜头拼接，平铺直叙，见事不见人的报道方式。央视"新闻联播"中播出的"新春走基层"报道，有的用到的长镜头长达几分钟，这在过去都是不可想象的。报道中，着重讲故事，抓细节，抓人物，精画面，聚焦人物命运，富于理性思考。

第二，讲究故事结构，有起因、有发展、有高潮、有冲突、有悬念、有对话、有细节、有结果，注重故事的完整性。故事化表达并不新鲜，但这些创新节目有很大的不同。过去的新闻故事化表达多是在新闻中穿插讲述若干小故事，基本没有完整的故事框架结构，也不会连续五六集甚至十多天连续跟踪播出一个故事。"走转改"报道中，我们把人物的困惑、生存状态、命运、事件走向作为新闻叙事的主题，主要围绕这些人物命运的演变展开报道，让观众欲罢不能。

第三，记者进入画面，有交流、有对话、有互动，增强了现场感和亲近感。记者不能介入新闻，要让观众感觉不到记者的存在，这是我们多年坚持的一条基本信条。央视有意识在新闻节目创新中做了尝试，让记者适度进入画面，与采访对象互动交流，效果很好，增添了人情味和真实感，减少了与观众的距离感。

第四，一些创新报道运用了不少闲笔。有的镜头是完全可以删除的，并不影响主要信息的传达，但是我们仍然有意识保留了一些沉默的镜头、被称为神回复的镜头、哭泣的镜头、焦急等待的镜头、奔跑的镜头等。播出效果表明，这些闲笔实际上不但不多余，反而成了点睛之笔，有了情趣，有了人情味，增加了信息量、真实感和吸引力。

这些新闻类节目创新主要集中在央视"新春走基层"上，一批报道播出后引起了全社会的热烈反响，如《杨立学讨薪记》《邵全杰的回家路》《招工局长陈家顺》《爱心小院》《皮里村蹲点日记》等。

街头海量随机采访（简称"海采"）是央视新闻节目创新的另一个做法。它突破了传统的新闻的仪式化宣传模式，把话语权让位给普通百姓。应当说，这与时代的进步和转型是相吻合的，因为全社会处于不同阶层的人、不同价值取向和利益诉求的人，都有通过新闻媒体表达思想和愿望的需求。

从话题上来看，央视海采的节目创新，实际上开创了一种新的议题设置模式，即通过媒体主动设置一个话题，使之成为整个社会议论和反思的共同话题。同时，通过"海采"这种新闻形式，也让全社会看到了对民众的意愿的维护与尊重。

央视海采报道之所以与众不同，主要有这样几个特点：

一是真实，原生态，不做作，随机采访，被采访对象毫无防备，即兴作答。恰恰是这种突然发问，才得到了最真实、最丰富鲜活、最意想不到的回答。

二是话题选得准，既有意义，又有意思，让人人有话可说。在海采"家风是什么"之前，我们搞过"你幸福吗""爱国让你想起什么"等海采报道，每一个议题都引发街谈巷议，大受追捧，都成了热门话题和热词。

三是人物选择广泛。海采报道涵盖了退休老人、城市白领、农民工、游客、商贩、教师、学生、医生、军人、科学家、艺术家、公务员、作家、外国人等各类群体，四面八方的声音使报道多姿多彩，丰富立体。

四是多角度、多层面、多语态呈现。这些街头访问中，既有严肃的回答，又有生动活泼的回答，既有深刻的回答，也有俏皮的回答，既有幽默的回答、也有机智的回答，甚至还出现了所答非所问的"神回复"。

"家风是什么"得到了一边倒的舆论支持，几乎没有负面评价。特别值得注意的是，这组家风报道中没有一次直接提到"社会主义核心价值观"这个字眼，但最终达到的效果却全部指向了社会主义核心价值观，如何搞好正面宣传、主题宣传，央视的这种创新尝试或许有值得我们思索借鉴之处。

"家风"报道采用的"海采"形式，这个"海"字首先体现在采访对象的数量上，采访对象足足4000多人，各行各业悉数囊括。

这种前所未有的街头海采，看似随意随机，事实上却是我们精心设计、精心准备的。我们专门制作了"海采手册"，对问题、聊天内容、场景、镜头表现都提出了具体翔实的要求，但做起来却要天衣无缝，自然随意。

央视的创新新闻报道还在题材内容上进行了大胆突破。央视在人类文明史上第一次持续进行了"东非野生动物大迁徙"的大型直播。这种跨国大型直播世界各国电视台以前所未有。我们这次大型直播不是简单地直播动物的迁徙和自然景观的展示，而是试图从人文、生态等视角对肯尼亚马赛马拉自然保护区的民俗、环保、人文等主题进行全方位、立体化的报道，注入了更为开阔的人文视野，对个体生命、地球生态等进行了深入思考和盘点，探索国际题材的"中国表达"。

这项世界首次动物大直播引起全社会的热烈反响，同时得到了国际媒体同行的高度认可和赞赏，彰显了中国媒体的大国地位和形象。

如何提升传统电视新闻节目的全媒体属性，由传统的播发为主的单向过程，向多媒体、多元素、新手段、新技术综合运用的全过程展现转变，这也是央视近几年新闻节目创新的一个重要选项。

2016年，央视中文国际频道推出了国内首档融媒体新闻评论节目《中国舆论场》。节目每周发布"中国舆论场指数"，与央视网联合，通过大数据分析全媒体平台的舆论热点，盘点每日、每周舆情最热TOP10。运用全球领先的新媒体技术，将电视、互联网、移动新媒体深度结合，创造性地引入"在线虚拟观众席"，全球网友都可以成为当期节目现场参与者，参与话题讨论。直播期间，网友可以通过微信公众号获取节目入场券，入座3D立体式虚拟观众席。

2. 专题类节目创新重在坚持社会主义核心价值观

专题类节目是电视台的重武器，体量大，品种多，形态各异，同时也是最易老化的类型，它的创新任务也任重道远。

近几年，央视在专题节目创新中影响最大的是"寻找最美"系列活动。几年坚持下来，中央电视台的"寻找最美系列"公益活动已经形成一个响亮的品牌。

开创"寻找最美系列"节目的目的就在于通过讲述普通人和身边人的故事，真实生动地弘扬社会主义核心价值观，承担起国家主流媒体的社会责任。

为此，我们在人物选择上，坚持挑选有代表性和典型性的普通人，最美人物都来自老百姓中间。通过这些最美人物细致入微的故事，从道德层面展现人性光辉和真善美。我们强调，讲道德，不说教，表现手法是采用微观的方式，娓娓道来讲故事，用故事、镜头、细节来打动人心，点燃道德之光。

几年下来，央视连续进行了寻找最美乡村教师、寻找最美乡村医生、最美孝心少年、寻找最美村官、寻找最美消防员等，无一不在社会上形成了热门话题。

"寻找最美"活动广泛的社会影响，使其成为一个响当当的品牌，为中国社会和政治生活提供了一种树立楷模的可行方式，现在全国不少地方和行业都在搞寻找最美活动，客观上也是对这种模式的认可。

专题节目创新中，央视还推出了一个大型公益寻亲节目《等着我》。

2014年4月5日起，中央电视台在综合频道推出了大型原创公益寻人节目《等着我》。这是借鉴了2010年央视推出的一期4小时的中俄跨国寻亲节目的元素，全新锻造而成的。

《等着我》是央视创新打造的全国首个国家级媒体寻人平台，以找亲人、恩人、友人为主体内容，有很强的公益色彩、人文色彩、亲情色彩，很快成为央视近年来收视率最高的季播节目。

近几年，电视节目要赢得收视率，往往靠明星扎堆，但是《等着我》没有一个明星大腕，全靠普通人的故事来推动节目。

真实是这档节目的灵魂。这档节目几乎不加任何人为修饰，主持人也不知道寻亲者当天会带来怎样的故事，不知道最终是否能找到想找的人。节目现场，压抑了多年的情绪在瞬间爆发，有非常强的感染力。

绝大多数电视节目的出镜人选标准是光鲜亮丽的，但来到《等着我》的人，大多是被苦难摧毁精神、面容憔悴的普通人。节目里展现了变故、失落、流浪、煎熬、痛苦，但最后久别重逢的感人画面，带给人们的却是最大的正能量。

有专家评价说，《等着我》是用泪水和欢笑，诠释了社会主义核心价值观。有观众说，感动、感谢、感恩，这是一个能唤醒人的良知，让人回归本性的节目，社会太需要这样的节目。

3.文化类节目上创新重在坚持文化品格、品位

央视文化类节目众多，近几年重点打造了"汉字听写大会""诗词大会""成语大会""谜语大会"等大型创新节目，赢得了很好的社会口碑。

在推进文化类节目创新的过程中，央视特别强调，如何用观众喜闻乐见、广泛参与的形式，弘扬优秀传统文化，保持品格、品位。基于这个认识，把目光聚焦在汉字、成语、诗词和谜语上。主要考虑这几类选项最具中国文化、中国元素、中国符号等中国特点，都是中国特有的文化现象，亟待传承与弘扬。

在节目样态上，"大会"这种方式是最贴近大众的，人人可参与，人人有感受，像错别字、成语、谜语，观众参与门槛很低，易于感受和理解。因此，这些节目在设计上都注意充满趣味性和吸引力，不是教育式、课堂式，点评都要深入浅出。

考虑到节目和内容的普及性、大众性，节目避免办成公开考试，避免成为记忆比赛，尽量避免集中在冷僻、偏门、不常用的字、词、成语、诗词上，以免离观众太远而导致兴味索然。

而纪录片《舌尖上的中国》则是文化类节目创新的另一种类型。

《舌尖上的中国》与以往的纪录片表现形式有很大不同，以前同类纪录片

往往集中在美食和美食知识上，但《舌尖上的中国》的定位是文化意味，呈现的是美食背后的文化、情感、人物、故事、风俗、习惯、背景、历史等。拍摄手法强调跟踪人物、过程，讲述完整故事，讲求画面美感。

第一部《舌尖上的中国》拍摄就历时一年，辗转国内60个地方。可以说，从细节、镜头、画面到解说词无处不精雕细琢，最终才成为精品。这部纪录片播出后，不仅得到国人的交口称赞，还对传统文化的弘扬起到了文化使者的作用。由于这部纪录片采取了国际化表达的手法，在国外深受欢迎，激起了海外游子的思乡爱国之情，引发了外国人对中华文化的热爱与向往，成为传播中国文化的活教材。

2017年，央视又推出了文化类创新节目《朗读者》，邀请来自各领域有影响力的嘉宾到节目中朗读，内容包括古诗词、现代诗词、文学经典、大家美文、戏剧经典片段等。《朗读者》开播后，收获很多好评，掀起文化类节目的热潮。人民日报、光明日报等媒体多次报道；豆瓣评分最高达9.5分；全网视频播放量近5.4亿；喜马拉雅客户端的收听量超过2.07亿；微博主话题阅读量突破10亿；微信中10万＋的文章达到了145篇。应当说，一档文化类节目能够收获如此强烈的反响是不容易的。业内都知道，电视读书类节目有一个共同的特点，就是欣赏门槛较高，难以赢得观众广泛而持久的关注，所以目前全国电视荧屏上的读书节目只有6档左右。这说明读书类节目仍是小众化节目，也说明办好这类读书节目的难度之大。

水无常形，文无定法。电视节目创新亦是如此，没有一成不变的模式和捷径可循。放眼国内外，电视节目包罗万象，可资借鉴的创新经验不在少数，并且可喜的是，这种探索和尝试生生不息，这才使电视荧屏总是炫彩夺目，五色杂陈。

当然，电视节目创新是一项系统工程，需要全方位的配套协同才能获得成功，也才能可持续、不断线。要破除不利于内容生产、节目创新的条条框框，涉及体制机制、制播分离、激励保障、流程优化、创新环境、资源调配、版权开发等，这需要全行业乃至全社会共同努力才行。

（2016年4月6日）

谈电视与新媒体创新

当今舆论中的一个常说常新的主题词，就是创新。2003年，中央电视台新闻频道开播，这是中国国家形象传播的一次创新，是央视全面提升传播力和影响力的一次创新，更是电视新闻人多年梦想的实现。十年弹指一挥间，如今我们又站在一个新的历史起点，全国上下正在同心协力构筑中国梦，国家、社会和个人都拥有了实现梦想的广阔空间。

与此同时，在新的社会条件下，党和人民对于新闻媒体的要求也越来越高。创新，作为一种使命和责任，再次摆在电视新闻人的面前。

对于央视新闻的创新，可以从两个方面来阐述：

第一，为中国梦的实现鼓与呼，需要电视新闻人的创新意识。无论是宏大的国家梦，还是具体的个人梦，都是"中国梦"不可缺少的组成部分，都是这个伟大时代最富生命力的故事。电视新闻的创新，要有利于更好地记录、传播这些故事，为实现中国梦传递正能量。为此，我们在《新闻联播》中加大了民生和社会新闻的比重，在文风上，创新性地运用故事化、口语化的表达，在节目形态上，加大改版力度，实现了表现手法的重大突破。这些创新，都强化了央视新闻的影响力，提升了央视品牌的美誉度，提升了我们的媒体自信。

第二，我们电视新闻人，也有属于自己的中国梦，而创新，则是我们实现梦想的必由之路。新闻工作者是党和政府声音的传播者，是时代发展的记录者和推动者，也是社会公平和正义的守护者。新闻工作者的中国梦，就是在新闻工作的党性原则指引下，坚守媒体的公信力，并以专业负责的态度报道社会的进步和进步中存在的问题，在实现国家富强、民族振兴、人民幸福的中国梦的伟大进程中，留下浓墨重彩的篇章。对于电视新闻人，要实现梦想，不仅需要对理想信念的长期坚守，也需要适应不断变化的媒体传播环境，持续提升业务能力，具体来说，包括对全球主流电视新闻机构动态变化的洞察能力，对最新媒体传播技术手段的掌控能力，对政治、经济、文化、民生等领域问题的分析能力，不断超越已有认识水平的学习能力等。这些能力都可以体现在创新的过程和结果当中。当前，媒体环境日趋复杂，尤其是以互联网为代表的新媒体已经和传统媒体形成了共生、竞争与融合的局面，在这样的情况下，传统电视媒体必须抱着"逆水行舟，不进则退"的态度积极应对。创新，不是一个阶段性的任务，而应该是我们一以贯之的思维方式和实践准则，是关乎生存和发展的战略问题。

社会舆论中还有另一个关键词，就是新媒体。这可能是近一两年以来，在我们这样一个被认为是传统媒体的机构中曝光率最高、讨论最多的一个词。2003年央视新闻频道成立之初，新媒体或许只是"山雨欲来"，而现在，经历了10年的冲击与荡涤，新媒体和传统媒体之间的观念鸿沟已经被填平，技术壁垒也渐渐被打破，我们已经无可置疑地参与到全媒体转型的进程中。站在电视媒体的角度，我认为可以从以下三个维度看待新媒体时代的挑战和机遇：

第一，在新媒体传播的条件下，电视媒体内容生产优势和品牌会进一步放大。随着全媒体技术往前继续发展，所有媒体之间的传播介质会趋于一致，无论在哪一块屏幕上，流动的依然是我们熟悉的图文、视频、音频。在这样的情况下，媒体的内容制作优势将越发凸显。强势媒体将新闻资源按照受众的不同需求与传播途径的差异进行调整，并在不同媒介平台上播发。不仅能够实现更大范围对受众的覆盖，而且还能将内容输出到其他媒体平台，获得更多的收益。

从国外电视机构近些年全媒体发展过程来看，互联网络的蓬勃兴起不但没有"消灭电视"，还为传统电视的创新拓展提供了崭新的增长路径及空间。比如，BBC确立了1+10+4的新媒体战略，"1"代表一个品牌，这个品牌就是BBC，"10"是十个产品，包括新闻、体育、天气、儿童节目等，"4"是四个终端，电脑、电视、平板电脑、智能手机。这样布局产生了非常好的效果，从2013年3月份开始，每个星期有超过63%的英国人口在BBC在线平台上观看内容，而且这是在没有突发事件情况下的常态。同时，收看BBC电视频道的观众也并未减少。

第二，新媒体平台让电视媒体有了直接和用户建立联系的机会。传统电视局限于技术手段，只是单向的"我播你看"，无法与受众建立直接的联系。收视调查固然能反映出观众的选择偏好，但无法实时收集观众的反馈。至于节目和观众的互动，只有电话和短信，手段极其有限。新媒体技术的发展，给电视媒体带来了两个积极的变化。首先，节目和观众之间的互动手段大大丰富，观众可以通过微博、微信、客户端和电视直接互动；其次，媒体内容的生产方式发生了变化，受众不再只是被动接受信息，而是可以主动参与到内容的产生过程中。比如，CNN的iReport，经过7年的运营，打造了一种突发事件报道的全新方式，在全球有多于80万人正在为CNN进行着iReport报道。比如在2011年日本3·11地震当天，iReport收到的视频和图片共295条，经过核实在电视网播出的有79条，大大丰富了新闻更新的流量。

第三，新媒体技术将带领电视进入大数据时代。未来，随着数字机顶盒、智能电视的普及，电视收视率统计有可能告别抽样调查的历史，而进入全样本统计的时代。同时，在电脑、移动端观看视频的数据，也可以精确统计。我们对一个节目的传播效果有了更精确的判断，对受众的偏好有了更精准的了解，这将为我们的创新与发展提供强有力的支持。

国际一流媒体的做法，新媒体技术的不断发展，都为我们的战略布局提供了很好的启示和借鉴，未来，央视的新媒体战略应该抓住以下几个关键：

（1）建立跨媒体传播平台。目前，CNTV的独立客户端下载数量已突破1800万，成为央视移动终端覆盖的旗舰产品。同时，CNTV围绕《星光大道》等重点品牌节目不仅建设了互动性强的官方网站，还针对具体节目积极开发专门的移动设备客户端，形成了我台品牌节目在新媒体平台的多渠道传播阵地。央视新闻的独立客户端也即将推出，以高质量的视频新闻为主打特色。另外，我们也将着手建立央视新闻的独立门户网站，突出原创、独家、直播、深度的视频内容，同时作为央视新闻多终端覆盖的基础平台。

（2）坚持内容为王，打造热门跨媒体节目。拥有广受关注的热门节目内容，是电视和新媒体吸引受众和广告主的关键。央视在加强电视节目创新、提升节目影响力的同时，还应进一步深化"台网融合一体化运作"，加强电视节目在新媒体平台的二次传播和再加工、再创新。这不仅能最大程度整合我台内容资源优势，提升我台节目在各种媒体、渠道和终端的影响力，还能为央视新媒体广告业务的拓展提供优质资源。

（3）进行跨媒体整合营销。在优质内容基础上，建立电视与新媒体整合营销的新机制，由单一的电视广告经营向跨媒体、多元化的媒体服务转变，建立联动共享型的经营模式。使品牌营销，由传统电视的单终端渠道向电视与新媒体的多终端渠道联动转变。

（4）进行组织机构调整。电视媒体要实现与新媒体的融合发展，必须按照媒体融合发展规律，深度整合内部资源，打破台网壁垒，对机构进行重组，统一调度台网制作队伍，建立跨媒体的节目生产部门。

（5）建立多媒体影响力评价体系。要建立并完善多媒体网络考核评价体系，把新媒体监测数据纳入评价指标，由单一的收视调查转变为跨媒体的传播效果监测。

（6）借资本手段实现跨越式发展。央视新媒体的发展应该完善市场化运营机制，尝试通过资本手段进行资源整合和壮大资金实力，优化内容、技术和人才架构，采取收购或者控股方式，联合运营，拓展新媒体的战略布局。

关于电视与新媒体的话题是说不完的，我们期待着更多的精彩。

（2013年7月23日）

融合转型，需要创新的勇气

"2016中国广播创新融合案例评选"工作是由中广联合会主办，三家单位负责具体执行的一项创新性的工作。它让我们欣喜地看到，全国各级广播电台、电视台和播出、制作机构在深度融合、整体转型工作中所做的开创性的探索与尝试，200多个案例各具特色，极富创意，和各台的优势与当地的特点进行了有效结合。这些令人激动的经验也让我们产生了更进一步的思考：如何让各地发展参差不齐的局面在有效的交流中取长补短？如何推动全行业对融合转型有深度共识？如何让融合转型的整体战略可落地、可执行、可复制？

一、融合转型的主战场在于互联网，新的竞争格局需要我们在战略上进一步创新

"创新"是习近平总书记治国理政战略思想的重要关键词。党的十八大以来，习近平总书记在很多场合的讲话中都讲到创新问题，对传媒业同样提出了创新与发展的明确要求和清晰目标。

当今传媒世界的格局处在变动之中，移动互联、社区网络、体验经济——已经深刻地改变了人们的信息获取与交流习惯，包括工作方式和生活方式。广播电视——这种老牌的传统媒体，还能不能在当下继续成为人们生活中不可或缺的伴侣？这是一个摆在广播电视业同仁面前必须回答的严峻课题，也关系到我们能不能在构建舆论引导新格局中继续扮演主导角色。

可以明显看到的事实是，通过"两微一端"开展内容的互联网再次传播

以及通过网络互动来丰富广播节目的内容与气氛，是目前各家电台电视台普遍采取的互联网实践。这显然远远不够，甚至可以说这还是初级水准，远未触及转型创新的本质。事实上，战略转型的核心本质，从根本上说是要"转变我们的发展方式"。

要解决这个带根本性的认知问题，首先要从供给侧与需求端两方面进一步研究互联网发展的规律与特点，紧跟最新技术潮流，加强软硬件平台建设，及时把握不断变迁的受众用户习惯，厘清内容为王、技术为王、渠道为王、界面为王这四者的辩证互动关系，从用户视角开发我们的内容与产品，战略性加大研发投入，以跨界融合的互联网思维再造我们的业务流程，从而拥有通话云存储、大数据、智能识别等新型核心能力，让优秀的内容得以大规模个性化传播，并带来全新的盈利模式与价值创造。

融合转型，不仅仅是谁＋谁的问题，也不仅仅是在某个局部领域发生些许的化学变化，而是要在全行业、全领域、全流程注入互联网的基因，实现与全媒体的世界平等对话，在全新的竞争格局中占住应有的阵地，继续高扬广播电视的旗帜。

二、融合转型的关键抓手在于产品，要以全新的视角与思维持续推动产品创新

从历史上看，我们曾经从综合性频道频率走向细分市场，于是出现了当今的频道频率的专业化，我们也曾经以此为傲。然而，比起如今的互联网世界，这显然还粗糙得很。可以说，互联网对用户人群的细分正在一步步走向极致。它的道理在于，每一位用户都是一个差异很大的个体，他们有着各自的自然与社会属性，完全不同的兴趣爱好、迥异的生活方式、千差万别的人生轨迹、良莠不齐的教育文化背景，单一的以类别划分的广电媒体产品的供给方式无法也不可能满足万千受众的个性化需求。广电产品创新的首要任务，就是要能够对此有精准的把握和识别，进而进行分析与更新，甚至适度前瞻与预测。或许应该把以用户为中心作为我们产品设计的原点，向自己提出如下问题：这些产品是为什么人的？提供什么样的内容与服务才是他们最渴望的？这些产品

可以为他们创造什么价值？这些价值如何实现成功的传递与实现？循此，我们又要对现行的视听率调查与统计提出新课题，如何通过新的技术手段及时而准确地采集用户受众的动态信息与数据，真实呈现我们的广播电视产品的社会传播效果。

什么是好产品？一句话，能够为用户创造价值的产品才是有价值的产品。新闻的及时准确，评论的解读独到，文艺的审美愉悦，剧情的感人振奋，服务的周到细致，这些价值都源自内容的创造；服务的个性，选择的便利，购物的质优价廉，这些价值可能源自你的资源整合、平台好用、界面亲和的水平高低。也就是说，在同一条价值链上可能有着不同的价值点，进而有着不同的价值创造方式。掌握了这样一种思维方式，我们对产品和用户之间的关系就有了更进一步的深刻理解，在融媒体产品创新活动中就有了更为丰富的视角和能力。未来的竞争态势，将会是内容、介质、样式、平台、渠道以及在播、在场、在线全方位的竞争。遗憾的是，广电行业目前这样能登高一呼的杀手锏产品在这次调研与评选活动中仍然极少发现。

三、融合转型的持续驱动力在于经营创新，要善于拓展新的盈利空间与手段

其一，毋庸讳言，现在的广播媒体，广告收入依旧占据着极大的比重，更让人忧虑的是，近一两年广告向我们的流入出现了明显的增速放缓趋势。究其原因，抛开共性的客观因素之外，可不可以说，很大程度上是因为客户对于精准投放的要求越来越难以在我们身上得到满足。比如，收听率调查只能给出一个笼统的归类。甲用户和乙用户的画像区分在哪里？他们的阅读收听习惯有什么差异？他们的消费方式和消费能力有哪些不同？我们仍给不出准确解答与描述。更何况，因为无法反向追溯联系到受众用户的个体，随之而来，许多行之有效的互动营销手段根本无从谈起，以至于越来越多的客户将广告营销预算的目光毫不犹豫地投向了网络，投向了电商。

无论我们愿意与否，这些外来的挑战者正在颠覆我们多年一贯制的模式，全行业的广电人再不能也不愿意死抱着"二次售卖"的过时理论，正在回头检

视我们整个供应链的各个环节，从"补贴方与被补贴方""向上游收费还是向下收费"等全新视角来重新检视和洞悉我们这个行业，从而去发现新的盈利空间与手段，为融合转型创造可持续的内生动力，而不是坐等补贴与扶持。

其二，我们各个地方电台电视台在当地依旧有着不容置疑的极大的影响力与公信力，许多台正在尝试将这种影响力变现。互联网界盛传的一句话是：我可以只做10厘米宽，但一定要挖100米深。深耕本地，正是要依托和发扬自身优势以及对本地用户的深刻理解，在一个个垂直领域打穿并造就丰富的经营实践，比如，内容的付费下载/收听收看、机构间的音视频版权交易、广播电视与电商购物的结合、跨界的线上线下营销、地面演艺活动、少儿培训、自驾旅游以及基于本地生活的O2O服务等，不一而足。

另外一个很重要的问题也必须引起我们的关注，就是听众和用户的数据库建设问题已经到了刻不容缓的时刻。没有一个时时动态更新并对用户行为保持追踪的大数据库，一切经营的手段在融媒体时代几乎无从谈起。某种程度上，有没有这样一个权威而翔实庞大的数据处理系统，也是区分传统媒体和新媒体的分水岭。广电系统必须牢牢掌控用户数据库这一核心资产。媒体竞争到今天，过去赖以生存的内容优势、渠道优势早已不复存在或并非独占。行业外那些挑战者觊觎我们的就是存量的用户资源。因此，在开拓经营思路的过程中，我们必须时时保持住清醒的头脑，要善于区分哪些做法是坐吃山空、崽卖爷田，哪些做法才是真正在为我们导流，带来用户增量。

四、融合转型呼唤管理创新，要推动流程和组织架构的再造，建立适应融合转型战略要求的管理新模式

融合转型的关键，核心在于一个"融"字。新业务、新产品的出现往往诞生于跨界之中，可能是内部资源的重新组合，也可能是和外界力量的开放合作。而我们传统的组织架构和管理运行模式，已经越来越难以支持这些业务的转型。

目前的融合有许多值得称道的案例，像"中央厨房式的新闻采制流程"和"团队式的管理模式构建"等开拓性的管理创新尝试，甚至有的台设立了对

内对外开放的股权投资基金。正如我们国家的改革进入到深水区，媒体的融合转型同样对管理创新、机制改革提出了新的更高的要求。这方面，建议从顶层设计入手，主动打破传统的部门壁垒和条条块块，按照适应融合转型发展要求的目标重新梳理各项业务流程，优化资源配置，明确重点布局，再造组织架构，从而推动制度化创新，这在一定意义上是带有根本性的。

应该考虑的是，在坚持正确舆论导向的前提下，在坚持"两分开"的大原则下，要进一步研究内容与经营的良性互动，探索在科学管控、精细管控的前提下组建或重建跨部门的联合机构，并和市场资源形成有效的链接。要从资产配置、资源掌控、平台运行、资本运作、内部激励等更为整体的框架下来思考对电台电视台的管理和运营。我们不妨试着问自己这样一个问题：我们究竟是想办有互联网元素的电台，还是办数字媒体机构？

当然，融合转型也必然对我们的团队文化建设提出新的考验，广播电视媒体要善于营造一种人人创业、再次创业的良好内部氛围，从而进一步释放创新活力，建立一个适应融合转型要求的人才高地。这些文化更新的方向是"试错的勇气""平等的雅量"和"充分的激励"。我们了解到，一些单位已经开始在内部推行一些激励措施，倡导打破部门界限，引导跨部门合作，鼓励一线员工直接生成提案，减少审批层级，让管理更加扁平化、高效化。这些探索无疑是积极的、有益的、有建设性的。

融合转型是当前广电发展战略的重中之重，也是一段极富挑战的艰难旅程。我们已经走在了正确的道路上，未来成功，取决于我们的勇气，取决于我们的眼光，取决于我们的智慧，更取决于我们的能力。

广播电视的融合转型发展必然拥有辉煌的前景和光明的未来，这是我们全国广电从业者从未动摇过的共识。

新竞争格局下央视传播形态创新与全媒体发展实践

2012年12月，《纽约时报》发布了一条名为《雪崩》（Snow Fall）的专题报道。这篇关于2012年2月发生在美国华盛顿州喀斯喀特山脉的隧道溪雪崩的专题报道，在平板电脑上以多媒体形式为读者呈现事件的全貌。首先是全屏循环播放的积雪滚落下山坡的视频，读者滑动页面浏览文字报道的同时，可以看到穿插于文字间的现场视频、3D地貌图、照片集和气象图表等流畅的多媒体组合式呈现。这种以多媒体形式展示一个事件的背景、过程、科学知识、情感的全方位信息的报道模式，给传统媒体带来了"雪崩"式的冲击。

这个事例生动说明了新媒体对传统媒体的发展创新和它带来的积极效应。新媒体在30多年的发展历程中，从对传统媒体的照搬、模仿、整合，已经发展到新媒体自我发展模式的创新。在信息技术、通信技术发展的带动下，新媒体已发展成为具有独立媒体个性的新型传播模式。传统媒体必须顺势而为，积极迎接并充分接受新媒体。

一、顺应媒体发展趋势，确立全媒体发展战略

在新媒体成长之初，我们听到的关于传统媒体与新媒体的讨论，多半是"如何应对新媒体冲击""如何在与新媒体的竞争中取胜"，思路大多集中在"竞争""防范"而非"合作""融合"层面。现在，我们越来越清晰地看到，传播技术、传播理念的革新是历史的必然，传统媒体必须转变对待新媒体的思路。如何将传统媒体与新兴媒体结合，打造全媒体传播新模式，实现新形势下

传统媒体的新突破，成为全世界传统媒体共同面临的新课题。

当前，国际主流电视媒体都将新媒体作为拓展国际传播的重要平台。国际一流媒体在全媒体传播领域的先进理念、举措和经验，可以为我们发展新媒体提供一些新的思路。以 CNN、BBC、FOX、半岛为代表的国际媒体意识到全媒体传播的重要性，他们迅速跟进转型，从体制机制、资金投入和内部运行机制上都做了相应调整，实现了全媒体传播的常规化、规范化，以此应对复杂的媒体竞争态势。比如，BBC 的新媒体策略与整个英国的经济、政治、文化有着紧密的联系，它的新媒体已成为国家数字战略的重要组成部分。为了发展新媒体，BBC 改变了业务条块分割、职务固定、传播单一的现状，重新调整了机构设置。BBC 在制作本平台节目的同时为 BBC 在线提供素材，以循环开发利用 BBC 的媒介资源。在全媒体传播理念下，BBC 的广播台、电视台以及 BBC 在线之间都建立了跨平台的节目制作和共享机制，BBC 设置了"大编辑部体制"，打破了各个栏目的界限。由一个新闻编辑部门统一调配新闻资源，使新闻在各个节目中最大程度地实现资源共享。

除积极发展壮大自身的新媒体外，不少国际大媒体普遍注重与顶级的新媒体开展深度、实质合作。在 Twitter、Facebook 等新兴社交网站与 You tube 等门户视频网站上，CNN、BBC、FOX、今日俄罗斯等均开设了多个官方账号。电视媒体直接"借船"搭载新媒体的领军者，是提升全媒体传播力的一条捷径。比如，CNN 就曾与 You tube 合作，将举国瞩目的总统大选电视辩论放在电视和网上同步播出，实现了很好的传播效果。BBC 为不同用户提供了多种终端，提供不同视频格式，适应手机及平板电脑等终端使用。这些国际一流媒体的内容资源优势从传统媒体平台向更多的新媒体平台延伸，实现了传统媒体业务与新媒体业务一体化运营，同时通过互联网扩大了其广播电视节目的全球传播。

中央电视台意识到，媒体模式不会因为所谓"强势媒体"的存在而制约新一代媒体的发展。近几年，中央电视台的全媒体发展战略每年都跟随新媒体发展的步伐调整升级。2012年，中央电视台提出了明确的全媒体发展战略——"台网融合一体化运行"。2013年，中央电视台为进一步推进"台网融合一体化运行"战略的执行，实现电视与新媒体的无缝对接，实现台网深度融合，推出了一系列执行策略。在推进台网节目形态的融合，推进内容资源的融合的同时，加强人员队伍的融合。中央电视台通过合署办公等方式，扩大新媒体派驻人员与节目制作部门的深度合作。建立起"台网融合一体化运行"的保障机制，尝试建立由单一电视收视调查向全媒体传播效果监测的制度转变。

为了有效利用和挖掘大量优质的新闻资源，扩大和延展央视新闻的传播范围，央视在积极构建遍布全球的采编网络的同时，还制定了开辟新媒体传播渠道的"三步走"发展战略。2012年11月1日，央视新闻微博正式上线运作，这标志着央视新闻在传统电视频道、国际视通发稿两大传播渠道的基础上，又拥有了新媒体发布平台。2013年4月1日，央视新闻微信业务开通，成为中央新闻单位中最先开发和使用这一新型传播手段的媒体。5月1日，央视新闻开始进入手机移动客户端，使新闻传播和品牌营销进入了由单终端渠道向多终端渠道联动转变的新阶段。而今经过短短半年多的运作，央视新闻微博、微信和客户端的粉丝与用户已经超过了2000万，稳居新浪网"媒体影响力"总排行榜的第二位，形成央视新闻传播中的一大新亮点。"央视新闻"新媒体平台在芦山地震、"神舟"十号发射等重大报道中，以首发消息、专题互动、客户端直播等新媒体发布方式凸显出重要作用。

二、中央电视台全媒体产业链的实践和探索

新媒体的运营有其自身的规律和模式，传统媒体可以单纯以内容为王取胜，而新媒体的生存和发展更需要占领贴近用户的直接载体。中央电视台的全媒体发展战略正是遵循新媒体的发展规律，实现新媒体和传统电视媒体的有机结合，即在新媒体领域以建平台、占终端为主要策略，电视媒体以丰富的内容资源提供中坚支持。

中央电视台新媒体业务发展较快，近年来，从战略上逐步占领新媒体的电脑端、手机端、电视端、移动平板电脑端等各终端；逐步建设了网络电视、IPTV、互联网电视、手机电视和移动车载电视等五大集成播控平台的多平台；建设了视频内容数据库，中央电视台媒资库，建设完成国家级网络视频数据库；建设完成全球覆盖的视频传播平台和多终端传播体系。2013年，中央电

视台新媒体业务建设了全国独一无二的网络视频平台，即"一云多屏、全球传播"的战略传播体系。通过中央电视台全媒体战略的实施，实现了中央电视台全部节目内容通过电脑端、手机端、移动平板端向全球的传播，极大地提升了中央电视台节目内容的国际传播力和影响力。

经过几年的新媒体基础建设，中央电视台新媒体业务范围已经从最初的互联网产业链中视频节目内容提供，扩展到建设完成占领新媒体产业链各重要环节的全平台、全终端、全业务、全球覆盖的新媒体完整产业基础，为中央电视台发展全媒体战略打下了坚实的基础。

中央电视台以全媒体模式联合传播运营已经经过多年的历练，并不断在世界范围内创新了全媒体运营的新模式。正是基于中央电视台新媒体业务的多终端全业务链的发展，使中央电视台的"台网融合一体化运行"全媒体战略能够得以顺利实施。

在中央电视台《东非野生动物大迁徙》播出期间，中央电视台新闻中心联合电视媒体与新媒体，利用"一云多屏、全球传播"的立体化传播体系，对《东非野生动物大迁徙》直播节目进行了全程全球网络视频直播，并推出英、西、法、阿多语种专题，利用CCTV—"我爱非洲"移动互联网客户端实现节目的非洲落地，视频手机报同时推出专题，CBOX网络电视客户端推出《东非野生动物大迁徙》视频直播及点播内容。实现了在电脑、IPTV、互联网电视、手机、移动平板电脑、公交车载、广场户外大屏等多终端多屏幕的视频节目分发。节目在央视网平台全球累计独立访问用户（UV）数达935.2万人，累计页面访问（PV）次数达1.507亿次，累计视频播放（VV）次数达2338万次；iPhone及iPad移动客户端全球累计独立用户为562万人，视频播放次数为1553万次；IPTV和互联网电视专题累计播放155万次；移动传媒公交、广场、列车、机场频道每天覆盖5400万人次。

经过2012年"台网一体化融合运行"的成功尝试，2013年中央电视台进一步拓展重点节目与新媒体的联合推广，以台网"一体化策划、一体化运行、一体化实现"的运行机制，实现台网资源共享、共同传播。一是把中央电视台传统资源在新媒体上进行延伸。把品牌资源、内容资源和营销资源都赋予和延伸到新媒体，奠定了网站的视频特色和独家优势。二是把新媒体纳入中央电视台新闻采编体系。首批新媒体人员派驻基本到位，逐步从重点部门派驻向全台推行。同时，利用新媒体手段配合、丰富、延伸、拓展央视独家报道，既实现央视独家内容首发新媒体，又使优秀的新媒体作品通过央视平台播出。围绕"春晚""星光大道""青歌赛""舞出我人生"等重点节目，开发二维码、网络赛区、互动优势、专属客户端等新媒体产品，创新网络宣传的形式和内容，取得良好效果。三是把新媒体纳入中央电视台宣传推介体系。如今已不是"酒香不怕巷子深"的时代了，央视必须借助新媒体的力量强化自我宣传，才能更好地完成新闻传播和舆论引导的任务。以往，中央电视台更多地依靠自有频道对优秀节目、栏目进行宣传推广，宣传范围和效果受到制约。现在，我们转变宣传推广思路，力求通过报纸、杂志、网络、微博、博客、手机报、IPTV、公交媒体、广场媒体等多种方式宣传和推广央视的重点节目、重要活动、重要品牌，将重点节目的传播范围、影响力度发挥到最大。我们还成立了新的节目推介部，全面整合台内各频道宣传推介渠道与台外平面媒体、广电媒体、网络媒体、新兴媒体等多种推介渠道，形成了系统而富有效率的宣传推介网络。四是把新媒体纳入中央电视台整体播出体系，与电视媒体共同形成全媒体、全覆盖的传播格局。中央电视台目前已建成网络电视、IP电视、手机电视、互联网电视、移动电视等新媒体集成播控平台。

三、全媒体发展的创新模式存在极大的探索空间

《雪崩》报道的模式，说明传统媒体发展全媒体依然处于尝试阶段。国内外媒体评论界对《雪崩》报道模式的评价不一，有人认为，"以这种类型的数字化报道模式为起点，开创一种新的商业模式，重新定义新闻报道"。也有人认为，这种高额的制作成本远无法获得相应的商业收益。

如果对一件新事物创新性尝试，仅仅以经济收入作为评价是短视的观念。面对新媒体日新月异的发展态势，面对新技术突飞猛进的变化趋势，面对新媒体模式及新媒体介质推陈出新的创新形式，传统媒体人应该为媒体整体的发展而感到欣慰。现代传播模式的发展，从纸质印刷延伸到电视屏幕，再进一步延伸至电脑屏幕、智能终端、户外大屏幕等，使传媒的概念获得了极大的延伸，

这是传媒发展的盛世。以《雪崩》为代表的作品，链接了多种媒体展现形式及多种媒体设备，同时把新闻传播的表现形式，从单纯的事实报道，扩展至科学领域、人文领域，这也是对传播学的推动和扩充，是一种意义非凡的尝试。

中央电视台的全媒体战略，目前还处于打通平台、内容合作的初级阶段。中央电视台也在尝试，利用新媒体的特性和规律，以宽阔的思路推进"台网一体化融合运行"，以全媒体产业化为出发点，树立多平台、多终端、多媒体运营的理念。

中央电视台在55年的发展历史中，始终立身于中国电视媒体的主导地位。中央电视台为保持和发展自身的传播力、影响力和竞争力，一定要办好自己的新媒体业务，并将进一步以创新型思维尝试开拓全媒体一体化发展的新模式。

（2013年）

光明日报创新理论宣传的新探索

理论宣传是传播党的创新理论成果的有效途径。新形势下，如何创新理论宣传的内容和形式，更好地把握理论宣传的规律，是我们面临的重要课题。近两年，光明日报积极发挥思想理论宣传优势，创新理论宣传的途径和做法，进行了一些探索和尝试。

探索之一，将理论宣传与新闻事件、社会热点相结合

与现实脱节的理论宣传是无法赢得受众的。当前，在社会现实中有许多问题和现象需要理论上的分析，需要有说服力的解答。结合新闻事件和社会热点进行理论宣传，着眼于对实际问题、热点问题的理论思考，用科学的理论去分析和解答现实问题，积极引导人们深刻认识新问题、新情况、新矛盾，能够增强理论宣传的针对性和吸引力，在解疑释惑中引导舆论。

一段时间以来，社会诚信问题引发全社会的广泛关注，光明日报组织策划了一系列理论文章，从文化、历史、制度、现实等多角度阐发诚信的意义和加强诚信建设的思路对策，收到预期效果。在建党90周年和十七届六中全会精神宣传中，光明日报组织理论界权威专家撰写了系列重点文章，对总书记重要讲话和十七届六中全会的重大意义、精神实质、思想内涵、核心理念等进行全面、深入、准确的解读与阐释，加深宣传报道的思想内涵和理论深度。

探索之二，将理论宣传与推出理论界先进典型相结合

过去我们搞理论宣传，通常习惯于从理论上阐释某一观点，宣传某一经验，论述某一思想，难免缺乏可读性。通过理论界典型报道和人物通信的方式来宣传党的理论，有利于增强理论宣传的吸引力和影响力。比如，光明日报曾连续三天在头版头条发表《一群人一辈子一件事》等报道，详尽介绍中央编译局优秀翻译家群体感人而又鲜为人知的事迹，引发了社会各界的强烈反响，对进一步传播马克思主义起到了独特作用。文章运用了大量事例和细节，避免了理论宣传的枯燥乏味和曲高和寡。应当说，这种新闻报道的方式，这些事例和细节，比长篇理论阐述效果要好。理论宣传可以不必居高临下的说理，可以用平等交流的方式同读者谈思想、讲信仰、说理论，可以借助普通群体和普通人的事迹来反映大道理。其实，读者一看这篇文章的标题，就会感觉到它的平民视角和朴素文风。再比如，光明日报推出的贾凤姿、房玫、米吉提·巴克、泰州"百姓名嘴"等理论界典型，都是用鲜活生动的表达方式成功塑造了一个个有血有肉的理论典型，用社会主义核心价值观有效引导社会价值取向。

探索之三，将理论宣传与开展社会活动相结合

围绕理论前沿问题和社会热点问题，组织召开各种形式的理论研讨会、座谈会、主题论坛等，是光明日报近两年逐渐摸索出来的一个行之有效的理论宣传形式。将理论宣传寓于社会活动之中，为各领域理论专家提供一个辩论、争鸣和思想碰撞的有效平台，在对重大理论问题、现实问题进行深入研讨中使党的理论成为广泛共识，放大传播的效果。比如，2011年5月，光明日报刊发山东卫视《天下父母》系列报道后，举办了专题研讨会等活动，并用两个专版刊登理论专家关于孝道、诚信等核心价值观的精彩发言，通过理论研讨深入挖掘了栏目蕴含的深刻思想内涵，凸显其理论价值和实践意义。

光明日报主动与有关部委和广大理论界联合开展了多项带有理论研讨性质的社会活动，均取得了良好的社会效果。如，推进核心价值体系建设与培育当代革命军人核心价值观理论研讨会、纪念建党90周年理论研讨会、2011年思想道德建设合肥论坛、学习型党组织建设理论研讨会、第八届全国马克思主义论坛、河北农大优秀毕业生群体与大学生思想政治教育座谈会、深化文化体制改革专题座谈会、高校党建创新座谈会等，围绕马克思主义中国化、核心价值体系建设、贯彻六中全会精神、思想道德建设等基本理论问题和重大实践命题进行交流探讨，总结基本经验和最新成果，并将每次理论研讨会的主要内容以专版形式推出，引起社会多方面的关注，增强了理论宣传的辐射能力。

探索之四，将理论宣传与媒体联动相结合，特别是与互联网与微博相结合

通过主流媒体之间的联动和配合，围绕某一重大理论问题展开深入报道，可以形成理论宣传的强大合力，增强宣传的效果。比如，中央电视台财经频道播出电视理论专题片《从怎么看到怎么办》后，光明日报除刊发消息予以及时报道外，还用专版的形式对理论文献片的精彩内容进行摘要编发。人民日报等30多家中央媒体对《从怎么看到怎么办》理论文献片发表了多篇文章和消息。百余家网站和地方媒体纷纷转载并发表数千篇评论。不同媒体在联动中，通过优势互补、资源共享，放大了理论宣传的传播效应，成功经验值得总结，可进一步加强这方面的工作力度。为迎接党的十八大召开，央视正在精心制作理论文献片《领航中国》，仍可采用媒体联动的方式扩大其社会影响。

探索之五，将理论宣传与开设专版专栏相结合

创新理论宣传需要开设有媒体自身特色的理论专版和专栏。比如光明日报开设的《核心价值》版，在深入阐释社会主义核心价值体系，对核心价值观进行提炼概括，报道各地核心价值体系建设的好经验好做法，分析当前思想、思潮、热点和矛盾等方面，作了很多有益的探讨，发挥着独特作用。《党史》《国家社科基金》等新创立的理论专版也逐渐形成了品牌。在专栏方面，除"光明专论"等社会影响较大的常规理论专栏外，光明日报还结合不同时期重大宣传、重大活动的需要，推出有特色的理论专栏。比如，在建党90周年之际推出"精神溯源"，刊发的系列文章体现了理论宣传形式的创新和主题内容的"亲民性"，没有采用长篇大论和刻板的形式，而是运用读者喜闻乐见的访谈问答形式，取得良好的效果。

（2012年3月26日）

创新电视理论宣传　提升舆论引导能力

　　电视理论宣传的创新一直是中央电视台的一个重大课题，近几年来，中央电视台陆续推出了《六个为什么》《七个怎么看》《从怎么看到怎么办》电视理论专题片，我们马上还要播出的今年的理论片《辩证看务实办》，从这几年的效果来看，得到了社会各方的广泛好评。大家普遍认为，电视专题片贴近实际，贴近生活，解疑释惑，析事明理，具有很强的亲和力、穿透力和感染力，架起了理论与群众、政策与百姓之间的桥梁，起到了统一思想，凝聚人心，增强信心的作用。

　　今年的专题片《辩证看务实办》，对如何创新电视理论宣传，提升舆论引导能力颇有几点启示。

一、电视理论宣传要"看天气"，找到社会普遍关注的热点和焦点问题，及时回应受众需求和关切

　　在世情、国情、党情发生深刻变化，"战略机遇期"与"矛盾凸显期"并存，利益、价值、观念日趋多元化，舆论环境日趋复杂的今天，群众思想困惑增多，对理论的需求日益迫切。如何找到对接的突破口，把理论宣传与群众的需求紧密结合，成为考量媒体舆论把握和引导能力的重要前提。

　　看天气，就是要看舆情的天气，看社情的天气，看群众内心的天气，要把握好舆论宣传的着力点和爆发点。这次《辩证看务实办》理论宣传片选取了"收入差距如何缩小""房地产调控如何坚持""看病费用如何降低""素质

教育如何推进""道德风气如何提升""食品安全如何保障""环境污染如何遏制""反腐倡廉如何深化"等八个问题，从选题看，八个问题都是当前干部群众普遍关注的热点和焦点。与往年相比，今年的问题更具有针对性，更加具体，聚焦在问题的特定方面，这样让回答更有针对性，提升理论宣传的力度和效度。

看天气，要求我们不能回避社会难点、敏感点，而要主动引导、积极回应，做到敢说话、早说话、说准话、会说话、说新话。要直面热点、难点、敏感点，不回避，不掩盖，不失语，主动设置议题，把握好分寸。

二、电视理论宣传要"接地气"，在内容、表达等方面加强创新，让老百姓喜欢看、看得懂

对于大众媒体而言，面对普通大众的理论宣传最忌讳的是就理论说理论，越说观众越难理解，越说观众越不想看。理论宣传一定要找好切入点，从大众能感知的角度切入，紧紧围绕与群众切身利益相关的现实问题，把道理讲透彻、讲清楚、讲明白。

1927年，茶陵县（隶属湖南省）工农兵政府创建，毛主席修改县委书记的布告是一个传播过程"接地气"的经典案例。毛主席把"工农革命政府严禁虐待儿童"改为"不许大人打小孩"，把"和尚道士尼姑有宗教信仰自由"改为"斋公斋婆可以烧香"，把"提倡婚姻自由禁止买卖婚姻"改为"讨老婆不要钱"，把"废除一切不合理的债务"改为"借财主的钱不要还"。这就是传播高手，把深奥的理论和艰深的语言，变得浅显易懂，接地气，从而聚人气。

（一）专家走基层实现理论与实践的对接

《辩证看务实办》就是从内容、表达等方面入手，把理论宣传通俗化、大众化。让专家走基层是这部片子的一大创新。在每期节目中，我们带着专家一起下基层，进行调研、采访，在基层中发现问题，在基层中传播理论，在基层中充实理论。在调研中，专家与群众得以沟通，理论与现实得到碰撞，极大提升了理论宣传的针对性。

在《道德风气如何提升》的节目中，中国人民大学焦国成教授走进基层，调研"合肥好人"李孝香以德报德的故事，探究基层道德建设的关键和难点，提出改善民生，构建好的社会环境是关键。在《食品安全如何保障》的节目中，中国农业大学食品工程学院院长罗云波走基层到北京车公庄一个餐厅调查餐厨垃圾的回收，提出要有堵有疏，从源头加强监管。

（二）故事化表达提升吸引力和感染力

故事化就是一个很好的电视表达的方式，能吸引受众的积极参与，增强节目的吸引力和感染力。将道理与观点融入故事讲述，是舆论引导能力提高的实质性表现。通过讲述发生在百姓身边活生生的故事，让理论宣传"接地气"。在《道德风气如何提升》的节目中，最美司机吴斌、"当代雷锋"郭明义、信义兄弟孙东林信守诺言替兄还债等故事都生动刻画了道德楷模的力量，突出了道德建设中榜样的力量，点亮一盏灯，照亮一大片。

（三）强化电视艺术运用

此外，在表达方面，《辩证看务实办》注重多种电视艺术形式的运用，比如话剧、诗朗诵、沙画等，多样化的艺术表达形式提升了宣传的感染力和吸引力。

三、电视理论宣传要"长灵气"，挖掘基层智慧和创新，在传播理论的同时丰富理论

"长灵气"是点睛之笔，让理论活灵活现，充满生命力。理论宣传不能空洞的、枯燥的说教，不能脱离基层群众，只有依赖群众，俯下身去，向基层寻找答案，才能找到充满灵气的创新实践。基层是新闻报道永不枯竭的源头活水，基层也是社会主义现代化建设的创新源泉。用理论实践的成果来印证理论，传播理论，丰富理论，为理论的创新和发展找到源头活水。

劳动人民的智慧是无穷的，在理论宣传的过程中，我们要真正深入生活、深入基层、深入到群众中去，反映改革发展的生动实践，反映基层创造的新鲜

经验，反映人民群众的意愿呼声。只有不断挖掘基层智慧和创新，做到国家政策与百姓实践的对接，理论宣传才能"长灵气"，才能具有生命力。

"辩证看务实办"本身就要求我们全面地看问题，务实地解决问题，以建设性的态度去看问题，解决问题，找到解决之道，不被社会情绪左右，不受外界的干扰。基层的创新和实践正是这种思想理论的源泉，只有坚持从群众中来，到群众中去，才能让理论宣传产生真情实感，理论宣传才会有现场的温度、才会有清新朴实的文风、才会有打动人心的力量。

在《素质教育如何推进》的节目中，以山东省潍坊市实验学校校长孙桂芳参加校长职务评聘，去掉行政化，到点了还可以不退休，反映了基层教育体制的改革创新。在《食品安全如何保障》的节目中，以银川麦尔乐西饼店进入政府开办的"小作坊集中加工区"的案例，反映了政府对"小、散、乱"的疏导和规范。这些案例都是基层针对社会普遍关注的难点的创新实践，而正是这些实践回应和丰富了相关的理论创新，成为推动社会进步的重要力量。

总体来看，要提升电视理论的效果，就必须在"看天气""接地气""长灵气"三个方面下功夫，只有"看好天气"，才能"接对地气"，只有"接对地气"，才能"长出灵气"。看天气是前提，接地气是基础，长灵气是关键，三者缺一不可，统一于理论宣传的实践。

现阶段理论宣传要与新闻战线开展的"走基层转作风改文风"活动紧密结合，"百步之内，必有芳草"，只要走到百姓中去，走到生活中去，就会发现好的选题，就有好语言、好文风，理论宣传才能起到好的效果。只要结合基层实际，才能更好地宣传党的主张、国家政策，弘扬社会正气、通达社情民意、引导社会热点、疏导公众情绪，服务好工作大局。

理论创新每前进一步，理论武装就跟进一步。我们相信，随着马克思主义中国化时代化大众化进程的继续推进，马克思主义宣传战线必将涌现出更多的优秀作品，必将创造出更好的理论成果。中央电视台作为国家重要的舆论阵地，一定会推出更多群众喜闻乐见的新闻报道和电视理论宣传片，更好地为党和国家中心工作服务，为推动科学发展，促进社会和谐服务。

（2012年6月26日）

推动科技发展创新　构建现代传播体系

——在2013北京国际电视技术研讨会上的报告

电视业是一个高技术、重装备的行业。在过去的十几年中，以信息技术为代表的高新技术深刻地改变了人们的生产和生活方式，电视技术对人们的影响正是这种改变当中的一个突出表现，技术的创新与革命已经成为电视媒体发展与进步的直接推动力，随着电视技术不断向前发展，电视节目形态将更多样，传播内涵将更丰富，传播效能将更强大，服务方式将更便捷，而所有这些将会给电视行业带来激烈的竞争。科学技术是第一生产力，迎接挑战必须加快创新，要想提高中国电视的创新能力，发展高新技术是一个非常重要的方面，我们应该以最快的速度将科学技术转化为生产力。

一、技术发展与科技创新对电视媒体产生的影响和发挥的作用

（一）世界电视科技发展变化态势

由于信息技术的快速发展以及技术应用的多变趋势，使得媒体产业正处于一个较长时间的推陈出新的变革时期，媒体消费者正在逐步减少通过传统媒介获取信息，而是更多地转向通过新媒体、在线媒体获取内容。调研发现，近些年来，由于可获取电视内容的渠道和技术迅速增加并日益成熟，消费者观看电视的传统习惯受到很大的冲击和影响。虽然各类家庭用的屏幕终端越来越多样化，但目前消费者仍然还是以电视作为最主要的观看平台。有权威调查数据表明，不论是视频点播内容还是传统电视，媒体消费者每天平均观看视频内容

73%的时间还是利用大屏幕，所以目前电视仍然是家庭用于共享信息和娱乐的最佳设备。虽然传统电视的收视率正在逐步下降，但还没有迹象表明移动视频设备能够很快取代电视作为主流媒体的固有地位。

在世界范围内，各种新技术、新应用、新业态、新市场层出不穷，此起彼伏。与此同时，几乎所有著名的、国际化的电视媒体都在悄然发生着深刻变化，洞察这些变化趋势，可以归纳为几个特点：

1.数字技术应用日趋深入

数字化已经成为信息社会发展一个最突出的主题，电视媒体已基本上全面实现了数字转换的升级换代，网络化、数据化、文件化、制播存一体化等都已渐成主流，数字有线网络、数字地面广播、数字直播卫星等数字电视传输技术的应用发展迅猛，高清晰度电视作为数字电视的最大亮点成为人们的关注焦点，而在高清晰度电视正在积极普及的基础上，超高清晰度电视和网络电视应用又成为国际电视技术的下一个研究目标，已经在国际上引起广泛关注，许多国家和地区也都制定了具体的发展规划和成立了强劲的产业联盟。显然，作为数字技术的高新应用和产业经济的增长亮点，在下一代电视的发展中，超高清晰度电视和网络电视应用将成为重大趋势之一。

2.新兴业务形态层出不穷

随着数字技术应用日趋深入，电视媒体正在充分利用高新技术改造和提升传统业务，积极发展新兴业务。在巩固传统的公共电视服务的同时，开展多种付费电视和多元化的电视经营业务；在优化单向传输的广播式服务的基础上，推动双向互动交流和个性化信息服务；在完善基本节目传输的条件下，新增相应的综合信息交换和各类资讯服务等。节目内容信息不仅可以通过广播电视网络传输，还可以通过各种通信网络传输；不仅可以通过传统的电视接收界面发布，还可以通过其他电子信息媒体和综合网络媒体分发。

3.全媒体技术融合方兴未艾

全媒体技术的应用，使媒体传播的内涵更为多样化和复杂化，为受众提供了丰富的信息和多元的选择，搭建起全方位、多维度的信息渠道。全媒体技术的演进，催生了其他媒体对电视媒体行业的进击和挑战，同时也为新老媒体的融合发展提供了莫大机遇。

4.新型服务体系渐露头角

数字技术的应用为电视媒体带来新型业务形态的同时，也萌生了新型服务体系和新型增值渠道。在新型服务体系下，各种信息资源、各种服务门类、各种发布渠道、各种传播手段、各种业务开发贯通融合，形成一个面向内容资源的服务业态，新型服务体系的建立给电视媒体带来新的市场空间，增加和优化了电视行业的经济属性和产业比重。

（二）我国电视科技发展创新策略

当前，中国的广播影视行业也正在高速发展和急剧变化，由传统媒体向现代媒体转变，由专一媒体向复合媒体转变，由集中媒体向多元媒体转变，由单向媒体向交互媒体转变，但无论电视媒体的形态如何发展和变化，作为主流媒体，作为电视媒体人，我们的责任和任务没有改变，这就是最大限度地满足人民群众日益增长的精神文化和资源信息的需求，是广播影视行业所面临的一项非常紧迫又必须做好的重要任务。随着社会主义和谐社会建设的不断推进，人民群众文化生活日趋丰富，对信息量和娱乐化的需求急剧飙升，并且更加个性化和多元化，信息消费能力增强的同时，对于信息和娱乐的选择能力也越来越高。电视作为强势媒体仍然是当今传播力、影响力和吸引力最大的传媒，但是在受众需求变化迅速、个性化要求差异明显的多元开放的环境下，各种信息传播渠道不断增多，传统电视观众的流失也正在增加。电视行业要保持可持续发展，就必须坚持以科学发展观为统领，适应构建现代传播体系的要求，在发展思路上实现观念创新，在运行方式上实现机制创新，在管理方法上实现体制创新。应对日益紧迫的创新要求，电视科技工作应该重点围绕以下几个方面做好工作：

1.全面推动数字应用

数字化是世界广播电视的发展趋势，也是我国当前和今后一段时期广播电视发展的重中之重。要全面完成节目制播方式和存储交换的数字化、网络化、高清化，创新和提高利用传统终端提供节目内容服务的方式和效率，使电视媒体真正成为开放的节目内容平台。在以有线电视为切入点进行数字化转换的基础上，将在卫星、有线、地面传输系统分阶段、分步骤、分区域全面实施和开展数字电视广播。重视发展数据业务，加快实现"三网融合"，还要更大力度地开展网络电视、移动电视、手机电视等新业务。要统筹卫星、有线、无线、IP等各种技术手段，确保电视信号传输的覆盖率、入户率和收视率。要积极建立下一代广播电视网技术体系，注重开发和推动下一代广播电视网相关业务发展。将按照技术、运营、内容并重并举并行的方针，使电视传播从单向单一传统业务形态向双向多元多种业务模式转变，使电视媒体从传统媒体向现代媒体转变。

2. 建立巩固产业结构

我国作为电视大国，电视行业市场庞大，需求旺盛。要在确保公益服务的基础上，大力发展经营市场。进一步建立和巩固符合实际国情社情和技术发展要求的电视产业结构，促进电视产业的有力提升，电视产业必须要保增长、保民生、促发展。电视行业在装备设施、内容消费、信息服务等方面的市场潜力很大，要积极利用行业重点工程和重大技术投资的发展时机，激活产品市场，拉动产业增长。要积极促进内容消费，通过建立市场化经营体系，构建内容流通的社会化大市场，以市场为导向配置资源和组织生产。另外，还是要坚持推广电视服务的有偿运营模式，在提高电视行业社会效益的同时，必须要有力地提高其经济效益，为国民经济发展培育新的增长点。

3. 加快培育内容市场

数字技术使电视频道数量大大增加，从而形成巨大的节目内容空间，一个更繁荣、市场化程度更高的内容市场必然诞生。频道资源的释放和各种新媒体的涌现，对个性化的内容信息产生更大的需求，因此，一个以数字化内容为核心的新型产业链将会形成。充分利用内容需求，培育内容竞争力，通过市场化经营、品牌化运作，构建跨媒体、跨地域的内容平台，打破单一频道化的电视内容经营，开发多种业务类型，形成多层次的内容经营。探索建立良性互动、多元化经营、集约化发展的运营模式，形成内容开发、网络传输、终端接入等环节合理分工、优势互补、合作共赢的市场分布和开放体系，实现各方面力量增长的最优化和最大化。

4. 积极应对竞争格局

媒体间综合实力的竞争和国际间多元文化的竞争，将会对电视媒体的发展产生更大的冲击。媒体的彼此融合和相互渗透引起传播市场的重新配置。电视行业大都在体制上进行新的改革，在结构上进行新的调整，在资源上进行新的配置，在秩序上进行新的整合，在功能上进行新的扩展，这些变化给电视行业带来的直接影响就是资源配置更加合理，服务规模更加庞大，社会参与更加广泛，但竞争程度也将更加激烈。而新媒体的勃发和国外媒体的进击，使国内电视媒体面对的不仅仅是占有份额的竞争，而且是多元传播、多元文化、多元意识形态的竞争，实际上也就是阵地的竞争。面对环境的变化和发展的挑战，中国的电视媒体必须积极有为，改变传统思维和旧有方式，确定适合的发展战略和积极的竞争手段，实行多向创新拓展，增强本体竞争实力。

二、实现电视科技战略创新的主要对策与现实任务

实现电视科技战略创新应该遵循明确的原则与正确的方针，要以业务为核心，要以创新为重点，要以服务为原则。研究和实现电视技术领域的发展创新，就必须牢牢把握并扎实立足于媒体的责任、电视的功能、传播的需要和任务的权重。要清楚地知道：我们需要什么？我们最先需要什么？分清轻重缓急，理清优劣得失，稳扎稳打，循序渐进。我认为目前需要解决的几个主要的现实任务是：

（1）强化安全播出，扩大传播能力；
（2）整合频道布局，完善制播体系；
（3）加强资源建设，实施版权管理；
（4）构建信息平台，支持科学管理；
（5）培育新兴业务，拓展服务功能；
（6）重视科技开发，促进持续发展。

三、中央电视台技术建设与科技创新的实践经验和发展思路

工欲善其事，必先利其器。中央电视台坚持做好科技创新工作，是建设技术先进的国际一流媒体一个非常重要的方面，国际一流媒体不仅要有一流的

节目，更要有一流的技术。应该说，新技术的产生并付诸应用，不是目的，而是手段。如何认识高新技术的运用对于建设国际一流媒体发展的作用和影响，我认为，至少可以从以下三个方面来考察和评价它的前景和效能：一是，是否能够使节目制作的数量、质量和效率有所提高和改善；二是，是否能够使内容创作的手段和功能得到优化和扩充；三是，是否能够使电视服务模式获得延伸和创新。总之，任何电视新技术手段的开发和应用必须服务于电视节目的生产和创作，以及为广大观众收看电视节目提供更好更新的方式和途径。中央电视台近些年来在技术建设和科技创新上的一些具体实践，正是一直遵循这样的原则和路线来积极开展的。

中央电视台对于技术事业建设非常重视，对于技术发展工作抓得很紧，为此，进行了必要的投入和大量的工作。中央电视台以新址启用为契机，正在全面构建适配国际一流媒体的运行、管理、服务体系，进一步完善、优化工艺流程，全面实现资源利用的最大化，节目制播的信息化，生产流程的科学化。坚持以"技术先进"为目标，让科技支撑发展，技术引领进步，适应新技术手段和新业务形态的产生所带来的新的竞争和新的变化。

中央电视台的技术发展的总思路和总目标就是：将实现与新台址启用、国际传播能力建设、全媒体业务发展三个方面的衔接与适配。第一，要打造与新台址相适配的全球领先的技术体系。全面实现节目制播的高清化、网络化和文件化，提高生产流程环节的共享性、时效性和互通性。第二，要建设传输便捷、安全高效的信息系统和管理平台。建立适配新址全新节目生产方式的科学管理体系，和全流程的质量监测、资源配置、应急灾备等功能要求的安全保障体系，构建播出安全、系统安全和内容安全三位一体的大安全布局。第三，建立与国际传播能力建设相适配的现代媒体技术架构。打造覆盖全球的新闻采集、加工、发稿全流程的网络制播和交换平台，建设以扩大海外用户为目标的全球覆盖网络，构建覆盖广泛的全球网络视频内容分发平台。第四，探索和跟踪与全媒体发展相适配的国际前沿技术。加强与新媒体、新业务的技术融合，实现节目、数据、资源的充分共享，加强新媒体核心技术、关键技术、共性技术的研发，建立适应电视传播特点及信息技术发展方向的技术研发机制，加强前沿电视技术的研究利用，提升电视媒体的自主创新能力。

中央电视台科技创新的步伐，还要不断地继续深入走下去，要符合国家媒体的定位，要满足国际传播的要求，要突出文化产业的特征，要具备持续发展的能力。要在深度传播、精准传播、交互传播、多维传播等高效能传播和多样化传播的未来传播发展新方向上努力探索前行，走好走稳传统媒体与新媒体融合发展的创新之路。

《2006—2020年国家信息化发展战略》明确提出，要加快广播影视行业的信息化步伐，开发广播影视领域的信息资源，提供人民群众生产生活所需的数字化信息资源。电视由于它所具有的新闻传播、社会教育、文化娱乐、信息服务等多种传播效能，并以其丰富的信息资源、完善的传输网络和庞大的受众群体，而构成一个具有相当规模的信息行业，是国民经济发展及信息化建设中具有深远社会影响和巨大经济价值的重要基础产业，是国家信息产业中极其重要的组成部分。电视媒体的信息化工作已经被提升到国家发展战略的高度，并已纳入国家信息化整体工作规划。

文化的影响不仅在于内容是否具有独特魅力，还取决于是否具有先进的传播手段和强大的传播能力，传播力决定影响力。在信息技术高度发展的当今时代，谁的传播手段先进、传播能力强大，谁的思想文化和价值观念就能更广泛地流传，谁就能更有力地影响世界。电视媒体的发展对技术平台的依赖正在迅速增强，科技前瞻的发展引擎和战略导向作用已经成为电视媒体发展与进步的直接推动力，坚持不懈地开展并坚定不移地依靠电视科技的战略创新，对于电视媒体的蓬勃发展及持续向上至关重要和相当关键。电视作为当今最具影响力和竞争力的现代化大众传播媒体，以其在传播方式、传播速度、覆盖能力、承载能力等方面诸多的信息技术优势，已经并还将继续在信息革命的新时代更有作为。中央电视台作为国家电视台更是使命重大、责无旁贷。

技术的发展不会停顿，我们对于新技术的探索也不能停顿，所以对于新技术的研讨活动也应该经常进行，让更多的同行参与电视技术创新，将更多的技术产品充实制播一线，使更多的生产企业壮大广电市场，集更多的智慧谋划广播电视发展，创更多的机会促进文化产业繁荣。

（2013年）

创新：留住广播的魅力

广播在哪里？当然在收音机里。但今天广播也在电脑里、在手机里、在平板电脑里，也在其他许多能移动的电子终端里。这就是当今广播面对的现实，亦喜亦忧的现实。

随着网络技术的发展，包括广播在内的传统媒体都面临着巨大的考验，当然也是创新发展的机遇。广播电台已经打破了单一的节目传播模式，涌现出了一大批新型的传播媒介和传播手段。比如，除了传统的广播电台、网站，现在有了网络电台APP、微电台、微信电台、手机电台、个人电台、音频定制产品等，广播的收听方式、收听习惯、收听人群也发生了很大变化。以往听广播最主要的设备就是收音机，现在收音机早就不是唯一的甚至已经不是主要的收听终端了。2010年的时候，收音机用户占56.3%，车载广播用户占19.2%，手机广播用户占18.1%，到2014年，格局已经发生根本性的变化，手机广播用户占46.9%，增长了1.6倍，车载广播用户占38.6%，增长了1倍，而收音机用户为32.8%，成为三种终端中最少的。除了这些收听终端，iPad、MP3、MP4、数字电视广播、互联网收听等这些新渠道也越来越丰富。

现在，中国网民达到7.1亿，手机网民6.56亿，国内移动电台至少有2.6亿的用户规模，也就是说每5个手机网民中至少有2个移动电台的用户。超过90%的广播听众同时会用手机上网。互联网用十年的时间就给广播带来了深刻而巨大的变化，特别是移动互联网技术的发展，对广播的传媒格局影响最大。比如，目前国内的移动电台APP大体分为三个层级：第一层级是蜻蜓、考拉、喜马拉雅这三家，下载量都过亿，三家在移动电台市场的占比达到53.8%；第二层级是豆瓣、多听、荔枝等，下载量超过5000万；第三层级是凤凰、优听等其他正在发展的电台。可以说，短短几年时间，这些互联网移动电台就从无到有、从小到大，并且快速、迅猛地瓜分了传统广播电台的收听市场，这种冲击的态势仍在蔓延。

相比而言，目前传统广播自有的音频互联网平台的发展稍显逊色。这几年，为了拉住听众，更好地传播信息，全国有29个省级、120多个地市级的广播电台在网上开办了电台。但相当数量的电台只是把频率中的节目原封不动地搬到网上，或者只是稍加切分，化整为零，对节目资源的整合以及针对网络电台策划制作全新的节目，仍然凤毛麟角，尚未在网络上真正延伸广播媒体的品牌效应。

两相比较，商业网络电台的内容优势比较明显。以蜻蜓为例，它集中做传统广播内容的聚合，提供了全球新闻、娱乐、音乐、相声、教育、小说、故事等3000多个电台频道，还提供优质内容的点播，也舍得花重金购买节目版权。喜马拉雅也是有20多个大的门类，600多万条声音节目资源。这种资源的集聚看似稀松平常，其实至关重要，以前的广播节目，听众只能在固定的时间锁定固定的频率来听，也缺乏互动，而在网络电台里，这个庞大的节目信息库可以让听众不受时空限制，随你喜欢，随时随地选择节目，并且可以下载、分享、评论。这些移动电台的节目多数时长是几分钟、十几分钟，碎片化传播，适应现代听众的口味，反观我们的传统广播，很多只是把少则半个小时、长则几个小时的节目直接搬到官网或者APP上。

根据2015年的调查数据，受众经常接触的五大媒体依次是互联网、电视、报纸、广播、杂志，接触率分别是90.4%、85.7%、36.5%、35.4%和23.6%。随着移动收听的增加，广播的接触率很快会赶超报纸。截至2015年底，全国共开办广播节目2941套，中央、省级、县级三级电台的频率资源占比分别是1.9%、20.0%、78.1%，全年制作节目超过771万小时，全国广播综合人口覆盖率达到98.17%，呈上升趋势。应当说，在新媒体竞争如此激烈的情况下，广播依然稳步发展，说明这种传播渠道仍然具有不可替代性，仍然具有极大的影响力。

据抽样数据推算，目前全国广播听众总规模超过6.8亿，这么庞大的听众群也反映出广播媒体的影响力和吸引力。并且，由于车载收音机、手机、车联网平台等现代广播传播手段的广泛普及，车载人群、手机用户等年轻听众正在回流，已经逐步成为广播的核心听众。数据显示，2015年上半年45岁以下的中青年听众占比达67.3%，其中25岁以下的听众为17.8%，比2013年同期增加了30%。这种逐步年轻化的趋势实际上也刺激了广播媒体的市场价值，理由是这部分人群的文化程度、经济收入和消费能力都比较高。

从收听需求来看，调查显示，"了解新闻资讯""收听音乐""了解交通信息"是广播听众的三大需求，占比都超过六成。经常收听新闻和音乐节目的听众高达72.4%和70.5%。这也契合了目前广播市场格局的划分。现在广播媒体的市场定位越来越精细，新闻、交通、音乐、文艺、体育、教育、生活、经济、旅游等，丰富多彩。但是，新闻类频率资源仍然最丰富，超过四成。交通频率排第二，超过两成。音乐频率大概占一成的比例。

2015年广播广告收入为134.3亿元，同比增长1.1%。特别是交通广播，多数广告收入有所增长，有的省级交通广播的年创收将近5亿元，上亿元的交通广播至少有17家，有的城市交通广播甚至接近4个亿。2016年上半年广播广告刊例花费同比增长2.9%，全行业能连续保持平稳状态甚至有所增长，这在当前传统媒体市场下行、客户流失、竞争加剧、压力空前的背景之下难能可贵。但形势并不乐观，并不是所有电台都衣食无忧，多数广播电台能感受到经营的巨大压力，相当一部分电台和频率收入明显下滑。

和所有媒体一样，广播媒体当然需面对如何创新这个大大的问号。

（一）要瞄准互联网，创新发展战略

广播作为老牌的传统媒体，还能不能在当下继续成为人们生活中不可或缺的伴侣？广播媒体需要创新生产制作、类型形态、传播方式等。现在，多数电台电视台普遍采取的融合手段主要还是通过"两微一端"进行内容的二次传播，通过网络互动丰富节目内容。这样做实际上只是传统广播业务与新媒体业务简单叠加，办新媒体的思维还停留在传统广播的思维。这显然远远不够，甚至可以说这还是初级水准，远未触及转型创新的本质。战略转型的核心本质，从根本上说是要转变广播的发展方式。

要解决这个根本性的问题，首先要研究好互联网发展的规律和特点，用跨界融合的互联网思维再造我们的业务流程，在全行业、全领域、全流程注入

互联网的基因。我们不妨问自己这样一个问题：我们究竟是想办有互联网元素的电台，还是办无线电台的数字媒体机构？

在办好传统电台节目的基础上，当务之急是要打造适合互联网平台的音频节目形态。要突破现在单纯以新闻、音乐、谈话为主要内容的广播节目形态，改变单一的空中声音传播形式，融合更多的新媒体手段和传播形态，提供多样化的广播节目内容产品。比如，有的电台就与荔枝、喜马拉雅、新浪微电台等新媒体平台建立了节目合作关系。有的电台瞄准网络电台缺乏优秀主持人的劣势，用自身的主持人在互联网平台上扩大影响力，给这些主持人量身定制了互动性极强的网络节目。

传统广播目前开发了不少网络电台APP，这很有用。要随时关注和争取智能手机、车载、可穿戴设备等移动终端，比如手机端，是否积极跟手机厂商和通信公司合作，在手机上预装自己的软件。汽车也一样，怎样给众多品牌的车载客户研发和预装软硬件，都有文章可做。当然，传统广播媒体要了解用户在新媒体上的使用习惯，要根据用户的收听习惯来安排推送。数据显示，2015年48.3%的移动电台用户主要是在搭乘交通工具或自驾时使用电台APP；50%的用户在白天休息时使用移动电台；58.3%的用户在每晚睡觉前使用电台APP。那么，在这些关键时间段，广播媒体就可以推送针对性较强、时间较长的内容。其他碎片时间，可以多推送一些短、平、快的内容。

目前，很多传统电台都有自己的融合策略，取得了初步效果。比如，中央人民广播电台打造"中国广播云平台"，整合了互联网热点新闻、中央台400热线线索库、新华社通稿库。北京电台开发了移动客户端"听听FM"。上海电台打造的"阿基米德"手机客户端影响力较大。贵州电台打造的互联网＋智慧交通云平台，通过新媒体和大数据分析，指导广播节目内容生产和经营创收。现在主要着眼于贵阳的出租车市场，每辆车安装一套车载智能系统，可以提供远程电子化管理、服务满意度评价以及对交通广播进行收听数据的收集分析等功能。

（二）创新的关键抓手是内容，要以全新的视角与思维推动产品创新

从历史上看，我们曾经从综合性频道频率走向细分市场，于是出现了频道频率的类型化，我们也曾经以此为傲。然而，比起互联网，这显然还粗糙得很。可以说，互联网对用户人群的细分正在走向极致。它的道理在于，每一位用户都是一个差异很大的个体，他们有各自的社会属性，完全不同的兴趣爱好、生活方式、人生轨迹、教育背景，单一的以类别划分的广电媒体产品的供给方式无法满足个性化的需求。广电产品创新的首要任务，就是要能够对此有精准的把握和识别，进而进行分析与更新，甚至适度前瞻与预测。要向自己提出如下问题：这些产品是给什么人的？提供什么样的内容与服务才是他们最渴望的？这些产品可以为他们创造什么价值？这些价值如何实现成功的传递与实现？如何通过新的技术手段及时而准确地采集用户受众的动态信息与数据？未来的竞争态势，将会是内容、介质、样式、平台、渠道的全方位竞争。

（三）要重视广播的经营创新，善于拓展新的盈利空间与手段

近两年广播广告的流入出现了明显的增速放缓趋势，很大程度上是因为客户对于精准投放的要求越来越强烈。收听率调查只能给出一个笼统的归类，对不同用户的阅读收听习惯、消费方式和消费能力给不出准确的解答。更何况，因为无法反向追溯联系到受众用户的个体，没有一个时时动态更新并对用户行为保持追踪的大数据库，很多经营的手段在融媒体时代都无从谈起。

在这种情况下，广播人再不能死抱着"二次售卖"的理论，要回头审视我们整个供应链的各个环节，去发现新的盈利空间与手段。现在，广播电台在当地依旧有着不容置疑的影响力与公信力，也创造了丰富的经营实践，比如，内容的付费下载和收听、音频版权交易、广播与电商购物的结合、跨界的线上线下营销、地面演艺活动、少儿培训、自驾游以及基于本地生活的O2O服务等。

北京电台推出了节目团队化的运营模式，目前有7个团队跟台里签了运营协议，把电台相关资源与市场环境对接，把举办活动、新媒体拓展、增加营收这些目标结合起来，收效很好。

上海的阿基米德上线了7000多档节目，通过为用户提供不同服务，实现广告精准投放，为传统广播构建了新的商业模式。

中央电台的"海阳工作室"，通过不断摸索市场化运营模式和融媒体发展，在互联网、电影、电视、书籍、舞台剧等多个领域同时多元发展。

（四）地方广播要突出本土化和服务性

通常人们总是关心跟自己有关的人和事，这是接近性使然，是不变的传播规律。地方台的节目不能模仿中央台，城市电台也不能跟着省台学，各自有各自的功能和优势，要打造本土特色，迎合当地听众的口味。

广东人爱喝早茶，于是珠江经济广播做了一档节目叫《珠江第一线》，把广东人特有的早茶文化植入节目，开创了饮早茶侃新闻的早间新闻资讯播报模式。

河南电台打造了戏曲客户端"河南戏"，也很符合当地听众的需求和口味，受到欢迎。

我们到吉林延边调研少数民族语节目传播的时候，在延吉市广播电视台朝鲜语广播直播室，看到正在直播用朝鲜语教唱歌的节目，几十位朝鲜族大妈被请到演播室现场合唱，一个县级台这样做节目，很贴近百姓，很有创新精神。

四川江油台是一个县级电视台，这几年拍了两部电视剧，一部叫《黄颜色、绿颜色》，一部叫《云集老俵》，全部由江油普通群众扮演，演员都是在全县海选出来的，就说江油土话，没有用专业演员，结果很受老百姓喜爱，还得了五个一工程奖。

河北电台的《992大家帮》、黑龙江电台的《998大家帮》，贵州电台"952找到啦"失物招领平台等都非常好，为老百姓办好事、办实事。有的甚至没有固定的播出时间，有求助信息随时插播，关注的是丢失贵重物品、老人小孩走失、危重患者急救等求助信息。

南京电台推出一款"在南京"手机客户端，目的就是打造本地生活圈，实现"看新闻、听广播、享优惠、逛社区"等功能。已经跟100多家企业建立合作关系，去年平台交易额超过1亿。

只要我们广播界同仁看清广播传播的大趋势，建立起创新思维的新模式，敢于探索，广播的明天一定会更辉煌，这毫无疑问。

（2016年）

广播的新姿态

每一次365天的轮回，历史都会向我们提出一个如何以新的姿态去面对的问题，这一轮新的一年又开始了，广播也不例外。

应该说，2008这一年，中国的广播做得实在不错。年初的抗冰雪，汶川大地震，北京奥运，直到如今的金融危机，广播没有一次缺位，广播的声音一直是响亮的、清晰的。特别是在那些极端的情况下，没有了报纸，没有了电视，更没有了网络、手机，但是，独独有广播。人们在地震废墟上神情专注收听广播的画面将永远镶嵌在历史的长卷之中。

但无论广播的这一页多么光彩照人，时间的手还是要把它无情地翻卷过去，它已经变成过去时态。时代正寄予广播以新的期待。

当2009年到来的时候，中国的广播应当以怎样的新姿态面对等待与它约会的听众朋友呢？

还是那两个熟悉的字：创新。

内容要新。作为贴身伴侣，人们离不开收音机的头一个理由就是要获取信息。无论是天灾人祸，还是衣食住行，人们都要知道是谁，在哪，什么时候，怎么回事，什么原因。而这五个"w"，每时每刻都在变化之中，而能给出答案的，主要靠媒体。广播作为电子传媒，内容更新问题更为突出，因为它的形态是以时间为轴线向前流动的，过时作废，时时刻刻都要提供最新的信息，这既是广播特点所决定的，也是听众对广播的底线要求。2008年，在突发重大事件频发的年头里，广播表现不俗，以大量的现场直播和新闻滚动的方式，基本上同步报告新闻进程和变化，长寿、重复新闻大为减少，代之以鲜活、及时的报道，赢得了全国听众的掌声。成功的先例在此，2009年我们没有理由不做得更好。广播界的同仁们要站在2008年的高峰上，继续向上攀登。要有这个信心：广播记者手里不出旧货，更不出旧年老货，广播不要陈年老酒，要的是新鲜扎啤。

形式要新。做广播的要留心当今听众接受信息的心理变化和特点。即便是听新闻，人们也不再愿意接受多年一贯制的说教方式，更喜欢娓娓道来，促膝交谈。我们一直遗憾的是，许多精彩的内容被糟糕的包装搞砸了。明明是党和政府为老百姓办的好事，推出的好政策、好办法，却被我们套上了一道僵硬的外壳。僵化、公式化的语言，陈旧的、固有的表达模式，冷漠的、缺少人情味的风格样式，大大弱化了信息的真实力量，拉大了信息与听众之间的距离，削弱了传播效果。这几年，广播注意到了这个问题，正在努力改进，并且卓有成效。中央人民广播电台今年刚启动的"中国之声"的改版，可以说是一个可喜的开始，大家不妨听听看。

所谓广播，从本意上讲，就是说话给人听，说给老百姓听，当然要和颜悦色，要入耳，要中听，不是上课，不是报告，既不能居高临下，也不应连篇累牍。广播的一大特点就是伴随性，随意性，间断收听，因此，广播的形态不宜拉开大干一场的架势，而应该是柔性的，随时插入式的，点点滴滴渗入式的，这符合听众的行为方式和接受广播的心理特征。

但也要注意不可做过头，如今一些电台把广播主持变成了个人聊天室，这就很不合适，搞错了定位。广播广播，是广而告之，是公众传播，无限传播，社会责任感是什么时候都不能缺失的。从僵化死板走向随意放肆，是一个极端到另一个极端，要不得。

载体创新。和几年前比，广播的外延已经大大地扩大了。从收音机扩展到网络、手机和其他移动接收终端，从只能听延伸到又听又看又下载。这是一个非常可喜的变化和趋势，希望广播同仁们充分注意到它。外延的扩大势必涉及广播该如何制作和播出。所以，应该是一个资源，多个出口，一个源头，多种流向，一个内容，多样包装。这对记者的要求高了，要能采会编，可能还要会拍视频。对编辑的要求也同样，多种包装样式都要掌握，还要在最快的单位时间内完成它。决策者同样要高明，从新闻的源头开始就要设计它的最终出口在哪里，有多少形态。在竞争时代，信息时代，新媒体是广播的好机遇，不可把它当成副业，放在若有若无的位置。广播要发展，只盯着收听率多少是不行的，因为受众市场是有限的，传播手段的优劣也是清晰的。要瞄准最有潜力的那个部位。

与其他传媒比较，听广播是成本最低的，最轻松随意的，也是最节约时间的，划算。问题是广播要做得好听，让人离不开，放不下。

2008年给了广播人鼓舞、信心和力量。所以，2009年，听众对有理由对广播有更高的期待。相信，广播人不会让听众失望。

（2009年）

广播电视报刊的改革与创新

——在中国广播影视报刊协会2016年年会上的讲话

在过去的几年中，报纸接二连三的关门声不绝于耳。据中国广告协会报刊分会和央视市场研究媒介资讯发布的《2015年1—9月份中国报纸广告市场分析》：2015年前三季度，报纸广告降幅扩大到34.5%，资源量（广告占版面积）降幅达36.5%。有人用"断崖式下跌"形容纸媒面临的困境。其实报纸的倒闭，不是一个新话题。10年前，美国学者就预言2043年报纸将消失。据了解，我们广播电视报刊系统也有几十家停刊，原有报刊数量346家，2015年统计降为315家，依我看，这个数字与全国报业的总体情况相比，还不算太差。为了生存发展的需要，现在有的广电报已经向都市报、社区服务类报纸转型，有的改版为生活周刊，有的改为"社区报""老年报"。改版转型的效果如何还有待观察。

我个人认为，报纸不可能很快消失，报纸、广播、电视都是党和国家舆论安全的需要，也是地方政府推行政令的重要途径。它本身的品牌优势和造血功能依然存在，报纸的价值和影响力还是存在的。中国的特殊国情不能、也不允许让主流舆论权旁落。特别是我们广播电视报刊的公信力是经过长久的积累建立起来的。因此，相当长的一段时间内，报社和报人不可能被排挤出思想舆论工作队伍。关键取决于我们怎么应对、怎么有所作为。而且报纸和书本是健康阅读的理想选择，是传承阅读基因的最佳载体。报刊书籍会对信息进行精心的选择、鉴别。反思网络给我们带来便利的同时带给我们的种种问题和困惑，在信息过剩、信息轰炸、信息疲劳的当下，全社会会越来越重视传统阅读。

参加广电报刊的年会活动，让我感受到这支队伍的积极进取精神和顽强生命力。刚刚听到一个好消息，2015年，有的广播电视报还出现逆势而上的好局面。如《佛山广电报》依托当地广播电视资源优势，深化内部改革，用创新破解困局，2015年经营收入和利润双双比上年翻了三倍，在当地广播电视集团中的成绩名列前茅。还有湖州广电报在2015年的考核中，取得了历史的好成绩，成绩排名全集团第二，超过了本集团中其他电视和广播频道。听到这些消息，我由衷地感到高兴，向他们表示祝贺。这也从另一个角度说明，传统媒体没有沦陷，报纸也不像人们议论的那样不堪一击、面临消亡。关键还是取决于办报思路，有没有改革创新的勇气和作为，主管部门有没有给予足够的重视和支持。所以，办得好，再传统的媒体也能有活力、有市场；办得不好，再新的媒体，也可能瞬间被拍到沙滩上。不能光盯着有多少报纸关门，也要看看每天有多少网站倒闭。

近年来，"一业为主、多种经营"，已成为各广电报社经营的主要方式。广播影视报刊在媒体融合、新媒体技术应用方面也进行了有益的探索和尝试。就广播电视报刊今后的转型与创新，可以从以下几点进行思考：

（1）做好报刊的主业，写出好文章、好报道，做出好版面、好品位，在内容生产、人才培养上下功夫。在这方面有很大的提升空间。比如，你的文风是不是还不如一些党报鲜活，会不会讲故事，是不是让人读着很累，有阅读障碍；你的内容是不是过于单一，信息量和丰富性够不够；你在读者心中是不是无可替代还是可有可无，你的核心竞争力有没有；你的编辑记者队伍是优秀的还是平庸的，有没有提升采编人员素质的培训机制；你报纸的核心读者群掌握不掌握，跟读者有哪些互动反馈机制；报纸的传阅率高不高，你对竞争对手了解多少；你的策划机制和采编业务流程是粗放的还是精细化的；等等。

（2）与日报相比，周报的竞争空间似乎更大一些。要发挥周报的优势，在本土化、贴近性、亲民性上做足文章。既然是周报，采编和写稿时间自然相对充裕，有机会精心打磨，有时间抓深度报道、独家报道、独家策划。周报也更适合现代社会快节奏的生活，日报对于多数人来讲无暇天天看。周报时效性拼不过日报，但是可以抓话题、抓人物、抓策划等。从目前情况来看，单单预报电视节目、刊登影视娱乐消息，已经远远不能满足读者需求了。是否可以适度增加适合读者需求的历史人文内容？是否可以增加生活服务类板块或民生板块，比如老年读者关心的养生、养老问题等，是否可以搞文摘、书摘、连载等，这些都可以探讨。

（3）运用互联网思维考虑报纸刊物的传播，建立参与式的架构。一方面注重在内容的"议程设置"上考虑读者的参与度；另一方面在广告经营活动中要注重受众对内容传播的参与和接受度。随着受众需求和接收习惯的变化，传统媒体从框架结构到制度设计，从运转方式到传播渠道，从产品终端到产业运营，都在革新，我们广电报刊也不能置身事外，要去探索改革创新、跨界融合、转型升级的路子。比如，我注意到一些广电报社搭建了服务中老年读者的公益性平台——读者生活馆、读者俱乐部，在报纸与读者之间搭建了一个沟通、互动的桥梁，从读者的衣、食、住、行入手，围绕生活所需展开各种公益性的活动和交流，读者普遍很欢迎。相反，我也了解到，有一些广播电视报不满足于自己的读者群仅限于中老年人，有向青年人群靠拢的冲动，也费了一番力气，比如追求时尚，甚至办得花里胡哨，但结果往往不尽如人意。这里面有很多值得总结和思考的东西。

（4）用互联网＋和＋互联网做营销。现在不是商家投不投纸媒广告，而是我们能不能为他们提供营销产品、提升品牌的解决之道。互联网广告那种精准投放的办法我们能不能学得来？他们对广告客户的精细化服务我们能不能做到？这方面，《温州都市报》的汽车、房地产广告的经营值得借鉴。除了广告，要考虑我们还可以拓展哪些经营渠道。

（2016年6月4日）

辑三

使命与责任

广播电视媒体的责任与担当

广播电视媒体作为影响力最大的媒体，必须有自己的责任和担当。我认为，广电媒体最重要的责任担当择要言之，就两句话：坚持马克思主义新闻观，传播好社会主义核心价值观。有了这两条，其他问题都可以迎刃而解。但具体操作起来不那么简单，有时甚至会产生激烈的争论和冲突。所以，我们谈媒体责任、谈媒体担当，就要把这两个"观"先界定清楚，在这个基础上明确到底该怎么做。

一、关于马克思主义新闻观

任何媒体都有自己的新闻观。所谓新闻观，就是对新闻现象、新闻活动的性质、地位、作用、意义、标准和价值取向的总的看法。这种看法是一种无形的原则，左右着一个媒体新闻工作的基本走向。

不同性质的媒体决定了有不同的新闻观。比如中国的中央电视台跟美国的CNN相比就有不同的新闻观，这种不同源于它们的媒体性质、立场、利益和价值观的不同。所以，新闻观正确与否是一个根本前提，新闻观错了，所做的一切都会南辕北辙，就谈不上媒体责任和担当。

在中国，媒体的责任和担当的直接体现就是坚持马克思主义新闻观。所谓马克思主义新闻观，就是马克思主义关于新闻现象和新闻传播活动的根本观点。也就是我们从事新闻工作的性质、定位、原则、规律、方针、政策、要求等。

为什么要坚持马克思主义新闻观？

第一，任何国家、任何执政党都要掌握舆论工具，从而维持自己的统治，任何一个新闻媒体都代表特定政党或阶级的利益，古今中外，概莫能外。一句话，天下没有超党派、超阶级的媒体，没有绝对中立、绝对自由的媒体。这个观念和判断是最基本的。以美国为例，决定着美国人能看到和听到周围世界发生了什么的大权，其实很大程度上就掌握在 ABC、CBS、NBC、FOX、CNN 这五大广播电视机构的手里。传播于全世界的国际新闻80%到90%由西方媒体提供，其中70%由西方传媒巨头垄断，这些新闻为谁服务不言自明。

第二，中国特色社会主义建设必须坚持马克思主义新闻观。这就是我们常说的，搞建设需要媒体围绕中心、服务大局，为改革发展营造良好的舆论氛围。我们现在每天被爆炸的信息环绕，除报纸、杂志、电视、广播等传统媒体外，还有网络、手机、微博、微信、客户端等新媒体。新闻宣传确实面临一个如何应对挑战和竞争的问题。这个问题很现实、很具体、很尖锐。

第三，坚持马克思主义新闻观是抵制西方新闻观影响和渗透的客观要求。

第四，坚持马克思主义新闻观，是加强新闻队伍建设、提高媒体整体水平的需要。

怎样就算是坚持了马克思主义新闻观呢？或者说，它有哪些要点呢？我认为，首当其冲的就是坚持习近平总书记讲的"党媒姓党"。我们一直以来都强调媒体的党性原则、喉舌性质。新闻作为一种意识形态，必然要反映国家的政治立场、主张和观点。这是媒体的职责和使命。任何国家、任何媒体都是如此。西方国家对新闻的管制非常严格，手段方法也是多种多样，包括立法限制、司法限制、行政管理、国家保密制度、特殊时期新闻管制，以及政府引导舆论的一整套做法，比如新闻发布会、记者招待会、广播电视讲话、新闻公报、单独约见媒体负责人或著名记者等。当然，要强调的是，我们讲媒体是喉舌工具，不能作消极理解，不是原封不动地传声，也不是搞千篇一律的宣传，它指的是媒体的根本立场、观点、态度是什么，在这个前提下，媒体必须不断创新新闻宣传的形式、内容、手段、载体，讲究舆论宣传的艺术，要追求传播效果。

坚持马克思主义新闻观，就必然强调要坚持正确的导向，不能传播错误的思想言论和价值观，不能为这些言论提供传播的渠道。同时，要坚持新闻的真实性原则，这是底线，是媒体最起码的职业要求、职业道德。在报道中要防止添枝加叶、任意拔高；不允许合理想象、情节失实；也不能道听途说、以讹传讹；不能对网上信息不加辨别、拿来就用；更不能导演摆布、弄虚作假。

二、关于社会主义核心价值观传播

（一）价值观与媒体责任

价值观是我们对人、事、物作出认知、判断、选择，辨别是非、曲直、优劣、好恶的一种基本的价值观念和价值标准。我们想一下《红楼梦》里的贾宝玉、林黛玉、薛宝钗三位主角，他们的价值观就大相径庭。贾宝玉对"四书五经""仕途经济"完全不感兴趣，而薛宝钗则全然接受了传统的儒家思想，抱有一种积极的入世态度，所以宝钗才会去劝贾宝玉好好读书走仕途正道，然而宝玉恰恰很讨厌和反感这种劝告。宝玉不想选择宝钗，其实骨子里是价值观不同，道不同不相为谋。而林黛玉不像薛宝钗那样，她看不上凡尘世俗的东西，完全活在自己的世界里，所以她不会去规劝宝玉考取功名。

回到现在，我们每天都会面对很多新闻事件和社会现象，媒体在报道这些新闻时，言语之间都会透出媒体自身的价值观，除了叙述事实，媒体会或明或暗地传递价值观念。同样，民众对这些新闻事件品头论足乃至争论不休时，也无不基于自己的价值观。价值观像空气一样无处不在，体现在媒体的全部新闻报道和节目中，也体现在我们每个人的日常生活当中。

价值观调节和支配着人的行为，决定一个人的理想、信念和追求以及行为规范。持有不同价值观的人会说出不同的话，做出不同的事，交不同的朋友，产生出不同的思想。价值观的形成往往需要一个过程，不同时代、不同国家、不同环境下形成的价值观往往千差万别，这其中，家庭、学校、社会、媒体是影响价值观形成最重要的因素。尤其是媒体的影响往往是伴随式的、渗透式的、终其一生的。信息社会，媒体的作用更甚。数据表明，目前中国观众人均每天看电视的时长为2.5小时，中国7亿网民人均每天上网3.7小时，中国人人均每天听广播18分钟，成年人人均每天读报18.8分钟，看杂志13.4分钟。就连14岁以下的少年儿童平均每天看电视的时间都达到了144分钟。这些数字综合起来看，我们每个人每天跟各类媒体接触的时间达到四五个小时之多，从中不难看出媒体对人们影响的深度和广度，对一个人的成长影响力，可以说，现今社会，人人离不开媒体，人人都深受媒体的影响。

在当今世界，无论何种社会形态，人们的价值观念都是多种多样的。但是其中必有一种起支配、主导作用的核心观念，这就是核心价值观。在中国，这种起支配和主导作用的价值观就是社会主义核心价值观。它对全社会的价值观念起统帅和引领的作用。

我认为，核心价值观有几个特点：第一是民族性，不同国家和民族具有截然不同的核心价值观；第二是先进性，既然是核心价值观，必然是一个国家最进步的价值追求，要有价值引领的功能；第三是群众性，应当成为全社会的价值共识，成为共同的价值表达，能够为全体人民共同认同、共同遵守。目前在一些领域和一些人当中，价值判断的界限、底线缺失，要校正人们的价值坐标，非常需要社会主义核心价值观的大力弘扬。

（二）媒体对价值观形成的作用

1.媒体与价值观的互动关系

人的价值观的形成，包括核心价值观的形成，是多种社会因素共同作用的结果，但是在当今的信息社会，媒体传播发挥着不可忽视的、至关重要的作用。有学者提出过这样一个理论，认为，现代社会有三种意义上的"现实"：第一个是不以人的意志为转移的"客观现实"，天空就是天空，大楼就是大楼，猫就是猫，狗就是狗。第二个是媒体选择和加工后形成的"象征性现实"，即拟态环境。第三个是存在于人们意识中的"主观现实"。也就是说，人们的"主观现实"是依赖于他们直接认识的"客观现实"再加上媒体提供的"象征性现实"之后形成的。这种认识的形成在农业文明时代主要靠口耳相传，而在信息发达的时代，则要靠职业的媒体人搭建的庞大的传播中介。经过媒体这种中介而形成的认识，就不可能像照镜子那样原原本本地反映客观现实，而是会产生一定的偏移，成为一种"拟态"的现实。就是说，在外部的客观世界和我们头脑中的世界之间，还有一个世界，主要是通过媒体营造的。

有数据证明，如今，人们了解世界的方式，绝大部分靠媒体报道和新闻信息。虽然除媒体传播之外，也可以通过口耳相传、言传身教、阅读书籍等形式来了解世界、获取信息，但这只占很有限的比例，况且这种间接信息的源头实际上相当多的仍然来自于媒体，只是由他人进行了转述而已。这说明媒体对人们认识世界、形成价值判断具有极其重要的作用。以最活跃的青少年群体为例，对青少年影响最大的三种媒体是：电视、网络和广播，分别占51.9%、17.7%和5.7%；他们接触最多的媒体依次是：电视、网络和报纸，分别占59.36%、51.5%和33.3%。在中国，新闻媒体在传播社会主流价值观方面始终发挥着主渠道、主平台、主阵地的作用。但不同类型的媒体对人们的价值观影响不同。显然，当今在受众的生活中占最主要位置的媒体是电视。因为电视的普及率最高、最直观、最生动，而且人们更信任电视提供的信息，因为是眼睛看到的，更接近客观现实。

再来看新媒体。有一项国家社科基金课题得出结论，青少年广泛使用新媒体，但对新媒体并不完全信任。现在，青少年最喜欢的休闲方式是上网，超过一半的人上网选择的是娱乐内容，比例最高。55.8%上网是看电影、听音乐，52.7%是聊天、交友，46.2%是玩游戏，27.4%是浏览新闻，只有9.6%才是为了接收认为有价值的信息和知识。从调查结果来看，大众媒体是影响青少年价值观的绝对力量，而青少年对大众媒体的价值观影响具有一定判断能力，不会全盘吸收。超过95%的学生能够正确地持有媒体倡导的价值观。

再看得细一些，也许能看出人们的价值取向与媒体传播之间的互动关系。调查表明，青少年关注最多的传媒内容有三类：历史类、新闻类和故事类。低俗功利的价值取向也很有市场。在青少年的偶像崇拜中，41.4%的人是因为被崇拜者的容貌漂亮、气质优雅，30.9%是因为他们有突出成就和社会贡献，16.6%则是因为有杰出的才能。我们不能武断地说青少年不正确的价值观都是媒体影响的结果，但是，媒体上存在的炒作明星、崇拜偶像、以颜值高低为第一取向、以金钱追求为第一目标、以游戏人生、娱乐至死为行为方式等不良现象的存在，则绝不敢说没有对青少年价值观的形成产生负面影响。

科学技术的突飞猛进，使大众媒体正在突破时空限制，深刻而广泛地影响着人们的行为方式和价值观念。媒体对价值观的影响可以从几个具体的方面再来加以认识。

第一，媒体上公众人物的服装、发型、语言、动作这些细小的内容都会引来人们的跟风模仿，某个明星穿了一件时髦衣服第二天就被抢购一空的现象不是个案，多年前主持人和明星的港台腔有多少年轻人在模仿？更不要说媒体传递出来的价值观念。

第二，媒体的态度会影响人们的价值判断和认知。央视推出"感动中国人物""最美乡村教师"等，并且去褒奖他们、宣扬他们，受众自然会被触动，产生共鸣，甚至直接采取行动来学习和效仿他们。这样的例子比比皆是。反过来也如此，媒体以欣赏、赞许甚至羡慕的态度展示明星的丑闻、奢侈、八卦等，同样会影响人们的价值判断和行为。

第三，媒体集中报道的内容会被大众认为就是世界的本来面貌或主流形象。比如，有一段时期发生了几起电梯事故，媒体一窝蜂地报道"电梯安全"问题，全国发生了几起校园暴力事件和女大学生失联事件，一些媒体也是蜂拥而上，造成的后果就是全社会都有了恐慌情绪，让人们误以为全国的电梯都不安全，全国的校园都不安全，全国的女大学生都岌岌可危。还有，媒体频繁曝光老人摔倒被扶后讹人的事件，公众就会认为老人群体的整体素质下滑了，遇到老人摔倒绝对不能去扶。

第四，媒体批评的现象会让受众引以为戒，对公众价值观念和行为具有纠偏功能。比如媒体曝光和批评不文明旅游的现象、不文明过马路的现象、公共场合吸烟的现象等，都会形成舆论压力，让违背规则的人产生羞耻感。一项调查显示：64.1%的被访者表示，当看到社会上的不平事时会想到找记者、媒体。媒体成为公众心目中社会正义、公平的化身。比如央视3·15晚会，揭批市场竞争中的造假等不良现象，用舆论监督的方式把"法治""诚信"等核心价值观落到实处。

传媒具备很强的价值引导和社会教育功能，可以通过多种多样的节目和报道使受众不知不觉中受到引导。社会上发生一起突发事件，该如何辨别是非，认清真相，人们往往倾向于看媒体在怎么说，媒体的观点很容易成为每个人看待此事的立论基础。所以在生活中，我们常听到别人为了论证自己观点的正确性，经常会提到电视上怎么说，报纸上怎么说。

当前，信息传播渠道、信息的类型变得越来越多元。除了主流信息，各种内容、各种形式的信息充斥着人们的生活，影响着人们对社会现象的认知。媒体如果不站出来弘扬社会主旋律，传播核心价值观，极易使公众听信于某些谣言和不正确的诱导，从而引发"沉默的螺旋"效应，蒙蔽人们的视线。如此一来，核心价值观传播就会面临很大困难，甚至有被边缘化的危险。因此，媒体只有把核心价值观贯穿到成就宣传、主题宣传、典型宣传、热点引导和舆论监督中，才能让主流思想舆论更加响亮。

2.媒体责任缺失对价值观的负面影响

大众媒体对人们价值观的影响历来是一把"双刃剑"，重在媒体人的把握。毋庸置疑，它的正面的效应十分强大，同时，副效应也不容忽视。低俗的电视节目，会影响人们对社会价值的认知和判断，形成不良的价值取向。如媒体广告中无节制地对奢侈品的宣传，对豪华生活的渲染，对珠光宝气的美化，必定会传递崇拜金钱的信号，特别容易误导青少年，让他们产生追求金钱享受和盲目攀比的价值观念，而对勤俭、节约、朴素这些优秀传统美德淡忘、忽略甚至鄙视。媒体对明星高频率的使用和豪华的包装，对八卦隐私和各种花边新闻的渲染，也会助长人们的偶像崇拜和追星心理，不再甘心做普普通通的劳动者，不愿意靠自己的双手创造成就，而把成名成家当成人生唯一追求。综艺节目和网络语言的粗鄙化倾向也成为一种语言暴力，误导青少年的语言表达习惯和思考方式。

有的媒体对节目中出现的错误价值观及低俗恶俗内容不进行引导，甚至进行炒作，必然会在受众心中留下一种不良的"拟态环境"，让观众误认为世界本来就是这样的。2012年，所谓的"中国第一裸模"在某电视台录制竞猜节目时，用极其污秽、肮脏的语言对观众进行谩骂。视频流到网上后，造成了恶劣的社会影响。国家广电总局对这家电视台作出了停播整顿的决定。多年前某家电视台有一档选秀节目被广电总局叫停，这个节目中的评委，言行举止非常失态、格调低下。这些节目违背了媒体职业道德，置媒体形象、媒体责任与核心价值观于不顾，为丑恶行为、出格言论提供展示舞台，理应受到谴责。这类节目之所以能够出炉，究其原因，如果不是为了收视率故意为之，就是节目主创人员没有意识到电视作为公共平台能够把传播的观点无限放大，从而产生

"沉默的螺旋"效应。

媒体要健康发展，很重要的是媒体自律，取决于媒体自身社会责任的担当。不承担社会责任的媒体也许可以名噪一时，但它必然会失去公信力。

3.媒体传播核心价值观要有态度、会说话

媒体用什么样的方式传播核心价值观才能深入人心、真正发挥作用、影响人的行为呢？我们不妨从社会学的角度先分析一下人的行为。有社会学家把人的社会行为分为四类：第一种是目的性行为。就是他的行为具有明显的目的性。第二种是规范调节的行为。是指一个群体的成员的行为受到群体共同规范的约束。他们有共同约定并遵守的价值共识。第三种是戏剧式行为。是指人们在观众或社会面前有意识的"表演"行为。第四种是交往行为。是指人之间的以语言为媒介的互动行为。相互理解是交往行动的基础，媒体与受众之间就是一种交往行为，而媒体要达到交往的目的，所传递的信息就必须让受众能理解、能接受。语言是人相互理解最重要的因素，这就要求媒体说的话必须是真实的、准确的，说话的态度必须是真诚的、平等的。同样地，要使核心价值观得到普遍认同，媒体的语言必须是可理解的、真实、真诚、正确的。如果语言有隔膜，不真实、不真诚，行为双方缺乏共同点，那么这种交往行为就不可能成功，对核心价值观的认同当然也无法达成。只有用老百姓的语言去解读核心价值观，和老百姓说"同一种话"，处在同一个语言体系之内，核心价值观的宣传才能真正"接地气""聚人气"，真正有效果。

在新媒体环境下，人人都是传播者，传统认知中媒体的概念、外延、定位、边界、功能都发生了变化。网络公共舆论对现实社会的影响力正在显著提升。但必须看到，主流媒体具有一般媒体难以企及的权威性和影响力。主流媒体在传播社会主义核心价值观中的作用无可替代。要看到，社会注意力的分散化、社会舆论的复杂化，都不利于主流价值观的形成。此时，最需要主流媒体站出来发挥议题设置的能力，积极传播社会主义核心价值观。主流媒体不能停留在提供浅层次的碎片信息上，应当有意识地融入核心价值观，通过设置议程引导社会舆论，引导公众的关注点，引导人们的价值判断。如央视推出的家风街头海采，并不是抓现成的新闻热点话题，而是根据形势需要主动设置议题，进行价值观的引导。

三、媒体承担使命责任就要敢于创新、善于创新

传统媒体现在面临的压力普遍很大，全球都是如此。以媒体最发达的美国为例，纸质媒体处于寒冬期：收入降低，发行骤减，美国报人称过去的一年是"糟糕的一年"。最新统计，与2014年相比，2015年美国纸质媒体的广告收入降低了8%。报纸发行量（纸质与网络相加）下降了7%，这是自2010年以来发行量下降得最厉害的一年。美国网络广告现在占据了广告总收入的25%。视频广告增长迅速，2015年与2014年相比增长了46%。网络受众向移动设备迁移的倾向十分明显：从2014年到2015年，美国前50家媒体的独立用户访问量均有所增长。其中35家的增幅在10%以上。比如美国总统大选，65%的美国人通过网络渠道来了解2016年的大选情况，这其中，48%的人通过新闻网站和应用来获取大选信息，44%的人则使用社交网络。而2012年的大选，当时只有17%的人使用社交媒体获取大选信息。美国的情况很有代表性，国内也一样，传统媒体越来越感受到新媒体强劲的挑战和冲击。

在这种情况下，广电媒体要完成好自身的职责使命，就必须勇于创新。目前，广播电视自身的资源独占优势正在不断弱化、减少甚至失去。例如，央视最有独占优势的资源是时政新闻，党和国家的重要会议、活动，包括领导人出访、视察等，这些是央视长期独占的资源。但这些资源都在逐步发生转移。国家领导人的视察活动，过去只有中央电视台在新闻联播首播，这个资源现在已经减弱了、分流了。2014年，习近平总书记到北京南锣鼓巷视察，这个报道按照惯例只有央视在新闻联播和全国人民见面。而如今，南锣鼓巷的视察活动就在总书记视察的同时，网站上就已经出现了。网民用手机拍全过程，虽然不专业、不规范，但是已经同步地在网上播出了。这给广电媒体提出了很大的挑战。不创新，这些问题很难应对。

面对这样严峻的形势，广播电视要靠创新来应对挑战，而不可能靠无休止地砸钱，多数台也不具备这个实力。而创新，首先要创新观念和思维方式。很多时候观念和思维变了，天地豁然开朗。关键取决于我们能不能用超常规的甚至反常规的方法、视角去思考问题，善于把思路转移到别人不容易想到的方向去，提出与众不同的节目方案、节目形式。那么，哪些思维方式有利于创新呢？

比如：

（1）辐射思维：以一个问题为中心，思维路线向四面八方扩散，形成辐射状，找出尽可能多的答案，扩大选择的余地。

（2）多向思维：从不同的方向对一个事物进行思考，更注意从他人没有注意到的角度去思考。角度多一些，才能有更全面更透彻的了解。

（3）换元思维：事物都是由多种要素构成的，那么我们变换其中一个要素，是不是就可以打开新思路？

（4）转向思维：思维在一个方向停滞时，及时转换到另一个方向。

（5）对立思维：从对立的方向去思维，从而将二者有机地统一起来。

还要学会运用综合思维考虑问题。比如，"瞎子背瘸子"的事例。瞎子看不见，瘸子跑不动，房子着火谁也跑不掉。但是瞎子背上瘸子，两人不仅可以跑还可以看。

还有逆向思维。比如照相的时候要喊"一二三"，要大家坚持不闭眼。逆向思维是，喊"一二"时都闭上眼，喊"三"时全睁开。

要敢于用科学的怀疑精神，对待原有知识，敢于冲破习惯思维的束缚，敢于打破常规去思维。

这些思维方式，在节目创新中都非常必要。

除了转变思维方式，还有敢于创新问题。在节目中敢于创新，央视做了一些探索和尝试，无论是走基层报道中的连续性报道、跟踪记录式报道、故事化表达，还是家风等街头海量采访，都是创新的结果，并且央视把这些普通人物的新闻放在新闻联播播出，连续播出，给足够的时长。之所以讲"敢于"，是因为央视节目任何一点改变和创新都可能引来关注和猜测，哪些内容增加了，哪些减少了，国内外都很关注，都会去解读。第二个层面是，敢于把一些收视并不太高但有社会效益的节目放在最好的时段、最重要的平台中播出。比如央视搞的"寻找最美"系列，汉字、谜语、成语、诗词这几个大会，以及"谁是球王"这样的群众性体育活动，开办这类节目都不为高收视、不为带来经济利益，就是为了弘扬传统文化、传播核心价值观。做这样的决策需要勇气。实践证明，这些节目为央视赢得了影响力、赢得了公信力、赢得了口碑、赢得了品位、赢得了尊重，这是值得的，也是作为国家台应该做的事情。

在勇于创新的同时，还要善于创新。要遵守新闻规律和传播规律，掌握群众需求的变化，既要博采众长，又要独辟蹊径，推出大众真正喜闻乐见的节目。这需要相应的职业素质和职业素养。

具体怎样善于创新，以央视的报道和节目为例：比如走基层报道，用到很多纪录片的手法，用到很多长镜头，有的长达四五分钟。每个报道都有一个完整的故事结构，有起因、有发展、有高潮、有冲突、有悬念、有对话、有细节、有结果。还运用了不少闲笔，如被称为神回复的"你幸福吗？我姓曾"，就是为了增加真实感和吸引力。让记者进入画面，有交流、有互动，记者直接参与到新闻事件中，增强了真实性和亲近感。再如街头海采报道，都是随机采访，突然发问，即兴作答，非常真实、生动、鲜活、出人意料。"说吧"这种形式也是让普通老百姓走进临时搭建的亭子说出心里话。

还有一些新闻在题材内容上有所突破，比如"东非野生动物大迁徙"大型直播，以前从没搞过，场面很震撼。再比如央视公益寻人节目《等着我》，全靠普通人的故事来支撑节目，几乎不加任何修饰，全是真人真事，真情流露，连主持人都不知道求助者会带来怎样的故事，也不知道最后能不能找到。

《舌尖上的中国》也是善于创新的成果体现。与以往的纪录片表现形式有很大不同，《舌尖上的中国》最主要的是做文化，呈现的是美食背后的文化、情感、人物、故事、风俗、习惯、背景、历史等。采取的是国际表达的手法，从细节、镜头、画面、解说词等方面都精雕细琢，最终才成为精品。

地方台也有很多善于创新的做法值得称道。如，山西台的旅游竞演节目《人说山西好风光》，在山西推进经济结构转型、发展文化旅游产业的背景下，山西台主动作为，创新推出了这档节目。原本只是一场山西各地级市争夺2016旅游大会主办权的活动，山西电视台搞成了一个现象级节目，成为全国首档城市旅游品牌推介竞演节目。用电视竞演的方式，让山西11市的主政者亲自上阵，积极申办旅游大会。这种节目模式以前没有。也因此让山西卫视的收视达到有收视数据以来他们在全国最好的排名。前不久，我们到吉林延边调研少数民族语节目传播，在延吉市广播电视台朝鲜语广播直播室，看到正在直播用朝鲜语教唱歌的节目，几十位朝鲜族大妈被请到演播室现场合唱，一个县级台这样做节目，很贴近百姓，很有创新精神。据我了解，黑龙江卫视今年打破了全天节目分块录播的"围墙"，开创了全国第一家全天候大直播的卫视频道，提出了全陪伴的电视服务这样的概念。这样的做法也是一个很大的创新，值得广电行业关注和学习。

（2016年8月17日）

媒体的职责与使命

——谈弘扬社会主义核心价值观

习近平总书记强调，一种价值观要真正发挥作用，必须融入社会生活，让人们在实践中感知它、领悟它。要利用各种时机和场合，形成有利于培育和弘扬社会主义核心价值观的生活情景和社会氛围，使核心价值观的影响像空气一样无所不在、无时不有。

弘扬社会主义核心价值观关乎社会生活的方方面面，是全社会共同的责任和使命。但这其中，媒体尤其是主流媒体，是传播和弘扬社会主义核心价值观最重要的载体、渠道和平台。因为媒体与千家万户的联系最紧密，对人们日常生活的渗透最深入，表现形式和手段最多样，也最容易为人们所理解和接受。

一、所有媒体都要把社会主义核心价值观宣传作为首要职责和基本价值导向

近年来，主流媒体始终坚守自身使命和职责不动摇，充分发挥了传播社会主义核心价值观的主渠道作用，在全社会旗帜鲜明地倡导社会主义核心价值观。全国各级各类媒体通过主动设置议题、宣传典型人物、改进报道形态、创新栏目节目等一系列举措，让社会主义核心价值观日益深入人心，提升了主流媒体的公信力、影响力和传播力。

但也要看到，近年来，面对市场大潮的冲击，面对日益浮躁的舆论环境，并非所有媒体都能保持定力，也并非所有媒体都能时刻不忘自身的职责和使

命。一些媒体特别是网络媒体在节目的价值导向上发生了问题,很多节目的品质和格调都不高,甚至与社会主义核心价值观格格不入,但却能堂而皇之地登堂入室,甚至在一定范围内受到追捧。这值得我们警惕。其中,既有个别媒体迎合低级趣味,片面追求经济效益和收视率、点击量的问题,也有管理跟不上、把关不严格、标准不统一的问题。这种个别媒体价值观和价值导向的偏离,严重削减了主流媒体核心价值观宣传的效果,侵蚀了主流媒体苦心经营的宣传阵地。这种现象不有效扭转,后果不堪设想。

不论是传统的主流媒体,还是新兴的网络媒体,有差别的只能是表现形态、手段和内容,在管理标准、价值导向的要求上应该一视同仁,也就是说,任何形态的媒体都要坚持正确的舆论导向,都要遵守宣传纪律、遵守中央规定、遵守职业准则、遵守媒体底线,都要以核心价值观为首要标准,不能为了收视率、点击量和发行量而追逐低俗媚俗,当市场的奴隶。绝不能只让一部分媒体来承担核心价值观的传播任务,而另一部分媒体却可以刊登冲击和消解核心价值观的内容,这将导致舆论环境的混乱、价值标尺的混乱,让民众无所适从,不知道这个社会到底想倡导什么、反对什么。

因此,一方面,应当进一步从地位、作用、职责和政策层面,把主流媒体作为核心宣传平台来强化和扶持。主流媒体自身要理直气壮、旗帜鲜明地宣扬社会主义核心价值观,恪守正确、健康的价值观、是非观、美丑观,理直气壮地弘扬真善美、鞭挞假丑恶。要加强对自身发布内容的审核把关,确保所发内容事实准确、价值导向正确,并不断增强舆论引导的贴近性和有效性。要鼓励主流媒体敢于和错误的、歪曲的、消极的价值观进行正面较量,不能甘于被网络情绪绑架,要加强对信息来源和传播内容的把关,过滤和引导具有破坏性、消极的舆论。

另一方面,在宏观层面要继续加强对互联网尤其是微博、微信、博客、论坛等社交类、互动类传播的监管,密切关注刊发的内容和舆情走向,对有害内容进行必要干预和疏导,不能强化、放大民众的负面社会心态和消极价值取向。目前,微博、微信、客户端、论坛等,使用人数众多,滚动式传播,病毒式扩散,具有很强的社会组织和动员能力,可以在极短的时间内形成公众话题,已经充分具备了媒体特征,建议能把这些互动类、社交类传播方式尽快纳入媒体管理范畴，依法依规净化舆论环境。

二、围绕核心价值观24个字进行总体设计，分层次宣传

媒体关于核心价值观的宣传，要紧紧围绕国家、社会、公民三个层次、24个字展开。国家层面，建议加强经济、政治、文化、社会等各领域的成就宣传，贯穿中国梦主题，以此突出"富强、民主、文明、和谐"等国家层面的价值目标。社会层面，可以通过宣传科学发展、以人为本、执政为民、依法治国的实践和成果，通过反映百姓生活中实实在在的变化，突出"自由、平等、公平、法治"这些全社会的核心价值追求。比如关于法治，央视通过《今日说法》《平安中国》《法治在线》《普法栏目剧》《法律讲堂》等栏目，运用多种形式开展法治宣传教育。公民层面，重在用先进典型和平凡人物的感人事迹，传播"爱国、敬业、诚信、友善"这些核心价值理念。比如，围绕诚信，央视推出了"信义夫妻""诚信老爹""油条哥""鸡蛋哥"等有广泛影响的诚信人物。

三、媒体在新闻宣传中多采用讲故事、走基层和街头采访等创新形式弘扬核心价值观

社会主义核心价值观的传播，要从观众的实际需求出发。不能是冷冰冰的说教和灌输，而是要带着温度、生动鲜活、可感可知的人物和故事，选取受众关心的、贴近受众实际生活的鲜活话题，如此才能提升社会主义核心价值观宣传的影响力和感染力。近几年，中央电视台平均每年都派出5000多路记者深入全国各地，深入挖掘蕴含社会主义核心价值观的鲜活事例和素材。还采取和老百姓"聊天""拉家常""摆龙门阵"的方式，以普通人物的视角生动诠释核心价值观。比如，先后推出了《你幸福吗》《爱国让你想起什么》《家风是什么》《时间去哪儿了》等系列街头海采报道，让核心价值观更加便于理解、易于接受，引发了全社会的关注和共鸣。云山同志称赞是"社会主义核心价值观宣传的有益尝试和成功案例"。

在春节、清明假期等，中央电视台在全国各地设立"说吧"，普通群众谁都可以走进"说吧"，畅谈自己对中国梦、对传统文化的理解和认知，用基层的视角来反映核心价值观。《解密"狱中八条"》中央电视台首次尝试采用揭秘式的"走基层"模式报道历史题材，把"狱中八条"融进了有血有肉的人物、故事里，用从未完整公开的历史真相和故事情节吸引人、震撼人、教育人。这些都给核心价值观传播提供了新的视角和启示。

四、通过组织媒体大型公益活动，传播社会主义核心价值观

开设传播核心价值观的专题栏目、举办大型公益活动是履行媒体社会责任、传播社会主义核心价值观的有效途径。媒体要注重集合电视、平面、网络等多种资源，搭建全媒体传播平台，主动设置议题，力求形成巨大的舆论声势。比如，央视创新推出的"寻找最美乡村教师""最美乡村医生""最美村官""最美孝心少年""最美消防员"等一系列大型公益活动，用生动事例、真实典型传播中华美德和主流价值观，在社会上掀起了"最美热"，也为全社会贡献了一个很有影响的政治语汇。观众称赞这是弘扬主流价值、引领新风尚、传播正能量的公益之举。调查显示，网民对央视"最美"系列整体评价正面和中性口碑合计比例高达94%。这些原创的大型活动，中央电视台不仅舍得投入，而且颁奖典礼都放在央视一套黄金时段播出，大大提升了社会主义核心价值观的传播效果和影响力。

五、将传统文化与核心价值观结合起来，打造现象级文化品牌节目和活动

文化类节目是传承中华传统文化、弘扬核心价值观的有效载体。这类节目社会效益大、教育功能强，但由于收视问题和经济回报低，长期以来一直不为广大媒体所重视。为体现对主流文化的传播和引领，体现国家台应有的大台风范、责任担当和文化品质，中央电视台先后推出了《中国汉字听写大会》

《中国谜语大会》《中国成语大会》《中国诗词大会》《全球外国人汉语大会》等一系列文化类原创节目。以《中国谜语大会》为例，三期节目直播共有206万人在线实时竞猜，通过手机参与竞猜最高一秒达8万人。舆论普遍认为，这些节目是创新文化传播、促进传统文化认同的成功范例，是国家主流媒体责任与使命的集中体现，是传播社会主义核心价值观的好平台。《人民日报》等媒体认为央视这几个"大会"以文化传承的严肃主题完成了对电视流行文化的"逆袭"和"纠偏"，认为无论从表现形式还是节目所蕴含的意义，都是传统选秀节目所无法比拟的。在这类节目上，我们当时舍得拿出好时段、好资源，完全把社会效益放在第一位，即使收视率比平时的电视剧有所降低，也坚持放在"一黄"播出。之所以坚持做这类吃力但收视上未必讨好的节目，就是为了发挥国家媒体的标杆作用、引导作用，坚持国家电视台的品质、品位和品格，追求健康的价值取向，弘扬社会主义核心价值观。

在核心价值观宣传中，我们一直鼓励全台大力创新，为此设立了专项创新资金，奖励创新团队，举办创意大赛等，创新推出《出彩中国人》《开讲啦》《等着我》等一批弘扬核心价值观的公益性节目。

六、媒体要大力制作公益广告，艺术化地呈现和传播社会主义核心价值观

公益广告在弘扬核心价值观、体现媒体责任担当方面具有独特的作用，公益广告也最容易体现和渗透核心价值理念。建议各媒体今后拿出更多重要时段、版面，围绕"文明礼仪""诚信""敬业""孝道"等核心价值理念制作、播出和刊发系列公益广告。

2014年，中央电视台共播出208支公益广告，累计播出18万次，总时长1500多小时，播出时段广告价值近30亿元。近三年的春晚，都拿出核心时段播放了《筷子篇》《回家篇》等多条公益广告，打动了亿万观众，使社会主义核心价值观深入人心。央视网组织创作了3400多个公益广告作品，已在1000多家平面媒体、100多家网站刊登，并以建筑围挡等形式在全国城市形成户外立体覆盖。还建立了全国网络公益广告通稿库，免费提供给360多个城市和

300家媒体下载使用。在公益广告创作中，央视创造性地将传统艺术融入创作，把天津杨柳青年画、天津泥人张彩塑、山西运城剪纸等26个地区的7种民间艺术运用到公益广告中。"给妈妈洗脚""老父亲给儿子抓饺子""FAMILY—爱的表达式"等公益广告，都表达了积极健康的价值观念、传统美德，向全社会传递了正能量，弘扬了价值观，在全国起到了示范引领作用。

七、多用文艺影视作品形式潜移默化地体现核心价值观

核心价值观宣传要有创新、有设计、有侧重，大胆尝试不同表现手段和多种形式的组合式宣传，只有将社会主义核心价值观宣传自然而艺术地融入各类节目之中，做到观众想看愿看爱看，才能真正让核心价值观宣传落到实处、收到实效。比如，央视制作播出的《舌尖上的中国》《记住乡愁》《京剧》等精品纪录片，都是以中华优秀文化为根基，用高品质的影像和人文情怀，实现了文化引领、品质提升、传播主流价值等重要责任与使命。在选择电视剧作品时，央视始终以核心价值观为衡量剧目质量的首要标准，推出了电视剧《父母爱情》《大河儿女》《十送红军》《木府风云》《湄公河大案》《历史转折中的邓小平》等优秀作品。实践证明，这样的选剧标准，总体上让央视电视剧的收视表现保持高位运行，很多电视剧的收视率力压各类"戏说""家斗""神话""传奇""穿越"剧，稳居全国同时期收视榜首。在文艺晚会和综艺节目中，我们对那些有绯闻、黄赌毒等无底线丑闻的艺人关上门，不让这些劣迹艺人出现在央视任何一档节目中。

八、拓展渠道，在新媒体宣传中更多地融入核心价值观

主流媒体应当强化新媒体思维、利用新媒体技术，拓展核心价值观宣传渠道。在互联网和自媒体时代，主流媒体要想有效引导舆论，必须勇于深入到网络舆论场，通过多渠道传播、台网融合等多种手段，最大限度地传播主流思想，影响社会舆论。要主动适应4G时代节目形态变化，探索微信、客户端等

移动传播形态下的表达方式和用户喜好，精心制作生动有趣的微视频、短视频，把体现核心价值观的节目延伸到网络上。

在互联网舆论引导方面，央视网推出《图说中国人的生活》《影响一生的24个字》《动画解读核心价值观》等原创栏目和专题，以公益广告招贴画、动画短片、秒视频等观众喜闻乐见的方式，把社会主义核心价值观植入到网络以及PC、移动等多终端，有效拓展了核心价值观传播范围。

（2015年6月7日）

为未成年人创造绿色文化空间

加强和改进未成年人思想道德建设工作，是中央的重大决策，是全党的一项重要工作，也是当前和今后一个时期广播影视工作中的重要任务。

广播影视在未成年人思想道德建设中担负的重要使命。

必须承认，中国广播电视的社会影响巨大。中国的广播影视业经过多年的建设和发展，已具有相当的规模与基础。特别是最近几年，广播影视业改革力度进一步加大，发展速度进一步加快，整体面貌发生了崭新的变化。从广播影视节目的生产制作量、整体技术水平和规模以及实际覆盖人口来看，我国已经成为广播影视大国。

广播电视无处不在，渗透到人们生活的方方面面。广播电视发展到今天这个程度，我们想给它下一个确切的定义已经变得有些困难。

广播电视到底是什么？在物理意义上，我们可以把收音机、电视机理解成一个冰冷的机器，由钢铁、塑料和集成电路块组成的机器；也可以把它看成是和冰箱、微波炉一样的家用电器。但实际上广播电视已经远远不是一个家用电器，它渗透到人们生活的方方面面，成为人类精神生活不可缺少的一个组成部分。

客观分析一下我们日常生活时间的构成，就不难看出广播电视的影响是多么强大。实际上发达国家这个问题更加明显，电视几乎无处不在，电梯、洗澡间、银行、牙科病人的椅子、机场、医院、学校、理发店、咖啡馆、高尔夫球场、录像厅、保龄球馆，处处都有电视。我们中国的宾馆、饭店，公共汽车上现在也都开始有电视看了，手机电视、移动电视已经成为我们广播电视产业发展的新的增长点，很快就能大面积地占领我们的生活。随着电视专业付费频道的发展，每个家庭在不久的将来就可以看到一两百个频道，电影频道、体育频道、高尔夫频道、流行音乐频道、户外活动频道、家庭与庭院频道、食品食物烹饪频道等，不同喜好的受众基本上都能找到自己喜欢的频道。有人得出这样一个结论：凡是有电视的地方，人除了工作和睡觉这两件事外，花费时间最多的就是看电视。我们生活的情况大致也是这样的，我们现在所说的假日文化、夜生活，很大程度上是电视文化、电视生活。

电视是一种交流方式。观众可以通过电视共享对世界的理解、评价、希望。播出一个电视剧，世界发生一个突发事件，第二天就会成为公众共同的话题，这十之八九来自电视。当初电视剧《渴望》播出时，办公室、家里大家的共同话题是：刘惠芳将来的命运如何，甚至还要为此辩论得面红耳赤。窥此一斑，就可看出电视的沟通能力、社会公共话题的设置能力有多么强大。

电视是一种社会力量。它会推动社会的决策和改变。社会生活中许多决策都是通过电视来做出的，或者说电视在很大程度上影响着决策。比如关于养狗、禁放烟花爆竹等有关地方法规就是通过电视讨论和作出的。比如铁路客票价格听证会，通过电视直播，让大家发表不同看法，政府和有关部门听取各方面意见，最后决策者做出决策，可以预料，将来这种情况还会更多。

电视还是一种经济手段。最明显的当然是广告。它可以推动社会消费，引导社会消费。什么东西卖得好，什么东西卖得不好，电视上的引导非常直观。

电视当然还是一种教育手段。电视里有各种各样的教育节目：外语、计算机、历史、科学、艺术以及各种文化课程，现在许多人都通过电视学习知识，提高自己的学识与学历。

电视会引导潮流，引导流行，促使流行。现在好多流行现象，实际上都是发端于电视，哪种化妆品，哪种发式，哪种服装，差不多都是电视最新推出的。有时一台晚会、一部电视剧就可以培养一个新的服装品牌、服装市场。

在中国，广播电视的影响越来越大。说它已经渗透到我们生活的方方面面，也不过分。我们可以逆向思维：如果没有广播电视，我们的生活会是什么样子？

更为不可忽视的是，广播电视舆论引导功能非常强大。

广播电视强大的舆论导向功能首先体现在受众群庞大，超过了其他任何媒体。中国13亿人，有10亿人听广播、看电视，其他任何媒体都不会拥有如此多的受众，更何况广播电视形象生动，迅速快捷，便于各个层次群众接受。全国各个阶层的人都有听广播、看电视的需求。特别是电视，近10年来发展突飞猛进。根据有关部门去年的调查，在我国，每个城市观众可以收看到50个左右的电视频道，根据对我国60座城市所有频道全年平均收视时间分析，观众每天看电视的时间是180分钟。电视已经成为人们生活中不可分割的一部分。如中央电视台的春节联欢晚会，根据调查，这几年这台晚会的收视率差不多都在90％以上，电视的这种吸引力，很少别的媒体能达到。如果一张报发行量200万份，按5个人看一份报纸推算，约1000万的读者；而中央电视台的哪个节目、频道都不止1000万观众。

其次，我们的广播电视有很强的公信力。作为党和人民的喉舌，广播电视传达的是党、政府和人民的声音。我们的一些电视节目，收视率可能不如点击率，但是从公信力上来说，人民群众更愿意相信我们的广播电视。很多网上得来的消息、从小报看到的消息，还要拿到我们广播电台、电视台来证实。这是我们有目共睹的事实。为什么中央电视台的《新闻联播》节目收视率会成为世界最高？最根本的原因是它的公信力，它的可信、真实、权威。我们的各级电台、电视台播出的东西，老百姓从来都把它当作是中央的声音，这一条千万不要小看。

广播影视作为现代化的大众传媒和重要的宣传思想文化阵地，是全面加强未成年人思想道德建设的最形象、最有力的传播载体。因此，广播电视理所当然地要把加强未成年人思想道德建设作为党和人民赋予的神圣使命和重大责任，运用生动、形象的广播影视手段和宣传样式，使广大青少年受到良好的教育，在一个绿色的文化空间里幸福的成长。

广播影视对未成年人的影响和作用是毋庸置疑的。这个最受人们欢迎、最普及、最生动、最形象、受众最多、影响最大的现代媒体，也必将在相当长的时期内对未成年人的成长发展产生巨大的影响。

当今的青少年都是伴随着广播电影电视长大的，广播电影电视是他们离不开的良师益友。即使是满头白发的老同志，在回忆他们青少年时代的成长过程时，都会自然不自然地提到小时候听到的广播、看过的电影对他们一生的影响。中央人民广播电台的《小喇叭》节目、《星星火炬》节目，儿童故事片《鸡毛信》《小兵张嘎》等，教育影响了几代人。在这些节目和影片中，寓含着深刻思想、高尚情操、道德楷模，始终激励着他们。

我国有近四亿的未成年人，大多数是独生子女，他们的文化生活的一个重要内容就是听广播、看电视、看电影。

中央电视台有一份调查报告显示，中国内地74%的孩子在家会经常看电视，儿童可自由支配时间的一半是在电视机前度过的，儿童收看电视的时间占其全天自由活动时间的49%。中国内地的儿童人均每天看电视的时间已经达到了128分钟，周末时达到了172分钟，并且，儿童每次专注收看电视的时间长达63分钟。试验表明，儿童从一岁以前就会对电视发生兴趣，特别是注意电视广告和反复播放的电视主题曲，到3岁时已经大致能够看懂电视节目。随着年龄的增长，儿童对电视的依赖程度也越明显：在自由活动时间，7—12岁的孩子，收看电视的比率为51%，比4—6岁的孩子高出10个百分点。每天18：00—20：00是青少年收看电视的高峰时段，在这一时段里，儿童平时的收视率达到了64.20%，周末则高达74.58%。在长假期间，儿童收看电视的时间，要比平时增加50分钟。据收视率调查显示，在晚上黄金时段，4到14岁收看中央电视台第一套节目平均收视率为3.5%。也就是说这一频道在这一时间段约有833万未成年观众。

这充分说明，电视作为一种现代社会最主要的传媒之一，已经成为青少年生活中最重要的学习知识、了解社会、培养良好习惯、感受时尚、开阔视野的途径。

有学者认为，广播电视对未成年人的影响主要体现在两个方面，一是认知的发展，二是人格的发展。广播电视传播效果呈现两类：一是显性效果，一是潜在效果。就是说，电视暴力、电视广告等无不对未成年人产生非常重要的影响。

如何在新的历史时期，新的社会环境下，利用广播影视对青少年创造一个良好的文化环境，是摆在我们面前的一个重大而又艰巨的任务。

从总体上来说，我们国家未成年人的思想道德素质是好的，是积极向上的，是奋发进取的，有求知欲，有为社会做贡献的理想。但是也要看到，由于我们国家正处在一个不断完善的市场经济的环境下，是一个不断对外开放的环境，由于内外环境的影响，再加上我们在未成年人思想道德教育方面存在的问题，一些未成年人思想里已经或正在产生一些不利于他们健康成长和发展的问题，特别是一些基本做人要素方面存在着缺失，如诚信、勤劳、奉献、友爱、孝顺、礼貌等，同时也包括爱国主义教育方面的问题。这些问题，需要社会的方方面面都来关注，都要努力来解决。其中，广播影视工作者、文化教育工作者有着不可推卸的责任和使命。

四川省公安厅就未成年人犯罪问题曾有过一个调查报告，反映的问题是，好的广播影视节目能给青少年带来有益的精神食粮，不良的广播影视节目会严重地危害未成年人的身心健康，甚至导致一些未成年人的违法犯罪。生活中也确实出现了有儿童模仿某个电视剧而上吊自杀的悲剧。

还有这样一种观点认为，孩子热衷于上网吧，其原因之一是电视节目没有办好，孩子不愿意看电视节目，所以去了网吧，如果有好的电视节目吸引他，他就不会去网吧。且不说这种观点是否全面，但至少给我们提出了这样一个课题：怎样为青少年提供更好的节目，更有益的节目，更吸引他们的节目。

一个家庭的希望在孩子，一个国家的希望在青年。无论从国家还是家庭，加强和改进未成年人思想道德建设都是万万忽视不得的。这里至少两个方面要同步推进：一是充分发挥广播影视在思想道德建设中的积极作用，二是防止产生消极影响。这方面，世界各地有一些做法可资借鉴。

美国目前是世界上电视最发达的国家。目前美国至少拥有一台电视机的家庭已达到9200万户，占总家庭数的92％，其中，将近70％的家庭拥有不止一台电视机。据统计，目前美国家庭收看电视的总时间每天在7个小时以上，晚上7点到11点是其收视的黄金时间。由于电视的影响力如此巨大，因此电视所受到的约束和制约也非常大，远远超过了其他媒体。20世纪末，美国政府认为电视节目中的色情暴力内容太多，要保护未成年观众，必须对这种"不雅内容"进行规范，希望各电视公司自我约束，如果达不到政府的要求，政府将制订相关法规来加强管理。因此，1996年，美国四大电视网、各地方电视台、有线电视公司和好莱坞节目制作商仿照电影的分级制度，联合推出了电视的分级制度，根据节目中的暴力和色情内容，共分为四个等级：TV—G，适合所有观众；TV—PG，需要父母指导观看；TV—14，建议14岁以下观众不要观看；TV—MA，只适于成年观众。还有两个专为儿童设计的分级：TV—Y，适于所有儿童；TV—Y7，适于7岁以上儿童。联邦政府在《1996年电信法》中要求所有电器厂商在电视机内装一个"V芯片"，这是一种电视接收机的附加装置，家庭的成年人掌握密码，因此可以收看到电视上的任何节目，而孩子却不能在家长不在场的情况下，看到不适合他们观看的电视节目。

英国《独立电视委员会节目准则》（1998年秋季发布）"第一条，关于违反良好品位或违反礼仪的内容及描写暴力的内容的规定"中明确写有：

儿童不宜的内容绝不得在大量儿童有可能观看电视的时间内播出。

在整个晚间，晚上9点通常被定为：持牌人有责任确保不播出儿童不宜的节目内容。

使用容易模仿的怪异手段制造痛苦或造成伤害的内容应当被禁止。

另外，在家庭收看时间内，广播机构应当保证节目中不含有使观众，特别是幼儿感到不安的内容。

在瑞典，为了保护孩子免受广告的侵害，政府于1991年就颁布法律：全面禁止对12岁以下儿童的电视广告。作为第一个禁止播放儿童广告的国家，瑞典的这项政策得到了大多数瑞典人的支持。

日本在广播电视界统一制定的《广播伦理基本纲领》中明确写道："广播电视已成为国民最新近的媒体，并且具有极大的社会影响力，对此应有充分的认识。在考虑对国民生活，尤其是儿童、青少年及家庭产生的影响，为新一代的培养做出贡献的同时，应提供有关于社会生活的信息和健康的娱乐，努力丰富国民的生活。"

日本《广播协会国内节目标准》的"第四条面向儿童的节目"中也明确规定：

（1）考虑到儿童的影响，努力培养儿童丰富的情感和健康的心理。

（2）不播出因儿童模仿而有害及可能引起儿童误解的节目。

（3）不使用引起儿童异常恐惧的表现方法。

（4）不播出对儿童造成危害的迷信内容。

韩国广播电视委员会为了保护儿童和青少年免受广播电视不良节目的影响，也对广播电视节目作出划分等级的规定，并发布了《关于广播电视节目分级和标示的规定》，明确规定："为保护儿童和青少年，广播电视媒介经营者考虑暴力和性内容的级别、所使用语言的危害性以及观众的年龄等情况，将广播节目分级并在广播节目播出时标明节目等级。"

1998年的《伦敦儿童宪章》也有如下条款：

（1）儿童关于电视和广播的意见应该被听取和被尊重。

（2）儿童应该参与儿童节目制作。

（3）儿童应该拥有音乐、体育、戏剧、纪录片、新闻和喜剧节目。

（4）儿童应该看到自己国家的节目，也应该看到来自其他国家的节目。

（5）儿童节目应该是有趣的、娱乐的、教育的和互动的。儿童节目应该有利于我们身心健康。

（6）儿童节目应该是真实的，因为儿童需要知道在他们的世界里发生的事情真相。

（7）各年龄段的儿童应该有自己的节目。儿童节目应该在儿童方便观看的时间内播出。

（8）儿童电视节目不应该鼓励表现麻醉药、吸烟和酒精。

（9）儿童在儿童电视节目播出时间不应该看到商业广告。

（10）儿童电视在表现儿童形象时应该尊重儿童，不应该像哄孩子那样对我们说话。

（11）应该阻止电视节目为了表现暴力而暴力以及以暴力手段作为解决冲突的手段。

（12）电视节目制作者需要保证：要让所有的孩子，尤其是处境不利儿童能看到和听到所有的儿童节目。儿童节目应该被翻译成这个国家所有需要使用的所有语言，以使各民族儿童能够理解。

（13）所有的儿童应该能在电视上听到和看到他们自己的语言和文化。

（14）所有的儿童应该在电视上得到平等的对待，无论何种年龄，何种民族，是否残疾以及无论何种身体形状。

（15）每一个广播电视台应该请儿童就儿童节目、节目选择以及儿童权利的问题提出咨询意见。

中国台湾、中国香港也在保护未成年人方面有不少规定。

中国台湾在《电视道德规范》中，对"新闻节目"的规定是：

对未成年嫌犯或已定罪之未成年人，不得播出其姓名、面貌、住址或足以辨认其身份之相关资料。

对"教育文化节目"规定是：

（1）教育文化节目应请专家或学识经验丰富者设计指导。

（2）儿童教育节目应注重启发儿童心智，培养良好生活习惯，以促进儿童身心健全发展。

（3）青少年节目应注重生活方面的启迪指导，并协助建立健全人生观。

（4）教育文化节目应重视新知之引介及品德之策励。

对"娱乐节目"的规定是：

（1）娱乐节目应寓教于乐，并不得提倡迷信。

（2）综艺节目不得流于低级趣味，并不得有暗喻色情、猥亵之对话及动作。

（3）益智游戏、竞赛等节目提供的奖品价值，应适度节制，以免激起观众的侥幸心理。

（4）电视剧因避免详细展示残暴、吸毒、淫乱及性犯罪行为。若为情节所必需，应以清淡手法处理之。

对"广告"的规定是：

有损儿童心理健康的广告，不得播出。

中国香港电台在《节目制作人员手册》明确制定了"青少年电视节目从业人员行为规范""保护儿童"和"儿童节目"条例。

"保护儿童"的条例：

持牌人应充分考虑所有电视广播内容对儿童可能产生的影响。特别在有大量儿童或者青少年观众收看时，持牌人须确保严格遵守下列规定。

（1）应避免可能使儿童惊恐的镜头。

（2）应避免可能使儿童丧失勇气或令其情绪不安的镜头。

（3）应避免可能使儿童感到痛苦的镜头。

（4）应避免描绘折磨或羞辱他人而从中取乐的镜头。

（5）应删去描绘施加或接受折磨或羞辱而获得性快感的镜头。

（6）应避免儿童看后或会加以模仿以至伤害自己或别人的镜头。应小心审慎地处理自缢方法、玩火、自我捆绑或反锁、闭气潜水或以胶袋套住头部等内容。尤其不应仔细描述自杀途径或方法。吸引儿童及受欢迎的戏剧，必须细心顾及这些规定。

（7）应避免出现使用容易取得及危险的武器的镜头，在预计会有很多儿童观看的时段，更完全不可播放这些镜头。节目中涉及使用儿童易取得但杀伤力强的刀子及其他攻击性武器、物品或物料时，更需特别小心处理。不应让儿童看到这些武器经常被使用。

（8）应避免以不寻常方法造成痛苦及受伤的镜头，包括殴打颈背、令人窒息、破坏车辆及设置恶作陷阱。

（9）不得以赞赏的手法描述未成年人吸烟或饮用酒精饮品。

（10）除非绝对配合故事发展及情节需要，否则不可描述吸毒。

（11）处理有关赌博、嫖妓、可怕罪行、社会或家庭冲突的主题时，必须小心谨慎。

（12）如对内容存有怀疑，应将之删去。

"儿童节目"条例：

制作儿童节目要特别小心，并须遵守下列特别规定：

（1）严格遵守限制暴力镜头的规定。

（2）不尊重法律和公安、长辈、良好道德观念及健康生活的情节，绝不应播映。

（3）要避免利用儿童轻信他人和忠诚本性，不可引导他们抱存不能实现的愿望。

（4）儿童节目应该是健康有益的节目。大体而言，这类节目应该增进儿童对四周事物的认识，鼓励他们养成阅读求知的习惯，培养他们对体育和各种嗜好的积极兴趣，并促进他们对精神和道德价值的了解。

（5）中英文均应切合不同年龄组别儿童的需要而提供分量均衡的儿童节目，亦应均衡播出不同类型的节目，例如戏剧、喜剧、体育、时事及卡通片节目。虽然未必经常可确保每日的节目皆达到分量均衡，但于一段时间（如一星期）内，为不同年龄组别的儿童所提供的不同类型节目，总体上应该分量均衡。

（6）每个儿童节目不得在任何24个月的期间内播映超过2次，惟附带条款规定，广播事务管理局可就任何特别的儿童节目，指定不同的重播次数。为执行上述的规定，若在翌日另一时段或紧接的周末将同一儿童节目重播一次，以便半日制的学童收看，将不被视为重播次数。但无论怎样，节目如属重播，应在电视上或刊印的节目表内预先声明。

（7）上述规定不应妨碍电视台播映正常的体育节目、纪录片或新闻报道。不过，体育节目或纪录片遇有儿童不宜的内容或镜头时，播映之前应该做出警告声明。

（8）关于合家欣赏时间的政策广播事务管理局的目的是，在有众多年轻观众收看的播映时间内，不应播出儿童不宜的情节，因此把每日下午4时至晚上8时30分定为合家欣赏时间，在这段时间内，很不适宜儿童观看的情节，一律不准播映。合家欣赏时段的政策，是根据儿童观众的书目会在晚间逐渐减少的假设而定的，因此对播映儿童不宜的情节的限制，只可在晚上8时30分后逐步放宽。以晚上8时30分为分界线，在这时限之前，持牌人须确保不会播映儿童不宜的情节，但这并不表示在8时30分后，所有限制便立刻解除。不太适宜儿童观看的情节，只可逐步增加。不适宜合家观看的内容，并不仅限于暴力，其他因素包括不良言语、隐语、性与裸体、极端凄惨镜头、无故加插的恐怖镜头、用以表示或模拟死亡或受伤情形而令人毛骨悚然的音响效果以及神怪或迷信使人产生焦虑或惊惧、虐待、残暴对待儿童或动物、任何可能令儿童产生恐惧的情节。

在一定意义上说，动画片是孩子们的最爱，是陪伴他们童年的可爱伴侣。为此，如何扶持国产影视动画健康发展就成为我们面临的另一项重要任务。

首先是中国动画电影的创作现状。

我国是最早开发动画片的国家之一，也曾经一度是动画大国，由于我国动画的种类繁多、民族风格独特、制作精良，而被国际动画艺术界誉为"中国动画学派"。然而，中国动画在艺术创作上历经了五六十年的发展后，在今天不得不重新审视自身，正视所面临的新的机遇和挑战。

我国电影动画的创作历经了以下几个阶段：

第一阶段是创作的初始阶段。这一阶段的主要特点是借鉴和模仿。

第二阶段是创作的探索阶段。这一阶段的主要特点是将我国的传统文化承载到动画形式之中。我国从1952年开始制作电影动画，像《大闹天宫》《哪吒闹海》等一系列具有浓重民族特色和传统文化底蕴的影片脱颖而出。

第三阶段是创新和徘徊阶段。这一阶段的主要特点是对继承与发展的探索。《宝莲灯》正是突出体现了这一追求。《宝莲灯》的创作初衷是希望达到继承与创新有机平衡。由于创作本身的缺陷和市场不完善的双重影响，"创新"没有很好地传递出来。但这部上海美术电影制片厂的国产动画"大片"，还是改变了"动画片赔钱赚吆喝"的惯例，做了VCD、CD和故事画册、笔记本等衍生产品的尝试，投入产出基本持平，这在当时被称为"奇迹"。然而这些成绩和国际市场中运作成熟的动画业相比，实在是相差甚远。好莱坞一部投资4500万美元的动画片《狮子王》，其票房及相关产品的总收入就达7.5亿美元。

在《宝莲灯》之后，影院动画片已经越来越难觅踪迹。但我国动画创作者开拓中国动画电影市场的努力始终没有停止。我们很高兴地得知，在电影动画片严重萎缩的情况下，一些对电影动画片抱有信心的专业人士，正在通过各种资金渠道，采用多样的团队组合方式，积极投身于这一行业的开发、研究，旨在通过以多媒体为特征的时代，为传统的电影动画片争得一片新的天地。他们坚信，只要选好题材，将动画片衍生品纳入动画片的整体开发策略，成功还是有一定把握的。不同题材和风格的动画电影：《小兵张嘎》《兵马俑》《心中之王》《梁祝》等现都在创作之中。

其次是中国动画电视的创作现状

与动画电影的发展相比，中国动画电视在短短的10多年间，取得了长足的进步。跟随国际动画业的发展脚步，中国电视动画逐渐发展壮大。时至今日，我们不得不承认，动画电视在发展速度、发展层面和创作类型等方面都已经大大超过了动画电影。

在创作数量上，我国的电视动画有了快速增长，但仍然无法满足各电视台的播出需求。上海美术电影制片厂1995年全年拍摄动画片约500分钟左右，2000年里完成动画片5000分钟，5年中增长了10倍。据中国动画协会统计，到2002年我国国产动画片总长度约有17300分钟的产量。尽管如此，仍然不能满足我国各地电视台的播出需要。按国家广电总局规定，一般电视台每天必须播放10分钟以上的动画片，省级电视台每天播出30分钟的动画片，其中，60%必须是国产片。如果按600家城市电视台、平均每台每天播出10分钟、重播率500%计算，国产动画节目播出市场需求缺口每年25万分钟。在日本，人均拥有动画片5—8分钟，而我国人均拥有动画片只有0.0012秒。不难看出，供求失衡是当前国产动画片的大难题之一。

在创作题材和类型上，我国的电视动画在题材多元化和克服低幼题材偏多的通病等方面作了积极的尝试，但仍与国际同行存在差距。这几年我国有了《蓝猫3000问》《我为歌狂》等走商业道路并且取得一定成功的电视系列动画；也有了像《大战千年虫》《可可、可心一家》等偏重于艺术性的电视动画。通过中央电视台大投资的《西游记》《哪吒传奇》等不仅在商业上取得了巨大成功，在艺术上也获得了一定赞誉，并凭借其鲜明的民族特色，积极铸造优秀的国产动画精品来开拓市场。《哪吒传奇》是近几年动画创作中制作相当精良的一部。在人物造型的设计上，线条概括洗练，不仅摆脱了传统的葫芦娃似的造型，还具有一定的灵性和亲和力；在美术风格上，作者既继承了中国传统文化和审美特点，又有机地融入了现代理念和儿童特色。它的诞生给中国动画界带来了一些新的气象，对中国动画今后的走向也将产生一定积极的影响。

然而，据专家评价，就中国动画电视的总体创作而言，其艺术方面的造诣仍然无法和美、日动画强国的动画片相媲美，在市场的运作上也与他们存在着相当大的差距。

电视动画片的特点是以系列片为主，它的工艺制作费用只有电影动画片的1/5，甚至1/20。每分钟可以以1500元以下的价格甚至500—600元的超低价而产生效益。这使动画业的商品属性体现得更为充分。20世纪90年代初，中央电视台发出了改革之声，提出了电视动画的概念，并对《动画城》进行了改版。但是，中央电视台在国家一年投入3000万资金、拥有价值上亿元的设备的条件下，其动画节目的80%—90%却是在深圳等沿海地区生产加工的。这种尴尬的"十字路口"的窘境，还需要中国动画人坚持不懈的努力和奋斗。

为鼓励和支持国产动画片的生产，促进国产动画片的生产数量和质量，国家广电总局出台了一系列扶持国产动画片的措施。在《关于发展我国影视动画产业的若干意见》中，明确提出了要拿出专项资金，建立国家级动画生产基地，来加大我国动画产业的步伐，创作出具有中国特点的动画形象，使我们的动画事业，向着成熟的方向发展。同时还要在税收方面给予相关的优惠政策。

目前全国各级广播影视机构抓住加强和改进未成年人思想道德建设的机遇，或增加投入，或从规划、审查、生产各环节上提供服务，或鼓励民营资本进入动画片创作和生产领域，动画片生产和影视作品的生产，都呈现出勃勃生机的景象。

与此同时，少儿电影的创作和发行放映也取得了实质性的进展。

一手抓建设与发展，一手抓净化荧屏声屏。

"净化工程"成为广播影视加强和改进未成年人思想道德建设工作的又一项重大工程。

如何用优秀的少儿广播影视节目教育、鼓舞、启迪未成年人，用高雅、健康、积极、向上来抵御低俗、消极、腐朽、落后等不良内容对少年儿童的侵袭，使广播影视成为少年儿童的"第二课堂"和良师益友，一个非常重要的途径就是严把节目入口关。

一是严格控制渲染暴力、凶杀、恐怖、血腥等情节内容。各广播电视播出机构已经将涉案剧的播出时间调整到23点以后。

二是杜绝色情描写、淫秽画面、庸俗低级内容，坚决杜绝影视作品中出现未成年人早恋、性挑逗、同性恋的语言、画面和情节。

三是杜绝封建迷信、唯心主义、邪教、伪科学和诋毁科学文化的情节和内容。

四是杜绝利己主义、拜金主义倾向，清除浮华媚俗、低级无聊等内容。

五是不得渲染吸毒、赌博等不法行为，避免出现酗酒、吸烟、吐痰及其他陋习和不雅行为。

六是注意保障未成年人的合法权益，尊重未成年人的人格尊严，不披露未成年人的个人隐私。

七是法制类节目一般不予公开报道未成年人犯罪案件，不描写具体犯罪、侦破手段及细节，杜绝美化、赞赏、同情犯罪倾向或产生类似效果，杜绝过度表现违法犯罪者嚣张气焰，杜绝用真实再现的手法再现案件，防止法制节目缺乏普法观、是非不明、满足窥私欲，及游戏化、娱乐化倾向。

八是谈话类严把节目选题关，杜绝低俗、无聊、导向不正、过分调侃、点评失当、格调不高及提问偏袒一方等现象，避免话题对未成年人的误导与伤害，对出镜演员、嘉宾的服装、发型和服饰等严格要求。

九是综艺类节目杜绝格调粗俗、低级下流、消极悲观、歇斯底里的画面、动作、台词及歌曲，杜绝未成年人不宜接受的、造成强烈感官及精神刺激并致人身心不适的背景音乐及动态、声音效果，杜绝出现"粗口歌"。

十是杜绝情感类节目中以性挑逗、揭露个人隐私为卖点，杜绝庸俗语言和媚俗、作秀举止，警惕"真实再现"和"情景再现"手法的滥用。

十一是征集社会作品，要严格审查，防止出现疏漏。

在加强未成年人思想道德建设上，广播电视精心实施了"建设工程""净化工程""防护工程"和"督察工程"四项工程，目的在于使广播影视真正成为未成年人的良师益友和精神园地，在全社会形成有利于未成年人健康成长的舆论环境和文化氛围，为广大未成年人提供更多优秀的广播影视节目和产品。

相信这也正是全社会所期盼的。

（2004年10月）

"家风"报道：核心价值观宣传的新探索

　　家风是一个久违的话题。我们每个人对它既熟悉又陌生。它可能是挂在墙上的一行字，也可能就在父母每天的叮咛里，或者还可能是一个人从小藏在心里的故事。

　　今年春节期间，中央电视台就把这些来自中国普通百姓的家风叙述，原汁原味地呈现在屏幕上，从中品味中国的文化、中国人的价值观、中国人的精气神。这个节目就是《新春走基层·家风是什么》，这是央视创新推出的一档宣传核心价值观、传播优秀传统文化的重点节目，也是坚持"三贴近"、深化"走转改"的一次新的尝试和探索。报道一经推出，"家风"一词就成为老百姓街谈巷议的高频词，成为引发人们深度思考的一个社会话题、文化命题。那么，家风报道为什么会如此抓人？它有哪些创新之处？对做好核心价值观宣传有什么启示？

一、央视作为国家主流媒体，要承担起社会责任，理直气壮地宣传核心价值观，弘扬优秀传统文化

　　宣传核心价值观，弘扬优秀传统文化，是国家主流媒体的责任和使命。主流媒体要通过有效的舆论引导和价值引领，增强公众对核心价值观的认同，对优秀传统文化的传承。核心价值观宣传应当在媒体宣传中占据突出位置，要加以强化，形成集中、多样、连续的宣传态势，进而引导社会舆论。基于这样的考虑，央视主动设置议题，策划推出了家风系列报道，力图旗帜鲜明而又入

脑入心地宣传核心价值，体现主流媒体的社会担当和品质追求。

"家风是什么"的发问，在社会上产生了共振效应，成功引领了大众舆论，从中央领导、到专家学者、到广大观众，都给了家风报道很多溢美之词，最核心的一条就是认为这个节目是弘扬社会主义核心价值观的成功案例。报道播出后，说家风、话家风成为千家万户的热门话题，广大网民热衷"晒家风"，全国媒体纷纷关注和评论家风，学术界出现一批专门阐述家风的理论文章，这或许是全社会对央视新闻宣传的最高肯定。

二、宣传核心价值观，提升舆论引导力，需要不断创新报道形式和载体

家风系列报道是央视大力推进节目创新的产物。没有报道形式和手法的大胆创新，就不会取得这么大的社会反响和共鸣。

（一）选题创新

《家风是什么》之所以引发国内外观众的浓厚兴趣和强烈关注，首先在于议题设置贴近百姓，与我们每个人都息息相关，每个人都有话可说，寻找中国人最大的共识。在互联网和自媒体时代，传统主流媒体在进入公共舆论场时，要捕捉到准确时机，设置好接地气、触碰人心的话题。家风这个选题的创新之处在于，把家风作为核心价值观宣传的突破口和切入点，使得核心价值的宣传一下子有了具体的抓手，不再离我们那么遥远，它勾起了每个人倾诉的欲望，让老百姓用朴实的语言诠释家风，讲述家风故事，体悟文化传承。这样的创作思路，话题不生硬，又充满着浓厚的人文关怀，散发清新自然的文风。

（二）形式创新

让公众接受核心价值观宣传最有效的方式莫过于最简单、最贴近他们生活的方式。家风海采报道中，怎样创新形式和手法，怎样获取生动鲜活的回答，怎样避免屏幕上的雷同表达，增强节目的亲和力和感染力，最大限度地减少观众的接收障碍，这是报道成功与否的关键因素。为此，央视采用讲国人家

风背后故事、进而聚焦文化历史传承的采访模式，要求采访记者要做到把问题问好、聊天聊好、场景选好、镜头拍好。央视还专门制作了《海采手册》，对采访提出刚性要求。在手法上，要求把记者框进镜头里，要让镜头动起来，跟着采访对象走，镜头尽量不要断，减少静态镜头，要有记者现场对话等。采访对象上，把冯骥才、王蒙、梅葆玖、钟南山等一批知名学者、艺术名流、科学家、社会贤达、革命家庭的后人等纳入海采范围，这也是一次突破。

在普通百姓的回答里，有"不怕吃亏"这样的大白话，有"男人是靶子，女人是匣子"这样的顺口溜儿，也有"起家如针挑土，败家如浪淘沙"这样的古语警句……节目把广大老百姓不假思索的朴素回答集合在一起，展示了一个真实鲜活的社会横断面，构成了"中国家风"的原生态底色，以真实场景和新闻纪实的手法，凸显了"家风"报道的多元化视角，以挖掘家风背后的故事，突出个性化表达，放大节目的内在张力，让观众爱听爱看。

（三）载体创新

在家风报道中，央视注重立体联动、多形态呈现，在《新闻联播》重要位置、提要的方式连续挂标播出八集，并配发编后、评论，同时在央视《朝闻天下》《共同关注》等黄金时段播出加长版，还在央视新闻微博、微信、客户端与网友展开互动，及时在屏幕上更新网友反馈。新浪、搜狐、腾讯等众多门户网站上载和链接相关节目视频，网民转发和点击量数以亿计。正是由于调查实打实，海采有活力，故事很鲜活，观众喜欢看，网民评论多，引起了观众和网民的情感共鸣和表达意愿。

三、新闻节目一定要"接地气"，从人民群众中捕捉时代主题，体现人文情怀

新春问家风，问的是百姓的朴素情怀，彰显的却是民族的精神品质，这样的主题既大气磅礴，又紧贴实际。在整个策划过程中，我们从一开始就提出，节目不仅要紧扣亿万中国人内心的现实关切，而且要把中华文化的传统内涵和当代国人的价值追求巧妙结合起来，通过观众的积极参与和切身感受，传

递社会主义核心价值理念。从这个意义上讲，我们追问的"家风"就是中国传统文化和道德精神在当今时代每一个家庭中的传承与弘扬。播出时机选择在中国人对"家"的情感浓度最高的春节期间，向亿万中国人和海外同胞发问提出"家风是什么"，可谓时机切合，恰到好处。

家风家规既传统又现代，体现着文明的传承，体现着时代的特征。在海采的过程中，无论是平常百姓，还是名门之后，不管是国内观众，还是海外同胞，面对这个既让人感到意外又在情理之中的话题，侃侃而谈，有感而发，甚至潸然泪下。正因为这种采访调查特别"接地气"，观众才纷纷追着观看。

中华传统文化、核心价值观，内容都极其丰富，但在老百姓的海量回答中它们变得具体了、清晰了、落地了、活起来了。我们听到，在形形色色的回答中，孝敬父母、勤俭持家、厚道诚信、正直守法、不怕吃亏似乎被提得最多。这些体现中华民族优良品质和民族精神的内容，这些我们今天正在大力弘扬的社会主义核心价值观内容，在全国人民面前得到了最生动、最直观、最真实的呈现，也让观众看到了普通百姓的"家国情怀"，从而感同身受，产生共鸣。

四、新闻节目要从传播的社会价值中体现媒体的责任感

新春问家风，做的是"中国梦"的大文章，展示的是电视人的新闻追求，这样的自我定位，不仅符合中央电视台的马克思主义新闻价值观，也与国家电视台的政治使命、社会责任相吻合。作为中央电视台创新推出的一种电视新闻样态，"海采"产生于"走转改"活动之中。从"你幸福吗？"开始，到"爸爸妈妈最在乎什么？"再到"什么是爱国？"等等，经过几年的实践探索，在如何使重大政治活动、重大节日报道接地气、真实传达民众心声、主动设置议题等方面，央视逐渐蹚出了一条有效的"海采"路子。"家风"报道就是我们深入开展"走转改"活动的一次新尝试、新探索。

家风报道的采访对象涵盖了退休老人、城市白领、农民工、游客、商贩、教师、学生、医生、军人、科学家、艺术家、公务员等各类群体。在整个报道中，央视记者在全国各地和十几个国家进行了大量的街头采访，共调动31家国内记者站、13家海外记者站以及北京本部共计100余路记者，搜集了4000多

人的家风回答，仅视频素材就长达175个小时，而最终只有近百人的精彩回答呈现在央视屏幕上，也就是说最终只有1%的内容可供播出。

海采看着过瘾，做起来却很辛苦，哪个精彩的采访背后都是一波三折。在家风采访活动中，央视一大批记者、编辑们放弃了与家人团聚，冒着严寒，夜以继日地奔走在国内的年货大集、广场庙会、车站社区、饭店超市、校园工厂、重点工地、乡村山寨、边关军营，足迹遍布美、英、俄等十多个国家和地区，充分展示了央视新闻采编人员的敬业精神和专业水准，为我们今后做好"中国梦"和核心价值观的宣传摸索出了一条新途径。

家风报道的探索，再次证明传统主流媒体只要坚定自己的使命感和责任感，发扬优良作风，勇于改革创新，就完全有能力在日益复杂的舆论场上，创造性地发出声音、引导舆论、赢得共鸣；完全有能力在传播社会主义核心价值、传播党和国家的方针政策上，做出有厚度、有温度、有新鲜度的新闻报道。

（2014年2月28日）

中国动画的民族特色与原创精神

　　说到动画，主题颇多。民族特色和原创问题可说首当其冲。

　　从1926年万氏兄弟摄制《大闹画室》算起，中国动画片已走过了80年的风雨兼程。还记得国产动画起步不久，频频荣获各种国际奖项，使民族动画片出现伊始就在世界动画长廊里占据了不容忽视的一席之地，为中国文化艺术走向世界做出了重要贡献。中国动画曾有过的骄人业绩和辉煌历史，一个20年前的统计资料表明，截至1986年，有29部动画影片在国内获奖37次，31部影片在各种国际电影节上获奖46次。这80年来，中国动画艺术家们为世界奉献了《铁扇公主》《大闹天宫》《哪吒闹海》《三个和尚》《宝莲灯》等优秀的艺术精品，这些作品代表"中国学派"载入世界动画史册，其艺术魅力持久而独特。同时，我们也看到，中国动画的成长与发展之路布满荆棘与坎坷，有过战争造成的停滞与毁弃，也有过动乱铸就的畸变与倒退。即便在社会发展、经济繁荣的当下，动画的生存与发展也并非一帆风顺。

　　近十年来，我国物质文明和精神文明建设高速、稳定、持续发展，但让人焦虑的是，中国动画艺术的生产与消费不仅没有出现相应的繁荣，反倒处在一种低迷与沉寂的状态之中。特别是全球化背景下的中国动画市场，正经受着内外两方面的挑战：一方面是国内高端创作人才和资金短缺，相应的市场机制不够完善；另一方面是国外动画对中国市场长期的蚕食与鲸吞，在一定程度上损害了民族动画的市场"造血功能"。中国动画在艺术创作观念、发行代理机制、形象授权管理、版权保护、衍生产品开发等方面存在着不同程度的缺憾，没有一个成熟的产业链足以维持动画艺术的生产与再生产的良性循环，与衍生产品相互促进的市场机制还十分薄弱。在这样虚弱的自身条件下，实力雄厚的美国、日本动画公司正不遗余力地将大量新品或库存的动画片源源不断地推向中国市场，并以低价倾销或免费赠送的策略长期把持着中国动画及其相关文化产品的市场份额，给中国动画市场的培育与成长造成了强烈冲击。此外，影视作品的制作与销售所存在的造假和盗版问题，也是严重影响国产动画正常传播与流通的重要原因之一。种种不利因素造成的严峻局面发人深思。

当然，我们也欣慰地看到，无论国产动画生存和发展遇到怎样的困境，我们的动画艺术家们从未动摇过"走向世界"的理想与信念，他们总能化压力为动力，始终保持饱满充沛的创作热情，为满足人民群众日益增长的艺术消费需求努力工作。这几年来，政府部门如国家广电总局相继出台了一系列利用电视传媒带动我国动画发展的法规、政策和鼓励措施，从战略发展的高度促进我国动画艺术创作与产业振兴；对民族动画寄予厚望的广大观众也一直热切期盼着中国动画的再度辉煌，他们对中国动画事业的兴旺始终保有高度的热情与坚定的信心。在这种种积极因素的共同促进之下，我们有理由相信，蓄势待发的中国动画走出困境、奋然崛起的日子并不遥远，民族动画在新世纪必将出现突破性的好转并且前景光明。在不久的将来，中国动画不仅要抢回国内市场，而且还要积极参与世界大市场的竞争，在世界动画的大舞台上充分展现中国艺术所特有的魅力与风采。

中国动画需要走出一条属于自己的路，什么样的路？简言之，即在全球化语境下坚持中国传统美学风格与民族精神，像美国、日本动画以及那些在动画史上留下烙印的优秀民族动画精品一样，要凭借具有中国民族特色的品牌走向世界。而要走出这样一条路，首先要克服保守观念。保守的观念主要表现在两方面，其一是原创作品缺乏创造力与想象力，其二是盲目跟风与模仿。在艺术探索的道路上，我们应该向中国动画界的先驱们学习，打破多年的思维定式，解开思想束缚，转变创作思路，培养艺术原创精神。鉴于此，我认为，重振中国动画首先应该从追求民族文化特色和培养艺术原创精神两方面入手。

一、关于中国动画的民族性问题

在一个相当长的时期内，中国动画曾被认为是中国电影的骄傲。1967

年10月，周恩来总理在接见日本电影代表团时指出：美术电影部门在中国电影事业中，是具有独特风格的比较优秀的部门。国外舆论界赞扬中国动画电影"已达到世界第一流水平"，认为它的艺术风格已形成独树一帜的"中国学派"。动画"中国学派"的树立，一方面基于中国绘画艺术的自成体系，动画艺术家们将中国画对于形神、虚实、动静的美学追求融入创作理念并力求创新；另一方面在于中国文化的博大精深与东方色彩，动画艺术家开掘经典名著和民间传说题材，通过动画手段表达自己对于中国传统文化的理解。这二者从内容与形式上达成统一，也就将民族特色原汁原味地呈现出来。

近20年来，在各种国际动画电影节上，尽管表现手段推陈出新，很多中国动画艺术家们依然青睐传统主题，人伦亲情、抒情传统、人文情怀在他们的作品中得以延续与深化。例如今年3月底，中国传媒大学动画学院的路盛章教授创作的动画片——《墙——献给母亲》入选萨格勒布全球优秀动画片巡展，"母亲"坚厚如墙，动画所诠释的正是一个传统东方母亲的意象。

中国动画的民族特色并非与生俱来，从一定意义上来说，中国动画的先驱是在模仿西方人的作品与试图摆脱西方模式的狭缝中摸索出中国动画的民族之路。在起步之初，积极学习国外的先进技术和编导艺术，确实使中国动画受益匪浅。当时流行的苏联和南斯拉夫的动画，在形象设计、表现方式和制作技巧等方面，都为中国动画提供了生动的范本。不幸的是，模仿与范本同时又限制了自身特色的形成，中国动画几乎成了这些国家动画的复制品，如《小猫钓鱼》（1952）、《小梅的梦》（1954）、《野外的遭遇》（1955）等动画片都带有明显的苏联风格标记和形式特色。有这样一个颇具戏剧性的事件引起了中国动画艺术家们的深刻反思：上海美术电影厂制作的《乌鸦为什么是黑的》（1956）在意大利举办的"第8届威尼斯国际儿童电影节"上获奖，许多人居然认为这是一部苏联动画。这种不应有的"误会"在一定程度上为缺乏民族风格的模仿之作敲响了警钟。在《乌鸦为什么是黑的》和《小鲤鱼跳龙门》先后荣获国际奖项之后，中国动画界总结经验教训，及时提出了"探民族风格之路"的响亮口号。是否可以这样说，动画的民族风格建设从此走上了一条光明之道。在随后出品的《小萝卜回来了》（1960）、《小蝌蚪找妈妈》（1961）等作品中，艺术家自觉地从中国传统文化艺术中汲取营养，使作品呈现出新鲜活泼的"中国作风和中国气派"。以《骄傲的将军》为例，人物造型大胆地借用了京戏的脸谱艺术风格，背景音乐恰到好处地运用琵琶古曲，使传统绘画与音乐的东方审美情调和文化神韵得到了比较充分的发挥，收到了很好的艺术效果。

从《铁扇公主》到《大闹天宫》，从《三个和尚》到《宝莲灯》，中国动画作品越来越成熟地显现出具有原创意义的民族风格。艺术风格的形成以及中国动画民族性问题的解决，所依靠的不是一部两部影片的成功，所需要的不是一个两个动画名人的努力，我们需要树立品牌，传播文化，那就需要走一条产业化的道路，一条战略发展的道路。

历史实践就这样告诉我们，立足本土，面向全球，坚持走开放的民族艺术之路，才是繁荣中国动画事业的重要法宝之一。我们的动画艺术家应该从传统文化和现实生活中开掘题材，提炼主题，汲取灵感，创造出符合时代需要的艺术产品。我们必须站在全球化的高度提高对民族性的认识，但决不能为了片面地追求民族性而把传统文化看作古董陈列室的标签，泥古不化与照搬西方同样都是没有出路的。我们应该继承的是民族文化中的优良品质和高尚精神，使民族文化基因中富有生命力的基因保持发扬光大的强劲态势。当代动画艺术更如此，只有将现实生活中获得的灵感融入传统文化奔涌不竭的历史长河中，才能接通数千年华夏文明生生不息的脉搏，才能找到滋养动画艺术常青之树的源头活水。

对于传统文化的继承与扬弃涉及的另一个应该注意的问题——如何处理好民族性与现代性的关系，这对正处在转型与重建之关键时期的中国动画来说尤为重要。我们认为，与现代性对立的民族性不是真正的民族性，就历史发展的必然性而言，真正的民族性应该与现代性的基本精神和时代要求保持一致。即便是历来标榜"现代性"的美国动画，在倡导反传统反权威、坚持个性化和多样性创作理念的同时，始终没有丧失娱乐性和市场化优先的实用主义文化本质。有些专家认为，美国动画之所以能够长期称霸世界，除了雄厚的资本实力和全球化策略与运作方式起了重要作用以外，动画片中所表现出的美国文化品格才是其立于不败之地的秘密武器。从《米老鼠和唐老鸭》《猫和老鼠》开始，美国动画就已经在艺术产业化的道路上确立了以特色文化为长效发展动力的策略。我们看到，《爱丽丝漫游仙境奇遇记》《怪物史瑞克》《玩具总动员》《海底总动员》《埃及王子》《狮子王》《小马王》《花木兰》《超人》《恐龙》《小鸡快跑》等，这些动画片题材不同，文化背景各异，却总能让人感受到美国动画所特有的那种轻快的幽默品格和开放精神。这种精神品格我们在其艺术创作的各个方面都可以轻而易举地发现：颠覆传统的叛逆主题、夸张大胆的浪漫技法、滑稽化与个性化的动漫角色设计、喜剧与闹剧化的故事情节安排等，处处都烙上了"美国制造"的印记，市场化和模式化的美国文化产业标准在动画的产、供、销的每一个流程中都有充分体现。

有的研究者在讨论动画民族性问题的时候，将美国动画成功的模式总结为"经典＋新技术"，将日本动画的模式概括为"民族性＋国际化"，认为日本动画创作之所以能与美国迪斯尼动画并驾齐驱，主要得益于艺术家们对动画民族性和国际化的深刻理解和准确把握。在手冢治虫、宫崎骏、大友克洋等不同年龄的动画艺术家的作品里，观众都能真切地感受到鲜明、浓郁的日本民族文化特点与风格。美国和日本动画的创作经验告诉我们，在全球化语境下，动画艺术的民族性与现代性的融合不仅是完全可能的，而且也是十分必要的。

所以，我们在坚持独立思考国产动画民族性问题的同时，要花力气研究国外动画以及国产经典动画的成功经验，值得学习和借鉴的思路与方法要认真总结，以期对我们的创作有所启发。

二、关于动画艺术的原创性问题

我们常常谈论中国动画的市场化问题，似乎忘却了动画的创作与接受本质上是精神生产和精神消费，是一种以人文精神和审美价值为核心的文化现象。艺术生产的某些最基本的原则我们不能违背：当市场利益与艺术本质发生冲突时，市场应该做出适当的妥协，当技术理性开始凌越审美理性时，技术因素就应该得到合理的控制。毕竟，艺术对审美的追求、市场对利润的追求、技术对适用的追求，这三者是有本质区别的。艺术之所以成其为艺术，就在于它是一种心灵化的审美创造。从这个意义上讲，在繁荣和发展动画事业的过程中，市场与技术都必须服从艺术原创第一的法则。

之所以特别强调艺术原创，是因为原创精神对于动画艺术性具有至高无上的意义。动画强调想象，它绝不拘泥于某一种程式或常规，它需要打破现实的逻辑继而建立一个全新的逻辑系统。从某种意义上而言，原创是创新，是突破，是叛逆。在中国动画艺术的探索实践中，我们需要原创精神与民族特色的完美结合，原创精神是传统艺术焕发青春的主要动力，是新兴艺术得以问世的活力源与生长点。

拿中国动画片中具有浓郁民族特色的剪纸片来说，剪纸是中国民间艺术式样中颇有影响的"绝活"，如何把这种民间"绝活"搬上银幕，并把它改造成一种具有鲜明个性的新型的动画艺术，这就需要艺术家和动画编导调动原创性艺术思维进行研究与探索。20世纪50年代末期，第一部剪纸片《猪八戒吃西瓜》研制成功后，剪纸动画这一具有质朴民族风格的艺术新式样立刻得到艺术专家和广大观众的嘉许与赞赏。不久，《渔童》《济公斗蟋蟀》《金色的海螺》等优秀剪纸动画纷纷问世，几年之间，剪纸动画这一挪用皮影戏和民间窗花艺术手法的美术片家族的新成员，因其动画形象奇特新颖生动，制作工艺简洁轻快单纯，很快成为动画界的主打力量。到了20世纪80年代，剪纸片技术日益成熟，在此基础上，美影厂又研制成功剪纸"拉毛"新工艺，拍出了水墨风格的剪纸片《鹬蚌相争》，该片荣获第13届柏林国际短片电影节银熊奖、南斯拉夫第六届萨格勒布国际动画电影节特别奖、加拿大多伦多国际动画电影节特别奖和文化部1984年度优秀美术片奖。1985年出品的《草人》也获得好评，在日本第二届广岛国际动画电影节获儿童片一等奖和国内文化部1985年度优秀美术片奖、全国少数民族题材电影"腾龙奖"美术片二等奖。

水墨画在世界艺术史上的价值不亚于油画之于西方绘画，它在一定程度上成为中国画的代表，水墨恬淡间尽显中国哲学思想与审美情趣。强调素淡、空灵的水墨画似乎与动画片的动态、轻松、幽默格格不入，可是创作者的原创精神却颠覆了水墨的禅道思想，发明创造了最具民族特色的水墨动画片，使中国特有的笔墨情趣完美地再现于动画银幕，震惊了整个世界影坛。《小蝌蚪找妈妈》（1960）、《牧笛》（1964）可以说是其中的代表作。富于韵律的画面、诗的意境，给人以美的体验与享受，动画艺术也达到更高一层的审美境界。

关于原创思维对艺术创作的重要意义，在中国第一部彩色长片《大闹天宫》中得到了极为生动的体现。有一种比较有代表性的意见认为，《大闹天宫》不仅是中国动画民族风格走向成熟的标志，也是整个中国动画史上一个具有里程碑意义的创作高峰。《大闹天宫》在造型、设景、用色等方面借鉴了古典文学、古代绘画、庙堂艺术、民间年画的特色，又将中国传统戏曲的表演艺术融入其中，让家喻户晓的孙悟空跃然银幕，化无形为有形。《大闹天宫》的原创意义在于，"挖掘各种艺术表现手段，具有鲜明的民族风格和精湛的艺术技巧"，"不但具有一般美国迪斯尼作品的美感，而且造型艺术又是迪斯尼式的美术片所做不到的，它完全地表达了中国的传统艺术风格。"遗憾的是，《大闹天宫》这样具有原创意义的动画实在太少了。

强调原创精神，很大程度上还出于对中国动画创作现状的关切。动画创作应有适度的夸张，这本来是一个常识性的问题，但是目前我国的动画创作常常呆板有余，活泼不足，美国那种画面一闪就不由你不乐的轻松幽默气氛在中国动画中相当淡薄。从文艺理论的角度而言，中国绘画艺术的精髓就是神似，动画创作应该遵循神似而非形似原则，不好理解的是，我们的动画创作却走了一条相反的路线：只求形似而忘其神似。可以这样说，中国动画目前在形象设计方面似乎还没有达到自由超脱的境界，一条看不见的惯性思维的绳索在捆绑着我们的创作者。就拿吉祥物来说，苛刻一点讲，从形象设计角度看似乎很少有特别成功的作品。动画艺术，也称为卡通艺术，艺术夸张与变形是其基本特征。动画作品理所当然要比照片式的写实作品更集中、更强烈、更深刻地突出艺术家的创作理念和艺术倾向。从这个角度讲，形象设计不仅是主创人员精神品格和审美趣味的直接表现，更是设计者文化修养和艺术技巧的写照。说到底，这是一个动画创作的思维问题。

西洋画追求形似，但其动漫创作却在大胆变形和奇特夸张之外求其神似。优秀的动画艺术家从形象设计到故事情节都是反常规的，以轻松幽默的姿态，颠覆生活常识的逻辑链条，充分调动观众的艺术想象力，在超越日常情理的过程中渐渐进入艺术欣赏的氛围。经典的动画艺术，往往就是在这种创作与接受同声相应、同气相求的互动过程中，达到了中国传统艺术所追求的那种"无理而妙"的理想艺术境界。迪斯尼的米老鼠和唐老鸭以幽默性的故事情节和颠覆性的思维方式，将日常生活中司空见惯的现象以一种陌生化手法展现在观众面前，给人一种似曾相识却又匪夷所思的亲切与惊喜。在猫鼠没完没了的纠缠与较量过程中，作为弱者的老鼠经常大获全胜，这就是妙用创新思维的成果。此外，猫和老鼠的形象设计也是成功的，它们夸张而有节度，幽默生动，滑稽可爱。

反观我们的弱点，中国动画不仅在形象设计和情节安排上过于循规蹈矩，即便是色彩与音响处理，也少有让人为之惊喜和叹服的奇思妙想。以动画片的色彩设计来说，中国动画总体色彩太淡，用色不够大胆，这当然也和创作观念有关。动画作品视觉效果不够浓烈，色彩所蕴含的心理冲击力和艺术感染力没有得到艺术家足够的重视。因此，如何创造性地理解色彩的审美意义和文化意义，如何恰到好处地把握和运用色彩所具有的物理、心理和艺术方面的特征，这些问题还有待于艺术家们进行更深入的研究。

成功来自细节。动画的夸张、变形、幽默、色彩、音响、配音等，均是细节，但偏偏是它们决定作品是否成功。乃至于一个小老鼠摔个跟头是转五圈还是转十圈，都会使作品的魅力大相径庭。

目前的动画创作界还存在着盲目跟风与模仿的现象，所谓盲目，是限于表面形式的简单模仿，是在缺乏对国外动画成功经验和艺术创作规律进行深入研究的情况下而跟风创作。我们之前提及，模仿与借鉴是中国动画曾经经历的一段有着重要意义的历史，这一过程中我们学到了不少宝贵经验，也体会过一味照搬外国经验的深刻教训。以史为鉴，我们必须防止重蹈覆辙。

就动画艺术的艺术本质与中国动画的创作现状来看，我们需要资金和技术的支持，更需要艺术思维的创新与民族情感的融入，迫切希望非常规性的、具有原创意义的动画艺术思维的建立。动漫创作者的心理状态是造成国产动画缺乏原创精神的关键因素之一，这种心理状态的存在，根源于具有广泛意义的国民性。童心和幽默感，中外差异很大。中国人的童心早逝或少年老成，可能与中国千百年儒家文化的熏陶有关。在儒家文化体系中，游戏与娱乐的空间相当逼仄，玩耍与嬉戏几乎就是"亡身"与"败家"的同义词；"业精于勤""玩笑无益"等传统思想观念至今仍然根深蒂固地隐藏在大众的内心深处。为什么大多数中国人不假思索地认为动画片是低幼儿童的专利，这大约正是某种经世致用的传统文化心理在作祟。儒家的悲天悯人、执中守良等传统理念，也在一定程度上直接或间接地束缚了我们的创作思维。事实上，植根于中国民间的戏剧艺术中流传着不少可为动画艺术借鉴的审美元素，超脱的心境、笑乐的传统、夸张的造型与表演代表着中国百姓生活状态与精神世界的另一面。因此，在珍视传统、古为今用的同时，我们需要懂得继承与扬弃的哲学，我们需要开掘符合动画艺术特性的民族文化气质，我们应该从全球化和现代性的角度来思考民族性与原创性的问题。

此外，我们的动画创作者还应该多倾听观众和读者的意见，从低幼儿到青壮年甚至老年人，不同年龄层次的观众对于影片的创作都有其独到的看法与见解，创作者可以广泛采纳，有选择性地吸收、总结，不要就创作谈创作，闭门造车、盲目生产当然不会产生好的市场效应，艺术性也需要得到接受者的认可才能最大化地实现其价值与意义。说到底，动画是给人看的，广大观众喜欢才是振兴和繁荣中国动画的真正动力。

为了纪录这个世界

无论纪录片有多么高的品位，也无论哪一部片子被观众津津乐道，甚至人声鼎沸，纪录片似乎永远也不会成为各类电视节目的收视冠军，它的制作者也很难成为明星被人追着跑。这就是现实。

那么，你还会坚持做纪录片吗？

有人曾一时兴起，但耐不住长时间的寂寞清冷，改弦更张了。

但一直坚持的也大有人在，本书的作者陈宏就是其中之一。事实上，在中国有影响的片子大多是这样真正坚持的人做出来的，看看他们的生涯便知大体如此。

有人用"玩"纪录片来定位自己的工作态度，这多少看轻了自己，也看轻了纪录片。相反，与做其他电视节目相比，做纪录片要的是几分神圣感，至少是要有颇为严肃的态度才行。

哪怕你只想拍一部纪录片，也要对它有所敬畏，不得儿戏。因为它可能要独占你相当长的一段时间，甚至几年十几年，不允许你再心有旁骛。甘于寂寞，说说容易，几年十几年，眼见着别人一夜成名，瞬间腰缠万贯，正所谓"晨鸡初叫，昏鸦争噪。哪个不去红尘闹？"市场经济下，你要心如止水，不为名利得失所动，只为纪录片献身，没有定力肯定是做不到的。这实际上是个境界问题，修养问题，也是个追求问题。纪录世界，纪录社会，纪录人生，纪录心灵，把这些作为使命，把纪录片作为一个真善美价值观表达的载体，作为情感倾诉的平台，为历史作传承，为社会作沟通，为时代作传记，这才是纪录片的神圣与庄重之处，当然马虎不得，更不是一个"玩"字所能消受得了的。

由此说来，要做一个有几分苦行僧意味的纪录片人，去掉功利心是第一位的，不要希冀掌声、鲜花和粉丝，更不要指望财源滚滚，乐于在拍摄现场奔波，甘于在制作间独守孤灯，只有成功的作品才是最好的慰藉和回报。这就需要境界。

对社会责任感的理解同样至关重要。纪录片的真实性与史实性是其他电视节目类型无法比拟的，它往往要留给子孙后代看，容不得一点偏颇与虚假。这就直接牵涉到作者的价值观与良知。一个苹果，这面红红的，另一面则可能是绿的，你拍哪一面呢？这个取与舍显然表现你的价值观，表达你想给社会留下什么样的印记，告诉后代什么。即便是纪录悲剧、灾难与痛苦，也是要让人们从中看到前行的希望与力量，而不是止于绝望与颓丧。对现实来说，就要用社会主义核心价值观来引领，来鼓舞，来激励，彰显真善美的力量。

当然，只有境界和热爱是不够的，它不能保证篇篇锦绣，没有专业水准出不了传世之作。包括本书作者在内的诸多纪录片大家，差不多都有十几年、几十年的纪录片历练，有深厚的文字与电视功夫，有丰富的编创经验，还有敏锐的捕捉能力和精准的镜头感。除此之外，对纪录片来说，准确到位的审美感觉尤其必不可少。有没有美感，一定程度上决定了一部纪录片的存在价值与寿命。百看不厌的魅力往往在于美的力量，正是美让它流芳百世。从这点上看，美学修养理应是每一个纪录片人的必修课，因为审美可不是一天两天学会的。

精细到入微的程度，似乎在各类电视节目中唯有纪录片做得最到位，从镜头、色彩、用光、角度到解说词乃至播音员的挑选，无一处不讲究，无一点不苛刻，这是不争的事实。可能这也是纪录片这个种类的天性所致。也就是说，做纪录片的人不是个精细人不行。这背后实际上说的是责任心和敬业态度。事必躬亲，心细如发，精雕细刻，这些词都用得上。可见这是个苦差事。翻开这本书，看看那些文案、策划书、大纲，其认真精细的精神便一目了然。

进了纪录片这一行，好些苦头都要吃，但是没有理由退缩，因为乐在其中，不信问问陈宏这些过来人。

（2015年12月13日）

纪录片的魅力

——在"纪录·中国"创优评析活动开幕式上的讲话

纪录片是形象展示中国发展进步的重要文化传播载体。它所具有的跨时空、跨文化的传播属性，它丰富的文化内涵和审美价值以及独特的直观真实感和社会功能，让纪录片在中华文明传承与国际文明对话中具有不可替代的位置。

"纪录·中国"创优评析活动已经是第九届，这项活动在业内和社会上产生了很好的品牌效应，办成了纪录片人每年一度的盛会，既是盘点梳理过往成绩的盛会，也是展望未来、鼓舞士气的盛会，更是相互交流、激发创作活力的盛会。应当说，很好地实现了活动的初衷，就是通过评选和表彰优秀纪录片节目、栏目，激励和引领中国纪录片的创作。中国纪录片人也很需要这样一个平台。因此，不但要办下去，还要越办越好。

"纪录·中国"这个纪录片工作委员会创立的品牌活动，这次被注入了更多富有前瞻性和创新性的内容，除了优秀纪录片节目、栏目和纪录片人的颁奖和评优之外，还有纪录片学术论坛等一系列活动。这些不仅是对纪录片本身的学术研讨，更是以纪录片这种具有国际语言表达能力的形式，以人文的视角、以前瞻性的文化表达来宣传中国，展现纪录片的魅力，碰撞思想火花。

这次第九届"纪录·中国"创优评析活动共收到来自全国各地电视台、纪录片制作公司等选送的作品共700余部，内容涉及抗战文献、人文自然、社会新闻等方面。从获奖作品来看，确实是2015年度产生较大社会影响、制作精良、有口皆碑的优秀作品，不少作品可以代表目前中国纪录片发展的前沿，有的还引发了全社会的追捧和赞誉，可以说，从总体上反映了中国纪录片的实力，令人欣慰。

尽管如此，纪录片在中国的发展还不是大行其道，还没有受到足够的重视和支持，还没有达到国际上那种精品迭出、经久不息的程度。所以，中国纪录片人是值得尊敬的。业内有句玩笑话说"拍纪录片穷三代"，虽然言过其实，但也说明大家确实甘于寂寞，甘于奉献，精神境界高于常人，因为纪录片的创作是一件苦差事，它不像综艺节目那么热闹，有收视率，有追捧者，有鲜花掌声，也不像电影、电视剧创作那样有高回报，容易成名成家。大家都是靠着一种情怀，一种信念，一种品位，一种执着，在支撑和坚守着，着实令人钦佩。

　　记录历史需要纪录片。真实记录历史的最佳载体就是纪录片，纪录片是以影像为载体记录历史的最佳表现形式。娱乐节目、电视剧、专题节目等都不具备这个功能，甚至包括新闻的记录也只是粗线条的、断点式的。如果没有纪录片，很多历史稍纵即逝，就会成为空白，就会众说纷纭，莫衷一是。并且，纪录片是电视屏幕上最富有文化品位的节目，它是我们记录历史、解释历史、传达历史最强有力的手段，是融入我们对历史见解的最生动、直观的影像表达。纪录片的这种重要地位、作用和使命，怎么强调都不为过。

　　时代发展需要纪录片。我们处在一个瞬息万变的时代，中国社会的现实图景波澜壮阔。一方面，时代催生纪录片产业的大发展，另一方面，纪录片又不断去记录时代的变迁。无论是过去我们耳熟能详的那些经典纪录片，还是现如今推出的优秀纪录片，都有时代的痕迹、时代的烙印。可以说，纪录片的叙事内容和叙事视角跟时代的发展是并行的。当今中国，各行各业、各个领域都在经历变革。社会结构、价值体系、人文环境、人们的生存状态、精神世界，都处在动态的调整之中。纪录片必须去关注、记录、见证这种时代的变迁和走向，这也凸显了纪录片的魅力和价值。这两年在戛纳电视节等国际场合，越来越多的国际买家开始关注中国的纪录片，很大程度上就得益于中国纪录片越来越观照现实，越来越与时代共振，也越来越有国际水准。

　　纪录片创作需要创新。中国纪录片已经走过了半个多世纪的历程，其间，有过万人空巷的繁华景象，也有过被人遗忘的落寞。但这两年纪录片又迎来了新的春天。无论是纪录片的生产量、播出量，还是开播的专门频道和栏目，乃至走向国际的纪录大片，跟过去都不可同日而语。站在这个历史高度上，中国纪录片的创作需要进一步创新理念、形式、表达和内容，从题材上、制作上、传播上、叙事结构上、拍摄手段上、营销方式上都要不断去探索，包括尝试与国际合作，与国际接轨。唐代诗人白居易说过：感人心者，莫先乎情，莫始乎言，莫切乎声，莫深乎义。做纪录片也是如此，要更加贴近受众需求，避免精英化和贵族化的倾向，多用故事化和设置悬念的叙事方式，要充满浓郁的人文关怀、家国情怀，让观众从中找到情感寄托和精神共鸣，打造具有民族气派的影像作品。以独特的人文视角表达中国的文化价值理念，在创作中多运用创新的影像表达方式和国际化的理念，推出更多展现中华文化、反映时代中国的精品原创纪录片，打造一批有文化品质与创作水准、具有世界影响力的精品纪录片。希望我们中国的纪录片人能够把对中国历史、文化、社会、自然的感悟融入富有激情的创作中，始终坚持"高品质、高品格、高品位"，不流俗、不媚俗，推出更多传世之作，也希望中国的纪录片产业能够带动中国纪录片走入一个更加广阔的发展空间。

（2015年11月24日）

公益广告重在公益

公益广告重在公益，重在倡导社会主义核心价值观，重在为全社会服务，重在提升社会的文明程度。应当说，在促进价值认同的过程中，公益广告是最现实、最直接、最有效的途径。从某种意义上说，一个城市、一个国家公益广告的水平，是这一城市、国家社会文明程度和民众思想道德水准的重要标志。电视公益广告是社会主义精神文明建设的重要组成部分。用电视公益广告弘扬社会主义核心价值观，是国家媒体的社会责任。

我个人理解，电视公益广告的特性，一是公益性，服务于公众利益，着眼于社会问题的解决、群体素养的提升和社会风尚的养成。二是引导性，旗帜鲜明地表明什么是对的，什么是错的，提倡什么，反对什么。三是观念性，每一条公益广告都在表达某种思想观念，体现某种价值判断、价值追求，进而规范公众行为。四是艺术性，公益广告要运用多种艺术手段，把抽象的观念形象化，让人过目难忘，触动灵魂。

1987年，中央电视台推出了我国第一个电视公益广告栏目——《广而告之》，20多年来，中央电视台的公益广告事业在内容和形式上都取得了长足进展。"知识改变命运""从头再来""爱心传递篇""劳动创造人生价值""迎奥运讲文明树新风"等一系列优秀公益广告，受到中央领导和社会各界的充分肯定。

中央电视台在2011年12月22日启动了以"汇聚力量，传播文明"为理念的公益广告项目；2012年，为了加强公益广告工作，实施了七项措施：一是成立"公益广告专项工作组"；二是推出100支以上的电视公益广告；三是组织优秀播音员主持人以及50位以上各界名人参与拍摄公益广告；四是安排更多的时间播出公益广告，并力争在多个频道安排固定时段播出；五是面向全社会广泛征集公益广告主题、创意及成片；六是拨出专项资金投入公益广告创作和研究；七是呼吁并推动成立国家级的公益广告奖项。

2012年，中央电视台投入资金上千万元，累计制作、播出公益广告130余支，累计播出的时间资源价值约20亿元。从2012年12月20日至2013年4月30日，累计播出"讲文明树新风"公益广告38606次，时长18796分钟，累计播出价值6.4亿元。

古语说，"天之至私，用之至公。"公益广告所关注的不是一个人或少部分人的问题，而是关注着人们普遍关心的社会性问题。如果说中国梦是立体的，那么每一条公益广告关注的内容其实就是中国梦的一个侧面。它包罗万象，涉及社会生活的方方面面。既关注空气、水、阳光、食物，也关注心灵、情感；关注人和人、人和自然、人和社会、人和国家。

回顾近一年来央视制作的公益广告，内容都是源于生活本真，通过鲜活的点滴，使"中国梦"更具有强烈的现实意义。

一是2013年选取与春节联欢晚会节目内容相匹配、与春节气氛相吻合的《回家——迟来的新衣篇》和《美丽中国篇》公益广告，安排在晚会中间播出，这是办春晚30年来第一次；在2013年元宵晚会上，又播出了《回家——63年后的团圆》和《关爱父母——红包篇》公益广告，在公益广告发展进程中具有重要意义。

二是旗舰栏目持续报道公益广告。从今年2月18日到4月15日，新闻联播在晚间黄金时段先后5次对全国公益广告做出专题报道和评论。

三是以公益广告及时贯彻中央八项规定。围绕"厉行勤俭节约、反对铺张浪费"的主题，迅速安排播出了《餐饮浪费篇》《节约无小事》和《珍惜粮食，反对浪费篇》等公益广告并大量播出。

四是以公益广告宣传"民族复兴中国梦"和"美丽中国"两大主题。表达"国家好，民族好，大家才会更好"主题的《家国梦》公益广告和《中国梦——蓝图篇》《中国梦——圆梦篇》公益广告，均已在我台各频道陆续播出，社会各界对其传递的家国情怀、民族梦想表达了强烈的共鸣，并自觉对中国梦做出自己的阐述，使得"中国梦，我的梦"的呼声深入人心。

五是以最大力度制作播出春节系列公益广告。中央电视台从2013年2月7日开始在各频道播出历时4个月制作的具有浓郁春节气息的"回家"系列和"关爱老人"系列共9支公益广告。这些公益广告是中央电视台邀请国际4A广告公司进行创意、由全球一流的导演和制作公司拍摄而成的。其中，拍摄"回家"系列公益广告跨越两大洲、跋涉25000多公里，到13个省市的12个乡镇实地拍摄，动用了250人的工作团队和2000多名群众演员，终于使初始创意变成了13亿观众的感动。

　　从2011年以来，中央电视台公益广告的社会影响力逐步增大。目前，"央视公益广告""CCTV公益广告"等相关内容在百度和谷歌的搜索结果已超过1000万条。各类媒体高度关注央视公益广告，社会各界积极评价、积极参与央视公益广告。

　　2012年6月，中央电视台启动"CCTV电视公益广告全球征集活动"，目前已征集到公益广告作品近3000件，分别来自国内多省及港澳台、韩国、日本、荷兰、法国等国家和地区。

　　2013年4月，中央电视台正式启动建台55年来的首届"全国电视公益广告大赛"。我们希望通过奖励优秀的电视公益广告作品，激励更多的机构和个人创作出更多的优秀作品，彰显国家主流媒体的社会责任。

　　"汇聚力量，传播文明"，这是中央电视台公益广告项目的核心理念。作为国家级媒体，必须勇挑重担，发挥职能，倡导良好社会风尚，配合重大主题宣传，弘扬伟大民族精神；必须推动公益事业发展，不断丰富内容，创新形式，勇当公益广告宣传的主力；必须始终坚持社会效益第一，打造优秀公益广告的最佳传播平台，发挥公益广告的社会作用。

　　虽然我国的电视公益广告已经取得了长足进步，但是在制作、创意和影响力方面，仍然与世界水平有很大差距。未来，中央电视台将联合社会各界，形成全民公益的社会氛围，积极创作主题多样、形态各异、直抵人心的公益广告作品，传递"中国梦"，推动国家进步、社会发展和人民幸福。

（2014年）

公益精神的普及

——在"白兰杯"2015全国原创公益广告征集活动颁奖仪式上的致辞

公益精神的普及往往反映出一个国家的文明程度。而公益广告，在传播核心价值观、促进价值认同的过程中，是最现实、最直接、最有效的一种途径。从某种意义上说，一个城市、一个国家公益广告的水平，是这个城市和国家社会文明程度和思想道德水准的重要标志。作为国家品牌建设和民族文化传承的重要手段，公益广告对于宣传党的方针、倡导良好道德风尚、弘扬中华传统文化，具有独特而重要的作用。

公益广告重在公益，重在倡导社会主义核心价值观，重在为全社会服务，重在提升社会的文明程度。所以，公益广告创作所选取的主题，首先应该是全社会普遍关注的问题。不能去关注几个人或少部分人的问题，而要关注人们普遍关心的社会性问题，要服务于公众利益，着眼于社会问题的解决、群体素养的提升和社会风尚的养成。比如，既可以关注空气、水、阳光，也可以关注社会公德、家庭伦理、食品安全，也可以关注心灵、情感、精神；还可以关注人和人、人和自然、人和社会、人和国家，等等。其次，公益广告的主题要有引导性。要旗帜鲜明地表明什么是对的，什么是错的，提倡什么，反对什么，不能模棱两可。每一条公益广告都要准确表达一种思想观念，体现正确的价值判断、价值追求，进而规范公众行为。三是选题要小切口。公益广告的选题切忌大而无当，避免空泛化，选题一具体就生动。我们要表现中国梦，不能直接创作公益广告去喊口号，而是要去关注中国梦的某一个侧面，可以具体化为读书、讲文明、个人为理想打拼等。

公益广告要运用多种艺术手段，把抽象的观念具象化，让人过目难忘，触动灵魂。关键的一条是要有好的创意。

一是可以采用动画形式。好处是生动、活泼、直观，吸引人。2011年，一个动漫专业的大学生向央视投稿他的作品《FAMILY——爱的表达式》，他通过对"FAMILY"（家庭）字母巧妙解读，以动画形式表现"father and mother I love you"的内容，善于发现，创意十足。在电视上播出后好评不断。

二是可以突出情感元素，直抵人心。人的态度和观念，是扎根于情感之中的。公益广告倡导的理念依附在可感知的情感成分上，就容易引起人们的共鸣。2012年，央视制作了"关爱失智老人"公益广告《打包篇》，取材于一个真实的失智老人与儿子的亲情故事，作品中老爸爸的记忆力越来越差，甚至认不出儿子，也不知道家在哪里。儿子带他外出吃饭，盘里剩下两个饺子，爸爸直接用手抓起饺子放进口袋。儿子拦他，爸爸说：我儿子最爱吃这个了。这支公益广告构思巧妙，打动人心，社会效果也非常好。还有前些年播出的"给妈妈洗脚"、春晚播出的公益广告《回家》、彭丽媛代言的《没有歧视，我们在一起》等公益广告都很触动人。

三是采取隐喻的方式。特点是含蓄、隽永，引而不发，回味无穷。像央视春晚公益广告《筷子篇》就把视角对准餐桌上的普通中国人，用筷子这个元素，浓缩了全球华人的浓浓情感。

四是可以实景拍摄。比如，《回家——迟来的新衣》，讲述了在外打工的父母，骑着摩托车，春节前踏上艰辛回乡路，只为给病中的孩子送来一件新衣。实地拍摄跨越亚洲和非洲，跋涉25000公里，到国内13个省市、12个乡镇实地取景，动用了250人的工作团队和2000多名群众演员。

五是可以创造性地融入传统艺术形式。比如央视就把天津杨柳青年画、天津泥人张彩塑、山西运城剪纸等26个地区的7种民间艺术运用到公益广告中，样态新颖，传播效果很好。

在互联网和自媒体时代，公益广告的发布、传播、接受、反馈都不再受时空的限制，要扩大公益广告的社会影响力，必须多管齐下，尤其是要深入到网络舆论场，通过多渠道传播、台网融合等多种手段，最大限度地提升公益广告的传播效果。央视网制作的《图说我们的价值观》等原创栏目和专题，就以公益广告招贴画、动画短片等观众喜闻乐见的方式，巧妙地把核心价值观植入到网络以及PC、移动等多终端。央视网还制作了平面、手机、展板、围挡、

LED、道德守礼引导牌六类36种规格共3400个公益广告作品，在1000多家平面媒体、100多家网站刊登，建立了全国网络公益广告通稿库，无偿提供给全国360多个城市和300多家媒体下载使用。优秀的公益广告作品，可以尝试拿到全国有影响力的电视台、报纸、网站高频率刊播，也可以到各城市的广场、机场、大型商场、交通枢纽LED大屏、楼宇电视上高密度播放，可以在一些城市以建筑围挡、公交车站橱窗和电子阅报屏等形式进行户外刊播。还可以跟移动、联通、电信三大运营商合作，进行多种渠道刊播，让公益广告无所不在、无时不有。新闻媒体还可以与企业客户、社会机构等合作，尝试公益广告策划、制作、推广等新的工作模式。政府可以加大政策扶持，以政府购买、减免税收等方式，引导企业和社会组织踊跃参与公益广告。

当下，公益广告在中国方兴未艾，它作为人类精神世界的滋养品，必定在提高道德情操、培育美丽心灵上发挥越来越大的作用，结出丰硕的果实。

辑四

总结与感悟

直播的魅力

在当今的传播方式中，似乎没有哪种方式比广播电视现场直播更令受众容易获得身临其境、身在其中的直接感受。正因为如此，大型现场直播已经在各电台、电视台登堂入室，稳坐十分显赫的交椅。无论对受众还是对电台、电视台，大型现场直播现在都不是一件了不得的新鲜事。可不出十几年前，说到现场直播，广播人、电视人还都是紧张得很，要倾全台之力。这其间，可见社会的变化与进步之大。

直播虽已寻常，但是把大型直播汇成文集倒不多见。河北台这本书出得很及时，填补了这个弱项，仅从这个意义上，就值得好好读一下。

大型现场直播是广播优化自身本质功能而在近些年才兴盛起来的重型武器。这一节目形式从出现到成熟，从特别到寻常，广播人走过的是一条创新之路。本书就展现了湖北人民广播电台这方面的坚实的足迹：他们较早地把直播间搬到北京，搬到西藏，搬到神农架，搬到土家山寨、农家小院；从一点播报到多点播报，从单纯的音响展示到多媒体互动，从电话传输到对互联网的运用，等等，都展现了广播人与时代一同前行的创新精神。

与世界上一切事物永远不停歇地发展变化一样，广播直播节目形态当然也要不断探索和创新。当然，不分轻重，什么都要直播的"泛直播"化也是不可取的。将来，还会有哪些超出我们想象力的新形态出现，取决于技术的进步，取决于受众的需求，更取决于广播电视业者的探索与努力。这方面，湖北电台也许还会有给我们希望的东西，值得去期待。

（2005年11月8日）

给人以力量 给人以鼓舞

——《感动中国》的10年回眸与启示

东风浩荡，又是一年春来早。2月4日晚，《感动中国·2011年度人物评选颁奖典礼》如期而至，在中央电视台一套黄金时段播出。一张张至刚至伟的面孔点亮了观众的目光，一段段至真至柔的故事震撼着人们的心灵，"感动"人物和群体为乍暖还寒的季节带来一股雄浑的力量，更为人们播撒希望的火种营造了一份如春的心境，广袤的神州大地再一次响起"感动"的旋律。

这一幕，至今已在中央电视台的银屏上开启了十个春天。

十年来，一百多位"感动"人物和群体，无数次触动着中国人感情神经的深处，让我们泪眼婆娑，怦然心动。他们那执着闪亮的人性光芒，如细雨涤尘，净化心灵，已然成为民族气概的缩影与写照；他们那催人泪下的感动力量，如春雷惊空，振奋精神，更成为中国前进的动力与见证。

十年来，《感动中国》作为中央电视台一档年终人物盘点节目，始终以巩固共同思想基础、凝聚民族精神力量、弘扬社会主义核心价值观为己任，坚持鲜明的价值导向，彰显深切的人文关怀，大胆创新，不断进取，在社会上产生了巨大而深远的影响，中央领导赞誉为是一部"给人以力量，给人以鼓舞"的主旋律精神品牌，广大观众称之为是"一部让整个民族为之动容的年度精神史诗"，专家学者更看作是"一部记述社会主义核心价值体系建设的年度发展报告"。可以说，《感动中国》已经超越了单一电视节目的范畴而转化为一个公共性媒介事件，成为了当今中国一种重要而独特的"文化现象"。

一

作为今天中央电视台的第一公益品牌，《感动中国》最早的节目雏形诞生于2002年的金秋十月。一群心怀新闻理想的电视人为了策划《东方时空》创办十周年的特别节目，开始了激情碰撞，最终以"梳理一年重大事件，发掘人物精神内涵，定格历史瞬间，放大人性之美"盘点年度人物成为了这档新节目的思想内核。有了这个触及心灵的创意火化，最本源的情感呼之欲出，"感动"二字瞬间迸发。

2003年2月14日晚，《感动中国2002》首度出现在春节期间的观众面前，郑培民、张荣锁、王选、张瑞敏、刘姝威、张前东、赵新民、姚明、黄昆、濮存昕等十位当选人物第一次以"感动"的符号走进观众的视野，"舍小家为大家"的三峡百万移民以平民英雄的群体形象第一次登上了国家荣誉的舞台，接受最崇高的致敬。节目一经播出便引起整个社会的反响强烈，使银屏之前的亿万观众无法抑制自己的情感和泪水。从此，"感动"成为了人们最温暖的春天记忆。

身处经济转轨、社会转型全面提速的变革时代，走向民族复兴的中国需要有主流的核心价值观，迈向富裕之路的人民更需要一种精神信仰的指引。面对着社会上一些物欲膨胀、思想迷茫的现象，人们呼唤这种主流的价值导向能给予前行的力量，期待这种精神信仰的引领能满足多元的需求。

《感动中国》准确抓住了时代精神文化需求变化的脉搏，适时顺应了人们崇尚美好构建和谐的心愿。它从诞生之日起就立足于中国特色社会主义的伟大实践，从波澜壮阔的现实生活中获取灵感，铸造了一个引领中国特色社会主义主流价值观念的"精神品牌"。

在团结鼓劲的主旋律之中，《感动中国》唱响了中华民族英雄楷模的精神赞歌。我们的时代并不缺少偶像和英雄，重要的是推崇什么样的偶像与英雄。《感动中国》借助国家电视台的传播主渠道给社会树立了一个良好而清晰的示范。从创办初始，《感动中国》就聚焦于推动当代中国发展进步的主体力量，成功评选推出了一个又一个平凡而伟大、朴实而真诚的典型人物。无论是坚守正义和良知的弱小女子刘姝威，还是扫恶打黑、除暴安良的铮铮女杰任长霞，无论是创造卓越成就的科学巨擘钱学森，还是20年跋涉传心的普通邮递员王顺友，无论是收养多民族孤儿的维吾尔族阿妈阿里帕，还是自费奔赴汶川救援的唐山十三农民兄弟群体……在人们的眼里，他们都是"新时代最可爱的人"。一个能够永远唱响英雄楷模精神礼赞的民族，一定拥有奋勇前行的鲜明导向和强劲动力。

在和谐社会的新理念之下，《感动中国》实现了全民践行社会主义核心价值体系的社会动员。每届"感动中国年度人物"的评选都历时多月，经过推委委员推选、组委会推荐、公众投票等多个环节，这本身就是发现先进、褒扬先进、学习先进、效仿先进的宣传过程，更是先进人物感动公众、传承精神、延伸理想的有效途径。参与2011年"感动人物"投票的近7000万人次，各网站统计的总票数高达3.2亿张。而与此同时各地也纷纷推出自己所在地的感动人物，形成了一股全国性的教育热潮。庞大而广泛的参与者是《感动中国》具有公信力和影响力的群众基础。而事实上，我们生活中存在的"感动"远远不能用数字来衡量与体现。越来越多的人发现越来越多的"感动"，越来越多的"感动"成为越来越多的现象，它已然表明社会主义核心价值观念深入人心，昭示着中华民族精神力量的茁壮成长。

二

十年之中，《感动中国》常常会碰到一个无法回避的话题。

什么是感动？什么样的感动能让整个中国为之动容？

对此，不同的时代有不同的理解，不同的观众有不同的感觉。也许它是对大美生命的憧憬向往，是对纯洁灵魂的怦然心跳，是对刹那间永恒的善良寄托，等等，时至今日我们也仍然无法为"感动"做一个清晰而准确的定义。但是我们知道，这份感动绝不是作家画师笔下个体而细微的感觉，它一定是属于整个社会群体感同身受的一种心理体会，是能让绝大多数人普遍认可的一种价值判断。这份感动更不是坊间的空穴来风，它一定源于传统美德的召唤，源于生死抉择的震撼，源于社会责任的担当。

十年来，《感动中国·人物评选颁奖典礼》的每一次播出都是举国上下难以平静的时刻。一个个普通平凡的名字，代表着一个个鲜活而富有热度的生命扑面而来。他们或因舍生而忘死，崇高得让人感动；或因信诺而忠义，真诚得让人感动；或因朴素而高贵，纯粹得让人感动；或因善良而坚强，执着得让人感动；或因大爱而无疆，无私得让人感动——100多位"感动人物与群体"，跨过了年龄与性别的范畴，突破了职业和地域的界线，超越了时间和空间的限制，深深地烙刻在中国人的心灵丰碑。

孤立看每一位"感动人物"，他们并不都完美，也不极高大，但是那瞬间爆发的力量排山倒海，那点滴构成的美德温润如玉。他们用至美至纯的人性感召着普通大众，他们用朴实无华的行动刷新着道德标尺，他们用坚定不移的信念播撒着人间大爱，他们用不离不弃的真情诠释着责任担当，他们更用孱弱的血肉之躯巩固着我们共同的思想基础。所有的这一切汇集起来，不正是中华民族优秀品质的完美体现吗？不正是社会主义核心价值观的权威阐释吗？不正是人民群众真诚呼唤、心仪向往的精神家园吗？

正如一位名叫赵华的幼教老师在来信中所写的："看了《感动中国》节目播放的人物事迹，心底真的十分感动，每次都会流泪。虽然平时生活中看悲情剧的时候，偶尔也会伤心流泪，但那眼泪的成分和分量却是完全不同的。因《感动中国》而流下的眼泪，它承载着我对英雄们生命价值体现的深切感受，它牵动着我对英雄们崇高可贵精神的敬佩之情，它更带给我心底深处无法比拟的心灵震撼。每次看完《感动中国》，我的心里就会涌现出一股生命的冲动，还有那一份远远不够的深刻反省，久久不能平息……"

这也许就是我们寻找的感动。尽管它依旧很感性，仍然还模糊，但是为了这份感动的答卷，整个中国用了一年的时间去书写，全体民众用了毕生的付出去镌刻。中国，只有社会主义中国，才能把"感动"这个博大恢宏的命题书写得这样动人。人民，也只有中国人民，才能最精准地把握住这个概念的真谛与内涵。

从这个意义上讲，《感动中国》展示的是一个国家的"精神脊梁"，彰显的是一个民族的集体意志。它所倡导的感动，它所追逐的梦想，就存留在每一个中国人的心中。

三

回首十年走过的道路，《感动中国》由一个普通的年度人物评选电视节目，成长为今天堪称弘扬民族精神、推进和谐文化建设的经典力作，成为中国最具影响力的年度人物评选活动，其探索精神令人欣慰，其创作经验值得回味。

从第一次播出《感动中国》开始，中央领导同志就立刻给予密切关注，多次做出具体批示，称赞"《感动中国》节目办得好，看了给人以力量，给人以鼓舞，弘扬了主旋律"，并要求节目创作人员再接再厉，精益求精，让这个"精神品牌"具有持久的生命力。中央领导同志的高度重视和亲切关怀，让我们倍受鼓舞，深感使命光荣。

广大的电视观众更是纷纷通过短信、来函、电话、邮件、微博等多种方式表达对"感动人物"的致敬，对节目创作的认可。十年来仅节目组收到的观众来信就达100多万封。主持了十年《感动中国》的敬一丹说："在节目现场，那些获选人物的动人事迹让你忍不住潸然泪下，在他们面前你觉得自己是那么的渺小；节目播出后，看到如雪飞来的观众来信又令你不由得热血沸腾，每一次品读都为自己作为一名媒体人深感自豪。于是盼望着下一个感动季节的来临，去放纵自己的泪水。"广大观众的热忱鼓励和真诚赞誉，让我们诚惶诚恐，更觉责任重大。

《感动中国》十年历程启示我们，树立对党、对国家、对人民高度负责的政治意识，是打造这个精神品牌并使之具有强大公信力、引导力的根本保障。《感动中国》的创作人员始终把坚持正确舆论导向作为节目的生存之基，把弘扬民族精神作为节目的思想之魂，把倡导社会主义核心价值观作为节目的立足之本，围绕党的中心工作缜密构思节目主题，紧扣时代特色精心提炼节目内容，根据群众意愿严格评选年度人物，从而在党和各级政府与人民群众之间架起了一座沟通的桥梁，打了一场漂亮的统一思想、凝聚力量、鼓舞士气的宣传主动仗。《感动中国》的实践再次证明，电视新闻工作者的社会责任感从来不是一句空话、虚话、套话，它必然源于对国家和人民深刻的了解，对国家和人民深厚的感情。只有对国家和人民了解得深，爱得深，才会有强烈的责任感。

《感动中国》十年历程启示我们，必须坚持贴近群众、贴近生活、贴近实际的新闻原则，这是一部优秀电视作品具有鲜明时代性、艺术性的重要法宝。《感动中国》之所以能够成为中央电视台第一公益品牌，就在于它强烈的时代特色、浓厚的人文观照和真实的思想意境。这种风格与特色的形成不是坐在办公室里拍着脑袋凭空琢磨出来的，而是创作者们自觉地遵循新闻宣传规律，深入群众，深入生活，深入实际，脚踏实地干出来的。

为了寻找感动身影、捕捉凡人善举，记者们常年奔波于城乡村寨之间，走进候选人物的内心世界，从观众的视角纪录最精彩的瞬间，以平实的心态挖掘最真实的美丽。于是，支教深山的徐本禹、为母捐肾的田世国、"赤脚医生"李春燕、背妹上学的洪战辉等一批鲜为人知的平民英雄成为人们敬仰的榜样。为了评选的客观公正、人物的典型全面，中央电视台广纳各界人士组成权威推荐委员会，反复斟酌，缜密论证，力求向广大观众推荐的每一位年度人物具备最广泛的民意代表和最独特的人格魅力。于是，为中国慰安妇伸张正义的日本律师尾山宏、给西藏盲童带来光明的德国盲人萨布利亚·坦贝肯、身体力行倡导慈善事业的香港艺人成龙等一批具有非凡意义的特殊人物鲜活地走进了中国人宽厚的胸怀。《感动中国》的实践再次证明，主旋律的节目，只要坚持"三贴近"，是不会枯燥的，而且是会有强烈的吸引力和感染力的。

《感动中国》十年历程启示我们，必须坚持与时俱进、不断创新、精益求精的创作方式，这是一部优秀电视作品具有长久生命力和影响力的有效手段。十年来，《感动中国》从没有停止探索的脚步，从没有冷却创新的激情，年年出新意，届届有亮点，为广大电视观众奉献了一道道极具震撼的心灵盛宴。以"感动"作为切入点弘扬民族精神，本身就是主旋律宣传的一个创新之举。今天，它所独创的节目样态被媒介同行广为借鉴，并形象地称为"感动体"；它所推出的人物颁奖词和形象歌曲更为人们诵读传唱，甚至成为社会流行的热词与金曲；它所建立的"全国感动联盟"成为跨媒体合作的成功典范，"央视主办、媒体联动、群众参与"的模式令人耳目一新。《感动中国》的实践再次证明，创新是一个电视品牌节目永葆活力的生命源泉，更是一个主流媒体实现文化自觉、文化自信、文化自强的不竭动力。

"东风好作阳和使，逢草逢花报发生。"《感动中国》已经开启了2012年春天的序幕，温暖的阳光洒满大地。我们有信心期待《感动中国》能够继续感动你我，我们同样有理由相信中央电视台能够不断总结，坚持"三贴近"，推出更多更好的名牌栏目，打造更多中国的"精神品牌"。

（2012年）

让《感动中国》走进每一个角落

　　《感动中国》是中央电视台最重要的年度人物评选活动，是中央电视台最有影响力的品牌活动，到现在，它已经走过了十个年头。《感动中国》始终以巩固共同思想基础、凝聚民族精神力量、弘扬社会主义核心价值观为己任，大胆创新、不断进取，在社会上产生了巨大而深远的影响。

　　10年来，《感动中国》年度人物评选活动始终坚持贴近实际、贴近生活、贴近群众，推出了一系列具有鲜明时代特征和广泛社会影响的模范人物，他们鲜明而生动地弘扬了社会主义核心价值观，集中体现了中华民族的传统美德和优秀品质，集中诠释了社会主义大家庭的真情与挚爱，集中反映了新时期人民群众昂扬向上的精神追求。

　　的确，《感动中国》十年来从没有停止过探索的脚步，年年出新意，届届有亮点，今天，它所独创的节目样态被媒介同行广为借鉴，并形象地称为"感动体"；它所推出的人物颁奖词和主题歌曲为人们诵读传唱，甚至成为社会流行的热词与金曲；10年来，《感动中国》推出的一系列模范人物，成为衡量当前国民道德水准的新标杆。

　　一个节目取得这样的成绩，我们有理由自豪，但并不能满足，它还有更长的路要走。

　　《感动中国》是中央电视台制作的节目，既然是要感动一个国家，仅仅凭借中央电视台一个平台也做不好，它应该是全国人民的。在2012年的下半年，我们将会和全国所有愿意参与的机构一起，共同寻找和传播感动。

　　感动存在于民间的每个角落。《感动中国》所要做的首先就是发现。以往，我们更多的是凭借中央电视台一家媒体的力量。我们要打开大门寻找感动。现在，我们已经和全国绝大多数省市自治区的媒体建立了战略合作，在当地委托一家最有影响力的报纸合作，发现感动从基层开始。我们还有更多的合作伙伴，全国性报纸、地方台和多家网络媒体，都会为我们提供感动线索。

有了感动，还需要评判。感动不能排出一个排行榜，但我们会争取把最感动的人物和故事拣选出来，奉献给观众。《感动中国》推选委员会，由国内各界的知名人士组成。他们已经连续十年为我们提供重要评判。今年我们还进一步要加强推选委员会的作用，让更多具有时代特点、广泛影响力的人士成为推选委员，具有更广泛的视野及更具社会影响力的卓越人士应邀加入，使推委会阵容更加强大。

今年《感动中国》还有一个新的特点，就是让它的公益色彩更浓。与《感动中国》合作的新媒体，他们从寻找感动阶段开始参与，如果发现有感动人物需要帮助，他们会广泛发动网友资助，让公益行动在第一时间展开。我们并不期望网友能解决所有的问题，但这种对公益活动的参与是我们所倡导的。真正参与到"感动"中来，比看一次颁奖节目所受到的触动更深。

公益行动将在多个方向上展开，电影界，我们将会成立公益电影联盟，选择感动中国人物作为故事原型拍摄成电影，进入主流院线。出版界，我们和出版社合作，在全国各地需要捐助的学校中捐建感动图书馆。我们期望《感动中国》是一台播种机，把感动的种子撒遍各地，而且能生根发芽。

《感动中国》最早诞生的时候，也是在这样的一个秋天，一群心怀梦想的电视人开启了感动的序幕。那时候，他们没有想到会有今天的盛况，专家学者、媒体精英济济一堂，全国各地的网络、电影、出版、公益等各个领域为了一个目标和电视走到了一起，这正是感动的力量，更是所有深深爱着我们这个国家和人民的媒体自觉的行动。

"央视主办、媒体联动、群众参与"，这是《感动中国》所创造的一个媒体活动模式，我们希望有更多的意见参与进来，让《感动中国》走进每一个角落，甚至跨过大洋，走到海外。这个模式还在不断地创新和丰富，但《感动中国》一直在弘扬社会主义核心价值观，一直在深刻地关注人，关注人的生活和内心，这样一个宗旨，我们永远不会变。

（2013年）

纪录片，架起中华文化之桥

一部纪录片引发全社会的追捧和赞誉确实不多见，因此，由中央电视台摄制的七集纪录片《舌尖上的中国》在综合频道《魅力纪录》栏目和纪录频道播出以后，社会各界给予它的赞美多少也超出了我们自己事先的预期。事实上，这部片子在海外也产生了极大的影响力。在今年法国春季戛纳电视节中这部纪录片同样获得了多国媒体和机构的认可和好评。这部纪录片的热播，引发了我们的思考，比如，主流媒体如何弘扬先进文化，如何坚持品质、品格、品位，如何推动以更生动、更亲近的方式促进中华优秀文化走向世界，等等。

第一，《魅力纪录》是主流媒体坚持品质、品格、品位的有益尝试。在《魅力纪录》栏目首播的纪录片《舌尖上的中国》展示了内涵丰厚的中国传统文化，是一部具有民族气派的影像作品。片子播出后，一时间成了人们街谈巷议的公共话题，"舌尖体"也迅速在网络上流行起来，由这部纪录片引发的"蝴蝶效应"仍在扩散，凸显了社会主流文化作品的吸引力与传播力。从收视调查结果来看，纪录片《舌尖上的中国》大大超过了以前同时段播出的各类电视剧和综艺节目。这一现象引人深思。从今年4月16日开始，中央电视台在综合频道晚间黄金时段开播了《魅力纪录》栏目，取代了过去在这个时段播出的电视剧。我们的考虑是，作为国家电视台必须坚持以文化和品质为先，尤其是综合频道作为旗舰频道在栏目设计与节目编排上更要优先考虑国家风范、文化品质、社会影响、观众口碑和美誉度等指标，弘扬社会主流文化，凸显媒体的社会责任。事实上，真正坚持高品位、高品质的好节目，收视率往往也会有不俗的表现。比如，《魅力纪录》栏目开播以来，收视率反而超过原有电视剧时段30%，并且随着品牌的培育和影响力的提升，增长的空间仍然很大。《魅力纪录》先后播出了《生命》《人类星球》《东非大裂谷》《天启》等国际一流水准的纪录片，提升了国家电视台的文化品格、品位和品质，优化了央视主频道的节目结构，丰富了节目形态，满足了观众多样的文化需求，尤其是吸引了越来越多的青年电视观众回归电视荧屏。《舌尖上的中国》作为《魅力纪录》栏目第一部首播的中国原创优秀纪录片，经典作品借助优质平台播出实现了品牌叠加效应，大大提升了纪录片在全国电视观众中的传播影响力，也证明纪录片这一高端主流文化产品正在日益彰显出社会主流文化价值的凝聚力和吸引力。

第二，纪录片《舌尖上的中国》是创新中华文化对外传播方式的一次积极探索。纪录片是国际通行的影视语言，是传播中华文化的重要桥梁、展示中国发展的重要载体。《舌尖上的中国》透射出一种厚重的历史感和文化品位，让海内外观众从中感知中国的文化传统和社会变迁，片中一组组特色美食，不仅展示了中国改革开放30多年来的巨大变化，更表达了中国人在新时代中积极向上的精神风貌，用镜头下的"美食"传递着中国社会悄然发生的变化，以独特的人文视角表达中国的文化价值理念。因此，有境外媒体评价称《舌尖上的中国》是一次成功的文化传播范例。同时，"中国题材、世界表达"这一国际化的传播理念又一次得到了国际市场的验证。这部纪录片之所以受到海外主流播出机构的认可，受到了海外华人和国外观众的好评，一是选择了"独特性"和"共通性"兼具的美食题材，并深入挖掘了其背后源远流长的中华文化；二是采用了国际化的制作和表达手法，初步达到了国际水准；三是充分贴近真实，以情感人，充满浓郁的人文关怀、家国情怀和乡土情结，成功跨越了语言、社会、价值观等传播障碍，为中华文化"走出去"探索出许多珍贵的经验和启示。"口水加泪水"是观众尤其是海外观众对片中传递的爱国、思乡之情最生动的描述。

第三，纪录片《舌尖上的中国》是中央电视台现实题材纪录片创作的一次成功实践。当前，中央电视台坚持实施纪录片"精品工程"，持续推出一系列展现中华文化、反映时代中国的精品原创纪录片，着力打造一批代表中央电视台的文化品质与创作水准、具有世界影响力的纪录片。《舌尖上的中国》为中国现实类纪录片的创作在题材上、制作上、传播上、叙事结构上都提供了诸多可供思考、借鉴之处。很重要的一点是，对于中国文化等宏大主题，《舌尖上的中国》通过一个人、一个家庭和一个村庄这些微观的元素来表现，表达方式可亲，注重展现细节，温情故事穿插其间，让人有亲近感，易于接受。中央电视台和整个中国纪录片的创作都需要进一步创新理念、形式和内容，让纪录片更加贴近生活、走进生活，让观众从中找到情感寄托和精神共鸣，真正做到雅俗共赏，成为展示中华民族历史文化、人民精神风貌、经济社会发展成就的重要文化传播载体。

作为国家文化软实力的重要体现和价值传播的最佳媒介形态，纪录片的社会影响和独特魅力正在日益显现。显然，中央电视台作为中国纪录片规模最大的制作播出平台，一部《舌尖上的中国》当然是不够的，需要打造更多像《舌尖上的中国》一样面向国际、制作精良、品质一流、有口皆碑的精品纪录片，为传播中华文明和传统文化、传达中华文化价值发挥国家电视台应有的引领作用。

中国纪录片又一个充满希望的春天正在向我们走来。

（2012年5月28日）

我们从这个大会上听到了什么

中央电视台的《中国汉字听写大会》能够成为一种文化现象，能够把严肃题材做成一种时尚、一种品牌、一种价值的引领，从而产生巨大的社会影响力，最根本的是抓住了传承和弘扬优秀传统文化与核心价值观这个大主题，又找到了大众喜闻乐见、乐于参与的传播形式和载体。

细细剖析《中国汉字听写大会》，不难发现有这样几个特点：

（一）实现了对主流文化的传播和引领，体现了国家主流媒体的责任和担当

习近平总书记在文艺工作座谈会上指出，中华优秀传统文化是中华民族的精神命脉，是涵养社会主义核心价值观的重要源泉，也是我们在世界文化激荡中站稳脚跟的坚实根基。强调要结合新的时代条件传承和弘扬中华优秀传统文化。中央电视台作为国家主流媒体，传承和弘扬中华优秀传统文化是义不容辞的使命和责任。近两年，中央电视台先后推出《中国汉字听写大会》《中国成语大会》《中国谜语大会》等原创文化类节目，目的就是发挥国家媒体的标杆作用，坚持品质和品位，追求健康的价值取向，积极传播传统文化和社会主义核心价值观，引领电视文化传播方向，努力彰显国家电视台的大台风范、责任担当和文化品质。尤其是《中国汉字听写大会》，作为中央电视台全新文化类节目的开山之作，起到了很好的示范作用，推动了以中国优秀传统文化为核心的知识文化类节目的迅速风行，成为主流媒体弘扬中华优秀传统文化的典范。

（二）在创新文化传播中打造了电视品牌

在当下激烈的媒体竞争环境中，《中国汉字听写大会》之所以能在众多重金打造的娱乐节目夹击下持续引发观众的关注与参与，就在于抓住了当今时代观众内在心理需求，发出了直抵人心的文化力量。同时，节目创意的新鲜度、新颖度和时代契合度，让人看到了文化类节目的新机遇。为了打造节目品牌，产生更大的社会影响力，在《中国汉字听写大会》这类节目上，我们舍得拿出好时段、好资源、好平台，在综合频道和科教频道黄金时间持续播出，就是为了传递一种导向，塑造一个品牌，形成一种引领。今年，《中国汉字听写大会》获得第27届金鹰奖和首届全球华人国学大典年度卓越传播大奖，再次彰显了它的社会意义和传播价值。

（三）契合了现实需要，全民广泛参与

《中国汉字听写大会》的核心创意紧密围绕信息化时代全社会普遍存在的"提笔忘字"的问题，针对当下电脑普及、手写汉字功能退化的时代背景展开，强调汉字书写之对于文化传承的重要性。因此，《中国汉字听写大会》起到了传承文化、传续文脉、传播文明的重要作用，进一步唤醒了更多的人对文字基本功的掌握和对汉字文化的学习，很好地激发了人们热爱汉字、书写汉字的热情。《中国汉字听写大会》的节目创意有很强的现实针对性，就是为了提高国民整体文化素质，注重原创而不是盲目跟风，注重文化而不是娱乐，节目播出后引起了各个年龄层观众的集体共鸣和同步参与，引发了人们关于如何传承传统文化、如何直面汉字书写能力退化的思考。

类似《中国汉字听写大会》这样的文化类节目今后还要办下去，要办得更好。做大做强这个文化赛事品牌活动可以从这样几个方向努力。

一是创新内容。汉字听写大会要进一步开阔视野，除了现有的字词听写，重点要放到日常用字上，放在汉字的普及上，多选择那些生活中用得多、写得少、容易写错的字词，多选那些似是而非的字词，少选偏僻晦涩的字，少选日常生活和阅读中基本不用的字。比如，对于那些化学、生物、医学等领域的专有名词、术语，不具有广泛交流意义，就不宜过多选用。节目是为了提高全民汉字书写水平，促进语言文字交流和使用，增强对传统文化的认同和传承。抓住这一点，节目的内容设计上的很多问题都会迎刃而解。

二是创新形式。汉字听写大会的表现形式要多样化，要丰富多彩，要有趣，否则容易产生审美疲劳。在赛事组织、环节设置、播出内容、现场气氛、专家点评等方面都要精心设计，增强贴近性，要把知识性、实用性、参与性和趣味性有机结合起来，吸引电视观众广泛参与，让观众既获取知识，又有愉悦感。

三是扩展范围。比如简体字和繁体字，常用字和非常用字，都可以有。听写大会，除了写，还有听，对于字的读音、一字多音等都可以纳入节目中，除了写字，还可以考察选手对词意的理解等，避免办成记忆大赛，不是为了看谁背字典背得好，重点还是在于群众性，在于书写背后的文化传承，要跟普通百姓有关联，不能把多数人排除在外。参赛选手的范围也可以拓展，除了中学生、成人、各行各业的人也可以参与，这些都可以设计和考虑。

《中国汉字听写大会》是中央电视台坚守文化品质、坚持节目创新的一次成功实践，只要不断总结经验，不断改进提高，就一定会更好地弘扬主流价值观，传播先进文化。

（2014年10月31日）

《百年潮》的收视热

《百年潮·中国梦》自5月26日至30日在中央电视台综合频道黄金时间播出后，引发观众的极大关注，在社会各界产生了强烈反响，被誉为是"生动解读中国梦的精品力作、激发社会正能量的恢宏巨片"。

（一）从政治影响上来看，《百年潮·中国梦》是对中国人全身心投入实现中国梦伟大实践的一次激励

习近平总书记首度提出"中国梦"之后，实现中华民族伟大复兴的中国梦，成为当今中国发展进步的高昂旋律和精神旗帜，引起了每个中国人的强烈共鸣，也受到了国际社会的热切关注。但是，在实现"中国梦"的伟大进程中，一些问题也常常萦绕人们心际。中国梦是在什么样的背景下提出的？中国梦的具体内涵是什么？实现中国梦，需要依靠哪些力量支撑？中国梦对于世界而言意味着什么？

如何对这些具有普遍性的问题进行集中而深刻的解疑释惑，既关乎理论上的精确论述，也关乎实践上的具体抓手。而这正是电视政论片《百年潮·中国梦》创作和推出的着眼点和出发点。它的应运而生和适时播出，不仅紧紧扣住了时代跳动的脉搏，也深深洞察到了人们的思想诉求，传导出13亿中国人民为实现中华民族伟大复兴而勃发的正能量，可谓恰逢其时，意义重大，影响深远。

《百年潮·中国梦》通过《百年追梦》《中国道路》《中国精神》《中国力量》《筑梦天下》5个篇章，生动讲述了"中国梦"的由来，准确阐释了"中国梦"的核心内涵，真实反映了"中国梦"所引发的"世界回响"。它站在中国改革开放这一历史方位和伟大实践，对近现代以来的仁人志士，特别是党的几代领导集体，为实现民族独立、国家解放、人民幸福和改革开放所付出的努力进行了精辟概述，对实现"中国梦"所应该秉持的指导思想、理论基础和道路途径做出了深刻阐释，旗帜鲜明地回答了实现中国梦必须走中国特色社会主义道路，必须弘扬民族精神和时代精神，必须凝聚中国力量，必须和世界其他国家和民族一道同筑合作共赢之梦等一系列重大问题，具有极强的教育和启示意义，所以它也被高度评价为是"激励中国人全身心投入实现中国梦宏伟事业的一次总动员"。

许多观众表示，通过观看政论片，对中国梦的来源、历史脉络、提出背景和核心内容有了全面深入的认识。自节目播出以来，网上下载转发、网友跟帖点赞，不计其数，"中国梦"和"梦想"成为互联网舆论场上讨论的热点话题。

（二）从理论研究上来看,《百年潮·中国梦》是全面解读、准确阐释"中国梦"的电视精品力作

叙说中国梦，相关的文献资料与重大论述浩如烟海，丰富多彩。但是，以电视这种独特的表现方式，准确全面、系统生动地阐释出"中国梦"的厚重内涵与精神实质，《百年潮·中国梦》则是第一次。

《百年潮·中国梦》以宏阔的气概和开放的胸怀，立足中国当代实际，对"中国梦"的内涵与外延进行了深刻的思索，将论证的视野不仅拓展到百年来的中国现当代历史，而且根植于中华文明传统，同时延伸至世界范围的经济与文化交融当中，把过去与现在、历史与未来紧密连接，把国家与个人、中国与世界融为一体，极大地拓宽了中国梦的价值诠释空间，使整个节目观点言出有据，言之在理，立论振聋发聩，引人入胜，具有强大的思想穿透力和现实引导力，成为阐释和解读"中国梦"的一部经典力作和教材。

尤其是，节目对习近平总书记对"中国梦"的全面论述和高瞻远瞩进行了充分而准确的阐发，生动展示了新一代领导人的治国韬略、领袖风范和人格魅力，同时，也将节目的向度与落点，对准当今中国的百姓大众，通过对一个个小人物梦想的追问，连缀起一个国家、一个民族、一个时代的皇皇大梦，通过对一个个普通人圆梦的叙事，铸就成中华民族感天动地的史诗长卷，使习主席提出的"中国梦"，上通天心，下合民意，从而深刻揭示了"中国梦"既是中华民族伟大复兴之梦，更是为每一个中国人带来福祉和希望之梦的鲜明主题，让人们产生强烈的思想共鸣与目标认同。专家学者认为，这部片子紧扣中国道路、中国精神、中国力量与中国梦的内在关联，深入探寻了中国道路的历史必然和现实依据，挖掘了中国精神的深刻内涵，张扬了中国力量的不竭源泉。

（三）从创作艺术上来看，《百年潮·中国梦》是中央电视台在电视政论片上的一次突破和创新

《百年潮·中国梦》是近年来中央电视台播出的最有影响力、震撼力的电视政论片之一。它之所以在观众中产生强烈反响，得到社会各界的一致好评，其中一个极其鲜明的特点就是没有堆积政治语汇，也不图解政治理念，而是通过不断创新，将政治化的语言进行了口语化的加工、电视化的呈现和诗意化的表达，实现了电视政论片创作的一次新突破。节目着力在"中国梦"的思想阐发和观点凝练上下功夫，在追思历史、观照当下、憧憬未来三方面的结合上做文章，让大道理接地气，让新观点有底气，可谓立意高远，视野开阔，大气磅礴，振奋人心。有专家认为，《百年潮·中国梦》是当前电视政论片创作的一次重要收获，将对实现中国梦的价值和意义进行"最大的普及"，富有文献价值。

同时节目在创作上不落俗套，独辟蹊径，大胆使用新颖、时尚元素，充满着现代灵动的气息，极大地吸引了年轻观众。比如，为了加强政论片的视觉冲击力，节目不仅大胆采用了大数据的节目特质，用灵动跳跃的手法，将一组组枯燥的数字形象化地展示，而且首次使用了电影创作中的达·芬奇调色设备，开创了电视政论片技术手段的先河，仅需要的电视镜头与画面就近4000个，使用量创下电视政论片之最。为了增强整体节奏和音乐效果，节目还大胆使用了时尚、新潮的音乐元素，别具一格，独具魅力，有效烘托了片子的磅礴气势，提升了亲和力，吸引了一批年轻观众。《文艺报》发表评论说："在新媒体迅猛崛起的今天，这部政论片将传统意义上的报告文学和新兴的强势媒体有机结合起来，通过解说词与影视画面、音乐烘托互为铺陈、相得益彰，其影响力和艺术效应将呈几何级数放大。"

节目的收视从另一个侧面也反映出受欢迎的程度。据统计，五集平均收

视率达到0.9%，显示出强劲的关注度和广泛的影响力。

（四）从节目运作上来看，《百年潮·中国梦》是一次成功的集体合作和力量展示

《百年潮·中国梦》是由中央电视台和学习出版社开展的一次跨媒体合作，它的成功显示出我们的合作优势和集体智慧。

学习出版社过硬的思想理论力量和中央电视台强大的制作团队，使双方彼此补充，相得益彰，形成了良性的互动。节目的解说词，既富有思想的光芒，又饱含文学的温度，在普通文字的排列组合之间，蕴藏着动人的亲和力与感染力。电视的画面镜头，内涵丰富，注重形式美，富有现代风韵，散发着"大片"的气息，给人以视觉上的冲击力与震撼力。电视表达与文学语言的完美融合，使《百年潮·中国梦》具有优良的品质，不同凡响。

毫无疑问，它为我们搞好中国梦的宣传积累了经验，为提升主流媒体的引导力和影响力，探索出了一条成功之路。

（2014年6月2日）

为了谜语文化魅力的分享

有人说，谜语周朝就有了。三千多年后，这个古老而有趣的文化珍珠堂而皇之地出现在中央电视台的屏幕上，而且还成了"谜语大会"，在央视最黄金的时段连着直播了三天，礼遇不低。

这显然是有其理由的。

有人把谜语比喻成中国文化的微雕，有人比喻成是文化的碎玉、珍珠。不管比成什么，无不透出对谜语的喜爱。

谜语也真的是招人喜欢。

它不像有些文化门类，门槛很高，比如格律诗和词，多数人只能在门外看看热闹，不懂，也不会写。还有唱歌，也非人人可为，没嗓子，或者五音不全，怎么办？

谜语就完全不同了。它虽是地地道道的文化，但是连不识字的都能参与。它很厚道，不拒绝任何人。它的社会普及率是全方位的，文人学者、引车卖浆、妇孺翁妪，有兴趣就行。或许正是这个特性，才使谜语获得了无比强大的生命力。几千年的世事流变，都没有毁掉它，反而是使谜语家族人丁兴旺，百花盛开，生生不息，越来越好看，越来越有趣。

在古代，谜语的流传主要靠口口相传，或者骚人墨客题写条幅、扇面、影壁、门廊、花灯等，虽有困难，却也保存了谜语一条血脉，使这条文化小溪千百年始终没有断流，滴灌式地滋润人们的心灵。

到了电视时代、信息时代，谜语传播、传承的路子宽了。电脑上、手机里，找谜语一点不难了。唯独如何进电视还没摸到门路。这下好了，中央电视台试着为谜语的传播找了个路径，就是"中国谜语大会"。

往大了说，搞这样的谜语盛事，当然是为了文化的传承，传统的延续。一个民族的文化如何一代代传下去，各家都有各自的载体和方式。谜语以其小巧玲珑的袖珍性，很轻松自然地、不动声色地走进了中国人的千家万户。它所携带的文化因子也就在不经意间渗透进人的心田之中。

中国谜语这个袖珍宝宝招人喜爱还有一个很重要的原因，就是它天然的形式魅力。它巧设玄机，欲说还休，声东击西，顾左右而言他，明修栈道，暗度陈仓，还有押韵对仗，象征比附，形象生动等，让人欲罢不能，在柳暗花明、豁然开朗那一刻尽享心灵释然的美感。

这固然好。但也有一个问题，就是怎么样让更多的人共享谜语之美。于是，中央电视台想到了用电视、网络为谜语搭个大舞台，让几亿人同一时刻分享谜语的文化魅力。

为了做好这件前所未有的好事，中央电视台是下了功夫的。

《中国谜语大会》尽可能地把多种现代媒体手段用在节目上，有明星出谜、学生分组竞猜、专家点评、观众有奖竞猜等，形式新颖，耳目一新。这些手段让谜语有了新生命，使谜语这个安静的文化形式登上了电视热闹的荧屏，引发了观众浓浓的兴趣，积极参与互动，一下子形成了一场全民参与的文化活动。从这个角度看，这也是一场真正的电视媒体与新媒体的融合与互动。从《中国谜语大会》作为原创节目设计的匠心，能看到央视在履行传统文化的传播责任时所倾注的心力，为的就是让观众品尝一场以谜语为主角的文化盛宴。

这场文化大会不光让我们看到这个时代拥有的众多传播媒体，为传统文化的传承提供了多大的便利，更让我们意识到，媒体对传统文化的传承、传播、发扬和创新有着多么大的不可推卸的责任。在诸多媒体中，电视作为一种集视听于一体的传播手段，比起报刊、书籍、广播的记录方式来更符合人类的感知习惯，其传播规模和效益至少到目前还有着无可比拟的优势，其威力足可造福传统文化。正因为这样，电视在文化传承和创新中也肩负着更大的责任。

在《中国谜语大会》节目中，我们看到了央视身为一个国家媒体的责任与担当。值得一提的是，在频道选择上，《中国谜语大会》选择在央视一套黄金时间播出，时长近两个小时，历时三天，是央视"一黄"有史以来规模最大、时间最长、涉及面最广的一档节目。再加上节目形式创新，最终使得节目无论是社会效果、文化传播效果，还是收视、观众参与程度都达到了极好的效果。

　　活动结束后，为了更好地传播谜语文化，《中国谜语大会》节目组又从征集来的原创谜语中精选了700余条既有文化底蕴又生动有趣的谜语，加上节目竞猜谜题100余条，将之结集成书付梓出版。这本书将谜语分为八大类，包括字谜、古今人物谜、地名谜、成语谜、诗词及经典谜、百科知识谜、生活谜、热词及常用语谜，差不多较全面地代表了中国的谜语种类，并且又有所创新和发扬，不失为一本雅俗共赏的经典谜语类书籍。

　　万物均有其所本，文化更如此，在中国文化不断生长绵延的过程中，我们都应当为弘扬传统文化的精华作出最大的努力。哪怕是像谜语这样的碎玉，也是万万不可丢掉的。《中国谜语大会》正是央视文化努力的尝试之一。

（2014年3月）

永恒的资本

《资本的故事》第一季的播出已经在中央电视台落下帷幕，其产生的反响大大超出了原有的预期。当人们紧盯着屏幕，被精彩的故事吸引的同时，也通过画面和声音将一个个精彩的、源于资本的故事，深深地印在了脑海中——在那些悠长的岁月里，资本一直在演绎着或悲或喜的传奇。

《资本的故事》第一季为20集，每集8分钟，以短而精的故事形式，展现了厚实广博的内容。时间维度跨越400年，从股票的诞生一直到次贷危机，故事娓娓道来，让人们在洞悉每一个搅起世界风云的事件背后的同时，看到资本流动、变化的轨迹以及资本与经济发展之间错综复杂的关系。

在这部片子里，人们看的不只是历史，更是生活。在总共160分钟的时间里，400多年来世界资本的发展历程被一一展现，给予人们的不仅是故事，好看的故事，而且还是案例，经典的案例。如今资本与我们的现实生活息息相关，那么这些故事就成为一面镜子，这些镜子一样的故事就会让我们在今天比照出资本在市场经济中的作用和地位，并为中国经济下一步的深化改革和发展提供借鉴。这就是《资本的故事》所要达到的正预期，传递的正能量。

可喜的是，由于作者的努力，《资本的故事》做到了严肃，更可喜的是，它又兼顾了有趣。在艺术创作中，文通字顺不难，辞藻华丽不难，画面漂亮不难，最难的是有趣味。电视纪录片作为高端的主流文化产品形式，必须做到真实、严肃，但严肃不一定无趣，它们两者不是天敌。因为既然是故事，那就一定有故事的可读可看性，虽然说被讲述的主体是神秘的资本，但又绝不会像教科书一样令人索然寡味。它的每一集都是独立成章的故事，选取的是世界经济发展历史上举足轻重的具体的事件或某个占有一席之地的人物，所有的史料都经过节目组主创人员精细考证，得当确凿。特别是其中一些经过精挑细选的、具有代表性的图片资料，编导们都以搅动视觉的图画传递方式呈现给观众朋友，并在讲述人沉着有力的声音中得到享受。

高品位、高品质的优秀电视节目，必定要以传播知识为主要内容，《资本的故事》做到了这一点。资本存在于市场经济的每个角落，工业化社会人们的普通生活谁也离不开资本。但这并不意味着每个人都了解或者清楚地知道资本是什么。

那么资本到底是什么呢？在触手可摸的现实生活中，资本并不虚幻，它就是人们使用购买物品的货币，是人们用来生产的机器，是人们用来消费的商品，等等。然而经济学在讲述资本的本质的时候，却未免让人们觉得深奥难懂，它是那么抽象的一个概念，此时它不是具体的物，而是体现在物上的生产关系，有时候是金钱，有时候是权利，有时候是社会关系，有时候甚至可能就是一个捉摸不定的承诺。因此，《资本的故事》力求做到，将资本的性质和特点转化为常识，再以通俗易懂的方式传递给渴求这方面知识的人们。

回眸过去是为了展望未来，《资本的故事》讲述的是过去几百年世界经济的历史片段，目的正是要人们获得思索。这就使这部计划拍摄五季、100集的系列微纪录片更加具有了现实意义。当下中国的经济发展令人欣喜，但是经济的增长方式和资本的市场运行却依然存在不少的问题和困惑，这些或多或少都能在《资本的故事》中找到影子，哪怕只是一些细微的蛛丝马迹。不管是防微杜渐，还是亡羊补牢，《资本的故事》着眼现实和引导未来的创作初衷的确在以一集集声画盛宴的方式得到了较好的体现。

系列微纪录片《资本的故事》以"播出季"的方式滚动制作和播出，是中央电视台专业财经短片的一次有益尝试。此后将会在2013年继续播出第二季、第三季、第四季、第五季。

此次，经济日报出版社将中央电视台《资本的故事》纪录片做成图书，让纪录片的文化价值以图书的方式延伸，每一季都以平面的方式再现一次精彩。图书除了完整呈现纪录片的内容，还增加了资本市场最为重要的事件背景、相关案例，扩展了相关的经济学名词解释，链接了经济学专家的精辟评点，使故事更加全面厚重，让知识点触及更广，补充了因为纪录片时间较短无法表达的内容，与电视片捆绑起来阅读，在保存纪录片精髓的同时增添了更多的血肉。

期待《资本的故事》纪录片以及和纪录片同步的图书，能够坚持以传播先进文化为先，更加努力地为观众和读者打造主题深刻、轻松可看、知识富集、趣味盎然的文化精品。

辑五

新闻报道

拜金主义要不得

在我们步步推进社会主义市场经济建设的时候，这样一个声音越来越清晰地回响在我们耳边：还是要讲艰苦奋斗，讲高尚的人生观、价值观，拜金主义，奢侈挥霍之风要不得。

改革开放使我们手里的钱多了，这是好事，可怎么花却大有学问。对占人口绝大多数的工农大众来说，"勤俭是咱们的传家宝"依然是最动听的旋律。偏偏有些人对此报以鄙视的冷笑：搞市场经济了，还要"缝缝补补又三年"吗？于是人们看到了一个个叫人目瞪口呆的场面：

杭州的两个"大款"为了斗富，竟在众目睽睽之下，比赛烧人民币，每人烧掉两千多元而面不改色；

在长春一家卡拉OK厅，一个富翁宣布：包下当晚所有的"点歌费"，另一位大亨立即宣布：买下全市当天所有的鲜花：你不让我点歌，你也别想献花；

春节时，一个青年富豪仰望着纷纷落下的爆竹纸屑竟兴奋地流下热泪，因为他刚刚点燃的四个爆竹是用两千元人民币卷成的；

一位北京"大款"用两万元一桌的宴席招待广东"大款"竟遭奚落，不久广东"大款"用六万元一桌回请，谁料北京"大款""啪"地打开密码箱，潇洒地甩出三十五万元：今天这桌就照这个数！

至于一个"大款"身上的穿戴价值十几万，一个富婆甩出两万元点一支卡拉OK，三十万元一只的哈巴狗被"大款"眼都不眨牵上就走，这类新闻也时有所闻。

无疑这些例子都是极端的，但它投下的阴影却在平民百姓中日益蔓延：

豪华饭店吃不尽的高档宴席；婚丧嫁娶走不完的人流车队；田野山坡一眼望不到边的活人墓地；一百元一个的钥匙链卖得最火；十万元一件的大衣买者如云。可以说，拜金主义开始越来越大胆地牵动人们的衣襟。在许多人那里，斗富、显阔、纵欲被称为"潇洒人生""过把瘾就死"；大款、大亨、大腕被当作崇拜的第一偶像；金钱、别墅、宠物被看成辉煌人生的象征。

有了钱怎么花是个人的事，但算盘怎么拨法却反映出人的追求、人的境界。如果把这些一掷千金、挥金如土的做法放到精神道德和我国刚刚解决温饱这个大背景下加以考察，就更耐人寻味。艰苦奋斗、克勤克俭是我们中华民族永远值得骄傲的美德。从"粒粒皆辛苦"的古训到周总理衬衫上的补丁，我们两千多年的文明史上一直闪烁着这种崇高节操的光彩。如今发展市场经济，"恭喜发财"成了许多人的第一祝愿。但是我们必须清醒，人际关系决不是简单的金钱交换，经济生活的原则决不能移植到思想道德领域。正如有人所说："人要有商人的头脑，但不能有商化的灵魂"。物质与精神，永远是人类文明进步这架天平的两端，失去哪一个都如同鸟折一翅，车失一轮。金钱我们需要，高尚的道德情操我们更要追求，艰苦的年代如此，发展市场经济的今天同样如此。如果让金钱的光芒遮住了比它更美好的精神世界，社会将是残缺的，人格将是病态的。正是从这个意义上说，挥霍无度的侈奢之风，早已超出了个人消费的范畴，它给全社会特别是涉世未深的青少年带来的劣性刺激和心理震荡是不容忽视的。不少人比吃比穿比享受，就是不比工作、不比创造、不比贡献。东北一位大学生说：过去觉得上大学光荣，现在，落榜的同学成了大款，作为大学生我很自卑。吉林工大一项调查显示：53.9％的学生把赚钱多作为择业的头条标准；北京一位教师则急切地呼唤人们听一听中学生在唱什么："世上只有钞票好，有钱的孩子像块宝。"这位教师实际上是在呼唤人们：警惕奢靡之风吹落了我们的精神风帆！

如果我们把目光从灯红酒绿的豪门宴移到农舍窑洞，警惕拜金主义的话题会变得更加沉重。改革开放给我们这个11亿人的大国带来了前所未有的变化，但现在远非黄金铺地，我们还人均不到400美元，在全世界人均国民生产总值的排名榜上，我们的座次远远排在第96位，光是在中西部，就有2700万农民在为温饱发愁，即便在大特区海南，也有42万农民一年赚不到300元。河北一个失学的孩子，天天在家扎扫帚，想凑够不过四五十元的学费；四川仪陇县7000名教师7个月拿不到一分钱工资，多少农民辛苦一年拿到的仅仅是一张白条。对照这些，种种千金散尽、挥霍无度的"潇洒"该有多么不协调。

再进一步说，在党和政府千方百计解决这些困难的时候，大款、大亨、大腕们如果能从酒店歌厅转过身来，看看失学孩子求助的目光，看看农民们的满面尘土，把财富的支配与为国分忧、为民造福联系起来，向他们伸出手去，这才叫真正的潇洒和幸福。令人高兴的是，许多先富起来的人已经或正在这样做。

社会风气始终是一面在路边飘动的旗帜，它引导规范着人们的思想和行为。在我们奔小康、奔四化的路上，它的上面应当永远书写着四个大字：艰苦奋斗。

（中央人民广播电台1993年4月8日首播）

九十年代看浦东

胡占凡　徐宝富

　　似乎是在一夜之间，太平洋西岸沉默多年的浦东竟使全世界回过头来：1990年4月18日，中国政府宣告：浦东新区向世界开放。这一石破天惊之举，使所有关注中国的人们顿时懂得，在改革开放推进十年之后，中国又在改革开放的大局上投下了一颗牵动全局的棋子。

　　历史把这一天留给了浦东，也把机遇留给了浦东。然而，浦东又是这样让人陌生。它本来是大上海的一部分，是劈城而过的黄浦江使繁荣在浦西收住了脚。隔江相望，浦东浦西一衰一荣：浦西是人潮欢涌高楼如林的大都会；浦东的大部分地区则是鸡鸣犬吠田连阡陌的田舍农家。论面积，浦东新区350平方公里，比浦西老区大10平方公里，是我们十四个经济开发区完成开发面积总和的十倍还多；论地理条件，它四面环水，正在黄金海岸和黄金水道的交汇处；论人口，110万，足够大城市的国际标准。多年的投入和苦干，也使这片土地已经有了一定的经济实力。一位在海外颇有成就的华人多次感叹：像浦东这样占尽天时地利人和而没有开发的宝地，全世界绝无仅有。

　　一些有识之士早就看出，这种"一水之隔荣枯不均"的局面是经济上的畸形儿。黄金水道没有任何理由不使两岸共富共荣，伦敦、巴黎、鹿特丹，凡是依河傍海的大城市无一不是两岸齐飞，为什么单单上海要说"不"？经济天平的多年倾斜给上海带来的经济富庶是有目共睹的，它不仅发育成中国最大的都会和经济中心，也成为给国家贡献最多的城市，我们每拿到六元人民币就有一张是来自上海。在上海的自传里，我们可以读到那么多令人肃然起敬的记录，每一分钟它就创造国民生产总值14万多元，因此，多年来人们一直带着几分敬意称它"大上海"。问题是大有大的难处，上海的困难也同样有目共睹：超饱和的人口，狭小的发展空间，不合理的工业布局，严重的三废污染，已经使上海失去了远东第一城市的殊荣："亚洲四小龙"远远地跑在了前面。江苏毫不客气地捧走了上海保持多年的工农业总产值全国第一的桂冠，广东则不容分说地改写了上海外贸出口的最高纪录。

反差就是这样鲜明：在浦西，一个不堪重负的上海在喘息着，顽强追赶着越跑越远的伙伴；在浦东，350平方公里的土地却依旧沉沉大睡，这是一对多么不协调的孪生兄弟。

要再造上海，重振雄风，人们不约而同地把头转向浦东，上海人开始面对这样一个严峻的现实：没有尽早推开开放之门，已经铸成最大的失误，今天开发开放浦东是历史留给上海的最后的机会。而在中国改革开放的卷宗里，开发开放浦东还有更深远的含义。

上海社会科学院副院长夏愚龙作了这样一个比喻：浦东如同两把扇子的同一个枢纽，开放浦东便同时打开了这两把扇子，一个面向世界，一个面向长江流域，世界从这里走向中国，中国从这里走向世界。而浦东崛起的冲击波，对内又势必激起拥有180万平方公里，三亿多人口的长江流域的勃兴，所推动的是整个中国经济的腾飞。这样浦东开发开放的内涵就大大超出了上海自身，而成为中国在改革开放更高起点上的新突破、新作为。敏感的外国舆论已经把它称作"中国经济的起爆剂"。

"八十年代看深圳，九十年代看浦东。"浦东人对这句话取得了空前的一致。他们懂得，这意味着浦东人扛起的是中国在世纪之交改革开放的一杆大旗！

看深圳，看浦东，看什么？看立交桥、摩天楼？还是看金首饰、"大哥大"？归根到底看两个字：政策。国内的合作伙伴也好，海外的老板大亨也罢，他们劈头的第一个问题就是：在浦东，我能干什么？我能得到什么？

这是不容回避的问题，也是无法改变的动力原则。给舞蹈者少一些规定动作，就会赢得更高的票房价值，要发展社会主义生产力，舍此，别无选择。

浦东开发开放决策者们的胸怀和目光，早已越过了这个层次。在浦东开发办公室，有多种版本、多种语言的政策汇编、投资指南、咨询手册。在这些沉甸甸的文本里，我们很少看到"禁止""限制"一类的字眼，而"允许""授权""优惠""放宽""扩大"的条款却是一串接一串，一条连一条。浦东开发办主任夏克强说，1990、1991两年光是国务院就两次发文，给浦东十五项优惠政策，为上海增加五方面资金筹措权。财政部、银行、海关、外汇管理局纷纷为浦东亮起了绿灯，上海市专为浦东做出的规定条文更是数不胜数。凡是读过这些政策文本的人结论都是一个：浦东的政策是宽的。宽在哪里？一位副主任说：归纳起来就是，我国十四个经济技术开发区享受的所有政策，浦东也有；更重要的是，浦东还有这些地方没有普遍推行的东西。按照这些新政策，用不了多久，在浦东你就会看到金发的外国人在柜台上向你出售商品，花旗银行、东京银行的霓虹灯会彻夜不熄，你的东西送了保税区就是出口，既不要办许可证，也不要交关税，美元、英镑、法郎、卢布，哪国的钱都能花。

优惠政策如此之多，开放程度如此之大，连一些向来以精明著称的上海人自己都来不及消化。一家在浦东投资的企业，跑到浦西买辆车，运回浦东，花了十七万，实际上，按浦东的政策，只要八万。

这些频频亮起的政策绿灯，在向我们传达什么信息？那就是：浦东开发打的是"世界牌""中华牌"。香港一家报纸认为，浦东开发的思路与政策，使浦东开发一下子站到了按现代国际经济规律运行的高起点上。

正是大开放，把浦东推向了世界。不仅外国的首相、总理、议长踏过浦东的土地，财团和企业界更把浦东看作一试身手的理想舞台。沪港合资的上海联合毛纺织有限公司副总经理王成剑的说法是："新区的优惠政策，使我们得益甚大。"东昌大和衡器有限公司总经理吉田富二雄的结论则是："参与浦东开发大有前途。"而日本大阪市对中小企业的调查表明，了解浦东的竟高达40%。

对浦东一往情深的显然不光是海外。在浦东，我们翻看过来访登记簿，全国几乎所有的省、市、自治区都有高层次的代表团、考察团光顾过浦东。对于与浦东同饮一江水的长江流域十八个省、市、自治区来说，浦东每一次前进的脚步声，都给他们带来信心和兴奋。在他们的十年规划和八五计划里，无一例外地写上"浦东"两个字。与浦东唇齿相依的江苏、浙江两省的思路是：浦东是主体，江浙是两翼，为上海配套，与上海同飞。江苏已经决定，把长江两岸的七个城市连成一片，依托浦东，共建沿江城市群、产业群、工业带。与浦东并非近邻的安徽人民早在两年前就听到了浦东的涛声。他们在1990年就做出决策，开发皖江，把芜湖、马鞍山列为沿江开发重点。马鞍山市长周玉德说，这叫"呼应浦东，借船出海"。远在长江中游的湖北也在时时凝视着浦东。他们的雄心是：抓住机遇，实现湖北在中部崛起。

有人说，开发开放浦东，犹如推倒一块多米诺骨牌，它对于推动中国大踏步走上世界舞台所产生的连动效应，必将是宏大的。

到今年4月，浦东开发区两岁了。

但是乍到浦东，我们却有些失望：摩天楼呢？小轿车呢？霓虹灯呢？这些都不多。相反，扑面而来的，是一辆辆装满钢筋水泥的大卡车扬起的滚滚尘土，打桩机、搅拌机震耳欲聋的喧嚣，齐刷刷伸向天空的起重机，还有怎么也躲不开的开膛破肚的道路。难怪有人夸张地说：目前浦东是个大工地！

如果你去开发办和小区看看，你才会真正了解浦东。

一推开浦东办公室的大门，我们立刻懂得了什么叫"浦东热"：前厅里，站着坐着，到处是人。一个负责安排的小姑娘忙得脚不沾地，嘴里还要不停地回答问题。她说："天天如此，9点上班，8点多这里就没座了。"接待室的黑板上，满满地写着接待安排，我数了一下，光是5月30号上午，就安排了十四拨来访者，有内地的，也有中国香港地区、中国台湾地区和日本、美国、新加坡等国的，还有从毛里求斯来的。接待我们的戴燕铃副处长说，这个安排表，每天上午一张，下午一张，一栏写两行，仍然写不下，接待室由五个增加到七个，还是不够，只好一个屋两拨，别的不说，茶叶都要成箱搬。近两年，光他们一家接待的外商就有四五万人。事实上，这种"挡不住的诱惑"在浦东随处可见。有一家农民办的大饭店，叫"由由饭店"，这名字的意思是，田字出头，念由，由由，表示农民要出头，参加改革开放。这家饭店在浦东开发之前眼看要亏损，可浦东一开发，整夜大饭店房间一抢而光，转眼之间，经济效益成番论倍，很快又盖起一座饭店。最近打算再盖一座，名字叫"申申饭店"，申字是由字下面续上一笔，让农民再出一个头。人的踊跃，意味着项目和投资的踊跃。到今年4月底，海内外投在浦东工商业上的资金已经有十几亿元，十多亿人民币，投在房地产业上近80亿人民币，有20多家中外银行、财务、保险公司在上海和浦东开业，带入的资金已经超过30亿人民币。

听着这些数字，我们懂得了为什么在浦东开发的方案里写着"金融先行"。抓住了这根最重要的链环，浦东人才自豪地说，450亿元开发资金已经基本落实，这也就解释了为什么在浦东，最先露出地平线的不是豪华宾馆的牌匾，而是银行财务公司的招牌。

在浦东开发的思路里，与"金融先行"并驾齐驱的是"基础铺路"。从一开始，开发区就明白宣布了"八五"期间要完成的十大基础设施工程。对这些工程，人们随时可以清清楚楚地摸到它的脉搏：今天还是车水马龙的大道，明天就是"前方施工，车辆绕行"，上午还畅通的线路，下午就是"您要打的电话已经改号"。在这些一刻不停的变化中，那座横跨黄浦江的南浦大桥最引人注目。我们来到浦东，在桥上走过多次，人在桥上如在天上，浦东浦西一览无遗。这座斜拉桥居世界第三，中国第一，车辆过桥只要7分钟，浦东浦西从此在江上挽起了臂膀。

在浦东最先启动的三个重点开发小区之一的陆家嘴小区，被称作21世纪新上海的象征。小区开发公司办公室主任钱稼宏说，如今这里已经成了中外金融家竞相插足的寸土寸金之地。我们看到，在东昌路七家银行依次排开，已经拉开了"浦东华尔街"的架势，而由日本、法国以及中国香港地区等六家银行共建的国际金融大厦方案，也到了瓜熟蒂落的时候。以进出口加工业和第三产业为主的金桥开发小区的势头也同样看好，首期开发的土地早被中外客商抢光，地面建筑开工将近十万平方米，今年刚征的土地也安排得所剩无几，就在我们到达的上个星期，一周之内就签了十个项目。在被三米高的铁丝隔离网圈好的外高桥保税区，我们已经可以看得出中国开放度最大的第一个大型自由贸易工业区的雏形。这里的工作人员指点着刚刚建起一半的3000平方米外商办公楼说：这楼两个月前就被外商订光了。

浦东是幸运的，改革开放把它推上了中国经济的牵引车。现在，路轨已经铺好，绿旗已经举起，浦东，拉响了汽笛。

（中央人民广播电台播出）

霸州有个西粉营

胡占凡　耿建扩

刚到西粉营村的时候，还真有点失望。

想象当中的社会主义新农村好像不该是这样：路上不该有尘土，街上不该有狗乱跑，孩子不该拖着鼻涕，好像老乡说话也不该这样粗声大气，皱纹也不该这样多。

可惜，这些西粉营村里都有。

说起来西粉营离北京不算远，出京城正南不到一百里就是，离霸州城也就十几里地。

老乡说，西粉营这个地名好像是宋朝时候起的，因为家家户户都做粉条出了名，才叫粉营。他们还猜，大概当时和军队有关系吧，有点军队后勤基地的意思，要不干吗叫"营"？不过，做粉条挣不了钱，所以多少年前早歇了。

什么事就怕深入，一深入就会有变化，对西粉营的印象也是这样。和乡亲们东聊聊，西聊聊，说说谁家菜价卖得好，谁家孩子考进了北京，感觉慢慢不一样了。这个村，这个村里的人，虽不光鲜，也不漂亮，可里里外外温和地向外渗透着一股叫人愿意亲近的幸福感。

"撂下锄头就唱戏"

走在村里的小路上，正说话间，哪来的音乐声？

原来在这儿，村民文化中心。院子不小，是个四合院式的，中间一个小广场。村委会办公室北边一溜排过去，是农家书屋、游艺室、书画协会、老年活动中心……在这里，村民们想参与的活动，文化服务设施一样也不缺。西边厢房，是一个不算太大的多功能厅，有七八位中老年妇女描着眉，画着妆，带着皱纹，身穿嫩粉色的戏装，正在练习跳舞。录音机的声音很大，吵得想问几句话都听不清："向前进，向前进，战士的责任重，妇女的冤仇深……"大嫂大娘们的动作比不上样板戏，做苦大仇深状不太像，腰围也颇有些问题，可那神态，那认真，可是一点不含糊的。在她们身后的背景板上写着："西粉营村农民大舞台。"

"这可不是单演给你们看的，天天下午都有人在这排练。"好像猜着了我们的疑问，憨厚的村支书张卫星适时恰当地插话。

他还说，西粉营村的群众喜欢文化活动有传统，这两年霸州宣传部又大力提倡，乡亲们更来劲了，好多人是"撂下锄头就唱戏"。村里有戏迷俱乐部，还建起了篮球场，每到周六，老电影、科技片通过信息平台下载在大屏幕上为村民播放。村里还定期办象棋、乒乓球、篮球比赛，大伙儿都抢着参加。他指了指足有五六百平方米的村民文化中心的大院说："这还不够呢！每天晚上，连外边的大马路上都是扭秧歌的，全是人！"

"我们西粉营村是廊坊市的文明示范村，"张卫星接着说，"现在中央讲和谐社会，这有了这些文化活动，乡亲们和谐着呢。我们村没有打架斗殴的，没有上访告状的，你猜多少年？连着30多年了！"他那份自豪，我们一眼就看出来了。"这多亏了省、市、县有关部门多年的扶持啊！"村支书又真诚地补充说。

都说"幸福来自内心"，这"撂下锄头就唱戏"，算不算？

"帮我们呼吁呼吁贷款难啊！"

"河北省农村文化之星""廊坊市农村文化十大明星单位""廊坊市农业产业化重点专业协会组织"……村委会办公室的西墙上挂满各种奖牌、奖状、奖旗，粗粗数数，有40多个。我们随手翻看着摆在桌上的好几大厚本的相册，是村委会做的，挺用心，还分了类，有村小学校的，有村民大舞台的，有塑料大棚的，很细。每一类前面还有几句抒情的话，虽说是钢笔手写的，内容倒挺浪漫。张卫星说，他今年还不到40岁，已经当了10多年村支书、村主任。人很厚道，可一说起他们创办的廊坊市第一家农民专业合作社——西粉营农产品合作社，话就打不断了。

"你说，老百姓选咱当支书，图个啥呀？不就是想让咱带领他们多挣钱吗？我们村多少年就有种菜的习惯。可种了这么多年，老百姓也没有富起来。

为啥呢？我一分析，是太分散，信息也不灵，要么一哄而上，你种啥我也种啥。要么嘛，就是跟不上市场，等你想起来种，那一拨儿早过去了。这不行，我们就琢磨成立农业合作社，把大家的土地合起来种。"

"合起来？有什么好处？"

"那好处多了。"他掰着手指数，"头一个，能成方连片统一经营，二一个，能大伙儿一块买农资，便宜呀，生产成本低了。还有，一块联合起来闯市场。你看这儿，"他指了指我们我们手里相册上的一张照片，"看，我们还注册了统一的'绿玉田歌'商标。"

"这事我们谋划得不错吧？没想到，做起来还真难！"张卫星双手挠挠头，"当初，为了成立合作社，我们给群众做工作，有的农户冬天答应入社了，一开春又反悔了。他们没信心啊！怕赔本呀！怎么办，我们只好紧紧拉住已经入社的40个农户，硬着头皮上，但人少了不能成方连片啊，机械化耕种施展不开，只能小地块统一耕种。为了增强社员的信心，我们几个党员干部，也就是合作社的骨干成员，宁肯自己多贴钱，也尽量减少其他社员的风险，为什么？就为了吸引那些观望的群众，让他们也来加入合作社，共同致富。就这样，我们从2007年成立至今，合作社已经发展到107户。"他有点神秘地说道："你们八成想不到吧，我们合作社的无公害韭菜去年卖到30块钱一斤，合作社盈利30多万元。一看有钱赚，乡亲们要求入社的越来越多了！"

"这太好了！卖到北京了吗？"我们不由得赞叹。

"哪还能卖到北京，周边各大超市还供不应求呢！"

"赶快扩大规模呀！好事啊！"我们跟着乱出主意。

"好事是好事，可有困难。我们也想扩大生产规模，没有资金啊！你算算，一亩地能建两个蔬菜大棚，要投资18000元，300亩呢，多少钱？要投500多万元。我们村靠自己只能筹集几十万元。"

"找银行行不行？"

"找了，找了农业银行，不给贷。他们担心农民的还贷能力，怕我们还不上。他们说过，得有担保，有五户联保就行，我们就赶快搞了五户联保，可人家还是不干，又说，你们得找公务员拿工资做担保。你说，人家公务员就不过日子了吗！再说，我们普通农民，有几个能找到公务员哪！唉！真是让人发愁啊！你们记者认识银行吧，你们给多报道报道实情，帮我们呼吁解决贷款难啊！"

在旁边一直没吭声的镇长这时连连点着头："农民贷款难，可不是这一个村啊！"

话题一下子变得沉重起来了。

"我就不信乡亲们富不起来！"

"那，你们还有发展信心吗？"我们也开始有了几分忧虑。

"哪能让贷款这拦路虎吓住哇。我们信心足着呢。我们这叫立足自身、自我滚动、自我发展。走，带你们去看看我们的生态农业观光园！"

沿着田间小路出村不远，一股浓浓的韭菜香味儿扑鼻而来。六七位农村妇女正在路边还没盖顶的大棚里栽植韭菜。从小在农村长大的记者，看到这样的场景分外亲切，当即蹲下身帮她们栽起韭菜来。"哟，没想到你们文化人栽得还不错呵！"和乡亲们边聊天边干活，才知道这些妇女都把自家的地租给了合作社，光租金每亩一年就收入千元上下。反过来，他们又在合作社打工，每天又能挣二三十元。她们对这样的生活很是知足。记者身边的一位大妈，61岁了，乐呵呵地说："一会儿天黑了，回家洗个澡，就扭秧歌去喽！"那份惬意，挡都挡不住。

陪同我们的村支书，这会儿好像已经忘了为贷款发愁，更是津津乐道发展蓝图："这两年，我想除了发展无公害蔬菜，还要在这几百亩地里养无公害鸡、养无公害猪，还有无公害鱼，再建上生态餐厅。西粉营离北京天津都不远，我们再搞乡村旅游，吸引北京天津游客，我就不信乡亲们富不起来！"

看着这个敦厚的年轻人这么有信心，我们不由得心生感动。

不料，他猛然话锋一转："还有件事想托你们，看能不能帮忙，就是无公害认证的事。我们这的韭菜你们都看到了，科学家都来给我们测过好几回了，百分之百合格，是地地道道的无公害蔬菜。但是上边就是不给发证，吓得我们一直不敢贴无公害标签，也不知道是怎么回事。听说，只有韭菜和土豆不给贴，把我们急死了。能给反映反映吗？"

我们结结实实地点了点头，承诺下来。

"你不愁，我愁哇！"

返回村里的路上，我们随意拐到一户农家。这是一处遍贴鲜艳瓷砖的院落。男主人姓黄，叫黄炳深，65岁。说起他家的光景，一脸知足：全家六口人，儿子儿媳是公办教师，挣现钱的，孙子孙女学习好，全校800多学生，考试排名100多。黄老汉说，霸州市今年开始了农村社会养老保险，他们老两口啥也不用干，每月就能净领到300元的养老金。说着，老汉"呼"地撩起了白汗衫，肚皮上露出一道深紫色的手术刀痕，足有半尺多长，好吓人！"你看，我做过一次大手术，胆囊切除，1万多元手术费，人家新农合给报销了一半，我们自己只掏了5000元，你说说。"

看着老黄笑呵呵的脸，记者说："你还有什么愁事没有，我们报纸给你反映反映。"

"这日子还愁什么呀，你看，"他回头指了指我们身后墙上挂的一幅十字绣，"你看，这就是我老伴绣的，整整绣两个月。绣着自己高兴呗，不卖。"

村支书半开玩笑半认真地接过话茬说："你不愁，我愁啊，全村不都像你家这样啊！"

太阳就要下山了，余晖落在街道上，一片金色。村里街上的人渐渐多起来了。小狗在路当中撒欢，孩子们在追逐尖叫，老人眯着眼睛坐在门前抽烟。烤羊肉串的已经开始点火冒烟，准备开夜市了。这么小的村子，已经有夜市了。

西粉营，一个平平常常的村庄，一个安安静静的村庄，也是一个真实可爱的村庄。它不张扬，也不粉饰做作。它也有发愁的事，但是，它有定力，有目标，有奋斗，也有不声不响、谁也拦不住的韧劲。因此，它也注定大有希望。

西粉营，无声地征服了我们。

（原载于《光明日报》2011年10月14日）

元坊村的党员们

胡占凡　陈建辉

在河北省太行山深处的一个小村子里，曾经有这么一件事：一位老人就要闭眼了，可是好像还有什么心事未了。儿女们猜不透，耳朵贴到他嘴边。只听他喃喃地说："我活了83了，要死了。临了，我谁都不想见，就想着再看一眼韩支书、干部们，和他们再说说话。"

这件事发生在河北省平山县元坊村。这个村不大，127户，500多人，可党员不少，42个。1937年组建支部时的第一任书记还活着，81岁了。别看村子小，可出过八路，出过英雄，还出过烈士。贺龙元帅也在这打过仗，待了两个月。当年的元坊村还是晋察冀边区闹得很红火的模范村。

元坊村出过名，也扬过威，可就是几十年一直没富起来。四年前，人均收入才140元，离最低温饱线还差一大截。

可是，事隔三年，元坊村变了，山上是梯田、果树、拦洪坝，山腰是十多公里长的围山转公路，村里是一排排新房。用村里人的话，这叫"一年解决温饱，二年摆脱贫困，三年走上富路"。现在，每天到这儿来参观的人一拨接一拨，人们都想问个究竟。元坊人说起这些变化，男女老少没有二话：靠党员，靠支部。

"俺村党员，就是正！"

有人说：现今农村三大难：划院子，生孩子，收票子。指的是宅基地发放，计划生育和清理欠款。为这三件事，多少地方的党员干部发过愁，辞过职，挨过打，受过骂。那么，在元坊村呢？

先说宅基地。过去，元坊村的党员干部们也为这事头疼过。1987年正月，元坊村又要发放宅基地了。不少农民立刻瞪圆了眼睛，盯住了好地界，也盯住了党员：看你们怎么办。刚刚走马上任的村支部书记韩二秃，知道这事的分量，也知道这事的难处。他在支部会上明明白白立了三条规矩：凡是党员干部，一不能多占，二不能争，三要让。紧接着又宣布：自己家那块在村中心的宅基地让给别人，全村人挑剩的，归自己。韩二秃说到做到。如今，到元坊村找支书家，得爬到半山腰，离村子最远、地势最高的西北角，他家之后，再没一户。

负责村镇规划的副书记封兵海也是一样。祖上传下的五大间平坦坦的宅基地，他偷偷让给了等房结婚的乡亲。兵海的父母为这事，气得一连三天不下炕，捶打着炕席骂："你就折腾吧，把家底折腾光了拉倒。"平时不大说话的弟弟也火了："哥，你也不为俺想想，俺都三十出头了，还打光棍，让了宅基地，俺咋办？"兵海说："这事俺是对不住家。可谁让俺是个党员了，咱不让，谁让？"

支委、村主任韩凤海的哥哥盖房，多占了二尺，地基都打好了，韩凤海说死说活，硬是拆了。为这事，韩凤海把话说到这份儿上："就是兄弟情分掰了，也不能多占一寸！"

党员们干的事叫人服气，老实厚道的农民们还能再争吗？宅基地分完，全村上下不光没一个争抢的，还省下了14亩。

计划生育人称"天下第一难"。在元坊村，可完全是另一回事。

一次，支书韩二秃从镇上领回计划生育任务，回到村，一没开群众大会，二没说罚款几百几千，先把党员找来，一句话：党员带头。二秃还说："做手术，我老婆头一个。"他回家一说，妻子哭笑不得："你真是，俺都抱孙子了，再过半年，就过年龄了，还做啥手术。"二秃说："你不做，叫俺怎么说别人？"到底他让妻子在全村第一个做了绝育手术。

支委韩二增妻子16年不生育了，只差两个月就到年龄了，她想拖拖算了。可是二增不干："不行，谁叫你是干部老婆了！"

党员的样子群众看得真切，二秃在全村大会上一动员，全村没一个说不字的。手术那天，村里派专车送到镇医院。手术做好，韩二秃和村干部们又亲自抬担架把妇女们一个个接回村。不让她们坐车，怕坑坑洼洼的山路颠着。妇女们在家养着，几个支委又带上红糖、营养品挨家去慰问。

清理拖欠款也是这样。1987年，元坊村想修水库，又拿不出钱。但是账面上，群众欠集体36000多块，有不少涉及村干部的亲戚。支书韩二秃的哥哥就欠了600元。他找到哥哥，刚张嘴，哥哥就瞪了眼："我欠款是别人当干部给我的面子。怎么，你当书记就不行了？"一次说不通，二秃就接连三次登门，到底说服哥哥带头还了钱。

支委韩凤海的哥哥欠集体200元，又盖了房，一时手头紧。韩凤海一狠心，把自家买麦种的钱替哥哥还了账。

党员干部的这些举动，比开多少动员大会都管用，十来年的陈账，不出十天，全村群众一分不少全部交齐。

群众的分量最重

元坊村挂在太行山半山腰上，最怕的是山洪。每回下雨，别人往家跑，党员往外跑。他们顶着雨，提着灯，从村东走到村西，从山根查到山腰，看谁家漏雨，谁家危险。1988年7月，瓢泼大雨连下三天三夜，党员干部没黑没白蹚着没膝深的雨水轮换巡逻。这天晚上，村西八米多高的土崖上，突然"轰隆"一声，一块巨大的泥石崩塌了，洪水卷着泥石块，咆哮着扑向土崖下的四户人家。就在这时候，大喇叭响起了支书韩二秃的声音："村西头泥石流，党员快去抢险！"他自己头一个飞跑到最危险的赵建平家，跟在他身后的，有支委、党员、群众，100多号人。全村能走能动的党员没一个落下的。这时候，赵建平家屋里屋外，洪水已经没腰，汹涌的山洪还在一个劲往下灌。泡在水里的后山墙都酥了，随时都会坍塌。韩二秃急了，大吼一声："快！救人抢东西，党员上！"他和几个人随即用块大木板顶住土坯墙，用身子支撑住就要倒塌的房子。墙外，是野马似的山洪，墙里，是几条不要命的汉子。砖头瓦块开始一块块往下掉，房梁"嘎嘎"作响，可没有一个人松手。当走在最后的韩二秃刚迈出门槛的时候，房子"轰"的一声塌了。赵建平看着满身泥水、腿上还淌着血的韩二秃，泪流满面，哽咽着说："不是你们，我家没了，人也没了。就让我给你们磕个头吧。"

在元坊村党员心里，群众永远占着大头，就连光棍找媳妇的事也跟别处不一样。元坊过去穷，光棍多，28岁以上的就有35个。为这，党支部专门做过决议：谁能给光棍说成一个对象，奖励一百元；外出说媒，算出义务工，村干部每人义务包两个，光棍成亲，优先分给宅基地。说真的，给光棍说亲，简直成了党员干部的一块心病。不管是外出开会，还是走亲访友，他们总忘不了打听、撮合，牵线搭桥。支委韩凤海为了给32岁的韩南傲搭桥，翻山越岭跑了七趟，一趟就是60里山路。他妻子也给跑了四趟，到底使韩南傲有了个满意的家。现在，35条光棍，33个有了着落，村干部人人超额完成任务。看着外村人那么眼气，光棍们说："可忘不了党员们这片心哪！"

元坊村100多户人家，500多口人，哪一家哪一户不叫党员们牵肠挂肚？这两年，元坊日子见好，盖新房的多了。唯独东沟山坡上还孤零零剩下一户。户主叫韩来来，妻子是个半傻，老爷子又半瘫，最小的孩子才三岁。20多年了，他没一天不想往村里搬，可要盖房，一没钱，二没人。1987年村里搞村镇规划，他连搬家的申请都没敢提。可是，党员们没忘了他。村支委会几次专门研究这事。党员们说，共同富裕，不能扔下韩来来。村里出钱，村民出力，党员干部轮流指挥，韩来来一家终于高高兴兴搬进了新房。老人临终前，拉着韩二秃的手说："搬家俺想了几辈子，成了俺几代人的心病。靠了支部，靠了集体，俺才进了村，俺死了也忘不了你们。"

柴米油盐，婚丧嫁娶，听起来很琐碎。元坊村的党员却说："这些摊在每家里可是大事。说党员心里有没有群众，看啥？还不看这！"

像这样的事，就像村里人说的："俺群众的事，党支部都替俺想到了，也为俺办到了。党员做的事，就像满架的葡萄，看得见，可数不清啊！"

"集体的事，党员上"

41岁的韩二秃是三年前当上元坊村党支部书记的。选举那天，全村41名党员，他得了全票。可那会儿他还在镇办的全钢砂厂当厂长呢。

消息来得突然，二秃一时没了主意。这工夫，家里可开了锅："当厂长一年收入2000多块，当支书才240块，不干！""原先当干部那会儿，没少吃苦受罪，还有人整、有人骂，还没干够？"

吃亏，挨骂，韩二秃都没怎么当回事。他心里头打鼓的是，元坊这个烂摊子怎么个收拾法。晚上，他回到家，元坊第一任村支书封集老汉早在家里等他。老汉说："二秃，我是看着你长大的，知道你心里挂记着乡亲们，干吧！"不一会儿工夫，拄拐杖的、抱孩子的，来了一屋子。山里人真心诚意的希望，说得二秃鼻子直发酸。他说："是元坊的小米把我养大的，乡亲们这么相信我，再重的担子我也挑。"

在第一次支部会上，韩二秃说："咱们是党员，直来直去：愿意为大伙办事的，不怕吃苦挨骂的，留下；怕吃亏，想捞好处的，现在就走。"

支委们说："二秃，三千来块你都舍了，我们还有啥？你就说话吧，你怎么干，我们怎么干！"

打从这天起，元坊村的党员心里，就憋了一股劲：元坊村治不好，对不起乡亲们。为了集体，啥价钱也不讲。

1987年，元坊人在东沟垒坝修水库。十冬腊月，得在没膝深的冰水里清理石头。连小伙子们都缩手缩脚的，韩二秃一声不响，三把两把脱掉鞋袜，挽上裤腿，"扑通"一声跳进冰水，一干就是二十天。支书带了头，谁还落后？二秃和小伙子们一直干到腊月二十八，到底完成了清基任务。

也是这年修水库，一块两吨多重的大石头悬在坑边，真是吓人。韩二秃一胳膊拦住群众，大喊一声："党员上！"群众撤到了安全的地方，二秃和党员韩竹祥小心翼翼下到坑底，用铁棍支住石头。上面，四名党员小心地用钢丝绳套住石头。四周的群众大气不敢出，看着党员们；地面是水，站不住脚，随时会塌陷，坑底是半米深的水，随时都会粉身碎骨。只见他们下面推，上面拉，碎石、土块噼噼啪啪砸在二秃他们身上，可谁也不敢换一换手，巨石终于被一寸一寸地挪到了安全地带。群众"忽啦"一下围上来。不知谁喊了一声："党员把命都豁出去了，我们还不干？"

元坊村的党员不管老的、小的，只要为集体，啥都舍得。

1937年入党的韩运，81岁了，解放战争受过伤，一瘸一拐的。看别人全都上了山，他软磨硬泡，非要找活干。村里没法子，让他包了6亩育苗地。这块地离村并不远，可是他一步一挪地要走上一个钟头。天不亮上山，中午老伴送饭。开头还能蹲着锄草，后来，只能跪着。伤腿磨出了血，就找块塑料布绑在膝盖上，塑料布磨坏了，就翻个面。

24岁的党员韩虎虎，前几年自己掏钱到外地学了一手果树管理的好技术。结果，十几个村的人来找他。每月出300块。虎虎摇头说："我们拼死拼活干了三年，栽了20多万棵果树，这是我们元坊人的命根子。撇下集体不管，只顾自己富，还叫党员吗？"他组织了30多人成立技术服务队，白天进山管果树，晚上教青年学技术。村里要给他工资，他说："村干部按规定每年该拿300元，可他们没拿一分，我，更不能要。"

翻开元坊村党员活动记事本，这样的记录一行挨着一行：

"2月25日：党员义务植树，参加37人，栽白毛杨222棵。

3月24日：30多名党员参加水库义务施工。人均一天垒坝一方半。

9月17日：全体党员义务栽桃树一天，共栽500棵。大家从一里半远的小河里把水一担担挑上西岭，一棵树一担水。有的党员一天下来担水20担。"

这就是元坊村的党员，这就是山里人的"村魂"和脊梁。在这里，农民看到了党员，就有了主心骨，心里有底，身上有劲，也就有了希望。

（中央人民广播电台1988年9月11、13、14日播出）

闪耀在市场上的双星

胡占凡　吕英明

　　双星集团出名少说八年了。靠什么？两个字：市场。

　　现在，"市场"这两个字最热，讲的人最多。但有的人还朦朦胧胧，一说市场就只盯着集市贸易，双星人的高明之处就在于他们比别人醒得早、看得透。他们的认识是：走向市场是一场革命性的转轨变型，就是要摆脱计划体制对企业的束缚，抛弃对政府的依赖，是脱胎换骨。

　　话是这么说，企业真要脱掉计划经济的胎，换上市场经济的骨，步步是坎。最难的是什么？观念。倒退八年谁敢提市场经济？可现在双星集团总经理、当时的青岛橡胶九厂党委书记汪海敢，他认准了不能在计划经济这棵树上吊死，能救活双星的只有市场。可是有人怕，不理解，人数还不少。汪海四处奔走找市场，有人说：这是不务正业。汪海出去做广告，有人说：这是拿我们的血汗钱去吹牛。汪海要上新品种，有人说，解放鞋我们闭着眼睛都能干，你偏瞎折腾。

　　他们不明白，不把双星向市场经济折腾，双星没救了。1982年，工厂里没别的，到处堆满卖不出去的鞋，办公室、走廊、车间、篮球场、仓库，清一色是解放鞋、网球鞋。为什么卖不动？不是双星鞋不好，不是不会卖，是计划体制的观念把企业捆死了，没法动弹。双星一建厂就生产解放鞋、网球鞋，一干就是30年不换样。

　　企业界都知道，那些年，国营企业生产什么、生产多少、卖多少钱，统统上边定死，企业间也别问，干就是了。百货批发站每个季度发给双星一张计划表，品种、数量、交货期，不容分辩。这边卖不动的在厂里堆成了山，那边计划表照发不误，至于市场上有没有人要我百货站不管，我可以不收，你工厂自己想法子。

常说"逼上梁山"，这就是一种逼法。企业不能等死，要上梁山了。双星人按照市场需要试制几个新品种要求自销，报到上面，回答很干脆：不许胡来。那好，双星人就偷着上，偷着卖。可百货站在厂里有驻厂员看着，工厂就等他下了班再往外运。新品种叫透明底田径鞋，一拿出手就抢。工厂越干越上瘾，干脆当着驻厂员的面成车往外运。驻厂员还偷偷地计数，计算拉了多少车。这事越干越红火，百货站说话了：这鞋我来包销，工厂别卖了。汪海眼睛瞪得溜圆，对着他们吼："要摘桃子，休想！"一巴掌把桌上的玻璃板都拍碎了。

如今，回过头，双星人把这叫"闯市场"，可市场不那么好闯，旧观念、旧体制，闯了这关还有那关。价格问题最敏感，双星人也敢闯。1985年，汪海带人到烟台参加全国鞋帽订货会，一看南方的鞋，质量品种还不如双星，可都比双星贵。汪海当场拍板：提价。财务科长怕得要命。汪海说："人家价格放开了，我们怎么不行？出事我顶着！"

也许至今还会有人说，价格上这样干，岂不乱了？但是往深里想，旧观念、旧体制的罗网不正是这样一点点被冲破的吗？

国内经营如此，到外贸上，麻烦事就更多。说实话，这30年，双星的鞋没少出口，可双星人连买他们鞋的外国人长什么样都不知道，一切操在外贸部门手里，出口什么鞋、什么花色、出口多少、价格多高，外贸部门一锤定音，企业别管。这种蒙在鼓里的交易，双星人实在受不了。有一回，他们看准机会，偷偷问一个日本代表团：我们的鞋卖给你们到底多少钱？回答叫他们大吃一惊，原来是赔本出口，倒贴！外国人还千叮咛万嘱咐，千万别说是我们告诉你们的，得罪了外贸往后怎么办！双星人怎么也想不通，这是一种什么观念，什么体制？心甘情愿让自家企业吃亏，还不让企业知道。很快，他们又想通了，就是，这种赔本的买卖我们绝不再做，他们当面锣对面鼓跟外贸部门说：出口可以，要按我提的价格跟外国人谈。外贸部门硬得很：不行，这价你得让，不让，买卖拉倒。双星人更硬：拉倒就拉倒。这种让自家人吃亏的怪事双星人顶了不止一回。话说回来，双星人脑瓜活，市场这东西大得很，东方不亮西方亮，当地不行，就奔天津、上深圳，结果外贸上没少赚钱。

有个记者曾经问过汪海：你们离开计划经济的怀抱，不觉得可惜吗？汪海说得很实在：刚开始，是免不了忍饥挨饿。实际上，岂止是忍饥挨饿，他们是含着眼泪才摸上市场经济这条路的。1985年，销售科长孙金东背着鞋出去推销，转了十几个省，大叔、大姐叫个遍也没卖出几双。尤其是那些大商场，干脆连看都不看，一个劲摆手赶着出去：计划批发的还卖不过来，谁要你计划外小工厂的？孙金东走到襄樊，一家商场鞋帽组一位女同志见他又饥又渴，给他端上一杯热茶。孙金东走了大半个中国，这样隆重地接待他还是头一次遇到。他感动得端起杯仰脖就喝，竟把舌头烫起了大泡，几天不敢吃东西。如今孙金东已经成了总经理助理，可对这位老大姐一直念念不忘。

开订货会，客户约定晚上10点谈，双星的推销员一分不差到了房间，可人家出去玩牌了。后半夜一两点钟回房间一看，双星的推销员还在等。凭着这份诚心，能不买双星的鞋？

为了扩大产品在市场上的知名度，汪海在国内头一个以企业的名义开了个新闻发布会。会刚散，告状信就送上去了。汪海还在日本买机器，这边指责双星的红头文件已经印好了。汪海从日本回来，左等右等，没见人来接。汪海一气之下跑到市里问："让产品在市场出名有什么不好？"幸亏遇到了思想开明的刘鹏书记，迅速批示：所谓"铺张浪费、捞取名利"的文件不要发。

双星人拍桌子也罢，看人家白眼也罢，偷偷摸摸上新品种也罢，为的就是一件事：冲破旧观念、旧体制，走向市场。他们气过、骂过、哭过，但最终悟出了一条道理：走向市场经济是必由之路，必胜之路，谁先下海谁主动。

双星人的思路就这样一天比一天明朗起来，步子一天比一天坚定起来，而且大步流星，用不着谁来推。在双星人眼里，企业的顶头上司不是别人，是市场，企业一切工作都要以市场为核心。市场如同一块巨大的磁石，一旦拆除了他与企业之间的障碍物，企业的一切，从观念到机制，从管理到机构，都会不可抗拒地指向市场。

为了走向市场，双星人先从观念入手，反反复复展开讨论，让工人明白什么叫市场，怎么走向市场。他们把这些活动归纳成十个方面，叫"十换脑筋""全员转向市场，人人参与竞争"。

顺乎市场的强大拉力，双星集团内的机构、管理来了个大掉头。原先计划科老大，销售科最末，才四个人，无非是开票、记账、出库入库。现在四个人变成400人，升格为销售公司，全国网点1000多个，计划科也归他管。计划科长火冒三丈去找汪海，汪海说，就是要让他长大个，让你矮三截。道理很简单：先有市场，后有计划。其他机构也一样，凡是市场不需要的，一律该撤的撤，该合的合。

市场竞争要考名牌、靠质量，双星就抓名牌、抓质量。"耐克"贵得吓人，卖的是牌子。"耐克"能，双星怎么不能？从1986年淘汰解放鞋算起，到今天双星已经有了35个系列、300多个品种、1000多个花色。300平方米展厅转一圈，没重样的。面对质量，他们的标准是：以顾客的眼光来检查每一道工序，全厂的岗位责任标准多达12000条。"一针一线连着市场"已经成了每个工人的信条。

市场上优胜劣汰的法则不可阻挡地传达到双星的经营机制上。集团里600多管理人员中，60%是工人竞争上来的。140名中层干部，工人占72%，七名工人还当上了总经理助理。全厂干部80%被降过职，而人们对此早已习以为常。收入更是全凭本事，销售员干得好，一年就是万元户，干得差，要靠救济。工人最多一月拿600元出头，低的才几十元。

双星集团走到今天这一步，成了全国制鞋业之最，再给他出难题的不多了，大家都在补市场经济这一课。几年没和汪海说话的中百烟台公司经理有一天见到了汪海，打了他一拳，说："伙计，你走对了。"汪海立刻还了一拳："伙计，不是你逼，我还上不了这条路哩。"

公仆与主人

　　干部密切联系群众，是我们党的优良传统。焦裕禄"心里装着全体人民，唯独没有他自己"的好作风，已经成为亿万人民经久不衰的话题，群众在呼唤着焦裕禄式的好干部。前不久，本台记者到河北省唐山市刘庄煤矿采访，高兴地看到，这里的干群关系非常亲密，非常融洽，这个500多人的小煤矿具有一种磁石般的凝聚力。在采访的日子里，记者没有看到轰轰烈烈的场面，也没有听到豪言壮语。但是，看到了采煤工人说起干部时眼里闪动的泪花，听到了一件件普通平常却又感人肺腑的凡人小事。从今天开始，本台将分三次播送本台记者王润庭、刘志生、胡占凡采制的一组报道，题目是：公仆与主人。在这组报道里，我们将请刘庄煤矿的工人、干部自己来介绍这方面的情况。

　　有人说，票子、儿子、房子，是干部面前的几个关口。刘庄煤矿的干部也同样面对着这个考验。采煤工人苏会存向记者谈了他的看法：

　　我是个粗人，讲究实实在在，从来不奉承人。今天，我说的都是实在话。我们刘庄煤矿的干部真是好样的，我们工人打心眼里佩服。人家这些当官的，行得正、走得直，不捞、不贪，好事躲得远远的，实惠都尽着我们工人，真叫廉洁。

　　就说对待奖金吧，在不少地方那可是刺刀见红的事。可你看我们刘庄矿，干部、工人互相推让，没有不高兴的。

　　1988年，我们矿干得不赖，各项承包指标都完成了。照文件规定，承包人拿的奖金可以比工人高1—3倍。这么一算，正、副矿长都能拿万八千的。可是，这些矿领导怎么做的呢？正职只要500块，副职才要400块。一张榜公布不要紧，矿上可热闹了。工人们把工会主席团团围住，一遍遍催他快开职工

302

代表大会，大伙有话要说。开会那天，该来的都来了，还挤进来那么多自愿列席的。黑压压一片。有的说，要是论贡献，领导就是把奖金都拿走我也没二话。干部这一年都干了些什么，咱们心里有数。贺矿长肋骨断了三根，没吭一声，整天熬得眼睛红红的。赵英副矿长有胃病、心脏病，可天天在井下，老伴的病说不行就不行，他也顾不上。刘明利书记年过半百了，每天光在路上得颠三个钟头，哪天闲过？袁瑞艺副书记整天忙得顾不上孩子顾不上家，大冬天的，孩子饿着肚子蹲在路边等妈妈。人心可是肉长的呀！依我看，咱们按红头文件办，干部该拿多少拿多少；有的工人说得更实在，说，原先我心里嘀咕，谁不稀罕钱呢！该拿的还不拿？！谁知他们才要这么一点点，这样分配不合上头精神。这样的会开了三次，再加上跟这些矿领导左一次右一次地争论，最后正职勉勉强强拿了800元，副职拿了500元。这些干部们怎么说？他们说："煤矿工人太苦了，四块石头夹块肉，煤都是工人用血汗换来的，虽然按规定我们可以多拿，可我们不忍心哪！"

有句老话"一人得道，鸡犬升天"。如今，虽然是新社会，可这样的事也还是有，老百姓有意见。我敢说，我们矿没这种事。为什么？干部们要求自己很严格。就拿我们原来的支部书记刘明利来说吧，他当着书记，却让自己的独生子下井推煤车。井下是怎么回事，刘书记再清楚不过了。采煤工出身嘛，井下的危险没少见。听说他儿子头一回下井那天，往井口一看，黑咕隆咚，吓跑了。刘书记老伴心疼啊，鼻涕一把泪一把地埋怨，"你看别人当官的，儿女都能借点光。你这书记当的，别说借不上光，还得跟着受罪。"我们刘书记说："你的孩子是骨头肉长的，人家的孩子是铁打的？你的孩子怕砸，人家的孩子就不怕砸？"你听这话，我们工人还有啥说的？

不光书记，我们矿长贺广祥也这样。他当矿长，他爱人却开煤山爬坡车，这是全矿女工中最脏最累的活。而且三班倒，没黑没白的，女同志真够难为的。原先她们一起开车的有三个女工，先后有两个人托人调走了，换了男的，如今就剩她一个女的了。不少人看不过去，找贺矿长让他给调一调。谁知老贺两眼一瞪："我当工人的时候，她就开爬坡车，我当了工会主席她还是干这个，怎么，我当上矿长，她就不能开了？"就凭这话，有的工人就说："矿长，伟大！"

按说，像领导干部给自己的孩子、妻子调调工种，都不用他们张口，使个眼神就有人办。可他们不这么干。他们明白，矿领导一举一动，500名工人看得清楚着呢。你要工人佩服，要有凝聚力，有干劲，干部就不能伸手、不能贪、不能以权谋私。这一方面，我们刘庄煤矿的干部算是没挑了。全矿连工人带家属没有不伸大拇指的。这样，人心还能不齐？有的工人说得更痛快：跟着这样的领导干，就是要饭我们也认可。

记者在刘庄煤矿采访，总是听到这样一句话：干部是公仆，工人是主人。一谈到干部尊重工人、关心工人的事，工人们总是滔滔不绝。干部们是怎样做公仆的，是怎样对待工人的，记者特地采访了矿长贺广祥，请他谈谈这个问题：

说起干群关系，可是件大事。弄得好，是一团火，弄不好，砸玻璃、捅刀子不是没听说过。依我看，要处理好干群关系，虽说有千头万绪，这头一条就是：干部要真正把工人放在头里，尊重他们，关心他们，把他们当主人看。不这样，你就是整天把"主人翁"挂在嘴上也没用。群众看真格的。

挖煤这活和别的不一样，可以说是"吃着阳间饭，干着阴间活"，又艰苦又危验。工人一上井，全身上下只有牙是白的。每回看到他们从井口出来，我心里总有一种非常感激的心情，我们这些当领导的，要是不把这些没日没夜在地下流汗的工人挂在心上，不惦记着他们的冷暖甘苦，我们上对不起党和国家，下对不起工人的妻子老小，心里有愧！所以，我们这个矿上有条不上墙的规矩；在待遇上，领导绝不许和工人争。你就说坐通勤车吧。原先我们矿上只有一辆大轿车跑通勤，人多座少，每回井下工人上井洗完澡，车上就没几个座位了，都让井上搞后勤的、行政的先占了。这哪行！井下工人累了一天了，上来连个座位都坐不上，工人心里啥滋味？我们就忍心让他们就这么站着回家？矿上决定，给每个座位编上号，让第一线的工人对号入座，保证他们每人都有座位，矿领导全都自带马扎。这样，一路上嘻嘻哈哈，气氛非常融洽，干部们心里也踏实。就因为这，工人们亲热地叫我们"马扎书记""马扎矿长"。

我们矿在北戴河包了一处房子，专门供疗养用。几年了，每到夏天，去疗养的清一色都是矿工，矿上头头脑脑的一个没去过。我们是怎么想的，井下工人一年到头难得有这样轻松享受的机会，和他们比起来，我们这些"白领阶层"要舒服多了，就是轮，也该先轮到他们。

像这些，都是微不足道的小事，对我们干部来说，算不上什么牺牲啊，奉献的，我们就是将心比心，以爱换爱。可是在朴实憨厚的工人们眼里，可觉得不得了了。他们觉得，领导可真把他们高看了一眼。每回工人在井下创造了生产新纪录，我们都带着科室人员敲锣打鼓赶到井口去迎接庆贺，工人一上来，递上罐头、橘子汁，说一声"辛苦了"。事也不大，可工人就觉得，他们在干部心目中有地位。别看我们这些芝麻官不起眼，可是在工人们看来，我们就是代表党的，我们什么样，党就什么样。有个老工人就对他的女婿说："姑爷啊，你得入党啊。别的地方啥样我不知道，咱们刘庄矿的党可不腐败呀。"你看看，干部作风多重要啊！

领导跟工人越亲，工人干活儿越拼命，干部呢，就越得关心他们，这也可以说是一种良性循环吧。有一件事我一想起来就很受感动。

去年，我们矿的注浆公司有11名工人到湖北当阳市漳河煤矿施工，春节前完不了工，回不了家。这时候我就想：这11个兄弟现在怎么样了？离家三千多里，活又挺累，当地拿辣椒当饭吃，他们能吃得惯吗？说话春节到了，他们准得想家呀。不行，我得去一趟，跟他们一块过年。腊月二十七那天，我背上五六十斤东西，上了火车。到了当阳，已经是大年三十了。谁知道下了火车才听说，矿上离车站还有90多里路。没法子，那就再找汽车吧。我背着年货一气爬了20多里山路！总算找到一家有出租车的旅馆。我想这下好了，90里路，不出两个钟头就能到矿上了。谁成想我刚一说要雇车去矿上，老板娘就一口八个不行。人家说，给多少钱也不干，大过年的，我们还要吃团圆饭呢。到了这步，我只能翻来覆去地给她讲我们注洗工人怎么辛苦，我这么大老远来多不容易。说起来真有点不好意思，就差没下跪了。到底她叹了口气，说："唉，你这个矿长当得也真不易呀，当官的这么关心老百姓还真行哩。得，就凭你这副好心肠，我给你派车！"年三十下午5点多，我终于折腾到了矿上。车到了工棚，我刚下车，就听有人喊："贺矿长来了！"工棚里的人"呼啦"一下窜到门口，我赶紧接上茬喊："我和你们一块儿过年来了！"我这一声不要紧，这11个汉子一下子都扑过来，我们12个人紧紧地搂在一起，谁的眼泪都止不住了唰唰地往下流。要说也怪，平常，我们天天见面，也没觉得怎么着，可这功夫，就觉得亲不够。这些工人激动得像孩子似的，把我连胳膊带腿给抬起来了。工人们连拉带拽把我弄进工棚，一把按在椅子上。有个工人赶紧端来一盆热水，使劲扒我的鞋，要给我洗脚。有的张罗着：快炒菜！包饺子！我把旅行包一打，年货一样一样往外掏：烧鸡、对虾、香烟、香肠，摆了一地。我怕工人们光脚踩水着凉得病，我还特意背去了两双大胶皮靴子。这些工人围着我，乐得不知道告诉我点啥事好。有的说，矿长啊，我们都以为你来不了呢。从打听说你要来，我们这些兄弟每天一上井，衣裳都顾不上换就往车站跑，去接你。从腊月二十几一直接到今天。听了工人这些话，我鼻子直发酸。就冲着工人兄弟这股扑奔干部的热乎劲，我就是一路上吃多少苦，遭多大罪，来得也值！

这个年别提过得多热闹了：喝酒、唱歌、说笑话、放鞭炮。就我这嗓子，还给他们唱了《祝酒歌》呢。一眨眼天就亮了。我还得回去呀，矿上多少事等着我呢。工人们恋恋不舍，顶着小雪来送我，怎么也撵不回去。我上了车，车喇叭一响，这些胡子拉碴的男子汉，齐声痛哭。我那嗓子眼也堵个大疙瘩，强忍着没哭出声来。我赶紧扭过头去，怕他们看见我掉泪。你说，群众对干部没感情能这样吗？就冲这个，我们当干部的，啥时候也不能忘了工人！

刘庄煤矿有一首矿歌，里面有句话：是旗必夺，是第一必争。记者在这里也深深感受到了工人群众拼搏向上、吃苦耐劳的精神。记者曾经问过他们：干劲哪里来的？工人们回答很简单：前有车后有辙，是干部们好样子带出来的。矿工会主席刘桂林专门跟记者谈了这个问题：

这几年，好像不大讲究干部参加劳动了，说这太不现代了。在我们刘庄矿可不行，干部下不下井，那可是大事。这倒不是工人盯得紧，是干部们非要这么干不可。他们说，你要当甩手掌柜的，工人就甩了你。

我们这干部参加劳动，可不是一天两天了。还是我们老矿长杨福荣在任的时候就订了一项制度：凡是能下井的干部，全部半天工作、半天下井出煤。这个制度，这些年一点没走样，还越干越红火。最多的，有的干部一个月在井下待20天。而且，越是官大的，干得越欢。我们的书记是女的，袁瑞艺，地震那年胳膊砸伤了，现在还上着钢板呢，吃不了劲，洗衣裳都拧不动，拽绳子爬井，直往下出溜，在井下和大小伙子一样推着一吨重的煤车腾腾跑。老书记刘明利、支委李自治，都50多岁了，在井下，背200多斤的木料，打眼放炮，铲煤装车，哪样也不差。我不知道别的地方有没有，我们这的干部在井下自己单独开了一个工作面，掘进、推料、打眼放炮，一整套作业，清一色是干部。这可不是装样子，有硬碰硬的质量指标在那里摆着：干部们新做过的巷道经过验收，一级品率达到100%，连八级工都佩服。

我们矿的干部，不光和工人一块干，一遇到难活、危险活，统统把工人撵走，干部上。

1988年快过春节的时候，主运大巷道煤层自燃，出现四处火点，不及时扑灭，连人带矿都危险。可要救这样的火，不是一两天的事，眼看过年了，怎么办？干部们一商量：不跟工人们说灭火的事，让工人放假12天，回家过团圆年，股以上干部全都留下灭火。灭这样的火得开一个煤门。去开这个门可太危险了，等于去和阎王爷见一次面。因为门一开，里面比保安规定高几十倍上百倍的一氧化碳就要"呼呼"地往外冒，吸一口就兴许没命。可这个门又非开不可。我们把救护车、担架什么的都预备好了，防备万一有个好歹的。当时的支部书记刘明利、副矿长李自治领着干部，二话没说就下了井。就这么整整干了七天，终于把火灭了，春节也就这么过去了，过了年，工人们回来一听说，有的当时就哭了，说："我们要是早知道是这么一回事，说啥也不能走哇，要是干部们有个万一，我们多后悔呀！"

看着工人们这么心疼干部，干部们更有感慨。他们说，干多少活，出多少力是小事，一下井，和工人们的感情就不一样了。工人对这事看得更明白，说：我们可不是看干部不下井生气。他们就是不下井，也没在那吃闲饭。上下左右，四面八方，哪点想不到、干不到也不行啊。可干部们下了井，哪怕铲一锹煤，我们也觉得跟工人近多了。

有件事，我们矿的工人一想起来就念叨。1987年夏天，矿上搞劳动竞赛。按照定额，工人每班单头掘进的工作量是4架，实际上能干六七架，最高的干到12架。有一天，干部们下井碰上了一个特别难干的工作面。有的工人说："这种工作面，你们能拿下6架棚子就算不错了。"干部们都是挖煤工出身，哪能服气，说："你们能干12架，我们也能。"他们推起煤车一溜小跑。工人们在井上听说干部干得这么猛，后悔得直拍大腿，当初真不该将干部这一军。晚上7点多，井下来电话：12架进尺拿下来了！井上工人一阵欢呼，敲锣打鼓迎接干部上井。还拿来了贺功信，上面写着："刘庄煤矿有你们这样的领导，没有打不胜的仗！"

辑六
————
杂文随笔

荡气回肠唐宋篇

　　星河耿耿，银汉迢迢。从远古奔来的中华文明的长河，千回百转，千淘万漉，使一颗明珠浮出了水面，它的异彩流光，穿过时空，照亮了中国文学长廊，它就是滋养了中华民族文化近千年，并让世界为之回首的唐宋文学。

　　徜徉在这座文学珍宝馆，我们目不暇接，我们流连忘返。在这里，我们与中国文学史上的众多名流巨匠擦肩而过：迎面走来的是"天子呼来不上船"笑傲红尘的李白，眼望"国破山河在"老泪纵横的杜甫；这一边有听一曲琵琶泪洒青衫的白居易，那一边有登楼远望心忧天下的范中淹；苏东坡月下把酒，声声向苍天发问，辛弃疾挑灯看剑，夜夜梦里沙场秋点兵；柳永为"有三秋桂子，十里荷花"吟咏歌唱，李清照则为"梧桐更兼细雨"黯然神伤。

　　唐宋诗词歌赋是一座巍巍丰碑，它计数着中华文明的历史遗产；唐宋文学又是一顶灿灿王冠，缀满了浓缩中国文学智慧的奇珍异宝。这里，你能找到"大江东去"的豪放，也能找到"人比黄花瘦"的婉约；能听到"磨损胸中万古刀"的愤懑呐喊，也能听到"杨柳岸，晓风残月"的浅吟低唱；有怒发冲冠的报国志，也有窗前明月的故乡情，有独上西楼的长相思，有草长莺飞的梦江南，有春光乍泄的蝶恋花，有斗霜傲雪的一剪梅。

　　捧出这部宝典，我们能感觉到它的分量：刻写历史，它刀刀见血，鞭挞黑暗，它字字带泪，思索人生，它笔笔入理，憧憬光明，它声声不倦。含英咀华，我们也能体味到它的博大：它是历史的凝固，也是现实的观照，是文人的妙笔，也是哲人的沉思；是千里莺啼的锦绣江山卷，也是宫廷王朝的血雨腥风图；它的大漠孤烟，它的塞外鼓角，它的新坟旧鬼，它的金风玉露，共同托起的是中国文学界史上的一座珠穆朗玛峰。

今天，在这个古来圣贤千百次吟咏过的时刻，让我们共同举起唐宋名篇这樽美酒，邀明月至花前，引诗情到九重，在一声声荡气回肠的千古绝唱中，开启一次美的旅程。

张若虚《春江花月夜》

嫩绿的春色，婉转的江流，半开的花蕾，银色的月光，静谧的夜晚，大自然设计了这些良辰美景，愉悦人类的心灵，陶冶人类的情操。其中的哪一道景色都足以叫人浮想联翩，心旷神怡。然而，盛唐之初，一位诗坛俊杰张若虚却神奇地把这五种景色凝结在一首诗作之中，成为响彻历史长廊的盛唐之音，诗中之诗。

即使是在千年之后，我们如今来吟咏这篇美文，依旧是齿颊生香。它分明是一幅朦胧而空灵的水墨丹青，月夜里的江花，江花下的春水，春水边的游子，游子心中的怨妇，诗情画意、儿女情长与历史沧桑浑然一体，水乳交融。它又分明是一首清丽而委婉的江南丝竹，以哀而不伤的浅吟低唱，赞美自然，歌唱爱情，感叹人生。

"人生代代无穷已，江月年年只相似。"但愿我们美好的人生路上，永远有这样一片皎洁的月光。

李白《将进酒》

什么叫潇洒酣畅？什么叫豪情万丈？读一读李白的《将进酒》吧！

古往今来，以酒入诗无以计数，似乎还没有哪一篇像《将进酒》这样读来荡气回肠，酣畅淋漓。以酒会友是人生一大快事，本来这次宴饮李白与朋友元丹丘是作为客人应邀出席，但李白反客为主，在宴席上豪情大发，谈天说地，颐指气使，这场酒宴成了感慨人生的讲坛。这篇惊世骇俗之作，以驾长风、挟雷电的气势，抒发巨人式的感伤。不必把"人生得意须尽欢"误读为李白的沉沦，一声"天生我材必有用，千金散尽还复来"的呐喊，亮出的才是李白的人生价值宣言。

李白《蜀道难》

李白，中国诗坛上最为辉煌的一座雕像。他的浪漫主义情怀在他五彩缤纷的山水诗中始终闪烁着奇异的灵光。而在不朽名篇《蜀道难》中，他凭借天马行空般的驰骋想象和超凡脱俗的生花妙笔，向世人诠释了"浪漫"和"境界"的最高层次。在这幅描绘蜀国古道的泼墨大写意里，李白以他神鬼莫测的笔法，不仅写出了蜀道的雄奇、逶迤、险峻和峥嵘，写出了神功鬼斧的大自然对人心灵的震撼，还寄情山水，状物抒情，把想象、夸张、神话和现实了无痕迹地融合在一起。从五丁开山写到六龙回日，从黄鹤难飞写到猿猴愁渡，又以猛虎长蛇的磨牙吮血，杀人如麻，影射唐朝天宝初年所谓太平盛世一片歌舞升平背后潜伏的重重社会危机。现在我们就来听一听千年前的古人面对大自然发出的咏叹。

杜甫《兵车行》

一首《兵车行》，伴随着隆隆兵车，嘶嘶战马，碾过了几个世纪，永远凝固在历史的画廊上。杜甫用他那支神奇的笔，浓墨重彩地描绘了一幅战乱时代生离死别的长卷。展开这轴画卷，悲切惨烈的场景扑面而来：一阵阵捶胸顿足的哭号，一声声依恋心酸的叮嘱，一双双紧紧扯住亲人衣襟的手，一团团兵车疾驶扬起的尘土，还有那边塞血流成河，白骨累累，家园满目凋敝，民不聊生，激愤哀怨都从诗人的笔下喷涌而出，直刺穷兵黩武的黑暗王朝。这是带血的控诉，这是对历史的拷问。

杜甫《茅屋为秋风所破歌》

让我们沿着时光的河床，逆流而上，回到1200年前。在成都美丽的浣花溪畔，有一座最简陋最普通的茅屋。然而，就在这草堂之内，却顽强地跳动着一颗想黎民、思百姓、忧天下的心。被后世尊为中国"诗圣"的杜甫就在这里栖身，凭借这茅屋遮风挡雨。可上苍连这一点怜悯也不肯给他，秋风怒号，大雨滂沱，把草堂的屋顶席卷而去。面对茅草飞散和群童抢夺，瘦骨嶙峋的诗人在唇焦口燥、倚杖叹息之余，却由"吾庐独破"推及到"天下寒士"，以他博大的爱国爱民之心，发出了"安得广厦千万间，大庇天下寒士俱欢颜"的千古绝响。诗人饱蘸激情，写下了这首留芳百世的《茅屋为秋风所破歌》。

杜甫《赠卫八处士》

久旱逢甘霖，他乡遇故知，这本是人生一大快事。然而，在干戈离乱的年代，故交相见却要带上深深的酸楚，这种悲喜交集的复杂情感在杜甫的《赠卫八处士》中得到了淋漓尽致的抒发。

面对一别二十年的老友，杜甫有说不完、道不尽的感慨和唏嘘。他们感慨人生如梦，韶华易逝；感慨天道无常，死生难料；感慨世道纷乱，狼烟四起。然而，这番慨叹却是在频频举杯的家常便饭中进行的。乍看起来，"夜雨剪春韭，新炊间黄粱"弥漫的是一派老友重逢的相见欢气氛。可事实上，这场烛光下的家宴是在一道朦胧的幕布前举行的。这道幕布就是动荡的年代，纷扰的时局。所以说它朦胧，是因为杜甫在诗中对战争不着一字，但对"访旧半为鬼"的惊恐，对"世事两茫茫"的哀叹，却抑制不住地渗透出诗人对人生、人情的珍视和对和平美好生活的向往。

今天，我们无法知道卫八处士是谁，但这无关紧要，因为这首《赠卫八处士》已经成为赠给我们所有人的精神珍品。

范中淹《岳阳楼记》

文以人传，人以文传，一篇《岳阳楼记》使范仲淹不朽。

自古以来，为楼写记多难脱俗，一篇《岳阳楼记》却如春风拂面。四百字短文，叙事、写景、论理融为一炉，交相辉映，了无痕迹。叙事，扼要清晰；写景，变幻莫测；论理，警策世人。岳阳楼的几落几起，洞庭湖的波息波兴，与人世间的王朝更替、宦海风涛、人生旅途何其相似。范仲淹虽身处逆境，却心怀天下，他登临巍巍岳阳楼，放眼八百里洞庭，道出了震撼古今的心声："先天下之忧而忧，后天下之乐而乐！"

白居易《琵琶行》

犹如"大珠小珠落玉盘"一样清脆美妙，白居易的《琵琶行》已经在这个世界上弹奏了一千多年。它和它的姊妹篇《长恨歌》一道，成为奉献给千秋万代艺术精品，人道是"童子解吟《长恨》曲，胡儿能唱《琵琶》篇"。

一曲《琵琶行》，司马青衫湿。这是同情的泪，表现了诗人对被压在最下层的艺伎的理解和同情。这也是伤感的泪，同是天涯沦落人的心灵呼应，使白居易不能不联想起他自己遭贬流落的命运。然而，这首传世绝唱的奇妙在于，作者对自己命运经历的描绘，在诗中却是淡入淡出，只把一怀愁绪倾泄在琵琶曲的美妙和歌女的凄凉身世中。《琵琶行》所以能响彻千年，大概正是这种悲剧美的力量。

白居易《长恨歌》

古往今来，世世代代，人们一刻也没有停止过对爱情的歌唱，爱情永远是诗词中的领衔主题。可是，有哪一首对爱情的吟咏像白居易的《长恨歌》回响得这样悠远，这样撩人心魄呢？《长恨歌》无疑是中国爱情经典长廊里的一个奇迹。它奇在爱情的主角竟然是个皇帝。这一定位便注定了这份爱情的传奇色彩，注定了这场爱情悲剧的主人公恰恰是悲剧的制造者。它的神奇还在于把政治悲剧和爱情悲剧不露一丝痕迹地交融在一起，编织成一篇哀婉动人、缠绵悱恻的人间神话。白居易用他独特的声音给我们讲述的既是一个红尘故事，又是一个仙境传说，既是对封建王朝的无情鞭挞，也是对纯真爱情的由衷赞美。唐明皇、杨贵妃早已灰飞烟灭，但白居易对爱情的咏叹却千秋万代魅力四射，绵绵无绝期。

苏轼《念奴娇·赤壁怀古》

如果没有苏轼，中国的词坛不知要失色多少，《念奴娇》可以作证。

这首千古绝唱，以它排山倒海的气势和大开大合的历史纵深感，倾倒过无数的爱国志士、骚人墨客，直到今日，它依旧余音绕梁。

捧读这篇力透纸背的传世经典，我们看到了把酒临风的苏东坡，听到了他穿越时空的感叹。一面是流淌着的现实：乱石穿空，惊涛拍岸，江水涛涛，壁立千仞；一面是逝去的历史：烽烟滚滚，战旗猎猎，曹操周瑜诸葛亮，一一从眼前闪过。字字声声，都是对锦绣河山的赞美，对历史豪杰的钦佩和报国壮志的抒发。

这首激越雄浑的英雄交响曲，鼓荡过前人的心扉，也点燃了今人爱国报国的热情，这是一颗要永远保留的火种。

苏轼《水调歌头》

高天上一轮明月，阅尽了古今变迁，人世纷扰，悲欢离合。因此，借月咏怀之作，世代不绝。苏轼的《水调歌头》一出，技冠群芳，成为领衔之作。

明月如明镜，映照寰宇，也映照心灵。苏东坡心寄明月，把自然、神话和人生天衣无缝地融为一体。他振起想象的双翅，巡视天宫，叩问上苍，俯瞰人间。在唏嘘感慨之中，不由得发出了"不如归去"的喟叹。但这种归隐决不是对现实的逃逸和回避，苏轼旷达的胸怀和人文关怀情愫使他禁不住发出期盼："但愿人长久，千里共婵娟！"

千百年来，我们吟咏着它，在花前月下与亲朋相聚；吟咏着它，在异地他乡思念故乡亲人。一曲《水调歌头》，承载着世间诉不尽的豪情与离恨。

苏轼《定风波》

世人激赏苏东坡的文采之美，更赞叹他豁达的心胸和积极的人生态度。他的这一人生境界在《定风波》中表现得酣畅淋漓。

途中遇雨，触动了他敏感的心灵。仕途多舛，宦海沉浮，与眼前这场猝不及防的山雨何其相似，苏轼一样等闲视之。"达则兼济天下，穷则独善其身"，眼前虽然风狂雨骤，电闪雷鸣，不过是历史的一瞬，人生的插曲。身居庙堂，要上报国家，下为黎民；身处江湖，则要甘守清贫，耐住寂寞，追求难能可贵的心灵宁静。

乐观、积极、达观、超脱，笑对人生，这似乎就是苏东坡暗示给我们的画外音。

李商隐《无题》

聚散离合，人生一大主题，也是一杯混合着酸甜苦辣的鸡尾酒。端起这杯酒，我们为朋友接风洗尘，端起这杯酒，我们送亲人上路远行。离别、思念、等待，这是聚少离多的人们无法逃避的三步曲。李商隐把一个"别"字写得惊天地、泣鬼神，不仅震撼了天下旷夫怨妇的内心世界，"春蚕到死""蜡炬成灰"也成了人们对感情、事业至死不渝、孜孜追求的誓言。

岳飞《满江红》

高楼独上，栏杆拍遍，仰天长啸。岳将军一曲《满江红》诠释了爱国主义的真谛。

展读这篇气吞山河的盖世雄文，一股碧血丹心的豪杰气迎面而来。山河破碎，生民涂炭，使岳飞怒指匈奴胡虏；收拾金瓯，重扶社稷，又使岳飞顿生凌云之志。爱国，在这里字字掷地有声：怒发冲冠是爱国，仰天长啸是爱国，饮匈奴血是爱国，啖胡虏肉是爱国。这一面神圣面庄严的旗帜，使通篇笔笔有情，字字生辉，一腔忠愤，喷涌而出。

读《满江红》，思岳将军，继承光大这笔珍贵的精神遗产，我们责无旁贷。

李清照《声声慢》《一剪梅》

讲离愁，讲孤寂，讲相思，讲悲秋，李清照的《声声慢》《一剪梅》当推榜首。

孤独与思念是人类的基本情绪之一，睹物思人、触景生情是人本能的思维联想。能把这种心理感受透彻明白地传达出来，激起他人的精神共振，自然是文字妙手。在此，李清照可谓大家。一片落叶，一声雁叫，一滴秋雨，一柄青灯，李清照都能点石成金，赋予它浓郁的感染力。李清照的《声声慢》和《一剪梅》以明白如话的语言风格和错落和谐的韵律节奏营造了一种化不开、驱不散的孤独失落氛围。读着它，我们似乎听得见阶前滴雨，长天孤雁，看得见流水落花，昏黄孤灯。无疑，这是一种凄厉的美。

辛弃疾《破阵子》

一曲《破阵子》，一股英雄气。辛弃疾以他掷地有声的笔触，简捷而雄健地勾勒出一幅豪杰长啸的素描。

矢志报国而又壮志难酬，是诗人内心世界的最大冲突。一柄寒光四射的利剑，在灯下看了又看；催征的鼓角，嘶鸣的战马，夜夜进入难圆的英雄梦。腐朽的王朝无情地粉碎了他的英雄畅想，在空荡荡的历史长廊，只留下诗人"赢得生前身后名"的苍白呐喊。

辛弃疾《青玉案》

街市上，火树银花；夜空中，星落如雨。大词人辛弃疾用"东风夜放花千树"这样极富视觉冲击力的画面把我们带进了热闹祥瑞的元宵节之夜。但描摹市井的繁华并非词人的本意，"蓦然回首，那人却在灯火阑珊处"，才是这篇传世之作的灵魂所在。它告诉我们，人生的顿悟，总是产生在数不尽的寻找、追求之中。也正因为如此，王国维才把它列为人生三大境界之最。

辛弃疾《把酒长亭说》

亲朋相聚，把酒话桑麻，把酒论英雄，把酒说天下，都是不同的人生境界，辛弃疾的《把酒长亭说》就是一番心忧天下的大气象。

本来是朋友小酌，但辛弃疾端起的这杯酒里，却不仅盛满了惜别之情和有约不来的微怨，更多的是关注危亡的时局、破碎的山河。他借眼前鹊踏松枝、雪落破帽、疏梅孤雁、残山剩水的一片萧瑟冬景，感叹大势将去、报国无门的忧愤。

托物咏怀，微言大义，借古喻今，大气磅礴，辛词的这些鲜明特色在《把酒长亭说》里得以充分的展示。

陆游《钗头凤》

"红酥手，黄藤酒，满城春色宫墙柳"，多么艳丽的色彩，多么清新的画面，可它演绎给我们的却是一出哀婉凄楚的爱情悲剧。

封建礼教摧毁了陆游的纯真爱情，但它无法阻止陆游对爱情的向往和歌唱。面对严酷的现实，他无力回天，只能把一怀愁绪、一腔悲愤倾泄在于事无补的词中。一首《钗头凤》挽回不了陆游的爱情世界，但它成了千古绝唱，吟颂它，我们不是可以清晰地听到追求爱情自由的呐喊声吗？

陆游与唐琬，一对倒在封建大门前的旷男怨女。一样的词牌，一样的曲调，一样的别愁，一样的离恨。两首《钗头凤》，一种相思情。如果说陆游的咏叹充满了对封建礼教的怨恨与愤怒，那么，唐琬的感伤则更多地回荡着一个弱女子在封建枷锁下无助的哀鸣。

毕竟，一对风流才子才女的泪痕与呻吟给我们留下了珠联璧合、相映生辉的文学瑰宝。

柳永《雨霖铃》

天下有情人难舍难分的那一份眷恋，那一腔离恨，谁能一语道破？请领略一回词坛妙手柳永的《雨霖铃》。

阵阵寒蝉，悠悠斜阳，浩浩烟波，泪眼对泪眼，无言对无言，好一幅凄恻委婉、柔肠百结的挥泪图。

一片残柳，一弯晓月，一叶扁舟，多情的远行人，孤独的异乡客，好一曲深情脉脉、离恨悠悠的丝竹调。

物换星移，沧海桑田，可这一份人类最美好的情感，我们要永远珍重在心头。

柳永《望海潮》

江南胜景自古叫人魂牵梦绕。钱塘大潮，西湖美景，更叫人心醉神迷。而一经柳永《望海潮》的点染，连远在千里之外的异邦，也起了"投鞭渡江"、入主江南之心。

展开《望海潮》，满眼一派商肆繁盛的承平气象。商贾云集的古杭州，烟柳画桥，风帘翠幕，沉浸在"夜夜歌声，户户管弦"的歌舞升平之中。然而，素有天堂美誉的杭州更有天赐美景：八月钱塘、西湖秀色。钱塘大潮是晴空排浪、怒涛卷霜雪的黄钟大吕；西湖美景则是"三秋桂子，十里荷花"的丝竹管弦。

美的景致，美的画面，美的笔调，美的神韵，美的音律，柳永在这里告诉我们什么叫真正的美，脱俗的美。

秦观《鹊桥仙》《踏莎行》

一条散珠碎玉般的银河，飘过深邃无垠的夜空。这条缥缈的玉带，引发了人世间无尽的遐想与愁思。仰望银河，由红尘到天上，由现实到虚幻，人们把愁肠百结、离愁别绪、企盼祝福都寄托给想象中的牛郎织女、吴刚嫦娥。北宋词坛妙手秦观的《鹊桥仙》把七夕鹊桥相会写得出神入化，天人合一，悲中有欢，笑中带泪，把爱情之美推到了极致，而"两情若是久长时，又岂在朝朝暮暮"，一语道破人间男女情爱的天机与真谛。

秦观是描摹相思的高手，也有抒发幽怨的神笔。他的《踏莎行》就为世人铺展了一幅凄迷失意的画面：雾锁楼台，寒鸦点点，斯人独立，报国无门。秦观的过人之处在于，他把内心的忧郁和景物的迷蒙天衣无缝地融解在一起，打造出一尊婉约美的词中上品。

天上人间，人间天上，秦观凭借对牛郎织女美丽传说的点化，把我们引领到一片圣洁美好的柔情之地。

仰观灿灿的星河，巡视无尽的苍穹，人们在永无休止地寻找着精神寄托，爱情追求。人们一遍遍讲述七夕相会的神话，一次次追求，又一次次失败，再一次次奋斗。经历了千年万代的红尘磨难，人们懂得了在失败的悲剧中品味欢乐，也懂得了在欢乐的喜剧中寻求永久。秦少游一句"两情若是久长时，又岂在朝朝暮暮"道出了个中真谛。

李煜《虞美人》《浪淘沙》

一位薄命帝王，一位绝代才子，李煜集二者为一身，为世人留下了千古传唱的"流水落花春去也"，"一江春水向东流"。

面对风雨飘摇的山河，嗷嗷号寒的民众，这位孱弱的失国之君悲愤交加，长吁短叹。他饱蘸血泪，叹息自己处于刀俎之上的悲剧命运，流连"凤阁龙楼连霄汉，玉树琼枝作烟萝"的穷奢极欲的帝王生活，又长歌当哭，发出大厦将倾、盛宴已散的绝命感叹。

这位才高八斗、终日以泪洗面的末代君主早已写完了他的悲剧人生，他用泪水写下的文字，或惆怅，或思念，或眷恋，或感叹，或忧伤，或悲愤，则凝结成灿灿珍珠，镶嵌在中国文学的桂冠上。

周敦颐《爱莲说》

为一种非人类的东西赋予人的品格和情感，最能见出人的境界和格调。北宋的哲学家周敦颐写下的《爱莲说》以其超凡脱俗的风骨赢得了世人不绝的赞叹。

作者激赏莲花，在于其出污泥而不染的品格。这种对花中君子的赞美，正是对人类精神境界的追求和向往。在高洁的精神王国，荣华富贵、功名利禄不过是过眼烟云，哪怕像牡丹般的绚烂，最终仍要归于平淡，人格、气节、精神的完善与丰富，才是自身修养的最高追求。

杜牧《阿房宫赋》

一篇《阿房宫赋》把封建王朝的奢靡腐朽撕破给世世代代看。

其实，杜牧在《阿房宫赋》里不过是揭露了一个最基本的事实：逶迤三百里的雕梁画栋正是劳苦大众的累累白骨；余音袅袅的朝歌夜弦正是穷困百姓嗷嗷号寒的变奏；金碧辉煌的阿房宫正是秦皇自掘的坟墓。

前车之鉴，留予后人。一篇《阿房宫》，既是挽歌，又是警策。

刘禹锡《陋室铭》

身居陋室，心忧天下，自古以来就是仁人志士推崇的高风亮节。刘禹锡凭借《陋室铭》这篇传世之作发表了他响亮的人生宣言。

在这篇只有81个字的短文里，我们可以清晰地解读出这样达观而又充满哲理的人生态度：生活的清贫绝不妨碍精神的富有，拥有高尚的情操与宽广的胸襟，就拥有了丰富多彩的精神广场，清贫的物质世界顿时会对你绽开异样的色彩，一片青苔，一抹草色，一缕清风，一阵蛙鸣，都有了几分圣洁的意味。达到了这层境界，我们尽可以坦然反问：一个脱离了低级趣味的人，"何陋之有"？

王安石《桂枝香》

晚秋、残阳、孤帆、旧地，最能激起一怀愁绪。为亲人忧，为前程忧，为金钱忧，为国家忧，为天下忧，忧之不同，境界自现。王安石在金陵胜地登高远眺，千古得失，时事风烟，一起奔来心底。耳听滔滔江流，亡国之声《后庭花》音犹在耳；凝望古都遗迹，"门外韩擒虎，楼头张丽华"的警策之语历历如新。

赏秋色、伤晚景、叹兴替、抒胸臆，好一首千古无双的《桂枝香》！

长歌浩叹唱古今

披一路风尘，数千载风流，看青山依旧，唱大江东去。今天，在人类就要举步跨进21世纪门槛的时候，我们从历史的珍宝馆里满载而归，和大家共享这场精神的盛宴。

一个民族能够昂首屹立在人类文明之林，她的脚下必定有奔流不息、万世不竭的民族文化的滋养。这条文化长河，从远古奔向未来，从洪荒奔向文明，带着一路欢歌，也带着一路血泪，一路呐喊，留下了诸多硕果和丰碑，也记下了诸多辛酸和遗恨。

梳理这条河道，披沙拣金，我们拾到了光照古今的千古名篇。

它是艺术笔墨写就的史诗，前无古人，后无来者。既是民族智慧的结晶，又是历史长卷的浓缩。嶙嶙魏晋风骨，巍巍盛唐气象，咚咚动地鼙鼓，猎猎旗卷楼兰，金缕曲，黄莺儿，桃花扇，杨柳风，篇篇是对时代的沉思，字字是对历史的凝视。

它是价值连城的稀世珍宝，美不胜收，倾国倾城。它如同熠熠生辉、泛彩流光的颗颗钻石，镶嵌在时代的长廊。夸父的坚毅，洛神的婀娜，屈原的仰天长啸，李煜的愁肠寸断，关云长的横刀立马，贾宝玉的儿女情长，无不成为艺术美的化身，历万古而不朽。

它是一条链接民族文化的链环，一端牵着远古，一端指向未来。浩浩五千年文明，摇曳多姿，辉煌巍峨，浸润和滋养着中华民族。千古名篇，字字珠玑，章章锦绣，是民族文化、中华文明的浓缩版，精华篇。捧读它，欣赏它，我们清晰地感觉到了先贤哲人的深邃博大，志士仁人的报国壮志，游子商旅的亲情乡愁，旷男怨女的追求呐喊。

历览千载辉煌地，长歌浩叹唱古今。捧起这些佳作，我们与圣贤相会；吟咏这些绝唱，我们与历史对话。传统在这里升华，文化在这里更生。我们是传统文化的后来人，我们又是文化香火的传递者，我们还是当代文化派出的使节。

拾一块女娲补天遗落的彩石，借一弯斜照汉家宫阙的冷月，折一缕渭城朝雨中的柳丝，打一盏冰心老人点燃的小桔灯，让我们沿着历史长河的故道溯流而上，开始寻觅千古名篇的文化散布。

名篇碎语

当我们掬起一捧长江水，可曾想到过它的源头？当我们在中国文化长廊里流连信步的时候，却一定要到它的起点走走，那里是中国文学之母。

在这片天荒地老的时空里，似乎一切都变得单纯而宁静：五色彩石环绕着女娲，夸父在烈日下奔走，精卫鸟在蓝天里歌唱；澄澈的青天绿水，无边的林莽沼泽，山也巍巍，水也悠悠。未经人工点染的大自然，启迪了万物之灵人类的文学灵感，人又转而赋予大自然以灵性。于是，我们今天才听见了孔子的感慨，庄子的歌唱，屈原的长叹。

来，走到几千年前的那一边，翻检历史的书简，来体味其中的悠远与神秘。

走过洪荒，走过秦汉，当唐风宋韵也渐去渐远的时候，我们见到了20世纪初露的曙色。

轻轻推开现代文学之门，一阵现代白话的清新之风拂面而来。它一扫骈文八股整齐划一的晦涩与沉闷，开始在现代生活的黑白琴键上弹奏自由、潇洒而灵动的旋律。我们和戴望舒相逢在迷蒙的雨巷，和老舍一起品评红墙碧瓦的北京城；林语堂点起烟斗思量秋天的况味；徐志摩挥挥手与康桥话别；鲁迅笔走龙蛇写下没齿不忘的纪念；方志敏激情无限在铁窗下吟颂可爱的中国。

一样的符号系统表达喜怒哀乐，一样的思想脉搏为兴衰更替跳动。大师们没有走远，他们也正在倾听。

读庄子《逍遥游》

对忘我境界的追求，对自由脱俗的向往，弥漫在庄子的所有作品中，《逍遥游》是最亮丽的一笔。

大到鲲鹏，小到燕雀，无不在苦苦追求绝对的自由。然而，为现实与环境所累，最终难以走出脱俗这最后一步。滚滚红尘之中，声色犬马的浸润，软化了对自由忘我的执着；名缰利锁，拦住了走向精神天堂的脚步。

读《逍遥游》，恰似背负青天，鸟瞰人间城郭，不禁教人顿生慨叹。

读屈原《山鬼》

苦恋与思念，是文学的永恒主题。屈原的传世之作《九歌》中的山鬼堪称翘楚。这是一篇热恋中少女的内心独白，也是大胆而泼辣的爱情宣言。它不重在描绘少女如花的容颜和婀娜的身姿，重在坦露少女忍气吞声的内心世界，传达一种追求爱情的热烈情绪。

读《木兰辞》

戎马关山报国志，魂牵梦绕女儿情。一身戎装透出一股勃发的英雄气，我们看到的是英姿飒爽的少年将军，而对镜梳理云鬓，秋波顾盼流转，我们看到的则是一位楚楚动人的闺中女红妆。这二者在花木兰身上的统一，世世代代向人们传达着这样的信号：中国女性的伟大、坚韧与温情。

读《女娲补天》

"看试手，补天裂"，这是何等轰轰烈烈的壮举。然而，这光荣却属于一位女性——女娲。这位创世纪的女神，在开启鸿蒙、混沌初分的洪荒时代，挺立于天地之间。她是敢与天公一比高下的女中丈夫，又有关爱人类的慈母情怀。女娲是否存在并不重要，要紧的是她是中华民族文明史上第一个大写的"人"。

读曹植《洛神赋》

"翩若惊鸿，婉若游龙；荣曜秋菊，华茂春松。"曹植这十六个字一出，洛神之美便立刻一洗铅华，脱俗为另一境界。洛神的妩媚与妖娆，洛神的圣洁与飘逸，不过是诗人心目中美的幻化形式。人类对美的追求是不可阻挡的，洛神之美就是凭借曹植的传神之笔，穿越了千年的时空隧道，折射到今天。

读李煜《虞美人》

一位悲悲切切的末代君主，一位字字传神的苦吟诗人，这就是李煜。无论是他的《虞美人》《浪淘沙》，还是《乌夜啼》，都有不朽的传世名句。这位孱弱而苍白的帝王，面对四十年家国，三千里山河，或无言，或叹息，或垂泪，却无力挽住金灿灿的皇城，凤阁龙楼、雕栏画栋正在成为渐去渐远的历史背影，而等待他的则是新一页历史备下的断头台。李煜到底还是跌下了皇帝的宝座，却意外地为我们留下了这一颗颗闪闪的艺术珠宝。

读李白《梦游天姥吟留别》

因诗而被称仙的只有李白，而最具仙风道骨的是他的山水风光大写意。李白的山水诗作中，较少风花雪月的小家碧玉，多见雄浑奇崛的黄钟大吕。当他寄情山水之间的时候，他那天马行空的自由追求和叛逆心理才发挥得酣畅淋漓。遄飞的瀑布，狰狞的崖壁，悲啼的古猿，入云的天梯，列队的仙人，由实至虚，由虚至梦，由梦至仙，最终又跌落回现实，发出不肯向权贵就范的愤愤呐喊。

读唐琬《钗头凤》

一样的词牌，一样的曲调，一样的别愁，一样的离恨。两首《钗头凤》，一种相思情。陆游与唐琬，一对倒在封建大门前的旷男怨女。如果说陆游的咏叹充满了对封建礼教的怨恨与愤怒，那么，唐琬的感伤则更多地回荡着一个弱女子在封建枷锁下无助的哀鸣。

毕竟，一对风流才子才女的泪痕与呻吟给我们留下了珠联璧合、相映生辉的文学瑰宝。

读文天祥《过零丁洋》

捧读文天祥的《过零丁洋》，一股惊天地、泣鬼神的豪杰之气力透纸背。惶恐滩，零丁洋，这两个极有悲剧情感色彩的地域非但没有遮掩文天祥这位民族英雄的光辉，反而使他的民族气节更加夺人心魄。

"人生自古谁无死，留取丹心照汗青"，这一声义薄云天的爱国呐喊，永远回响在历史的长廊，几百年后，共产党人"面对死亡我放声大笑"的洒脱，正是在更高人生境界上对它的应答。

读鲁迅《为了忘却的纪念》

白发人送黑发人实为人生一大不幸。如果去者是倒在敌人的屠刀之下，这悲怆则顷刻间转化为悲愤。"忍看朋辈成新鬼，怒向刀丛觅小诗。"文坛巨匠鲁迅用手中的笔，倾泻着对革命青年的追思和对黑暗势力的满腔愤怒。这篇似投枪匕首的战斗檄文，名为"为了忘却的纪念"，实则是警示世人：千万不要忘记这黑暗的一幕，千万不要忘记烈士们那年轻的、殷红的鲜血，哪怕是在这血染的土地上开满鲜花的时候。

读巴金《我的心》

热爱人类，热爱和平，让世界充满爱，这是人类世世代代执着的梦想和追求。然而，一辆辆满载着暴虐、血腥和杀戮的战车却在这无数颗充满博爱的心灵上隆隆驶过，无情地碾碎了他们对正直、和平和幸福的憧憬。老作家巴金就是把这样一颗淌着血的破碎的心捧给了世人。这是一篇声讨假丑恶的战斗檄文，是一道召唤真善美的心灵闪电，是一声警策世人的长鸣钟，更是作家爱心的一次放飞。

读冰心《小桔灯》

大概冰心老人自己也没想到，她点燃的那盏小桔灯幽幽的烛光已经在中国文坛上闪耀了半个世纪。小桔灯摇曳的萤萤之火，既照出了国统区人民的水深火热，也照出了穷人家孩子的镇定、勇敢与成熟，更照出了有社会责任感作家的良知。只要有了博大的人文情怀，无论是舍生取义的惊天动地，还是烛光闪闪的娓娓道来，同样折射作家的心灵，同样动人心魄。

读胡适《新生活》

生活是什么？这是一道有无数任选答案的开放式考题。生儿育女，养家糊口是生活；游戏人生，醉生梦死是生活；拼搏奋斗，披荆斩棘也是生活。在人生的竞技场上，从来没有一个悠闲的看客。但是，扪心自问：为什么生存？为什么生活？我要驾驭生活之舟驶向哪个港湾？或许，穷其一生还不曾寻到答案。也许，正因为如此，我们才热爱生活，索解生活。

读老舍《想北平》

在人类情感世界的锦囊里，有一颗由甜蜜、温馨和苦涩凝结成的珍宝，就是乡情。一条曲曲弯弯的小路，一株遍身疤痕的老槐树，一声熟悉的吆喝，一阵红枣米粥的香气，都是引发游子乡情的催化剂。人在江湖，身在旅途，精神与心灵的归宿却永远指向生养你的那片故土。老舍的《想北平》，就是对乡情最精妙的诠释。

读朱自清《背影》

《背影》，一篇娓娓道来的文字，何以在文坛不朽？正在于它是一记情感的重锤，重重地敲击在人的心灵共鸣点上。父子亲情，难于言表。但在这里，背影的一瞬化作了永恒，一个背影力敌万语千言的倾诉。背影，恰似一道情感的闪电，照彻千千万万颗赤子之心。

读林语堂《秋天的况味》

同样的秋景秋色，落入不同人的眼中，永远是千人千面。有人读出了肃杀，有人听到了悲鸣，有人看到了凋零，有人悟出了更替。在林语堂眼中却看出了另外两个字：成熟。这位口衔雪茄的文豪，似乎是在悠闲地品味秋色，但翻过这页秋色图，他品评的是秋天的意境，人生的状态，心灵的高下。

读沈从文《西山的月》

一弯冷月，斜挂在西山，阅尽人间千万载的轮回。如水的月光，引发人们万般遐想，烘托着人们千种情思。月光，是水？是银？是镜？还是泪？嫦娥，吴刚，玉兔，桂树，编织的恰恰是神州人们的红尘故事，吟唱的恰恰是风情万种的人间恋曲。现在我们就来看看出自沈从文之手的《西山的月》，看看那颗热恋中的心在怎样跳动。

读张爱玲《秋雨》

读过李清照的名篇《声声慢》吧？还听得见"梧桐更兼细雨，到黄昏，点点滴滴"的落地声吗？那么，请再来听听现代人对雨的解释吧，看看张爱玲在秋雨中听出了什么。同样是秋，同样是雨，同样是愁，尽管一怀愁绪泼墨般地弥漫全篇，但对愁，却不着一字，尽得风流，正所谓"秋风秋雨愁煞人"，处处是愁不见愁。

读郁达夫《西溪的晴雨》

山有山的雄奇，水有水的灵秀，雨有雨的缠绵，雾有雾的朦胧。如果这四美俱存，当然景色奇绝。只择其一，也足够赏心悦目。"落花人独立，微雨燕双飞"，正是在如纱似雾的微雨之中，郁达夫携友人共赏西溪美景，湖光山色之外，又平添了三分诗意。这里的圆桥芳舍，桑树蓼花，闲云一抹，清溪一道，原本是寻常事物，一经审美大手笔的点染，立即入诗入画，赋予了灵性。正是"寻常一样窗前月，才有梅花便不同"。

读戴望舒《雨巷》

美在朦胧，美在印象，美在想象。因为这为我们搭建美提供了无限的空间。一把油纸伞，一条石板路，一段篱笆墙，一枝苦丁香。悠长的小巷，如丝的细雨，轻轻的叹息。戴望舒就在这诗情画意的色彩组合之中，小心翼翼地托出了想象中美的女神。读《雨巷》，无异于美酒在手，橄榄在口。

读徐志摩《再别康桥》

在人的情感世界里，惆怅最叫人难以言传。因为它是人心灵中的稀有元素，只有在丰富而细腻的感情土壤里才能觅见它的踪迹。徐志摩凭他一支灵动的笔把这种高难度的心灵告白推向了极致。这短短的二十八行小诗，似一片薄如蝉翼的轻纱，似一道若有若无的薄雾，似一泓明彻照人的清泉，把与康桥依依惜别的心境营造得如诗如画，使千千万万的读者在不经意间弹响了隐在深处的心弦。

读方志敏《可爱的中国》

不分肤色，无论地域，在人类拥有的优秀品质中有一项永远光芒四射，那就是爱国。屈原叩问苍天，怒沉汨罗江；辛弃疾梦里沙场秋点兵；谭嗣同横刀向天笑，迸发的无不是爱国情怀的万丈光焰。而方志敏一篇《可爱的中国》，则点亮了中华民族爱国方阵中一支最亮的火炬。在这篇绞刑下的报告里，我们透过鲜血浸透的模糊字迹，读到了这位伟人的倾诉和挚爱；在这曲屠刀前的歌唱中，我们透过橐橐的镣铐声，听到了愤怒和呐喊。

读艾青《大堰河——我的保姆》

母爱，人类情感走廊中的上品，伟大永远是它的同义语。而儿子对母亲的依恋，对母亲的倾诉，对母亲的追思，听来一样叫人荡气回肠。母亲脸上偷偷抹去的泪花，对儿子乳名的一声轻轻的呼唤，还有满手的老茧，微驼的背影，飘动的白发，哪一个做儿子的不会刻骨铭心？艾青的《大堰河——我的保姆》所以不朽，就在于它把母子的心灵传递描摹得如此撼人心魄。

读艾芜《南行记序》

面对着岁月的流淌，人会发出种种慨叹，有欣慰，也有追悔；有满足，也有失落；有自信，也有畏缩。《南行记序》带给我们的是振作与鼓舞。在生活的洪流中，没有一个隔岸观火的旁观者，或迟或早，或快或慢，或主动或被动，哪怕是裹挟也要前行，因为时光永不止息。一旦踏入永不回头的生命航线，与其退缩徘徊，消沉叹息，不如昂首挺立，引吭高歌，《南行记序》正在这样说。

读穆旦《赞美》

不论我们把目光投向哪里，都有值得我们赞美的东西。美，无处不在，只要善于发现。我们当然可以赞美绚烂的鲜花，娇好的容颜，亮丽的风景。然而，当你面对一双粗糙的大手，一张粗笨的弯钩犁，一座低矮幽暗的茅屋，你会赞美它们吗？诗人穆旦正是从这幅以铅灰色的云作背景的乡村图中悟出了其中的民族魂，发出了由衷的赞美。

读郭沫若《凤凰涅槃》

如果问：什么鸟最美丽？你或许会说：凤凰。如果问：什么鸟最吉祥？你或许还会说：凤凰。这种幻想中的吉祥鸟以它的雍容华贵、仪态万方奠定了它在飞禽中的至尊地位：百鸟朝凤。然而，它的另一幅幻象更加夺人心魄——凤凰涅槃。想想看，这是何等惨烈而壮丽的美：在冲天烈焰中，死而复生的火凤凰腾空而起，长鸣着直上九重。这一声声长鸣，是解脱的欢愉，是重生的欣喜，也是向未来的召唤。

读王怀让《人民万岁》

一顶顶王冠滚落，一座座王宫坍塌，历史的车轮无情地碾碎了无数封建君王渴望不朽的梦想。只有创造历史的人民是不朽的，真正懂得这一点的人堪称伟大，毛泽东就是这样的伟人。他的定义是：人民，只有人民，才是创造历史的动力。他的一声高呼声震古今：人民万岁！

读肖皓夫《领袖们》

说他们伟大，是因为他们在引领着一个国家，一个民族；说他们平易，是因为他们就生活在我们中间，我们握过他们的手，甚至听得见他们的呼吸。这就是中国的领袖们。如今他们都已离我们而去，但我们却能清晰地感觉到他们的目光永远在注视着我们，注视着他们永远热爱的人民。

读杨锦《冬日，不要忘了到海边走走》

在北风呼啸的冬日能想到去看海，显然是另外一种寻找。

这是在寻觅大海的另一面，被夏日里如织的游人忽略的那一面。比如大海的狂欢，大海的高歌，大海的阴沉，大海的愤怒，大海的孤独，大海的期盼。

看海如此，看物、看事、看人也是如此。无论你面前是什么，绕到它的另一面，总有新的发现。

读佚名《千山可怜松》

柳的灵活，松的坚定，是世代公认的品格。但松也有可怜的吗？有，因为它矮小，因为它生在悬崖，因为它摇摇欲坠，难免使人顿生怜爱之心。然而，不！四百年的风霜雨雪却奈何不了它，动摇不了它，消灭不了它，它弱小的身躯依旧挺立在峭壁之上，傲视着群山。

这是一棵可敬的松，与其说它是一棵树，不如说是一种精神，一种象征，告诉世人，什么叫生命。

读李文庆《咫尺天涯》

如果把中国的语言比作一条彩练，那么，它上面缀满的方言总是五颜六色的。恰恰是这些色彩的差异，成了彼此沟通的障碍，京腔京韵的北京人哪里能听懂绵软温柔的吴侬软语，吼过秦腔的西北汉同样搞不清闽南渔家女要向他们倾诉什么。终于，大家不约而同找到了普通话。讲普通话从来不是少数人的专利，而是所有中国人的权力和义务。事实上，在我们身边就有数不尽的普通人讲一口标准而流利的普通话。不信，我们来听听一位军人的表述。

（2000年1月）

智慧宝典伴人生

点起火把，我们走进山顶洞去寻访历史，追根溯源；

敲打键盘，我们穿越互联网去叩问未来，思绪无限。

泱泱中华，五千年历史，五千年文明，五千年思考，五千年追问。

终于，我们有了五千年人生的积淀，我们有了五千年感悟的提炼，我们有了五千年思索的答案。

这就是缀满人生路的成语，祖先赠予中华儿女的一部人生宝典。

成语在向我们诉说什么呢？

它在扫描历史。

从女娲夸父到神农尧舜，从三皇五帝到贩夫走卒，成语尽收眼底，风光尽揽。

成语里有王冠滚落，有花落花发，有踏踏的马蹄，有滚滚的风烟。

成语为你重绘八百里阿房宫的逶迤与壮美，也为你讲解野草中圆明园的肃杀与暗淡；

它告诉你佞臣赵高如何巧言令色指鹿为马，也告诉你屈原大夫怎样为山河破碎肝肠寸断；

文天祥在成语里扬眉剑出鞘心忧天下，诸葛亮在成语里飘然而至，纶巾羽扇；

透过成语，我们似乎听得见南宋小朝廷呼啦啦大厦倾翻的遍地哀声，我们也好像瞥得见康乾盛世夜夜笙歌的碧瓦金砖。

它在讲述人生。

历览五千载文明，众生相千姿百态。帝王将相的骄奢淫逸、才子佳人的风情万种，黎民布衣的啼饥号寒，已经风流云散；

李林甫笑里藏刀，关云长义薄云天，窦娥冤感天动地，红楼梦字字心酸，只落得座座荒冢掩风流，也成过眼云烟。

然而，成语长存，真谛永在，各色人物在成语里永远活灵活现。

成语凭借它无敌的提炼能力和闪电般的穿透力，撕裂假丑恶，弘扬真善美，透视心灵，定格人生，目光如电。

它告诉你什么叫大逆不道、十恶不赦、千夫所指，什么叫春风化雨、万古流芳、气冲霄汉；

它提醒你己所不欲，勿施于人，日省月试，温故知新；

它赞赏富贵不淫、贫贱不移、威武不屈、舍生取义；

它歌唱两袖清风、大义灭亲、赴汤蹈火、杀身成仁；

它鄙视两面三刀、尔虞我诈、翻云覆雨、口蜜腹剑。

它在浓缩文化。

中国文化源远流长，博大精深。成语以高度凝练、优美简洁的方式梳理概括，使其百世留芳，千古不朽，万世流传。

打开成语这部多彩多姿的百科全书，你会发现中华文化美不胜收。

钓金龟，拾玉镯，二进宫，六月雪，看不够的手眼身法步，走不完的生旦净末丑，小小粉墨舞台演不尽大千世界的离合悲欢。

五禽戏，八卦掌，武当少林，南拳北腿，百步穿杨，以柔克刚，中国功夫打出龙的传人威风八面。

两面针，五味子，刘寄奴，何首乌，半夏当归白头翁，望闻问切，阴阳表里，中医中药手到病除妙不可言。

沁园春，广陵散，兰亭序，夜宴图，梅花三弄，十面埋伏，万里江山卷。

诗词歌赋，琴棋书画，中华艺术如同彩色飘带迷醉世人的敦煌飞天。

成语是一部智慧宝典，它向你讲述王朝更替，红尘故事，也告诉你虚怀若谷、见义勇为、尊老爱幼、自强自立的生存态度；

成语是一柄寒光闪闪的利剑，它毫不留情地挑开封建王朝华丽的外衣，展示黑暗帝国的血雨腥风，它也教人保持长久的清醒与冷静，犀利地解剖人性的弱点；

成语是一幅百宝锦囊，它向你展示中华文明黄金般的价值，展示中华民族美的心灵，美的艺术，美的人性，美的风韵，美的山川。

成语使我们文明，使我们深刻，使我们犀利，也使我们开阔。

接受成语的浸润，我们的思考会更有高度，我们的积淀会更加广博，我们的表达会更有意味，我们的言辞会更加五彩斑斓。

来吧，朋友，走进成语的回音壁，我们一道来倾听，倾听成语在怎样诉说，倾听它在诉说些什么。

我们还想说，年轻的孩子们，珍重吧，珍重中国成语，这部金灿灿的人生宝典。

（2000年11月14日）

成语连缀起历史

有中华传统文化的坚定拥趸者，以成语制成千字文传承历史，读来有感，择一二零碎记之。

盘古开天　人猿揖别　人文初祖

对大自然的恐惧与崇拜使全世界所有民族的童年时期都各自做过一段漫长而甜蜜的神话梦。盘古、女娲、夸父、后羿、精卫，在华夏初始的朦胧记忆中，永远是光彩照人的塑像，他们象征着无可匹敌的力量、智慧、执着和爱心，人类的童年需要这些精神乳汁的滋养。

然而，人类终究还是走出了梦境。他们从树上下来，走出了大林莽，凭借语言和劳动成为主宰世界的智慧生物。为了物种繁衍，人类开始了向大自然的生存挑战，神农尝百草、轩辕制衣裳、仓颉造字、大禹治水，中华文明从这里开始一笔一笔地书写它的华彩乐章，人类也从此踏上了一条艰辛而壮美的不归之路。

文武之道　礼崩乐坏　百家争鸣　万世师表

追求文明总是要付出代价的。夏桀商纣的骄奢淫逸，酒池肉林，险些断送了脆弱的文明链条。东周列国的弱肉强食、纷纷扰扰，也使文明之地哀鸿遍野，生灵涂炭。

天道有常，物极必反。人心不古，礼崩乐坏，必有百花齐放、百家争鸣取而代之。儒家、法家、纵横家，孔子、老子、韩非子，从烹小鲜到治大国，从逍遥游到盐铁论，从窈窕淑女到叶公好龙，霎时间，神州大地上好一派见仁见智、议论纷纷、直抒胸臆的热闹气象。

秦皇汉武

一代枭雄豪杰，往往会影响历史前进的轨迹。秦嬴政、汉刘邦，都在中华大一统的版图上留下了他们轰轰烈烈的印记。

在用累累白骨砌成的万里长城上，在浓烟滚滚的焚书坑儒的烈火中，处处是秦始皇暴政下的呻吟和血泪，在车同辙、书同文的变革里，也同时筑造了秦始皇重整河山的座座丰碑。

无论是否情愿，秦时明月，却去斜照汉家宫阙，毕竟历史选择了汉高祖刘邦。这位能屈能伸的一代霸主，以其左右逢源、招贤纳士的胆略与气魄，威加海内，气吞八方。

或许，秦砖汉瓦，秦皇汉武，会永远成为中华千古文明的一个象征。

三国风云

中国历史上最为多姿多彩的一幕注定在三国时代上演。这里出场的人物似乎从未离我们远去。曹操奸诈与雄才兼备，孔明智慧与忠心共存。刘关张三结义天人共鉴，千古传唱，借东风、烧赤壁，神机妙算盖世无双。

三国逐鹿，饿殍遍野，但三国人物雕像却是不朽的。

魏晋风度　多事之秋

逃遁，是乱世求生的一种方式，也是一种最简单易行的自我精神麻醉。明眼人谁都能看出，竹林七贤的闲云野鹤，陶渊明的采菊东篱，其实都无法掩饰他们内心的痛苦与焦灼。晋末乱世战马的一声嘶鸣，轻而易举地粉碎了他们超然物外的白日梦。隋朝暴君的大逆不道、横征暴敛，已经为无可再忍的农民高举义旗备下了导火索，也为无道的王朝奏响了挽歌。

大唐雄风　亡国长恨

恰似奇峰突起，盛唐把日渐式微的封建王朝推上了一个新的顶点。唐太宗的励精图治，贞观之治的四海升平，八方朝拜的商旅如云，李杜诗篇的炉火纯青，不仅为史学家称道，也让这个骄傲的王朝自己也飘飘然起来，俨然君临天下的主宰。

然而，一阵乱纷纷的渔阳鼙鼓，惊破了帝王的无忧春梦。安史之乱扬起遮天蔽日的尘土，掩住了皇宫耀眼的金光，马嵬坡前杨贵妃哀婉的绝唱，演绎的是封建皇朝盛极而衰的安魂曲，是流水落花春去也无奈的叹息。

清明上河　半壁江山　文章宗匠

愈是沧海横流，愈见英雄气概。精忠报国的岳飞，明镜高悬的包拯，剑胆琴心的辛弃疾，永照汗青的文天祥，与狼烟四起、衰微破败的宋代形成了鲜明的对比。而苏东坡一泻千里的"大江东去浪淘尽，千古风流人物"，李清照一唱三叹的"人比黄花瘦"，也同样用另一种方式让历史记住了宋代。

一代天骄　明朝兴衰

马上得天下，是冷兵器时代颠扑不破的真理，一代天骄成吉思汗用烈马弯弓垄断了对这条真理的解释权。他高高地坐在龙庭之上进一步向世人解释了什么叫力量，什么叫征服。可惜这种征服并不持久，红巾起义的吼声很快就淹没了这位英豪的声音。可是，农民们拼死杀出来的却是中国封建史上最为黑暗的明朝。到处是锦衣卫横行的鬼影，到处是酷刑下的哀号，到处是流离失所的饥民。一杆"闯"字大旗终于快刀斩乱麻，结束了这恐怖王朝的苟延残喘。

康乾盛世　西学东渐　传承文明

一个最具活力与朝气的朝代，一个最为无能和腐败的朝代，历史走到了清朝。这三百年里，曾经有过康熙大帝荡平天下的朗朗乾坤；曾经有过乾隆皇帝几下江南的风流佳话；曾经有过慈禧太后割地赔款的丧权辱国；也曾经有过百日维新的昙花一现。义和团赤手空拳与八国联军对垒，孙中山为共和掀起辛亥革命。

清朝，一个没落阶级最后的守望者，一个为封建朝代写完最后一笔的王朝。

科技之光　商业文明　烹调饮食　建筑园林　乐山乐水

如果一个民族是优秀的，我们就能在每一个文明的剖面上都会发现闪光点。指南针、印刷术、都江堰、赵州桥，中华民族的智慧在这里凝结；食不厌精，色香味形，曲径通幽，飞檐斗拱，梅兰竹菊，曲水流觞，中华民族的情趣与修养在这里闪现。走遍天涯海角，越过万水千山，它要永生永世追随着你，从不改变。

琴棋书画　戏曲小说

急管繁弦之中，你能不能听出弦外之音？楚河汉界之间，你会不会看见智慧拼杀的硝烟？泼墨写意，妙手丹青，妙在似与不似之间。卧如弓，坐如钟，立如松，行如风，太极八卦连环掌，还有悲金悼玉的红楼梦，碧血浸染的桃花扇。琴棋书画，粉墨舞台，散发着中华文化的无穷魅力，中国功夫，以柔克刚，造就了中华文化的神奇力量。

百年树人　礼仪之邦　江山如画

《三字经》《千句文》《幼学琼林》《古文观止》，一部又一部经典成为莘莘学子的案头必备；凿壁偷光、囊萤映雪、悬梁刺股、孟母择邻，一代又一代成为催人奋进的育人佳话。竹简、石刻、印刷，技术上的每一点进步都在为中国教育百年树人的神圣使命注入新的力量。教育为本的观念又在不断为道德情操礼仪的生长培育着沃土。一诺千金、乐善好施、推己及人、不耻下问、见义勇为、白头偕老，这些精神世界中的金科玉律，无不闪烁着中华美德夺目的光彩，千秋万代，它将与锦绣中华的名山大川同在。

继往开来

中华文化的旗帜在黄土地上飘扬了几千年，泰山向它注目，长江为它歌唱，在新世纪的艳阳天下，它必定会更加鲜亮动人。集合在这面旗帜下的中华儿女，正以新的知识，新的武装，新的姿态，新的面貌，昂首奔向未来！

寻找回来的世界

刚刚降下帷幕的《唐宋名篇音乐朗诵会》至今音犹在耳。不夸张地说，它撩开了今年京城春节一道新文化景观的面纱。

不管是《春江花月夜》的柔美，还是《兵车行》的惨烈，无论《声声慢》的哀婉，还是《将进酒》的潇洒，都把座中的男女老少引领到美的意境之中。整整十个夜晚，北京音乐厅成了赏旷世美文，发思古幽情的圣洁之地。

观众脸上止不住的热泪，等待退票攒动的人群，场场爆满的热烈，在告诉我们一些什么呢？

它折射的第一个信号是人们对优秀传统文化的认同。在多种多样的社会力量当中，没有哪一种力量敢与文化较量。文化的韧性没有对手。坚船利炮可以把生灵化为齑粉，却打不倒文化。你可以蔑视它，忽视它，嘲笑它，甚至扭曲它，改造它，压制它，可你就是很难消灭它，让它从人的心灵里消失。它可以休眠，但却不会长眠，它终究要醒来。都说当今人心浮躁，世风不古，不错，为了蝇头小利，一些人不怕头破血流，几张"大团结"完全可以收购某些人的廉耻心、自尊心乃至骨头和灵魂。但即便在这样带污点的灵魂里，也仍然埋有传统文化的种子，只不过它在冬眠，需要有人唤醒它。生活这位最具人文关怀精神的导师就不厌其烦地为我们举过无数这样的例子：在马路上大打出手的家伙在家里竟是个低眉顺眼的孝子；平日里大喊大叫的猛汉却会为素昧平生的弱者一洒同情之泪。导演这些又冲突又和谐的剧目的，不是别人，正是躲在大幕后面的传统文化的精髓。它很少直接出面，可人们总是依照它的意思办，哪怕一时不行，早晚会办到，决不会错的。传统文化大多不是教会的，而是熏成的。一句话，一个眼神，一个微笑，都在传达对某种文化的认同或拒绝。对传统文化中最可宝贵的东西，人们总是千方百计寻找一种物质载体把它凝固下来，如笔墨、纸张、石头、织物等。唐诗宋词中的美文佳句，它的生命感悟，凝结了世代人群的人生经验和审美情趣。人们凭借口耳相传或物质载体，用它来滋养自己和后代的精神田园。年深日久，这些文化精髓进入了人类的潜意识，成了认知世界、品评事物的价值标准之一：顺之者则佳，逆之者则劣。它植根于人的心灵深处，可能有其他东西影响它，遮蔽它，却伤害不了它的根本，只要给它一点空间，它就会欣欣向荣。从这点上讲，《唐宋名篇音乐朗诵会》的爆棚，是人们对优秀传统文化的回归，是寻找回来的世界。

　　折射的第二个信号是全新的载体可以激活优秀传统文化的因子，使之释放出夺目的光辉。在这场朗诵会上，耳熟能详的唐诗宋词被赋予全新的包装，我们听到的是当代人对千年前古人情结的诠释。朗诵者为我们提供的既不是摇头晃脑的自我陶醉和精神扩张，也不是对古人作品的简单"克隆"，那种限于一城一地的得失和个人烦恼的杯水风波。他们传递的是一种情绪，一种精神，一种氛围，是今人与古人的对话，是现实与历史的沟通。他们营造的是美，传达的是情。而与朗诵平分秋色的是音乐。且不说用地道的西洋乐器服务于地道的东方古典，单是首首全新的现代旋律就叫人耳目一新。大概长眠于地下的古人听到他们的作品如今得到这样全新的旋律解释，也会凝神倾听，会心一笑。这又无意中粉碎了一条格言："酒好不怕巷子深。"哪怕是唐诗宋词这样的顶极之作，如果一味自恃阳春白雪而小视天下，不肯走下神坛，那它也只会眼巴巴地看着一代一代人从身边走过，越走越远。传统文化追赶时代，不是媚俗和屈尊，而是搭乘新的载体，和上时代的节拍，与现代人达成心灵的默契，精神的和谐。传统文化走到这一步，才是融入了时代，获得了新生。

　　《唐宋名篇音乐朗诵会》正在这样说。

（2005年11月16日）

新年赋

　　新年总是叫人易发感慨，因为它毕竟是封存旧事，启动未来的一个关节点，正是一出戏刚刚演完，新一出戏开场锣鼓又敲响的时候。所以，人们在这个时候感叹，悔恨，希望，发誓，实在是情理中的事，不但应该，也不能免。

　　站在新年这座奈何桥上，我们谁也不能再往回走一步，只能回头张望，看一看我们在去年那一边筑起了什么，有没有事业的丰碑，亲情的乐园，爱情的绿地；想一想失落了什么，有没有决策的失误，情感的困顿，行动的差池。然而，辉煌也罢，暗淡也罢，一切都已凝固硬化，不可能再改变它一丝一毫，它是我们每个人自造的雕塑，永远留在生活的路边任后人指点评说，有道是"此情可待成追忆，只是当时已惘然"。

　　我们不能改变它，可我们能思考它。在这一点上，新年是一柄双面镜，一面照你身后的脚印，一面照你前面的台阶。

　　一般说来，往后看往往是后悔处颇多。人非尧舜，孰能无过？一年到头，人有种种理由后悔，悔得罪了不该得罪的要人；悔本该到手的钱财从指缝里溜掉了；悔一个好端端的肥缺被别人占了去；悔孩子考出了清华分数却只报了大专的志愿；悔一颗芳心未能拴住，眼睁睁看女友当了别人的新娘；悔绝症到了晚期才想起上医院，不一而足，哪一条都足以叫人悔青了肠子。不要简单地指责后悔是消极和脆弱，它是人类的高级思维之一，是一种文明，动物就不懂得后悔。后悔就是总结，就是反思，从不后悔的人世上没有，智商越高，可悔之事便越多。如果人人都不后悔，都不总结，类人猿不会进化到今天，这正是悔的重要和必要所在。"虽九死其犹未悔"，指的是对理想信念的追求，当然越坚定越好，但在具体问题上总要不停地回头查看有没有走偏的脚印，这二者是一回事。"事后诸葛亮"要比冥顽不化高明得多。

新年给每人一个公平的暗示，让一年到头"眼睛一睁，忙到熄灯"的人们，撂下手里的活计，稍稍喘口气，眯起眼睛想想心事，使新的一年走得更好。事实上，如果抛开个体的人而就全社会、全人类来看，每一个三百六十五天的周期里，都是好事比坏事多，笑容多于愁容，得大于失，不然文明就要退化。

正基于此，当新年这柄双面镜开始映照前面的台阶时，人对未来便又开始充满千种憧憬，万般幻想，希冀之中感到那边永远有仙山琼阁在隐现。这恰恰又是新年的魅力之所在，你永远猜不透新年老人的包袱里会抖出什么出人意料的新玩艺来。

于是，人们站在这一道新门槛上开始了新一轮的期盼与猜想。

白发翁妪推开新年这扇门时，看到的是红日西沉、晚霞似锦的壮景。他们拂开胸前飘飘的美髯，扯平素雅的衣襟，相互搀扶着上路。风也萧萧、雨也飘飘的人生历练早已教会他们宠辱不惊，心如秋水。不管前方是否还有电闪雷鸣，他们抱定的是"莫听穿林打叶声，何妨吟啸且徐行"这一份潇洒与从容。新年路上，留下的是"老夫喜作黄昏颂，满目青山夕照明"这样回肠荡气的吟颂，那磁石般的声音，透出的是对境界的追求和人生的彻悟。

夹带着时代与生活的风雨气息，中年人三步变作两步跨过了新年的门槛。望一眼明晃晃的新太阳，他们不过略略迟疑了一下，又匆匆赶路了。这些扮演生活主角的人们，年复一年总是"一路上的好景色没顾上细琢磨"，他们生活的旋律从来不是抒情的慢板，他们的行军图一直是在行进中绘制调整的，他们的心事只能边走边想。尽管他们中的每一位都有充足的理由叫自己放慢脚步，稍事休息，可是很少有人这样做，使命与责任的绿旗时时在前方飘动召唤，而新周期的开始又为这面绿旗加上了一轮新的诱人的光环。他们心里明镜一般，新的一年无疑就是一场发令枪刚刚响过的新赛事，一份才落笔的合同书，一份空白的成绩单，一本等待填写数额的银行支票。他们更明白，他们这些人不是给谁加油都行的看客，而是夺标呼声很高的健将，稍有懈怠，马上就被淘汰出局。因此，除了奋勇争先，脚下生风，他们没有别的选择。

女人们则是带着社会与家庭这两件外套步入新年的。天生敏锐的第六感觉提醒她们，新的一年里，在哪些场合穿哪件外套依然是她们最艰难的选择。在社会主流的舞台上，女人的脸谱永远比男人多一笔妇女解放的油彩，或者说，她们要付出双倍的艰辛才能与男人并驾齐驱。一面，她们要以事业的辉煌、人格的独立昭示"巾帼不让须眉"之颠扑不破，另一面，又要以似水的柔情和洗洗涮涮、唠唠叨叨去构筑家庭的港湾，百炼钢要能随时化为绕指柔才会被社会认可。新一年的到来并不能解决妇女双重角色的冲突问题，恰恰相反，两方面都提高了标准线，两台戏的入场券都不容易拿到，就看谁的外套最合体。

　　和吵吵闹闹的孩子们一样，大人们盼过年也是有道理的，求新求变求发展是人类的天性，"岁岁年年花不同"总给人以大大小小的惊喜。比如今年就有两件大喜事在等着我们：一件是澳门回归，一件是建国五十周年。虽说我们每人都有各自的跑道，但这两件大事的光热会辐射到每个人身上，给我们以能量。仅凭这一点，1999这个年份在历史年表上就应当打上特殊的印记，它的效应不是一次完成的，其流芳余韵会长久地弥散在绵绵的历史循环之中。因此，我们要参与，要鼓掌，要喝彩，更要理解，要消化，要实践，把每个个体的奋斗加载到1999的历史长卷当中。

　　新年的钟声响了，它催我们上路。

四十过新年

如同细沙从指缝里漏过，不知不觉又到该说拜年话的时候了。

不过，拜年也要说实话：过年真不错，过年真无奈。

人过四十，过一次年，额头就悄悄多几丝细纹，头顶就渐渐少几根黑发。面颊稍减三分红润，下颌平添两分松弛。不记得从哪一天开始，卫生间多了一瓶染发剂，起居室总有一杯减肥茶。拿起艳丽新潮的时装，开始迟疑不决；抹上护肤驻颜的霜膏，唯恐掩不住老去的春光。说话语速开始放慢，上楼也不再一步两个台阶。在老年人心中，你还算血气方刚，可在青年人眼里，你早已被开除他们的行列。

时间老人还偷偷安排你的孩子时时提醒新一年的到来。无意之中，孩子们已经与你比肩，那柔嫩的小手已不愿再握在你温暖的掌中，你作为他们心中的偶像，金粉开始脱落，权威开始坍塌，孩子们敢于不按你定下的规则出牌了。他们就要走出你的影子。你们即将成为朋友和对手。

新年的礼物还会磨蚀你的锐气和锋芒。对新奇开始怀疑，对冒险开始担心。含蓄代替了直率，城府淹没了纯真。犹疑多于果敢，自尊大于自信。说话偏重瞻前顾后，办事愿看左邻右舍。在长者面前，不大甘于"年轻"；在青年面前，乐于承认"年长"。

年，就这样公平而冷酷地裹挟着世上所有的人呼啸前进。它允许你回头看，但不允许你重走，它对你无可奈何的叹息声不屑一顾。对四十岁的人同样不容分说。

年，就这样像一个古板而怪僻的老妖婆，令人无奈。

年，却更像一个宽厚仁慈的老祖母，笑眯眯地把信心，力量和成熟分送给她的儿孙，从不吝啬。对四十岁的人尤其慷慨大方。

年龄的增长，使我们不得不放弃许多东西，这使我们变得轻松起来。头发稀疏，就不必过多地计较发型；体态臃肿，便免去追赶新潮时装的劳累；儿女比肩，意味着解除喂奶入托的劳役；没有了嬉笑打闹恶作剧，我们赢得了看书学习的时空。这种放弃无疑是解放的同义语。

当新年老人从我们身边依次掠过之后，四十岁的行囊中便多了一枚清醒剂。面对鲜花和奖章，你不再欣喜若狂，"掌声响起来，我心更明白"；在屡试屡败之后，你不会一蹶不振，反倒有了更多的韧性和耐力。四十过后，你一天天学会了倾听，学会了体谅。那些本不想听的唠叨和絮语，你开始有耐心听完；那些带火药味的批评，你开始以平和的心态来对待；那些溢美之词，你开始听出它的弦外之音；那些"项庄舞剑，意在沛公"的讥讽，你学会了对它淡然一笑；那些锅碗瓢盆的苦恼，你学会了将心比心，开始有了共鸣和理解。在家庭的屋檐下，你为人父母的角色地位已经十分稳固；在周围的人群中，你缜密成熟，稳健得体的魅力则开始发散。四十岁，双倍地赢得了你所失落的东西。

四十岁，是一罐热咖啡，它让你品味出苦涩中的香甜。

四十岁，是一杯下午茶，它滋润你略感疲惫的灵与肉。

四十岁，是一盏壮行酒，它告诉你新的里程从这里开始。

人海茫茫，前路迢迢，光明女神就在远处微笑。四十岁，要耐住寂寞，保持韧性，正如一首歌所说：平淡的故事要用一生讲完。

落红无数

序数六月，连春天的背影也看不见了，依稀只剩下人们对春天的数落。

先是怨春天来得太迟。大概凡是可贵的事物总要千呼万唤。至少在中国很多地方，春天是不肯轻易露面的，所以惹得人们又是唱歌又是作诗地苦等。记得《闪闪的红星》电影里冬子他妈就一边做针线一边眼泪汪汪地低唱："夜半三更哟噢——盼天明，寒冬腊月哟噢——盼春风"，期待的急切溢于言表。大诗人韩愈把自己的焦灼心情推给雪花，说什么"白雪却嫌春色晚，故穿庭树作飞花"，还不是他自己等得不耐烦？

接着又怪春天走得太早。好不容易春天落座了，可是椅子还没暖热，又要走了，好一副高不可攀的贵族身架。可你除了叹息之外又有什么办法呢？"更能消几番风雨？匆匆春又归去。惜春常怕花开早，何况落红无数"，柳永的这种无奈和慨叹颇能代表人们的矛盾心情。心眼小的往往想不开，"又是春残也，如何出翠帏？"吓得门都不敢出。林妹妹更是想到了绝处："一朝春尽红颜老，花落人亡两不知"，好像春尽会要了人命的。而白居易的心态似乎多多少少还开阔一些："人间四月芳菲尽，山寺桃花始盛开。常恨春归无觅处，不知转入此中来"，毕竟有点"堤内损失堤外补"的自慰。

其实，时序季节的变化轮回不过是天道有常的规律表现，用不着吵吵闹闹的。但同时我们也必须懂得，人们对春天的这些数落埋怨，恰恰是对美好事物的追求和珍惜。正像乖女孩捶打着乖男孩说"我恨你，我恨你"，实际上表白的是彻骨的爱，一种唯恐失去的爱。

说穿了，热爱春天是因为热爱生命。春天一扫严冬的死寂，还万物以生机，我们没有理由不爱她。不爱春天的人似乎没有，如果有，将是不可理喻的可怕的人。

现实的问题是，我们首先要学会珍惜春天。

人们感慨"流水落花春去也"，实际上是在感慨人生的韶华易逝。人生与四季如出一辙，春天与青春就是同义语，"花季"是少年最妥帖的比喻。不能只停留在对春天和青春的赞美上，要紧的是不可时光虚掷。"青春是美好的"，这是尽人皆知的浅显道理，但却有操作上的难点。

一则是，这往往是过来人的切肤之感，是事后诸葛亮。几乎人人都异口同声：如果我再年轻十岁，如果我像你这么年轻，等等。这些"如果"，实际是在进行人生总结和反思甚至忏悔，或者说是走出了春天才知道哪些功课在春天里该做而没有做。

二则是，花季里的少年悟不透"珍惜"的内涵。因为"把春天用足"的方式多种多样，可以游戏，可以学习，可以思考，可以"拿青春赌明天"，也可以"头悬梁、锥刺骨"。搞不好，他们就会把放任当潇洒，把撒娇当可爱，把低俗当有趣，把自律当保守。只有真正懂得珍惜春天的人才会得到春天的馈赠：成熟。

珍惜春天的另一种方式存在于走出春天之后，就是要有一种从容成熟的人生态度。春光固然美妙，但她不会永驻。对这个不可改变的事实我们大可不必耿耿于怀，要死要活。"春兰秋菊，各为一时之秀"，没有谁比谁更如何的问题。"黄梅时节家家雨，青草池塘处处蛙"是一番美景，"接天莲叶无穷碧，映日荷花别样红"同样是一种境界。春天来了，我们赞美她的活力与创造；夏季到了，我们一样欣赏她的成熟与辉煌。况且，只要我们把握了生命，把握了生活，在春天里错过了的东西，我们在夏季、秋季乃至冬季还可以重新获得，"朝华夕拾"是一种美好的生命体验。

"风雨送春归"，不要紧，明年她还要来的。

寻觅优秀的男人（上）

女作家毕淑敏曾经苦心孤诣地在茫茫人海中寻觅优秀的女人，其实，真正优秀的男人同样寥若晨星。优秀的女人若是金字塔的顶尖，优秀的男人则是冰山的尖顶。优秀的女人难找，是因为做优秀的女人太艰难；优秀的男人难找，是因为做优秀的男人太容易。但无论如何，这"双优"不可或缺：没有优秀的女人，人间将显得暗淡，没有优秀的男人，社会将变得迟滞。

优秀的男人没有定义。但是在这本特殊的字典里有几个词条是人们经常查阅的。

第一个被翻到的叫"坚强"。坚强是宽阔的胸膛，是块块肌肉暴起的臂膊；更是精神的堡垒，意志的高崖。屈原"虽九死其犹未悔"的呼号是坚强，五壮士狼牙山顶那纵身一跳是坚强，在巨大的变故面前，男人那紧抿的嘴角、滚动的喉节是坚强，而面对阴冷的诅咒、堆笑的奉承，那冷静而超然的一笑也是坚强。

"坚强"这个字眼我们太熟悉了，以至于这两个字已被人们的手指触摸得有些模糊。可是我们还是要固执地不停地指点它，因为当今假冒坚强的男人太多。且不说文艺作品里拿沉默不语、表情冷酷冒充坚强，生活中又有多少自诩为能"齐家治国平天下"的男人，拿金钱美色一试，原来是一触即溃的银样镴枪头，足见保持坚强之不易。

坚强需要信念。没有信念的坚强如同罗盘被毁的海船，心中无数的船长越固执便离正确的航向越远。如果我们把男人的队伍清点一下，分成三拨：有信念的、在各种信念之间摇摆的和没有信念的，阵容也许容易明朗，可是如果再去数一数西服革履、手擎香烛一起一落向佛祖跪拜不止的男人有多少，数一数前不见头、后不见尾的祭祖车队有多少，我们那支确定百分比的签字笔又难免游疑起来。

坚强需要知识。抽掉了知识的支撑，坚强的外壳必然蜕变为固执和粗暴。不错，知识的等级在日益提高，知识男人的队伍越来越雄壮，但是那些胸无点墨、偏又醉心于拍板、十头牛拉不回的莽汉，那些时时向弱者、妇女、儿童挥动的老拳，又在向我们传达什么信息呢？

坚强需要磨难。"百炼成钢"是坚强最简洁的注解。生活中，有那么多在磨难中自强不息的男人令天地动容。遗憾的是，也有那么多被宠坏的男人叫人汗颜。他们生长于蜜罐甜点之中，穿梭于脂粉钗环之队，丁字步，兰花指，动不动自娇地宣布一次："我是一个乖男孩儿。"在这样的男人堆里，你能指望找到一个可遮风挡雨的伟丈夫吗？

坚强需要平静。在一个欲望太多的世界里，能固守一方明镜台一般的心境是令人肃然起敬的心理素质。一旦心灵的港湾失守，欲望的巨浪顷刻之间就会水漫金山一般吞没我们多年含辛茹苦培育的人生观、价值观、道德观、是非观、荣辱观。有多少曾经呼风唤雨的伟男人驾驶的小舟眨眼之间沉没在欲望的波涛之中，这就发生在我们眼前。"古来圣贤皆寂寞"，耐住寂寞不是心如古井、无所作为，而是对一种操守的誓死捍卫。

光是坚强这一项有多少男人敢把胸脯拍得"啪啪"响？不好说，然而它的高淘汰率是无疑的。在雌雄两性构成的世界里，男人没有资格和权力去要求女人坚强，女人勉励自己要坚强是她们的高境界，是她们自己的事。而男人要坚强则是天赋责任，否则便不配做男人。

不用过多地搜索，在"坚强"这个词条的附近，我们很容易就发现了它的近邻"自信"。

选中它我们毫不犹豫。因为在"优秀的男人"的根目录里，"自信"是不可缺少的子目录。但丁奋笔疾书，写出的是一份自信："走自己的路，让人们说去吧"；诸葛亮羽扇轻拂，摇出的是一份自信："谈笑间，樯橹灰飞烟灭"；李白愤世嫉俗，唱出的是一份自信："仰天大笑出门去，我辈岂是蓬蒿人"；毛泽东笔走龙蛇，吟出的是一份自信："数风流人物，还看今朝"。

可惜，有太多的男人误读了"自信"这个词条。他们把偏执当自信，不谙"兼听则明""换位思考"的道理；把狂傲当自信，一叶障目，看不见"山外青山楼外楼"，看不见"遍地英雄下夕烟"；把鲁莽当自信，把拍板、决断作为心理满足，信手丢弃了冷静、缜密、周延这件护身金甲；把炫耀当自信，心甘情愿地陶醉在那些言不由衷的阿谀和别有他图的掌声之中；把幻想当自信，一心以为"鸿鹄将至"，忘记了"一室不扫，何以扫天下"的古训。

不管有多少男人能安全泅渡过"自信"这道不算湍急的河流，我们依然一刻不能停止对自信的追求。没有自信，男人的人格就不完整，心理就有缺欠。试想，与一个遇事便心里打鼓、方寸已乱的男人合作，无异于坐在一把瘸腿的椅子上，随时会有不测。

自信是对自身价值的评估，是对自身能量的检测，是对前程的肯定，是对成功的把握。然而怪得很，这把打开辉煌之门的钥匙从不摆在明处，只有优秀的男人才找得到。

继续翻检"优秀的男人"这本字典，"深刻"这个条目是不能跳过去的，红笔圈上它，二话不说。

"深刻"与"肤浅"是性格迥异的孪生兄弟，没有肤浅便无所谓深刻。肤浅不应属于男人，更不应属于优秀的男人，尤其是在深刻的女人越来越多的今天。深刻是对事实的穿透，是对本质的凝视，是对表层和伪装的剥离，是对树根的挖掘，是对果核的解剖。深刻多是深沉而平静的，从不大吵大闹；深刻又往往朴素而直白，不喜欢浓妆艳抹和华丽的外套；深刻崇尚简洁而锋利，不愿意拖泥带水，也不肯模棱两可。

深刻的男人的队伍有多长我们永远无法知道，但是他们思想的闪电曾无数次划破历史的天幕，照亮了世界上的每一个人。于是我们知道了苏格拉底和培根，知道了黑格尔和费尔巴哈，知道了孔子孟子韩非子，知道了马克思和鲁迅。

这些闪闪发光的名字令人激动，同时也不免令人沮丧：芸芸众生中能有几人可望进入这个行列？

不必沮丧，这些巨人的第一声啼哭也不是一首好诗。深刻是生活教会的，是思考之子。"人皆可为尧舜"，就看你肯不肯把思考当作毕生的事业，为之献身，罗丹的那尊《思想者》的雕像分明在这样暗示我们。

所以如此推崇深刻，是因为深刻意味着突破，推动着文明，改写着历史。竞争的世界，竞争的社会，竞争到最后，无不还原为智慧的竞争，比一比，看谁更深刻。对自然界观察深刻的，便是科学巨匠；对社会人生研究深刻的，便是哲人圣贤。为此，崇拜深刻，向往深刻，本是顺理成章的好事。要不得的是拿深刻做装饰、当摆设，诸如艰涩而苍白的格言、俗气而无聊的抒情，半通不通的生造词语，这些丑陋、媚俗的"玩深沉"、假深沉，是对深刻最粗暴的误导和亵渎，在优秀的男人身上不应找到一丝一缕它们的影子。

好了，我们已经在"深刻"的词条上停留得够久了，可后面还有一页书角在折着，噢，是"豁达"。

豁达对一个男人意味着什么？意味着风度、胸怀、气质，意味着亲和力、感召力和凝聚力。豁达叫人彼此认同和理解，甚至化干戈为玉帛；豁达会使人安全感油然而生，心甘情愿解除心理武装，不再层层设防；豁达也会使人自责和忏悔，检讨反省自己哪一步出错了脚。尤其不能忽视的是，在这个世界上久演不衰的男女双人舞中，男人的豁达是女人心中最动听的华尔兹，只要这个旋律一直演奏下去，女人就不会脱掉那双红舞鞋，而终生成为你的红粉知己。

豁达是斤斤计较、心胸狭窄的天敌，它从不在乎蝇头小利，对无关宏旨的"杯水风波"付之一笑；对来自无意间的伤害它是宽厚，对窃窃私语它是漠视，对敌意的攻击它是忍让，对相左的见解它是理解。对前辈它是尊敬，对后生它是呵护，对弱者它是爱心，对幼稚它是宽容。豁达从来就是这样一尊善于包容、充满爱心的千手千眼观世音。

显然，在"豁达"这张考卷面前，小肚鸡肠、心地偏狭、鼠目寸光的男人是要交白卷了。

男人们，如此看来，在遴选优秀男人的校场里，我们首先要面对坚强、自信、深刻和豁达这四位严厉的主考官，且不说还有正直、善良、勇敢、敏锐、博学、诚恳、忠厚、干练等其他功课要做。要摘取"优秀的男人"这面金牌，道德修养是你的胯下马，知识能力是你的掌中刀，胆识气魄是你的护心镜。旌旗漫卷，鼙鼓动地，正是好男儿一显身手的天赐良机。快催动你的坐骑，扬起你的长鞭，直取帅营，人们正期待着那翻飞的捷报。这边厢，一尊尊"优秀的男人"的奖杯早已打造完毕。

（2000年3月13日）

寻觅优秀的男人（下）

　　"寻觅优秀的男人"这个命题本身就埋下了两枚疑问的炸弹：一枚是，优秀的男人难道还少吗？另一枚是，何谓优秀？

　　既然如此，还是先自行引爆了好。

　　一种事物，如果需要"寻"，说明它稀少，再加"觅"，恐怕就带有几分隐蔽性了。乍看起来，在男人的行列里，优秀的男人岂止多，简直拥挤不堪，许多男人头上的光环耀眼得叫人看不清他们真正的面孔。可一旦我们把镜头推成特写，让他们依次走过，情况就有些不妙了。除开披着彩衣的、戴着面具的、勾着脸谱的以外，十之八九都是不上不下、相貌平平者，真正器宇轩昂、吉人天相者很少走过。况且还有众多行韬晦之计的"真人"又不肯轻易露相，一套"鞋儿破，帽儿破，一把扇儿破"的把戏，轻轻松松瞒过了天下人。沿着五千年文明河流逆水而上，会有多少优秀的男人与我们迎面遭遇？秦皇汉武，唐宗宋祖，李白杜甫刘关张，能浮出水面的总是寥若晨星。即便我们把网撒得再开，网孔织得再密，打捞上来的也多是匹夫之勇，平庸之见，名利之心。向往优秀、自以为优秀和假冒优秀的男人常穿插在"优秀"的队伍之中，往往让人看花了眼。不过且慢叹息，"橄榄型""流线型"从来是最美妙的造型之一，在男人这个子系统中也不例外，首尾两端永远是少数，人人最佳，何谈"优秀"？"莫道君行早，更有早行人"，不知这能否成为"寻觅"的理由？

　　"优秀"这个字眼是迷人的，也是模糊的，永远无法量化。但有一条确定无疑：优秀不是全能，它只指向单项冠军。"桃花一簇开无主，可爱深红爱浅红"？几百年前难住了杜甫老先生的这个问题，我们可能永远也给不出答案。假如为"优秀的男人"发一份问卷调查，上面的选项将多得令人眩目：正直、坚强、勇敢、善良、诚恳、忠厚、仁慈、深刻、博学、机敏、冷静、果断、豁达、幽默、爽快、干练等，甚至可能还要加上英俊、潇洒这一类青春型附加题。可以断言，把各项累计起来，世上男人没一个会得满分，连上帝也会落榜，如果上帝是男人的话。实际上，哪一个单项一旦获得了最高分，它的宿敌就很容易如影随形吸附在它身上：善良容易软弱，果断容易鲁莽，坚强容易固执，幽默容易油滑。所以，我们没有一点理由把"优秀"的外延做得这样大，一次只应挑出一朵彩球抛出去，而这已经够难的了，因为只有在某一单项里最优秀的男人才有足够的弹跳力接得住它。

在这两枚疑问的炸弹硝烟散去之后，我们不妨随便拣几朵彩球抛抛看。

正直。写在彩球飘带上的这两个字既凝重又稳健，当把它拿在手里的时候，不禁又怀疑起"'优秀'的外延不应做得过大"的断言是不是有几分莽撞：正直似乎是每个优秀的男人的必选题，单科再冒尖，基础课也要出线才行。一个不正直的男人，首先就滑出了做人的轨迹，何谈优秀？著名的奸相蔡京，聪明绝顶，一手好字无人能比，就因为心地险恶，连他的书法也被人们毁弃殆尽。正直实际上维护的是社会正常运转的秩序和法则，维护着人的尊严，是道义的守护神。正直的男人的肩膀是可以放心地去依傍的，它给人的是安全、力量和勇气。这样的男人不一定都是"力拔山兮气盖世"的黑铁塔，他可能是一介书生，也可能是风烛残年的老者，甚至可能是个扶墙而立的病夫，但这一点也不影响他的巍峨和震慑力，正直的豪气、胆气和血气足以使任何邪恶一时三刻化为脓水。然而，"正直"两个字却是不容易书写的，非先砍断名缰利锁才行，世上有那么多巧言令色、委琐苟且之徒，就是正直之难的明证，而包拯、海瑞、况钟正是在"正直"的大旗下才化作金身的。

这样看来，"正直"的彩球宜多多抛些才是，借此，人间可多些忠言，少些谄语，多些坦途，少些陷阱。男人们，请看好了，接住它！

豁达。想接这朵彩球的男人从来不少，谁都怕被人说不豁达。可豁达不是大大咧咧、糊里糊涂。相反，豁达恰恰是一种严肃的人生态度，它是净化能力很强的海水，能认可款款而来的清溪，也能消化夹带着污泥的浊流；它又是一双宽大厚实的手，把窃窃私语和交头接耳轻轻抹去，始终紧握着驶向前方的操纵杆。在世人眼里，男人没有理由不豁达，同样的牢骚，女人发得，男人就发不得。男人心胸狭窄是最被瞧不起的素质之一，周瑜之死眼见得是血的教训，死也是窝囊鬼。在与周公瑾的对垒上，世世代代的人们无一不是坚定的"拥诸葛亮派"，以表示对气量狭小的蔑视。可偏偏在这些"拥派"里混杂着为数不少的周瑜、王伦的后裔，这些天生的批判家总是粗声大气地数落别人"不豁达""不宽容"，偏把自己给忘了，一来二去，自己率先沦落成"常戚戚"的"小人"却不自知。正是这些既不"豁"也不"达"的"小心眼儿"有意无意中把书写人生的墨水给打翻了，使"豁达"变得模糊不清，害得人们在男人堆里吃力地去寻觅。

还有幽默。这朵彩球可不那么好捕捉。制作它的材料和工艺都很考究，甚至有点"雅"了，在"优秀"里掺了水的男人连边儿也摸不着它。构成幽默的分子式实在太复杂了：有幽默感的男人是自信的，他敢笑对人生，包括自嘲；他是宽容的，对闲言碎语能淡淡地化解；他又是机敏的，能巧妙地化险为夷，解脱困境；他当然又是博学的，能触类旁通，闪电般地领悟外界信息的内涵，生发出超凡脱俗的连珠妙语。幽默能像黏合剂一样粘住周围的人们，像润滑剂一样调剂关系，化解尴尬；它还像提纯剂一样，能一语中的，使原本散乱的思想瞬间提升到一个新境界。这就是为什么我们至今在历史的隧道口仍能听到孔子、庄子、东方朔、鲁迅洒脱而富于感染力的笑声。幽默难做，还有一个因素，就是它很挑剔，有很强的指向性，没有懂得幽默的对象，幽默无法存活。故作形态的丑陋与失误、肤浅低格调的油嘴滑舌当然也必须从幽默的行列中毫不手软地清除出去。这样一来，优秀男人的队伍便陡然减了大半。想想，整天与板着面孔的男人打交道，人再好，也乏味。看来，幽默寻觅得有理。

正像纯粹的坏男人永远不会多一样，真正优秀的男人也永远不会如潮涌一般。在人间大道上行走的绝大多数是拖家带口、操心柴米油盐的普通男人。而这"普通"正是"优秀"的营养基和土壤，没了普通，"优秀"连花蕾都孕育不出来。

做个普通的男人吧，我们可以活得踏实而宁静，然而我们依然崇尚优秀，那是壮美人生的标尺；

做个优秀的男人吧，我们可以活得充满活力和挑战，然而我们时时依恋普通，那是每一条生命的最终家园。

距离产生美（上）

　　搞清"距离"的概念似乎并不像通常想象的那么容易，这既要有形象思维，又要有抽象思维。能把距离拿捏得炉火纯青、得心应手的，似当然的人生高手。有形的距离可以使我们知道地球到火星有多远，无形的距离则告诉我们怎样调整人际关系。这就怪不得小学数学里要专门教孩子们什么叫距离和追击，如甲乙两地相距多少，甲乙二人分别从两地出发，时速不等，问甲乙二人何时何地相遇等。别小看这些绕口令似的玩艺儿，能脱口而出的大概要算神童哩。同样，也好理解为什么专讲如何调整人际距离的"卡耐基系列"总是书摊上的抢手货，连外国总统也成了卡耐基的学生。

　　距离首先是空间上的，它最直观，也最好理解。"远在天边，近在眼前""上穷碧落下黄泉"极夸张也极形象地告诉我们什么叫地理距离。没有距离，这个世界便失去了存在的理由。有了距离，我们才能看到"红日坠西山"和"月上柳梢头"，才好理解"错落有致"和"疏密相间"的美学意义，才能领略"孤帆远影碧空尽，唯见长江天际流"的意境。说到家，马拉松长跑实质上是人类验证自身征服空间距离的能力，而广播电视的现场直播则告诉人们，空间距离已不再是现代人彼此沟通不可逾越的障碍。有了距离感，我们才建立起"邻居""彼岸""边关""宇宙"的概念，也才能喊出"身在哪哪哪儿，胸怀全世界"的豪言壮语。

　　距离带给我们的麻烦简直无穷无尽。山里娃要翻几座山头去上学堂，城里人则为气喘吁吁赶汽车上班而抱怨；南国水乡眼睁睁看着北方干涸的土地叹气，而西部油龙要奔向平原也绝非轻而易举；你要给在大洋彼岸的亲友说几句悄悄话要靠铺在海底的越洋电缆，你要一睹阿根廷球星的风采就非借助天上的卫星不可；高速公路、光导纤维、航天飞机都是距离这个老魔头逼着人类造出来的。可以说，人类为征服距离付出了昂贵的代价，也吃尽了苦头，愚公移山就是明证。

然而，消灭距离未见得一定美妙。据说可视电话发明出来之后行情并不看好，恰恰是因为它消灭了地理距离，人们不敢再躺在被窝里、浴缸里懒洋洋地接电话了。夏威夷的海风，埃及的金字塔，北极冰川的企鹅，都是由于距离的庇护才使它们变得如此令人神往。如果它们就在我们眼皮底下，当然会同锅碗瓢盆一样稀松平常。于是，人们一面忙着消灭距离，一面又忙着制造距离。比如，立体照片、立体电影、三维动画，就是把本来平面的东西拉开距离，把眼前的东西推得远远的。

时间的距离我们也是不难感觉得到的，不必再说什么，一张发黄的旧照片足以把"过去"和"从前"的含义解释得一清二楚。同样，一株满身伤痕的古槐，一尊线条模糊的石狮，一座熏得乌黑的古刹，甚至一柄锈迹斑斑的铜剑，一卷竖排版石刻绣像的线装书，都在不经意地提醒你现实与历史的距离有多远。

时间的歹毒在于，它永远高举"一维性"的利剑，把世上发生的一切转瞬之间变为历史且永不重播。对人类的悔恨、哀叹、乞求除了报以冷笑之外，从不动容。事情一旦发生，便永远凝结在历史的某一点上，时间的专列便毫不客气地把它抛下车去，继续向没有终点站的前方呼啸而去。我们眼看着曾经拥有过的欢乐、幸福、亲人、朋友正在一分一秒地离我们越来越远，眉目越来越不清晰。时间的距离天生一副铁石心肠，它不允许任何人永远拥有什么，它强制性地把我们的人生划分成一个个距离不等的驿站，而且也不情愿在不同的驿站里会有重复的乘客出现。

和一切"但是"都要指向另一面一样，但是，时间的距离也并非一无是处。它是我们在无意之中吞服下去的一粒缓释胶囊，一点一滴一丝一缕地把昔日的苦恼、悔恨、愤怒、失意和政敌、情敌、宿敌从我们生活的领地中无痛苦地剥离出去。它的手法是如此巧妙柔和，以至于我们根本就感觉不到。正是它的疗效，我们才觉得，往日，痛苦的利剑是那么锋利，简直刀刀见血，可如今却变得钝多了；旧日，宿敌是那么叫人恨之入骨，可现在看来却并不那么狰狞，相反，自己倒是露出几分恶相来。不管你情愿不情愿，时间的距离教会了我们什么叫心平气和，什么叫清醒冷静，什么叫成熟宽容。与药用胶囊相反，时间的距离愈大，它的功能愈强：陈年老酒，祖传秘方，出土文物，文人墨宝，样样都是越古老越有魅力，越破旧越叫人肃然起敬，连姜不还都是老的辣？

"距离产生美"，时间空间都在这样说。

距离产生美（下）

　　"距离产生美"是句名言，不过似乎也可以说：美在距离。比方微雕得靠显微镜才能看清刻在头发丝上的字迹，而大型团体操不离开几百米就别想欣赏它的波澜壮阔。进而我们似乎又有把握说：美在距离适度。这条法则的可贵在于，它不仅适用于艺术欣赏，更可以指导我们的生存态度。

　　人作为独立的生物个体，相互之间必然要保持一定的时空距离，猛看起来这与猫狗鱼虫没什么两样。然而偏偏人是会思想、讲文明的，这就使人在物理学意义上的时空距离无一不抹上浓重的社会学色彩，一举手，一投足，一颦一笑，处处有距离上的文章，时时有人际关系的影子。

　　就说谈话，哥们儿之间可以头碰头，情人之间可以手挽手，而下级向上级汇报工作，却总不能把距离缩小到夫妻一般。封建社会百姓上公堂，得要县官下令"赦你无罪，抬起头来"才能抬头说话。皇帝出行，除了净水泼街、黄土垫道之外，最重要的莫过于"回避"与"肃静"：真龙天子转世，平民布衣岂可随便近身？没有距离哪来的威风？反之，新中国如鱼得水的军政军民关系却一定像大西北民歌唱的："围定那亲人哎嗨哎嗨哟，热炕上坐哎嗨哎嗨哟，知心的话儿飞出心窝窝依儿呀儿依儿哟嗷嗷"，这样的距离还不叫人心里暖洋洋的？不用说。

　　就一般而言，人与人的空间距离似乎表现为远则尊敬、畏惧，近则亲密、随便；男子多崇尚立如松、坐如钟，顶多拍拍肩膀，打你一拳；女性则动不动就挽手并肩，凑在耳根一边吃吃笑一边说悄悄话；孩子最爱让妈妈抱在怀里，脸贴脸最好；爷爷则总要用硬胡茬把孙子扎得嗷嗷乱叫才开心。那么公共场合人际距离有什么公认的标准没有呢？据外国一些有量化癖的科学家庄重地告诉我们，以一尺二寸为宜。他们还言之凿凿地说，人在讲话时，口中的飞沫可喷到这个尺寸。猜得出，这定是个取中的数字，必须去掉气壮如牛者的最高分和气如游丝者的最低分。我们姑妄把它算个卫生、安全距离的参考，非呆子不宜固守，认不得真的。

　　和把握人际关系这种看不见的距离相比，把握这些"一尺二寸"一类的时空距离简直是小儿科。不用说，任何人之间都不可能没有心理距离，夫妻、父子、母女、兄弟、亲戚、朋友、同事、干群等，概莫能外，区别只在程度不一，"亲戚有远近，朋友有厚薄"一类，讲的就是心理距离。至于"亲密无间""两小无猜""无话不说"这一类美丽动人的夸张字眼，不过是善良的想象和憧憬。绝对的"无"是不可能的，即便是"克隆"人，其思想和情感大概也永远不可复制。

　　难以想象消灭了人际距离的社会如何避免陷入混乱。正由于各人在社会中扮演着不同的角色，才使社会大机器的各部件紧密地咬合在一起，得以正常运转，社会才永远保持一种张力。彼此保持合理的心理距离，各人想象和创造的翅膀才展得开，才有经验供学习，才有教训供汲取，才有德行才气的互补，才有"生旦净末丑、手眼身法步"的千姿百态和千变万化，世界也因此才有生气，只有单一颜色花朵的植物园不值得一去。

　　也不难想象，人与人没有了关系上的距离，如何才能保持人格上思想上的独立。夫妻似乎应当是没距离的，然而恐怕没人否认"夫唱妇随"和"妻管严"无异于人格上的摧残和心理上的作践。为朋友理应两肋插刀，有距离大概不够"哥们儿"，可是我们分明听得见堪称朋友典范的马克思、恩格斯两人当年在学术上的争吵声。消灭了人际距离，"尊敬""钦佩""善解人意"这一类字眼都要从字典上划掉。

　　同样难以想象，没了距离的人们怎样产生智慧的火花，怎样从自我中突围。有距离才有差异，有差异才有新意，新意从来都是在彼此思想的碰撞当中被点燃的。差异是一把锋利的犁铧，可以划开板结的思想土壤，叫愚钝者警醒，叫落伍者奋起，因为他们这才看到先行者已经把自己甩开了一个弯道。"莫道君行早，更有早行人"，正是拉开距离才让本来炙手可热的新星新秀眨眼之间变得人老珠黄，也催动他们开始新一轮的追逐，看谁最先跳出自我封闭的光环。

　　至此，距离的分量开始变得沉甸甸了，它算得上一件护身甲，一块通灵玉，谁也少不了。

事实上，距离一直在不声不响地保护着我们。诸多只能烂在肚子里的隐私，像情窦初开的花季时那一段又浪漫又不着边际的爱情，徐娘半老时荒唐可笑的单相思，尴尬丢人的一段人生插曲，以至于女人的年龄，老板的财产，无法"一洗了之"的难言之隐等，都靠人际距离这道柔软的幕布自然得体地遮挡起来，放到后台去封存，保你在人生舞台上能够像模像样地把戏演完，而不会被没遮没拦的冒失鬼当众揭了疮疤砸在台上，毁了名声和尊严。

距离还常常化成天使，给人间带来爱心和柔情。都说"不如意事常八九"，可我们靠距离的掩护，漫不经心地说上一句"我累了"，就能轻而易举地防止沮丧的病毒向家庭的港湾蔓延，挡住公事上的烦恼；我们在身患绝症的病人面前谈笑风生，把他的病情淡化得不值一提，正是距离在帮助我们；年富力强的黑发人不幸罹难，我们却面不改色地告诉他的高堂父母说该人出差出国，这也是距离在暗中成全了我们。

没了距离这个小天使的庇护，一切直奔主题，后果必定是灾难性的。大观园里的傻大姐就是样板，她只出场两回就闯了两场大祸，回回闹出人命。这个"心性愚顽，行事出言常在规矩之外"的痴丫头，捡了个"两个妖精在打架"的绣春囊，不知秘密隐藏，反倒向女道学家邢夫人去举报，结果招来了惊天动地的大观园"扫黄运动"，害死了无辜的晴雯、司棋；还是这个从不知保持距离的憨姑娘，全不管大观园内尽人皆知、唯独瞒着林姑娘一个人的大背景，直愣愣地把宝二爷要娶宝姑娘的消息当面捅给了黛玉，不出几日就把这终日里悲叹"一朝春尽红颜老，花落人亡两不知"的千金小姐真的送上了离恨天。话说回来，这种没深没浅、没大没小、没里没外的"傻大姐""傻大哥""傻大嫂"们至今依旧人丁兴旺，烟火不断，不知坏了我们多少好事。

这一番道理竟是要我们人人搞心理设防、个个做缩头乌龟不成？甚至要居心叵测地打倒"理解万岁""光明磊落"一类么？正好相反，我们要的是坦诚相见、肝胆相照的坦率与正直，而不是"逢人只说三分话，未可全抛一片心"的乖巧玲珑，更不是做八面讨好、见风使舵的"弯弯绕""转轴子"。

无论我们什么时候去求解人际距离这道难题时，文明给我们的回答总是一枚金银盾，互为参照的两个答案必定是：一面写着"率真"，另一面写着"分寸"。

"废话"连篇

　　谁也不爱听废话，可谁都要说废话，人一生说的话里，绝大多数是废话。这个似乎荒唐的结论其实不难推论：一个人一天说一百句话，其中至少有八十句是可说可不说的，真正有用的信息总是被层层叠叠的废话包裹着，只是人对说废话已经十分习惯十分自然，不觉其废罢了。

　　"吃了吗？"就是废话中的经典。它既没有关心别人温饱的意思，也没有请客的愿望，完全是没话找话、慌不择路的挡箭牌。而对方也从来不会当真，回答是否吃过，吃了什么，在哪儿吃的，吃饱没有等等，"唔唔"两声足矣。不要怕发问的人不高兴，他根本就没指望你回答。

　　还有天气，一直是废话家族的骨干。它不但出场的频率高，而且经久不衰，大有万寿无疆的希望。阴晴冷暖人人看在眼里，何劳再问？可是偏不，几乎人人都会揪住天气不放，喋喋不休地一再说到它，而且总是有理：冷了要抱怨，热了要骂娘，乌云密布了要呼喊"让暴风雨来得更猛烈些"，而如果已经雨打芭蕉了竟然还没有作诗，那简直就是罪过了。

　　身体和健康是废话系列里最有人情味的分支，被人青睐的程度与天气不相上下。因此精明的主妇在设计请客谈话话题时往往把它与天气并列为两门备用重炮。这是深谙废话之道的，关于身体和健康的废话用起来实在是得心应手。如果对方满面红光，你就可以赞叹其养生得法；如果他面带菜色，你就该深情地注视着他提醒注意身体。哪怕该人面容枯槁已是多年一贯制；如果你不幸遇到一个与你很熟的胖女人，更不幸是个中年胖女人，你尽管发誓说，她肯定比你上次见到时瘦了。

　　年龄在废话园地里也是一枝独秀的。特别当酒桌上的话题行将用尽时，尽管搬出猜年龄这个救星，它颇能抵挡一阵子的。当然前提条件是无论轮到猜谁的年龄，都要义无反顾地减去十岁。而一旦他笑眯眯地最终报出其真实年龄的时候，最佳反应是张大嘴巴惊叹道："不像，不像，一点儿都不像。"接下来最好再征求一下你邻座的猜想，放心好了，他肯定与你持同样看法，甚至比你猜想的还要年轻若干。如果你的邻座不紧接着向该人讨教青春永驻的奥秘，他就不算机智。

废话家族里还有一支人马也是多年来一直人强马壮的，就是套话。大凡什么事物成了套就有些不大妙，它会拿僵冷对鲜活，拿虚假对真诚。现在我们身边又有些新品种出现了，像"心想事成"，说者无心，听者无意，是很地道的套话废话，要是真的人人"心想事成"，非天下大乱不可。

很可能人学会说话不久就开始说废话了，人就是在废话的包围中活过来的。这反过来又告诉我们，人群离不开废话。电报没废话，连废字都没有一个（不含礼仪电报，它似乎涉嫌废话），但同时把人情味也一块消灭掉了。可以断言，废话所以能欣欣向荣，因为它有用。

废话可以为正经话开路，就像戏台上大将出场以前跑龙套的先出来"咚咚锵、咚咚锵"地转几圈儿。没有几句"今天天气哈哈哈"一类的废话来过渡，听话的人恐怕要愣上好一阵子才能缓过劲来，这场谈话十有八九要失败。反过来，要是先祭起"今天天气"这一类法宝，则常常无往而不胜。因为这类引子和过门使对方争取了时间，迅速地镇定下来，轻松自然地踏上你为他铺好的谈话轨道，交流自然易于入港。

废话在把人从尴尬中拯救出来上是威力无比的。这情形在送别的时刻见得最多：话题早已用光，可火车就是不肯开走，车上车下双方的目光已经不敢再对视，只好向废话求救，搜索枯肠寻找话题，使空气不至于凝固。办法之一是把已经重复过数次的临别赠言再炒一遍，当然神态最好像从没说过一样地语重心长，效果才好。不过一般不必担心，被叮咛的人大多会神情庄重地拼命点头发誓，也会像第一次听到这掏心窝子的话一般被感动，决不会当即指出："你已经说过好几回了！"

办法之二是以闪电般的速度开发新话题，像"这天好像要下雨吧？""一定要注意身体呀！""什么时候再来呀？"等等，话题虽然古老而沉闷，毫无新意，却是已经被实践证明并且正在证明是攻无不克的有效武器，尽管放胆使用，包你不会失手。这里的奥妙在于临场发挥要镇定自若，自然得体，使对方接得上你的话茬，并能使话题不断衍生下去，枝蔓越繁杂、偏离主题越远越好，因为废话维持的时间越久，你获救的希望就越大，除非火车停开了。

其实废话的另一大功能是常常被信手拿来黏合思想链条。演讲时思维突然中断，说了上句，猛地想不起下句，这时只有废话挺身而出了，当然有多种包装形式。有临时把一个相关的例子拉过来救驾的，不厌其烦地把这个没意思的例子尽情地展开，借机把溜走的那个"下句"找回来。如果"下句"溜得不远，常有人把上句重复一到三遍乃至三到五遍，有时候也能把"下句"粘回来，甚至用"啊，啊，啊""这个这个""那个那个"等衬词垫一垫，也有奏效的，这取决于讲话者的机智与镇静。其实喝几口茶，再缓缓地吹几口浮在水面上的茶叶，都是在废话用尽之后而"下句"仍踪影难觅时的逃生之路。

其实，弄好了，废话不光能黏合，还能掩饰。这道理古人无师自通。孟轲老先生去见齐宣王，喋喋不休地大讲治国之道，把皇帝说烦了，又拉不下脸下逐客令，便果断地"顾左右而言他"，这个"他"，十有八九就是废话，实际是最后通牒。现代人甚至发展到把废话当武器用。电影《虎口脱险》里两个化了装的盟军战士缠着纳粹没完没了地讲他们如何得了感冒，如何打喷嚏、流鼻涕，就是靠这些废话拖时间，找下手的机会。更常见的是机智的地下党人借故点烟，嘴上一句"您瞧，今儿天气不错呀"的废话还没说完，下面锋利的匕首已经插进了敌人的肚子。这里，废话的功能就在于让你一愣神，还没摸着头脑就一命呜呼了，打的是时间差。

搞好了，废话可以不废，反倒能润滑、包装生活，像谈恋爱，十有八九是靠废话谈成的。废话招人讨厌，大概是我们在技术上没把握好说废话的场合、对象，没控制好量，以上这些文字说不定也在此列，难说。

病话连篇

世上万事一理，有好的一面，就有坏的一面，生病也一样。

除了神经不正常和特殊情况，谁都怕病，不管大病小病。高烧打摆子，发绞肠痧，羊角风，围腰龙，症状千奇百怪，却样样都能夺人性命，不死也要剥层皮。病人自己痛苦万状不说，家属也陪着心焦，一人有病，全家不宁。

急症虽说能把人吓得面如土色，毕竟很快会有个了结。哪怕来势如暴风骤雨，大家在一片惊恐中把他抬上尖叫不止叫人心慌意乱的急救车上，向象征着希望的医院绝尘而去。一旦有了白大褂出现，家属们登时踏实下来。这种飓风式的扫荡多是一过性的，不要几天工夫，曾经吼声如牛的家伙就会微笑着跟病房里的每一个病友告别，叮嘱他们"安心养着"，然后在病友们羡慕加嫉妒的目光里雄鸡般骄傲地走出病房。于是，一切归于平静，该上班上班，该吵架吵架，大家渐渐忘了他曾经是把人吓得半死的病人。

但如果是慢性病，麻烦就大了。发作不像急性病这般轰轰烈烈，痊愈也不如急性病这样简捷明快。它偏偏有十分的韧性，有以柔克刚的本事，一旦被慢性病捕获，就得有比它还坚韧的力量，才能夺命而逃。

慢性病的阴险不仅在于它把人塑造成形销骨立、面如烟鬼的"麻秆"，更在于它会离间你和家人的亲情，把你不知不觉地变成一个叫人讨嫌的家伙。经过通常是这样：有好一段时间，你发低烧，怕油腻，胃口不佳，于是在家人的再三催促下去了医院，被诊断为慢性肝炎。开始大家一片震惊，一边猜测不是某一次在外边应酬染了病菌，就是哪次在路边吃的牛肉面不干净。接下来就应该是四处讨药方，找名医。日子就这样一天天过去，看医生，买药，熬药，吃药，成了生活的一部分，家里人对吃饭要分餐、碗筷要消毒也习以为常，到了这时候，你的"病人"形象便固定下来了，你也从此成为家人精神上、生活上的真正负担：人人处处要让着你，依着你，对你的无端咆哮只能忍气吞声，再累也得给你的饭菜花样翻新，再穷也得给你煎汤熬药。要是你不幸因中风落得嘴斜眼歪，偏瘫失语，排泄失禁，更会苦不堪言：开头，同事朋友还很认真地来探望安慰，家人还虔诚地端上鸡汤蛋羹。渐渐地，这些场面出现的频率越来越低，质量也开始打折扣，你看着家人的脸色，听着他们的不大顾忌的抱怨和摔摔打打，你却连表示歉意的能力都没有。到了这一步，对古训"久病床前无孝子"的理解才算一步到位。

别以为病只会叫我们受罪破财甚至丢命，才不是呢。趁病的机会，我们可以狠狠地捞一把，把那些平时无论如何得不到的好处一次性夺回。不要忘了，病人是有数不尽的豁免权的，病人就是皇帝。

比如，你可以心安理得地不能挨累，不能生气，不能操心，油瓶倒了你完全可以不扶，而没人敢说"不"字。一句话，你只管享受。你尽管大声抱怨菜做得不是太咸就是太淡，屋子不是太冷就是太热，你只管大吼一声把满屋子追逐吵闹的孩子赶出门去。只要你高兴，躺着便躺着，坐着便坐着，电视频道随你挑，家人无一反对，乖乖地陪你看到底。一旦你扯起"病人"这面大旗，你就立地成王，百无禁忌。你想，谁会和病人计较呢？他们还巴不得你吃得再好些，睡得再多些，待得再顺心些。这样开心逍遥又威风的无冕之王，平日里怕是想都不敢想。

一旦病字当头，不仅能在家里称王称霸，就是在社会上行走，身份也是陡长三分。购物你不必排队，只消一步步挨到窗口，有气无力地说你病了，他或她多半会发恻隐之心，让眼前的这位病夫先来。乘车病夫就更有优势，你登上汽车，斜倚在铁柱上大口喘粗气，登时便会招来全车的目光（如有人搀扶，效果更强烈），不出10秒，其中必定有心软之人起身让座，你道谢之后只管踏踏实实坐下，不必有歉疚感，你是病人。事实上，差不多所有的公共汽车上都在某些座位上方用油漆喷上一行字"老弱病残专用"，这就是为病人着想的善举，尽管这些座位常常被肌肉块暴起的棒小伙子坐了个结实。

对病人的这些礼让三先还是浮在面上的，病人的心理满足才货真价实。

生活中被忽视的人太多了。他们老老实实工作，规规矩矩做人，没人讨厌他，却常常忘了他。唯有他突然病倒那一天，才一跃成为众人的焦点，病得越急越重越危险，关注度越高。原先他住在城南城北都无人知晓，现在陡然间门庭若市，同事来，组长来，股长来，科长来，副处长来，处长来，副局长来，局长来，来人的级别同病情的危重程度成正比。大家或站或坐，紧紧围在床边，轻声询问病情，问吃什么药，看了哪个医生，要不要单位再联系哪家医院和名医等。如果病人还可坐起或半倚在床头，探病者就应当绘声绘色地向该病人逐一描述单位里的大小事项，仿佛该病人就是单位的一把手，应该向他汇报。之后，众人在一片相互交叉重叠的安慰声中，留下一大堆罐头、水果、饮料、奶粉（如今又伴以鲜花）之后，离他而去，该人则多会撑起病体，一直微笑着向门边挥手。再之后，便是在激动、感动加满足的混合心情里品味刚才的情景，家属则一边感叹他在单位有如此良好的人际关系，一边则开始忙着二次分配堆积如山的慰问品给他二舅和三姨。

病在帮人调整人际关系和避害上更是功不可没。这一点很容易证实：在络绎不绝的探病队伍里，我们总能发现有该病人的敌人的身影，有的甚至是平时见面不说话的宿敌。试想，除了病，还有哪一种媒介能把一对冤家捏在一起呢？这时的心理无非两条：一是常言说"人之将死，其言也善"，现在人虽未死，但总归是"人之已病，其人也善"吧；二是与一个病人斗是不是有失君子之风？至少要先挂免战牌才算聪明。

至于病能避害的道理，古人就懂，动不动"托病不出"，不管是王朝更迭，还是烽烟四起，只要称病，天王老子也奈何不得。道理虽说古老，至今却依旧百试百验，今人运用得更加得心应手，这也使"住院"的概念变得复杂起来。

说了病的诸般好处，有一个大前提却是万万忽视不得的，那就是，得的一定要是小病或中病，像鲁迅先生描绘的那样，"由侍儿扶着，吐两小口血"才行，不然，血如泉涌或人事不省，大概一样好处也得不到。

（2000年9月26日）

醉话连篇

醉了什么感觉？准确地描述它很难，就像让你说什么叫"痒"一样。再说每人也不一样，飘飘欲仙的，昏昏欲睡的，心花怒放的，沮丧绝望的，都有。感觉不同，表现自然各异：有目光呆滞、默默不语的；有胸脯拍得"啪啪"直响、指天发誓的；有捶胸顿足、大放悲声的；当然，也有朗声大笑、声震屋瓦的。总之，和他平时相比，异常。有人平常性如烈火，醉了却总眯眯笑，柔声细语，什么事都好商量，像温顺的羔羊，所以，叫人遗憾，要是他清醒的时候也这样多好。

真醉了容易失态，像哭、笑、骂、说、吐、砸、尿，等等，当然，多数还有打翻杯盏、丢失皮包、穿错外套一类伴生现象。因此，有人鄙视地总结为"酒后无德"。出于对文明的追求，完全可以理解下这样断语的人的愤怒。可若从人生感受、生活情趣上看，却不免有些武断。如果说人生百态，要是从没醉过一次，大概说他"活得太累"不为过。

科学家说，所谓"醉"，其实就是乙醇中毒。扁鹊给人做手术就是用"毒酒"当麻醉剂的，华佗开刀时让病人喝"麻沸散"也必须用酒冲服，就是叫你醉了才能下手。这种醉得人事不省的在生活中不多，常见的醉只是精神上的松弛和短暂的自我放纵而已。从人的精神调节上说，承受着事业、生活、情感等多重压力，人需要宣泄和释放，醉就是一种挺不错的出口，至少无大害，当然不可醉得到处搞打砸抢才行。

这样一来，人们便纷纷主动要求"中毒"，而且唯恐"中"得不够深。早在晋代就有人公然提出："酒可千日不饮，不可饮而不醉"；明代诗人沈景对醉的向往竟然到了这样的地步："醉里乾坤大，壶中日月长。百年浑是醉，三万六千场"，要醉，索性一天三遍，而且一百年连轴转。

干宝在有名的《搜神记》里就讲过一个把醉夸张到极致的故事：有个人

叫狄希，善造千日酒。酒徒刘玄石，酒量颇大，谁料喝过一杯千日酒之后，回到家竟醉死了，家人痛哭着把他埋了。三年过后，突然有一天，狄希来拜访刘玄石，家人告诉他说：玄石三年前就醉死了。狄希笑笑说："不然，他喝的是我造的千日酒，一杯醉三年，现三年已满，他该醒了。"破棺一看，玄石正在揉眼睛，并大声问狄希："你造的酒太妙了，叫我一杯就醉到如今，现在几点了？"围在坟墓边上的人禁不住大笑，哪想到这一笑，把刘玄石喷出的酒气吸进鼻里，当场全部醉倒，三个月才醒转来。后人为此大发感慨："劝君一醉千日醒，世事花开又花落"，把"醉"一转手发展成麻木和逃遁。

好像诗人大多爱发愁，于是也爱醉。翻开中国古代诗词，简直酒气扑鼻。别的不说，连跟酒根本不搭界的春天也被诗人硬拉来作为一醉方休的借口，搞什么"一片春愁待酒浇"的名堂，要醉便醉，干春天何事？大名鼎鼎的陶渊明留下了一百四十多篇诗文，竟有五十多篇和酒有瓜葛；杜甫的诗大概一千四百多首，里面三百多篇说到了醉酒。至于李白，醉名似乎不在他的诗名之下，直到今日，"太白遗风"的酒幌还在各处飘扬。

猜想起来，诗人们喝多了，醉的感觉应该和非诗人没什么两样，他们的过人之处在于，能写出醉之可爱。李白醉了，坦率地轰人走："我醉欲眠卿且去，明朝有意抱琴来。"辛弃疾喝醉了，一头撞到大树上，还"却疑松动要来扶，以手推松曰：去"。还是这个诗仙李白，醉酒之后竟让皇帝的宠儿高力士给他脱靴子，够潇洒了。另一个醉翁苏东坡还嫌不够劲儿，又火上浇油说："平生不识高将军，手污吾足乃敢嗔。"

看来，杜康一学会了造酒，人们也同时参透了醉里乾坤：醉可催眠，醉可助兴，醉可壮胆，醉可解忧，总之，"醉可"的事委实不少。要是没有"三碗不过岗"醉倒武二郎，不知道武壮士能不能去和那吊睛白额大虫斗个你死我活；李白要是不醉，中国文学库里肯定要损失一批精品；宋江要是不在浔阳楼醉题反诗，梁山泊的座次说不定得重排；就连发誓"死亦为鬼雄"的女强人李清照，也觉得只饮上"三杯两盏淡酒"还心里没底，不醉上一醉，怕敌不过它"晚来风急"。

话又说回来，同样是醉，有人能醉出精品来，有人却醉得丢人现眼。看人家史湘云，不愧为大家闺秀，平常就很浪漫蒂克地跟林姑娘做个诗、联个句什么的，醉了也醉得不俗，人家可不是嘴眼歪斜、流着口水趴在酒桌上呼呼大睡，或者慌慌张张地往卫生间飞跑，而是醉卧花丛，睡在芍药花堆里，还得有彩蝶、蜻蜓一类的围着上下翻飞，久久不肯离去。

可同样在观园里，刘姥姥一醉情况就不妙了，不光随地大小便，还差点儿吐在宝玉的牙床上，弄得宝二爷的卧室里满是酒气加屁臭，险些把宝玉的贴身丫头袭人吓掉了魂儿。

实际上，即使同一个人，每回的醉法也不尽相同。像辛弃疾，有一回醉了说："醉里挑灯看剑，梦回吹角连营"，满腔抱国之志。可另一回却说"醉里且贪欢笑，要愁哪得工夫"，一切都无所谓了，可见醉无定法。

醉还能成为权术，看你会不会用。宋太宗的时候，有一天有两个大臣孔守正和王荣喝醉了，竟然当着太宗的面吹牛皮，都说自己的功劳大，还差点儿动起手来。手下人要把他们抓起来，太宗挥挥手说算了。次日两位大臣酒醒了，回想昨日之事，不禁吓出一身冷汗，慌忙跑到皇帝面前检讨。谁知太宗只淡淡地说了一句："朕昨日也喝醉了，不记得有这事。"好一个聪明过人的皇帝，一个"醉"字，大家全解脱，真把"醉"用活了。

竹林七贤里的阮籍以善饮著称，也懂得以"醉"避祸。司马昭想让阮籍把女儿嫁给他儿子司马炎。阮籍满心不高兴，又不敢明说，于是借口喝醉了闭口不谈此事，连真带假，一连两个月天天烂醉如泥，弄得司马昭无可奈何，只好拉倒。有一部差不多尽人皆知的动画片叫《过猴山》，讲人和动物斗法，要不是那老汉急中生智，用酒把那群猴子灌醉，怕还真对付不了这些见什么抢什么的小东西。

醉酒往往最见真情、最见人性。"宁伤身体，不伤感情"，煞是可爱，煞是感人，其壮怀激烈，不下于"两肋插刀"，不下于"赴汤蹈火"。一场酒宴下来（当然是民间的），如果没人面如关公，没人大笑不止，没发生一次"是酒还是水"的激烈争吵，也没人打醉三只以上酒杯，这宴会不免叫人失望。不过，"家家扶得醉人归"固然有趣得很，但弄到人仰马翻，连拖带扯仍死死拉住车门不肯上车的地步，就未免有失体面了。

看来，还是"酒饮微醉，花观半开"的好，这就看各位看官对"微"和"半"把握的艺术了。

（2000年11月）

告别

　　告别是人生的一大常态，有聚就有散，有合就有离。都说"天下没有不散的筵席"，话是不错，如何散法却大有讲究，比如告别的时间，告别的方式等都叫人颇费踌躇，能在恰当的时间地点以得体的方式告别的人该封为生活技巧大师的。

　　告别的时间难以把握大概是做客时的第一大难题。走早了自然是不妥的，主人眉开眼笑，谈兴正浓，茶水刚刚沏上，橘皮刚刚剥开，香烟刚刚点燃，你却"刷"地一下站起身来没有任何过渡地宣布离去，定是要叫主人扫兴，他或者怀疑你对他的话题不感兴趣，或者怀疑你来访的诚意，这样的访客注定要失败。

　　走晚了同样不行，甚至更糟。主人已经频频看挂钟，看手表，或者连连打哈欠，揉眼睛，并且不停地提到有事可以打电话再找他云云，聪明的访客一旦发现有这类迹象之一者，应当立即像在舞厅里听到《友谊地久天长》一样做出快速反应：赶快告别。如果对此熟视无睹，连主妇大声呵斥孩子"赶快上床睡觉，明天还要上学"一类最为明显的暗示也毫无察觉，依旧沉浸在自己滔滔不绝的话题之中，茶水喝干，水果吃尽，瓜子嗑光，仍无去意，那么，"不受欢迎的客人"这顶帽子就戴定了。

　　除了串门做客，在聚会上挑选撤离的最佳时间同样不易。朋友聚会，没说上三言两语就要离去，肯定要遭到众人的一致谴责：不够朋友，没把我们放在眼里嘛。结果，不是被堵在出口的热心人劈手夺过提包大衣，重新推倒在座位上，就是在众人的贬斥声中落荒而逃。如果你最近升了职或发了财，那就会更加不幸：你不是官升脾气长，就是财大气粗，二者必居其一，总之是目中无人。相反，如果你不得意，那你必然是个心胸不大、气量不够、拿不起放不下的家伙。座中人物新面孔多还好说，老面孔越多越麻烦。朋友越老，交情越深，你的话他们便越轻视，便越不容分说推翻你提前离开的申请。你说事先没向家人请假，他二话不说马上从包里掏出移动电话，递到你面前："现在就打！"你说爱人出差，孩子无人做饭，他立即挥手叫来服务员："要两个盒饭给这位先生结束时带走。"你要说晚上还有加班赶材料一类的公务，情况会更坏："就你忙，是不是？"事已至此，你除了挨下去还有什么选择呢？可以料定，每次聚会上大概都会有这样一批苦苦打熬着的可怜巴巴的家伙。本想早早撤退，可齐刷刷全屋无一人退席，怎么好说出口呢？等到已有意志坚定者断然离开了，心里便一面羡慕不已，一面又在暗暗自责：刚才为什么不走？眼见得人越来越少，怎么好再走呢？事实也果真如此两难：无人走，你不好意思走，而剩下的人越少，你离开的难度越大，你诚心要主人难堪吗？

不管怎样，做客、聚会上的告别还算低难度的，难度最大、最能衡量告别技巧娴熟与否的当推送行，而送行又以火车站的月台最为典型，因为它甚至带有几分悲壮。一阵大汗淋漓的忙碌过后，客人的行囊已经安放在行李架上，实质性的内容已经全部完成，余下的就是车上车下的对视和没话找话了。

可以认为，告别成败在此一举。它的难度至少有两条：一是告别的话早已说过数次，如何能不重复，有新意；二是此刻不但万不可冷场，相对无言，而且场面一定要真挚感人，最好能催人泪下。有篇外国作品曾记述：作者到车站送客，看到一位他认识的曾红极一时的演员与车上的一位客人挥泪告别，二人执手相看泪眼的场面甚为感人。事后，这位演员对作者说：你看到我刚才送行的动人情景了吧？可事实上我并不认识那个人，是他花钱雇我来的，因为他在此地无亲无故，不想让自己离开的时候太冷清。可见，离情别意是人的情感世界里不可少的一角，别说"一看肠一断，好去莫回头"那种真情流露，就是明知是礼节性的客套甚至是言不由衷的祝福、挥手一类的"作秀"，人也都是乐于接受、从不拒绝的，有哪一个人愿意被忽视呢？

如此说来，送行的技巧还真真马虎不得。比如，话题就得多做些备份才好，切不可钉是钉，铆是铆，要有富余。话题枯竭是最可怕的，因为这意味着送行的程序运转中断了，停滞了，失败了。如果"路上要小心""车票要放好"

一类的叮咛已变相重复过数次，实在不宜再聒噪下去，那就赶快转到天气、健康、家庭这类永恒主题上来，它们是万能宝器，危难之际祭起，历来所向披靡。谁不想抱怨几句老天爷的喜怒无常呢？谁不愿意讨论一下不惑之年该不该补钙呢？谁又不乐意听到别人赞赏自己的孩子聪明乖巧呢？

这些话题的好处是可以无限延伸，呈树型结构任意蔓延开去，天气可以从冰河期说到厄尔尼诺，健康可以从老张的秃顶扯到老李的减肥，而孩子的话题领域则更加广阔无垠：夸夸老王的二儿子上了清华，说说老赵的大丫头嫁给了老外，再猜猜今年的中考的分数线会比去年如何，诸如此类，雪球何尝滚不大？除非火车误点，否则这些话题应该足够你维持到汽笛拉响，不必发愁。

时间是撑得到了，要真挚感人更难操作。中国人的客套话应该说不算少，但很难叫人感动。如何是好？有一秘技曾见被不少聪明人用足用活，屡试不爽，就是骂。骂什么？两条：一骂该被送客人工作狂，不顾家，不管老婆孩子；二骂该人不懂得爱惜身子。你只管骂开去，包你绝无闪失，尤其是如果该人的上司此时也在车上的时候。这是被证明最佳的告别方式之一。

如此这般，"告别"这架小小的万花筒不知能翻出多少说不清道不明的心境和世相来，提醒世人，也提醒我们自己。

城里人　乡下人

　　城里人大多是乡下人变的，不是这辈就是上辈、上上辈。不少人现在正在变，大多是乡下往城里变，很少听说有往乡下变的。至于说"城里人想出去，城外人想进来"不过是文学上的比喻，一旦动真的，肯丢了城市户口？

　　城里与城外，不管有没有城墙，从来是截然不同的分野，观念、经济、文化，差别甚大。

　　城里人干净、文明、讲礼貌，但流于虚伪；乡下人不洗手、粗俗、莽撞，但坦率诚恳。

　　一旦住进了以"单元"论的高楼，城里人有痰或者憋着，或者吐在手帕里，无论如何不会吐在自家地板上。乡下人不管，喉咙里呼拉呼拉响过一阵，猛然间"咔嚓"一口浓痰，随它落在大理石地面或水曲柳门框上，用鞋底蹭蹭就得。城里人见面说"您好"，分手说"再见"；乡下人碰头先打一拳，骂两句再进正题。城里人称呼人总是"张局长""王主任"，乡下人开口就是"李大耳朵""赵小个子"。

　　虽说按单位面积算，城里人居住的密集程度要大大高于乡下，可城里人的冷漠和虚假却叫乡下人瞠目。同住一幢楼、一层楼十年二十年，哪怕门对门，彼此却从没走动过，这在城里已成了定数。天天同乘一架电梯上下班，却不说一句话。城里人可以问对方身体如何，但要他献血，却推三阻四，要诱以补贴、休假、公费旅游等代价，才能勉强凑齐人数。城里人可以喋喋不休地痛斥见死不救的丑行，但当真有人躺在路边呻吟不止，许多人不过围观摇头而已。如果遇上街头争吵，多数小市民还是生怕结束得太早而看不到白刀子进红刀子出的激动人心的场面。

轮到乡下则完全不同。串门是乡下人每天的功课。谁若是一连几日没来串门，就要开始考虑问题的严重性了。如果他突然不叫你"刘大舌头"而改叫你"刘支委"，你就应该马上意识到他已经与你拉开了距离。

在乡下，没有谁家的客人可以自家独占，凡是村里来客都是公共的。成群结队的孩子们会簇拥着一直护送到你要去的人家屋里，不眨眼地盯着你久久不会离去。很快，村民们就会川流不息地来拜访、端详、评价。又很快，他们会挎来一篮红皮鸡蛋，端来一瓢刚下树的红枣，不容分说硬塞到你手里嘴里。

盖房出殡娶媳妇，更是全村的节日，人人当成自家的事来操办，撵都撵不走。他们的笑声和眼泪都是真诚的，不为表演给谁看，讨谁的欢心。谁要是突然得了急症，乡亲们登时会把该人家团团围住，从屋里围到院外，号脉扎针掐人中，烧水熬汤请大夫，人人忧心如焚，个个熬红眼睛。

世界上好像还没有哪个民族不说自己"勤劳勇敢"的，但比起乡下人，城里人懒多了。管道煤气自来水代替了担水劈柴割茅草，而有了速冻饺子方便面，再也不用碾米磨面蒸馒头了。而一旦住进有"双气"的住宅楼，城里人就渐渐忘记了早年间在乡下采石脱坯盖草房的好手艺。事实上，城里人的所谓"劳动"早已贬了值，一些在乡下根本不值一提的家务活被城里人郑重地升级为"体力劳动"，如做饭、洗衣、带孩子。于是，米要免淘，菜要净菜，连削苹果皮都嫌累手腕，要买削皮机一类劳什子。

城里人的懒惰紧跟着便招来了退化和娇气：背十斤大米就要气喘吁吁，爬二层楼就要骂娘，登一次山就要腿疼一星期。淋雨就感冒，日晒就中暑，吃一次隔夜饭准会泄肚拉稀，体温三十七度三当然算高烧。以一个乡下人的眼光看，这些城里的怪物简直就该生活在保温箱里。

不错，听听乡下人洪钟一样的笑声，看看他们挑着担子健步如飞的身影，再看看农夫蹲在地头手捧蓝边粗瓷大碗狼吞虎咽地进餐，城里人还能找到什么自我解嘲的托词呢？

这种娇气还包括自娇：同是"孩儿"的感觉，城里乡下大不一样。乡下孩子七八岁就要带弟弟、割猪草、拾牛粪，城里不少30多岁的"星"，整日间依红偎绿无数，逃税漏税手段老辣，却还在嗲声嗲气地自诩为"乖男孩"。

久而久之，城里人和乡下人的价值观和人生追求便拉开了：城里人讲的是享受，乡下人要的是生存。城里人半瘫在沙发里，乡下人坐在板凳上；城里人卧在席梦思里，乡下人挤在土炕上；城里人连冻肉都嫌不鲜，乡下人只有新女婿登门才舍得杀只鸡；城里女郎穿衣要参照流行色，乡下妇人首先要保证全家冻不着；城里的歌星坐在"桑塔纳"里还要抱怨"骨头架子都给颠散了"，乡下孩子上学全凭脚板每天要翻几座山。城里的大亨为明天是去洗桑拿还是去打高尔夫抉择不下，乡下果农对着卖不出去的柑橘叹气。

说到底，城里人没有理由小看乡下人，不少城里人莫名其妙的优越感其实是很廉价的。说穿了，无非是恰巧生在了城里，在育婴室就拿到了城市户口本而已。如果乡下人也有机会受到良好教育，也有机会谋到职业，也有机会出县出省出国看看世界，谁比谁矮不了多少，数不清的农家子弟成为各界明星就是给那些一事无成的城里人的当头一棒。

事实是，不管城里人和乡下人都各有长短，许多差异是经济条件、地理条件和历史造成的，怨不得哪个人。更多的差异是文明程度、生活习惯、表达方式和对事物的感受不同罢了，在人的本性上并没什么两样，都有悲天悯人的爱心，也都有嫉贤妒能的心理，都有天使，也都有恶魔。再说，城里和乡下并非一个万古不变的界限，经济的发达，生活的富庶，文明的进步，会叫它越来越模糊不清。而身在其中的人，更是时时在流动的变数，并且相互模仿。乡下人学城里人，住楼房，吃饭店，烫头发；城里人也学乡下人，吃饼子，穿布衣，养猫狗。能够相互发现实在是件大好事，是真正意义上的文明和进步。

工农差别，城乡差别，不过是文明史的一瞬，迟早要被消灭，记得吗？几十年前我们就发过这个誓。

名人与凡人

名人都是凡人变的，但真正的名人却是不可逆的，一旦成名，他就再也摘不掉名人的帽子变回凡人。虽说又有新的名人挤掉了他，可他还是个名人，因为他出过名。

从基本心理上说，人都愿意出名，因为出名意味着被认可，而追求被认可应当是一种健康心理；也该算激励机制一类。可出名的人终究是极少数，于是大家相互安慰说：还是做老黄牛好。

这个世界绝大多数人是凡人，但宣布自己是凡人，或者承认自己是凡人，不等于他不想做名人，这是两码事。

凡人之所以一辈子没成名人，大略有三条原因：

一是不想，从小就缺少做名人的环境，从家庭到他生活的小圈子，比如深山老林，就没有这个氛围，久而久之形成了稳定的心理定式。

二是不屑，做个平头百姓，想吃就吃，想睡就睡，夹塞儿起哄说脏话，反正谁也不认识，不像名人出门还得戴口罩，怕人认出来，何苦来。

三是不能，欲做名人而不得，老实说，这才是多数，不管你乐不乐意承认。崇拜无非是凡人潜意识中出名欲望的释放，只不过是已经破灭的欲望的异化。

名人先前做凡人的时候，外表和凡人一样，看不大出来。刘备不是织草鞋大师，陈胜也算不上种田能手。可他们内心与凡人不同，陈胜不就手拄着锄头感叹过吗："燕雀安知鸿鹄之志！"他们有意识地给成名的欲望浇水施肥，长本事，现在流行叫"练内功"，然后就是等待外面的机会光顾了。

绝大多数人成名还是靠真刀真枪拼出来的，"台上一分钟，台下三年功"，

"一不留神"的不多，连高俅一个"鸳鸯拐"把自己从一个小混混儿踢成了高太尉，也不在"一不留神"之列，没有平日里的处心积虑，苦心钻营，脚上功夫再好，大不了也不过是个泼皮堆里的"鸳鸯拐"专业户罢了。

爱拼才会赢也好，一不留神也罢，反正名人永远不缺，永远是卖方市场，永远叫芸芸众生趋之若鹜。

别怪平民布衣们浅薄，当名人尤其是当娱乐名人，真是好处多多。

比如，身价高。一出戏凡人来演酬劳可能只有千把元，名人出场就要几万几十万，他有票房号召力，凡人有吗？

比如，明星可以撒野，想打想骂都尽管由着性子来，在不少明星的字典里是没有"法律面前人人平等"这一词条的。

比如，明星可以撒娇。明明胡子一大把，情人一大堆，还动不动嗲声嗲气地邀宠"希望大家喜欢我"，"我很乖"。故做天真的撒娇几十年前就被鲁迅先生一针见血地批臭了，不是什么新把戏，可惜这些名人可能没听说过或者不屑一听。

名气有点儿像包装，有极强的暗示和诱导作用，让人以为，外表华丽内瓤也差不到哪儿去。于是，只要你戴上名人的高帽尽可高枕无忧，包你不会有什么闪失。

这就在有意无意之间便生出许多不平等来。

名人把手表当鸡蛋煮叫趣事，换到凡人身上叫蠢事；名星不检点叫风流韵事，轮到凡人就叫胡搞；名人尽可放心大胆地在台上假唱，因为那是"为了保证演出效果"，凡人造假可就得等着罚个倾家荡产。

名人和凡人谁也离不开谁，没有凡人无所谓名人，反过来也一样，不可能满世界个个是名人。名人需要凡人的衬托和捧场，凡人需要名人提供的精神偶像和心理满足。凡人对名人，有爱，有敬，有畏，有气，有妒，有恨；名人对凡人，有爱，有亲，有鄙，有骗，有宰。

凡人生活中完全可以没有掌声，他照样活得很惬意。而一些浮躁的名人一天听不到掌声就如坐针毡，不管那掌声是否廉价。名人耳边的掌声大多是凡人手掌拍响的，名人的许多毛病也是凡人给惯出来的。明知眼前的名人假唱过，罢演过，打过人，逃过税，甚至进过班房，照样还是把手拍麻，哭着喊着追着签名。

　　名人是中性词，有好有坏。不过，哪一样都不容易做到。最终沉淀下来的凤毛麟角，绝大多数是过眼烟云。

　　说起来中国历史几千年，大概哪朝哪代也没有像当今，出名如此容易。古人要成名，得在客栈、花园、酒楼的粉壁上不停地题词作赋，还要靠百姓在井台、树下口口相传，靠歌伎弹琴咏唱，至于传播多远，效果如何，又得不到反馈。现如今，只消在电视上放歌一曲，一夜之间，大江南北妇孺皆知，次日出门就要戴墨镜，你已经是"星"了，而且一定"著名"。这种批量生产名人的速成方式大概是流星多而恒星少的原因之一。一旦名人多如过江之鲫，必然不会有多高的质量，多深的文化根基。理由是，他们实在顾不上充电，只忙着出名了。

　　真正意义的名人却是寂寞的，不动声色的，外界的吵闹吆喝与他们无关，他们的心灵是宁静的，他们不在乎有没有掌声和鲜花，像居里夫人能把诺贝尔奖章给孩子当玩具。从这层上说，他们又是真正的凡人。

门

门是什么？关上是堵墙，打开是条路。打开的时候它很谦恭，总是躲在不显眼的地方，似乎它并不存在；关上的时候它又很傲慢，与墙沆瀣一气，冷漠地拒绝所有的造访者，当然，铁锁是它的帮凶，还常常搞"将军不下马"什么的。

似乎这就是门的双重性格。一面是冷面拒绝，一面是笑脸开放。由此大概可以认定，门差不多是建筑物中最富灵活精神的部件。

大凡灵活的东西总是不好捉摸，难以说清。比如关门就很难简单地以"冷漠"蔽之，有时门里人与门外人的感觉大不一样。

在门里人看来，关门是一种文明。动物不需要关门，就算聪明的也不过是拿枯枝败叶对巢穴的遮挡而已。"夜不闭户"只是农业文明的理想。

事实上，文明社会的门户总是关得很紧。关上门，人才有安全感、整体感。"回家的感觉真好"虽然未免有几分拿捏做作，却也道出了希望保护隐私的渴望。关上门，想坐就坐，想躺就躺；可以流着口水瘫睡在沙发里，也可以把纤纤玉足从鞋袜里解放出来，赤裸裸地架在桌子上；家人或亲昵，或对骂，或扭打，或除掉假牙假发，或不施朱粉，蓬头垢面，均可。这一份轻松和随意，恐怕能免俗的不多。拿破仑就说："脏衣服要关起门来洗。"明代大思想家李贽不但干得更彻底，还公然写在书上："热甚，寸丝不挂，故不敢出门。"我们得以如此放肆，还不亏得是门掩护了我们？

只隔着一道薄薄的门板，在门外人的眼里，门扮演的简直是一个极不光彩的角色：它不容分说拒绝了温情，消灭了邻居，赶跑了走动。越是高楼林立，门便越难打开。而今越发了得：门中间要安窥视镜，以便从里往外悄手慑脚地侦察来人是否心怀不轨；门锁要加一条钢丝钳也奈何不得的铁链，这样既能扯开门缝露出半个脸与来人对话，试探虚实，又可防止居心叵测之徒乘机夺门而入。为了无坚不摧，以门上加包一层遍体铁钉的铁皮为佳，好让撬门压锁之徒多费些力气和工夫，为民警的到来争取时间。当然，门外再加门是最好不过的。那比手指还粗的钢筋与钢板焊成的叫"防盗门"，光听听这大无畏的名字就叫人心里有了几分踏实。不过，总是"道高一尺，魔高一丈"，听说现代盗贼已经武装了能喷蓝火苗的切割机了。到了这步，木门、铁门、钢门乃至耐心焊出迷人的云彩卷儿、麻花劲儿图案的精品门们也只能任人宰割，无异于秀才遇见兵。在正在发育中的文明面前，野蛮常常显得胳膊粗力气大。

把门武装到牙齿，你还敢指望孩子们从东家到西家追打嬉闹，大人们或怀抱婴孩或手拄锄头笑逐颜开、海阔天空摆龙门阵，今天借碗米，明天送篮菜的农家乐图景再现吗？消灭了四合院，差不多就消灭了街坊。在人际关系的剧场里，"邻居"的座位已经被毫不客气地挤到最不显眼的角落。在同一座楼里住了几年，仍然形同路人，即便天天在电梯里相遇，依旧相对无言，这不能不说是城里人的悲哀。至于国外孤身老人死后多少多少天才被发现的报道，更叫人不由得倒吸一口凉气。不过近期有许多好消息传来，不少地方把精神文明建设的目光转向社区，且颇有效果，这可视为打破门的阻隔的成功尝试。

这是门外人对门的憎恶，那么，门给门里人留下的都是潇洒舒适吗？也不见得。沈括在他著名的《梦溪笔谈》里曾讲过这样一个故事：阳翟县有个人叫杜五郎，住在离县城三十里的地方。他家屋前有一丈空地，往前就是篱门。据说，杜五郎三十年没有跨出这篱门一步。黎阳县尉孙轸为此专门去拜访他，问他为什么三十年不出门。杜五郎指着篱门外的一棵桑树说："此言差矣，不能说我三十年没出门，十五年前我还在那棵桑树下乘过一次凉呢。"对于不出门的原因，他归纳了两条，一是于世无用，二是与世无求。孙轸又问他，三十年关在门里做些什么，他回答得更干脆："端坐而已。"问他看不看书，杜五郎说，二十年前曾看过一本，不知道书名，现在也不知丢到哪儿去了。更叫人心寒的是，事情到此还没完，杜五郎的儿子小小年纪也学成老爹的样子，除了买盐醋，也绝少出门。进城购物都是直来直去，从不多走一步，所以每次出门的时间都可以精确地计算出来，不差分毫。这件事沈括老先生是以对杜五郎肃然起敬的笔调讲给我们听的。然而，在现代人眼里，这是不折不扣的悲剧。门之于杜五郎早已不仅是一堵空间上的屏障，更是一道心灵上的铁幕，它窒息了思想，摧毁了精神，粉碎了欲望，使生命之花在篱门之内毫无价值地"纷纷开且落"。

由此观之，门之过简直可为千夫所指。我们好像已经有足够的理由从此打出门去，或者索性彻底端掉门这劳什子，搞他个来去自由，那该有多惬意。

然而不能。

门不仅作为一种物质形态不分昼夜为我们遮风挡雨，防贼防鬼，保卫温馨和安宁，它更作为一种观念和标志，深深地浸润在文明的积淀当中，不准有半分差池。在漫长的封建社会里，门第是绝不能含混的社会阶梯。有深如海的侯门、衙门，有华盖如云的朱门、名门，当然更有家无片瓦的柴门、寒门。其他勿论，光是爱情这一项，就有多少旷男怨女倒在"门当户对"的血泊里。历史上十二次定为皇都的北京，门之森严叫人不寒而栗。前门即正阳门是皇帝老儿通行之门，平民决不可涉足，只配走两边的月门；大明门、地安门、东安门、西安门只有文武百官才走得，而从宣武门通过的则是押往菜市口斩首的死囚，老百姓走的是广渠门、广安门、左安门、右安门、东便门、西便门和永定门。这里，门的通过功能早已让位给它的象征意义和等级观念，这些门不是要不要的问题，而是你"有没有搞错"的问题。

门之不可取缔，还在于它是责任和权力的一种界定方式。"自扫门前雪"固然有自私之嫌，却是"守土有责"的机制，"门前雪"尚且不扫，会去扫天下？"看好自己的门，管好自己的人""门前三包"等，正是对这种"门理论"的活学活用。

有门无门，开门关门，运用之妙，存乎一心。无论是物质形态的门，还是观念形态的门，事通此理。不可关门闭户，也不能开门揖盗。就连事关国运昌盛的改革开放大业，也要一面打开国门，一面守好国门，这应是我们别无选择的不二法门。

又到植树节

　　一到植树节，大家就纷纷种树、说树，一时间煞是热闹。树能成为一个话题被人们炒来炒去，这本身就是个信息，证明树已经在人们的心目中占据了一席之地，值得一说，尽管坐而论道的多多，但毕竟比连说都懒得说是个进步。

　　老实说，植树是个资深话题，"前人栽树，后人乘凉"一类的警句、典故车拉船载，甚至由树推及到人，"十年树木，百年树人"，连文学巨匠鲁迅先生都叫"树人"，可见植树品位之高，已经升华到社会学的层次。然而，高则高矣，植树的话题却从来没有轻松过。有两个几乎尽人皆知的统计：一个是，我国人均拥有的林木面积在全世界要倒数；另一个是，如果中华人民共和国成立以来植树造林的数量都是真实确凿并且全部成活的话，那么目前全国九百六十万平方千米国土的每一寸地面都应布满了绿荫。

　　简单分析，导致这个局面的直接原因无非两个，一是虚报浮夸，二是成活率低。但凡事怕细想。"年年造林不见林"恐怕不仅仅是具体操作上的问题，绿化意识淡薄似乎是个老病根。

　　说它老，我们至少可以追溯到三国时代。半人半妖的诸葛亮以神机妙算为世代称道，智商不可谓不高。但他却是个破坏林木植被的惯犯。一部三国，简直就是一部诸葛亮放火史。他初出茅庐第一功就是靠在博望坡放火，并靠这"一招鲜，吃遍天"，又是火烧新野，又是火烧孟获的藤甲军，烧了南山烧北山，一发不可收拾。火烧赤壁他虽没直接出面，却是他在七星台上披头散发、装神弄鬼借来的东风。放了半辈子火，一烧就是几百里，多少参天古木毁在他的手里，不仅毫无悔过之意，反而扬扬得意地总结说："吾一生专用火攻。"

试想，连有鬼神不测之术的孔明都没一点绿化环保的概念，还能指望老百姓去大规模地植树、护树吗？《诗经》一开篇"伐檀"不就是一片叮叮当当的砍树声？

然而，有意思的是，绿化观念淡薄并不意味着人不懂得树的重要。特别是几千年的农业文明社会，人是与树相依为命的，树是人的生存伙伴和朋友，树的观念深深浸润在人类文化之中。别的不说，光是造字便可见一端："果"为日在树上；"杳"为日在树下；"采"为树上摘物；"休"为人倚树边，不一而足。

还有，我们也不能冤枉了古人，说他们从不植树。我们的老祖宗轩辕黄帝就亲手栽过"轩辕柏"，至今已活了五千多年；西周时有硬性规定：不栽树的人死后不给棺材；秦始皇什么书都烧，但就是不烧"种树之书"；宋代就有"清明插柳"的习俗，柳宗元当刺史的时候就号召百姓种树，他本人也"手种黄柑二百株"。问题是这些动作既没有形成大规模的群众运动和基本国策，也没有使绿化植树成为人们的一种自觉意识，大多停留在庭前屋后、闲情雅趣的水平上，比如"宁可食无肉，不可居无竹"一类，树不过充当文人雅士的生活点缀，是绿而不化。

挖苦了诸葛亮一类古人，再来看看我们自己。不用说，我们现在对树的了解不知比古人强多少倍。比如我们知道中国的森林的覆盖率是多少，人均是多少，而世界又是多少；我们还非常清楚树能吸收二氧化碳，能放出氧气；我们还懂得，树能固定土壤，树叶能放出水蒸气，影响气候等。甚至于我们对树的每一部分从根、叶、干、冠到树种、树型都有极其精确的科学研究和统计数字。从国家的重视程度上也绝非历代王朝能比。各级官员身先士卒带头种树，植树节里浩浩荡荡的群众队伍开赴荒山野岭绿化山河，这大概是现今唯一以群众运动形式出现的经济建设活动，足见其重要。可问题出在重视不等于自觉，付诸行动但观念滞后。可以估量一下，有多少人从心底里把植树作为生存、生活或造福子孙的自觉要求呢？他们可以毫无怨言地拿起锹镐上山栽树，甚至可以年复一年地种下去，但是主动要求植树、牵挂树的死活的人能占多大比例呢？这个数字大概不好估计过高。

应当承认，经过若干年苦口婆心的环保教育和严厉的法律约束，人们的爱树意识大大地强化了，至少知道了树不是随便砍的。相对而言，植树的意识就淡得多了。粗粗想来，个中缘由大的至少有两个。

首先，人们的思考总是由存在引起的，对切身利益触及越深便越关注。两相比较，树的多寡远不如今天的晚餐吃什么来得紧迫，空气污染的指数高低和大气湿度的变化总不会像股市波动那样撩拨人心，人们对每天有多少树种正在消失的焦虑可能不会超过对孩子考试分数下降的苦恼。

其次，浮躁和急功近利的心态容易遮挡人们投向树木的视线。从一粒树种到参天大树，从三寸幼苗到郁闭成林，其时间跨度之长要以几十年计，前人栽树是给后人乘凉的。在当今快快发财的念头鼓动下，人们追求的是快节奏，说穿了，就是快快缩短由物变成钱的周期，花花绿绿的钞票要比荒山坡上的幼小树苗迷人多了。一笔股票生意，一车皮流行服装，一次房地产交易就能日进斗金，面对这从四面包抄过来的诱惑，你还能耐着性子一锹一镐地侍奉那一株株弱小的绿色生命吗？而一些决策人的思考比这又多了一层：他们要快快出政绩，要保一方父老吃饭，他们更没时间等。于是，快快修路，多多盖楼，猛建豪华宾馆，大造人工景点，这些谁都一眼就看得见的政绩已经叫他们忙得喘不过气来，几十年后才见效益的植树绿化在他们的盘子里能占多大份额呢？

话虽如此说，树到底一年比一年种得多了，人的绿化意识也正在一点点地滋长攀升。庆功、奠基、婚嫁、生育、缅怀等，都以植树为媒，而且渐成风气，实在可喜可贺。但愿"爱每一片绿叶"能成为一种时尚，"植树便是造福"能成为一种内心冲动。事实就是如此：要绿化山河，先要把树种在每个人的心上才行。

（1999年11月7日）

在喜马拉雅山那一边

——印度纪行之一

如果忽略喜马拉雅山的险峻和严寒，印度其实离我们很近。

它就在山南边。但走近它却并不容易，从北京到新德里整整花去了我们十几个小时，这时间足够到地球那边的美国。现在中印还没有直飞航班，必须取道香港才行。看来，远与近的概念永远是相对的，政治、经济、科技乃至人的勇气胆识都能左右它。

当我们的双脚真正开始在新德里尘土飞扬的马路上行走的时候，我们才终于有机会打量这个山南的邻居。

上帝打造印度的时候，多半有点偏心，竟给了她如此灿烂的阳光，丰美的土地、丰沛的河流和丰厚的植被。树，一睁眼，到处是树，而且是花树，还有遍地的绿草。我们一行人打趣说：印度还要搞植树造林吗？恐怕不让这些树草花生长还是件难事哩。特别是从飞机上鸟瞰，满眼绿色。在这样的土地上，人们无须太过劳作就会无衣食之忧，比如，到处可得的果实，温暖的气候，只要腰间一块布足以应付一年四季，至少"温"是不成问题的，谁听说过印度冻死过人？

当然，上帝也有失手的地方。比如印度还有不少地方年年旱得颗粒无收，人畜大量死亡。一到旱季，高达40多摄氏度的气温吓得人不敢出门，结果，商店关门，路无行人。室内家具烫得像熨斗一般，冷水泼到墙立刻咝咝作响，化作缕缕白蒸汽。这还不算厉害，印度旱季常刮一种可怕的热风，叫"鲁"。无论哪里，只要"鲁"一驾到，顿时草木凋零，树叶枯萎，可怖的热浪简直使整个世界陷入昏迷状态。如此高温，自然会塑造印度人的行为方式，像林居、瑜伽、冥想、禁欲、斋戒、沐浴等无不与一个"热"字有关。所以，有学者甚至把印度文化戏称为"炎土"文化。我们在印度，看到树荫下永远有人躺着睡觉，便觉得印度人嗜睡太过，细想想，这还不能简单地归结为"懒"，恐怕与热有直接关系。听印度人说，我们到的这个季节不是最热的，真正热起来，人除了睡觉什么都不想做。回想一下我们自己对热的体验，这话应当不是托词。然而，热归热，雨却照下不误，而且一下就是暴雨，一下就成灾，死人。全世界绝对降雨量最高的地方乞拉朋齐，就在印度的恒河平原。

年年有不少人死于热浪的报道和印度人黑黑的肤色，很容易让人把印度看成是热带。其实，印度大部分地区处在亚热带，它的大陆的最南端还不到赤道线，北部山区冬季照样是冰雪世界，喜马拉雅山区年平均气温最高才不过14摄氏度。印度大部分地区所以这样酷热难当，是高耸入云的喜马拉雅山挡住了北方寒流的缘故。

去印度前，我们就曾多次翻阅颇似一块心形钻石的印度地图。这块镶嵌在亚洲西南的心形钻石，从北向南大体上呈马鞍形：北面是巍峨的喜马拉雅山，中部是广袤的恒河平原，南面则是逐渐隆起的德干高原和印度半岛。印度的东西两侧都是海洋，东靠孟加拉湾，西邻阿拉伯海。一年四季总有印度人享受海风的吹拂。

印度说是大国，其实国土面积只有中国的三分之一大。但另一面，印度的可耕地却是中国的三倍，而且有丰饶广阔的恒河平原，显然，上帝的恩赐的本意是让他的印度子民能过上丰衣足食、无忧无虑的好日子。然而，印度的人口膨胀一举粉碎了上帝幼稚的好梦。20世纪初，印度人口只有2.38亿，过了60年，就是1961年，也不过4.39亿，又过了30年，即1991年，一路飙升到8.46亿，之后，据说以节欲作为主要文化特征之一的印度人只花了十年工夫，今年就轻而易举地突破了十亿人口大关，据说二十年后就要在全球夺冠。在印度的日子里，我们看着摩肩接踵的人群常突发奇想：如果哪一天上帝到印度上空巡游，俯看这块沃土，他也许会惊讶得张大嘴巴：地面上，除了密密麻麻的绿树，什么时候又多了一层和树一样多的密密麻麻的人群？

人口这副重担如今已经压得印度步履蹒跚：10亿人里有4亿文盲，失业的有1.3亿人，有3亿人每天生活费不到1美元 。这些可怕的数字引起了印度政府深深的忧虑。总理表示，如果印度仍然保持目前的人口增长速度，将不可能为他们提供基本的生活必需品,因此,必须控制人口的增长。据说印度已经成立了以总理为首的国家人口委员会,指导生育计划的实施。

　　印度,一个古老而庞杂、一直在努力推进着自己的文明演进而又任重道远、充满活力的国度,这就是我们对印度的初级印象。

(2000年7月)

千年眺望

——印度纪行之二

无论是在新德里，还是在班加罗尔、孟买，我们都无法看到喜马拉雅山的雄姿，但是，我们始终感觉到它的存在，更知道在山的那一边就是我们的中国。

中国与印度，隔山相望了几千年，一边是13亿人，一边是10亿人，两个庞大的族群，两个年龄都在几千岁以上的文明国度。自古以来，这两个族群就在相互寻找，相互眺望，相互询问。可在一千多年前，就是在中国西汉王朝的时候，我们还搞不清印度究竟在哪里。汉武帝的时候，张骞出使西域，到了大夏国，就是现在阿富汗一带，在市场上见到了"蜀布邛竹杖"，就是四川出产的布和邛出产的手杖。当地人说是从"身毒"国贩来的。张骞断定，在中国的西南方有一个身毒国，中国与这个地方定有来往。但张骞不知道，"身毒"就是印度。中国最早从海上了解印度的是东晋时候的法显和尚，他在公元399年就云游到印度，他从长安出发，整整走了六年，回国后写成了《佛国记》，此书现在在印度的史学界仍极受推崇。另外，据说郑和下西洋的时候也到过印度多次。

当然，说到中国与印度的交往史，谁都没有权力忽视玄奘，就是国人尽人皆知的《西游记》中的"唐僧""唐三藏"，连"印度"这个名字还是他告诉我们中国人的，而在此之前，印度曾先后被译作"天竺""贤豆""身毒"。玄奘觉得都没有"印度"二字准确，"印度"不仅音似，而且也有如月照水，生生不息，永续轮回的美感。

玄奘西游印度是在法显和尚400年后的事情。据说，他出国留学可不像西游记描绘得那么美妙和神奇，不但没有什么李世民的热烈欢送，在出瓜州玉门关的时候还差点被杀了头，要知道，当时的唐王朝是严禁汉人出国的，用时下的说法，玄奘是典型的"偷渡出境"。的确，为了寻求佛学真谛，这位勇敢的高僧是以生命为赌注的，保证他完成这一神圣使命的不是孙悟空、猪八戒，而是矢志不渝的信念和百折不回的精神。他在经过800里大沙漠的时候，曾经迷路，四五天水米未进，昏卧在沙漠里。但他还是一步步走过了兴都库什大雪山，走过阿富汗，走过巴基斯坦，最终走进了印度，他心中的圣地。如今的人们要进沙漠雪山探一次险，武装到牙齿还不放心，当时的生产力水平能为这位可敬的偷渡和尚提供什么保障，我们无法想象，同样，玄奘一路上的艰难困苦也是我们无法想象的。

玄奘在印度十几年，足迹遍及东、西、南、北、中这当时的"五天竺"。特别是在当时印度的佛学中心那烂陀寺，玄奘苦学了五年，成了声名远播的高僧。他在曲女城主持了一次大法会，前来听讲的达数万人之众。有趣的是，玄奘把他的一篇论文挂在门外，说谁能指出其中有一字不妥当，他甘愿被砍头。结果挂了18天，竟无一人提出问题。羯若鞠国的戒日王高兴得请玄奘骑在大象上到街上游行，老百姓万人空巷来拜贺这位了不起的中国和尚。玄奘在那烂陀寺写下的这辉煌的一笔，不仅为中印两国牵起了文化纽带，就连后来欧洲考古学家发掘那烂陀寺也是按照玄奘的记载才找到遗址的。为了纪念这位伟大的高僧，周恩来总理亲自倡议，专门在那烂陀寺遗迹附近修建了一个貌似故宫大殿的玄奘纪念馆。

搭建中印文化交流彩虹的不光是中国的僧人，也有印度的使者。河南洛阳著名的白马寺讲述的就是这样的故事。

据说一天晚上汉明帝做了一个梦，梦见一个满身披带阳光的神人飞到了他的宫殿前面。第二天，明帝就叫大臣们来圆这个梦，以证凶吉。其中一位大臣说，西方天竺国有得道之人，叫"佛"，会飞，而且身带日光，皇帝梦见的大概就是佛了。明帝一听，立即决定到西方的天竺国去请佛。请佛的使者走到了大月氏，就是现在的阿富汗一带，正好遇到了两位天竺国的高僧在这里传经，一个叫迦叶摩腾，一个叫竺法兰。于是当场把他们请回了洛阳，第二年又专门在洛阳城西修建了僧院。这两位印度僧人带来的佛经和佛像都是一匹白马驮来的，于是就把这僧院命名为"白马寺"。两位印僧最终都涅槃在洛阳，就葬在了白马寺，永远守望着这印中交流的见证。

其实，自古以来中印文化的交流从未止息过，两国人民的智慧都在相互的历史上留下了印记，我们在不经意中就能发现它的痕迹。比如，印度的小学课本上就有过玄奘负笈取经图，而中国古代著名的"霓裳羽衣曲"就有印度音乐的影子。有人说，敦煌石窟的佛像与印度石窟的佛像也颇为相似，我们在印度参观石窟的感觉也是如此。

喜马拉雅山再高，也阻隔不了文化的流动，文化有穿越物质的巨大能量，只要是相互需求，只要它符合社会的发展方向，高山大河都不是它的对手。

图书在版编目（CIP）数据

传播的魅力 / 胡占凡著 . -- 北京：中国文史出版社，2018.7

（政协委员文库）

ISBN 978-7-5205-0421-8

Ⅰ . ①传… Ⅱ . ①胡… Ⅲ . ①传播学 – 文集 Ⅳ .

① G206-53

中国版本图书馆 CIP 数据核字 (2018) 第 164425 号

责任编辑：卜伟欣

出版发行：中国文史出版社

社　　址：北京市西城区太平桥大街 23 号　　邮　编：100811

电　　话：010—66173572　66168268　66192736（发行部）

传　　真：010—66192703

印　　装：北京地大彩印有限公司

经　　销：全国新华书店

开　　本：710mm×1010mm　　1/16

印　　张：25

字　　数：395 千字

版　　次：2018 年 10 月北京第 1 版

印　　次：2018 年 10 月北京第 1 次印刷

定　　价：72.00 元